월든

월든

동해출판

차례

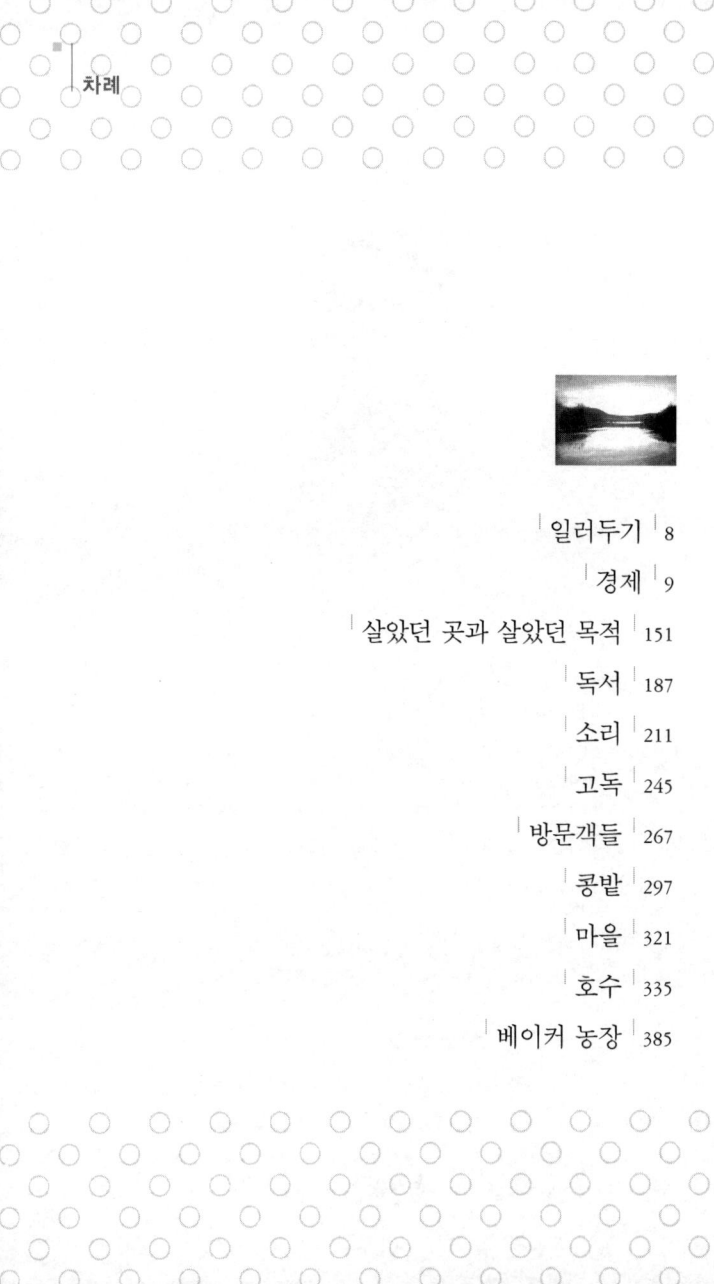

일러두기	8
경제	9
살았던 곳과 살았던 목적	151
독서	187
소리	211
고독	245
방문객들	267
콩밭	297
마을	321
호수	335
베이커 농장	385

| 보다 높은 법칙 | 403
| 이웃 동물들 | 429
| 난방 | 457
| 원주민과 겨울의 방문객 | 489
| 겨울의 동물들 | 519
| 겨울의 호수 | 541
| 봄 | 571
| 이해를 돕는 글 | 609
| 해설-푸른 정신의 샘물 월든 | 637
| 소로우 약력 | 643

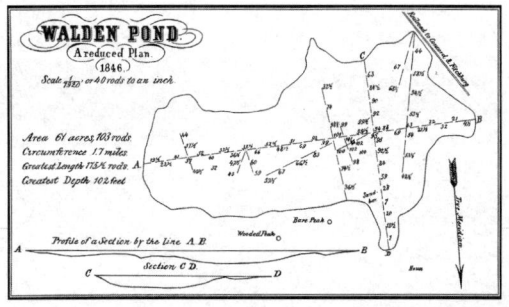

숲속의 생활

〈일러두기〉
1. 이 책은 Henry Daved Thoreau, Walden : or Life in the Woods(1854)의 완역이다. 정본으로는 Princeton 대학 Thoreau 전집 중의 Walden(ed. J. Lyndon Shanley, 1973)을 이용하였다. 단, 읽기 쉽게 하기 위해서 원전보다 단락을 많이 끊었다.

2. 역자주는 주로 Walter Harding, Walden : An Annotated Edition(Houghton Miffin, 1995)을 참고해서 작성했다. 본문의 해석 등에 있어서 특히 이 주석판에 의한 것이 큰 경우에는 해당 역자 주에 (Harding)이라고 표기했다.

경제

 아래의 글, 정확히 말하자면 이 글의 대부분을 기록했을 때 나는, 어떤 이웃으로부터도 1마일[1] 떨어진 숲 속에서 혼자 생활하고 있었다. 매사추세츠 주 콩코드에 있는 월든 호숫가에 내가 지은 오두막을 주거지로 삼아 손을 사용한 노동만으로 생계를 유지하고 있었다. 나는 2년 2개월 동안 거기서 생활했다. 현재는 다시 문명사회의 체류자가 되었다.
 마을 사람들로부터 당시의 생활상에 대해서 여러 가지 상세한 질문을 받지 않았다면 나는 개인적인 일을 독자들의 눈앞에 이렇게 들이밀지는 않았을 것이다. 그런 질문을 하는 것은 무례한 짓이라고 말씀하실 분도 계실지 모르겠지만 나는 전혀 실례라고는 생각지 않으며, 여러 가지 정황들을 종합해서 생각해 본다면 오히려 매우 자연스럽고 당연한 결과다.

---

1) 1마일=1.6km.

나는 곧잘 무엇을 먹고 살았는지, 외롭지는 않았는지, 무섭지는 않았는지 하는 등의 질문을 받았다. 또 내가 수입의 몇 퍼센트를 자선 사업에 기부했는지를 알고 싶어하는 사람도 있었는가 하면, 대가족이 함께 생활하고 있는 마을 사람들 중에는 불쌍한 아이들을 몇 명 돌보고 있었는지를 묻는 사람도 있었다. 따라서 '나'라는 인간에게 특별히 관심이 없는 독자는 이 책 속에서 내가 이러한 질문에 답을 하게 된다 하더라도 부디 너그러운 마음으로 이해해 주시기 바란다.

 대부분의 책에서 일인칭인 '나'는 생략된다. 하지만 이 책에서는 끊임없이 사용될 것이다. '나'에 고집한다는 점이 이 책과 다른 책의 커다란 차이점이다. 우리는 이야기하는 사람이 언제나 일인칭인 자신이라는 점을 곧잘 잊곤 한다. 나도 나 자신에 대해서 아는 것만큼, 그 사람에 대해서 잘 알고 있는 다른 사람이 있다면 굳이 나에 대해서만 이야기하지는 않을 것이다. 안타깝게도 경험의 범위가 좁기 때문에 이런 주관에 얽매일 수밖에 없는 것이다. 그리고 덧붙여 말하자면, 나는 모든 작가들이 타인의 생활에 대해서 들은 일들만 이야기하지 말고 언젠가는 자기 자신의 생활에 대해서 단순하고 솔직하게 이야기해 주기를 바라고 있다. 마치 먼 타향에서 부모님에게 편지를 써 보내듯이. 그 사람의 삶이 진지한 것이었다면, 내게 있어서 그것은 먼 타향에서 쓰여진 것과 아무런 차이도 없을 것이기 때문이다. 틀림없이 이 책은, 특히 가난한 학자들을 대상으로 쓰여지게 될 것이다. 하지만 그 외의 독자들도 자신에게 맞는 부분을 받아들여 주실 것으로 생각한다. 상의를 입는데 억지로 솔기를 늘려가면서까지 입는 분들은 아무도 계시지 않을 것이라고 믿는다. 그 옷이 맞는 사람에게는 꽤나 도움이 될지도 모르는 일이니.

  내가 이야기하려고 하는 것들은 중국인이나 샌드위치 제도인 하와이인들에 대한 이야기가 아니라 이 책의 독자인 여러분들과 같은, 이른바 뉴잉글랜드 지방에 살고 있는 사람들에 대한 이야기다. 즉, 여러분들이 놓여 있는 상황, 특히 이 세계, 이 마을에서 살고 있는 사람들의 외면적인 상황과 처지는 어떤 모습인지, 오늘날과 같은 비참한 상황에서는 도저히 벗어날 수 없는지, 어떻게 개선해 볼 길은 없는지 등과 같은 것들이다. 나는 지금까지 콩코드 마을을 수도 없이 거닐어 보았는데, 주민들이 가게나 사무실이나 밭 등과 같은 모든 곳에서 온갖 고난을 겪으며 생활하는 모습을 보고 그저, 그저 놀랄 수밖에 없었다. 인도의 브라만은 네 개의 모닥불에 그을려 가면서 앉은 채로 태양을 정면으로 응시하거나, 타오르는 불 위에 거꾸로 매달리거나, 계속해서 자신의 어깨 너머로 하늘을 바라본 덕분에 '결국에는 목이 원래대로 돌아오지 않게 되었으며, 목이 비틀어져 있기 때문에 액체밖에 먹을 수 없게 되기도 한다.'고 한다. 혹은, 나무 밑둥치에 사슬로 묶여서 평생을 살거나, 드넓은 인도 제국을 송충이처럼 기어서 횡단하거나, 기둥 꼭대기에 한 발로 서 있다고 한다. 하지만 이러한 자발적인 수많은 고행들도 내가 매일 보는 광경에 비하면 그다지 믿기 어려운 일도 아니며, 놀랄 만한 일도 아니다. 헤라클레스의 12공업(功業)도 우리 이웃들이 대면하고 있는 것에 비하면 매우 하찮은 것에 지나지 않는다. 헤라클레스의 경우는 겨우 12번으로 끝나 버렸으니. 하지만 이곳 주민들이 어떤 괴물을 퇴치하거나, 잡거나, 고난을 멋지게 극복하는 장면을 나는 단 한 번도 본 적이 없었다. 그들에게는 헤라클레스처럼 아홉 개의 머리를 가진 히드라의 목줄기를 뜨거운 철로 지져줄 이올라오스와 같은 친구도 없기 때문에 괴물의 목을 하나 처부쉈다 싶으면 곧 두 개가 돋아나는 꼴이 되고 만다.

 나는 농장, 가옥, 창고, 가축, 농기구 등을 부모로부터 상속했기 때문에 오히려 불행해진 우리 마을의 젊은이들을 알고 있다. 이러한 것들은 상속하기는 쉽지만 저버리기는 쉽지가 않다. 차라리 그들이 넓은 목초지에서 태어나 늑대로라도 자라났더라면[2] 자신이 땀 흘려 일해야만 하는 밭이라는 것이 어떤 것인지를 좀 더 밝은 눈으로 꿰뚫어 볼 수 있었을 텐데. 누가 그들을 토지의 노예로 만들어 버린 것일까? 그렇다. 속담에 "인간은 죽을 때까지 치욕의 진흙을 1펙[3]은 먹어야 한다."는 말이 있기는 하지만, 그렇다고 해서 60에이커[4]나 되는 양을 먹어야 한다니, 이는 또 어찌 된 일이란 말인가? 태어나자마자 무덤을 파야 한다니 그런 법이 어디 있단 말인가? 그들은 이런 무거운 짐을 질질 끌고 다니면서 평생을 억척스럽게 일하고, 이런저런 궁리를 하면서 살아가지 않으면 안 되는 것이다. 불멸의 영혼을 가진 수많은 인간들이 길이 75피트,[5] 폭 4피트의 창고와 결코 청소를 하지 않는 아우게이아스의 외양간[6]과 경작지·목초지·삼림으로 구성된 100에이커의 토지를 질질 끌고 다니면서 불쌍하게도 무거운 짐에 짓눌려서 숨을 헐떡이며 인생의 길을 기어가고 있는 모습을 나는 내 두 눈으로 수도 없이 보아왔다. 이렇게 불필요한 상속 재산 때문에 골머리를 썩지 않아도 되는, 달랑 알몸뿐인 사람들도 자신의 몸 하나를 개간하고 경작하기 위해서 상당한 고생을 하고 있다.

---

2) 로마신화. 늑대가 길렀다고 하는 전설적인 로마의 건설자 로물루스와 그의 쌍둥이 형제인 레무스를 염두에 두고 쓴 것 같다.
3) 1펙=약 9 *l*
4) 1에이커=4.047㎡
5) 1피트=30cm
6) 그리스 신화. 헤라클레스는 30년 간 청소를 한 적이 없는 아우게이아스의 외양간을 하루 만에 청소했다. 유명한 12공업(工業) 중 하나.

숲속의 생활 | 13

하지만 인간의 노고는 오해에서 발생하는 것이다. 인체의 대부분은 언젠가는 흙으로 돌아가 비료가 되어 버린다. 그런데 세상 사람들은 우리들이 보통 필연이라고 부르는 거짓 운명을 믿고, 옛날에 기록된 책에도 있는 것처럼 벌레와 녹에 상하거나 도둑놈이 들어와 휩쓸어 갈 재물을 쌓기에 급급한 것이다.[7] 이것은 어리석은 자의 일생이다. 그들은 처음에는 이 사실을 알지 못한다 하더라도 인생의 마지막에는 깨닫게 될 것이다. 데우칼리온과 피라는 등 너머로 돌을 던져서 인간을 창조했다고 한다.[8]

Inde genus durum sumus, experiensque laborum,
Et documenta damus qu simus origine nate.[9]

롤리[10]는 이것을 아름다운 운문으로 번역했다.

'그날부터 우리 민족은, 굳건한 마음으로 고난에 견뎌 우리 몸이 돌에서 태어났음을 증거했다.'

잘못된 가르침을 맹신하고 어깨 너머 뒤쪽으로 돌을 던지기는 했지만 어디에 떨어졌는지를 확인하지 않았기 때문에, 이런 결과를 맞이하게 된 것이다.

대부분의 사람들은 비교적 자유로운 이 나라에서 살면

서, 단지 무지와 오해 때문에 하지 않아도 좋을 걱정과 쓸데없는 중노동에 시달리게 되어 인생의 멋진 과실을 따지 못하고 있는 것이다. 그들의 손가락은 지나치게 시달린 덕분에 무뎌지고 떨림이 멈추질 않아 그런 일에는 도움이 되지 못하는 것이다. 실제로, 쉬지 않고 일하는 사람들은 나날을 진실하고 성실하게 살아갈 여유도 없다. 타인과 남자답게 사귈 여유도 없다. 그래서는 그의 노동의 시장 가치가 떨어져 버린다. 기계가 될 시간밖에는 없는 것이다. 언제나 자신의 지식을 휘둘러야만 하는 사람이 어찌 인간의 성장에 필요한 자신의 무지에 대한 자각을 계속해서 가지고 있을 수 있겠는가? 그러한 사람들에게는 때때로 이쪽의 음식과 의복을 베풀고, 이쪽의 강장제를 주어 체력을 회복시킨 뒤 그 사람들을 평가해야만 할 것이다. 인간의 가장 뛰어난 자질은 과일의 표면에 묻어 있는 하얀 가루와 마찬가지로 세심한 주의를 기울여 지켜내지 않

---

7) 신약 성경 마태복음 6장 19절에 '너희를 위하여 보물을 땅에 쌓아 두지 말라. 거기는 좀과 동록이 해하며 도둑이 구멍을 뚫고 도둑질하느니라.' 라는 말이 있다.
8) 그리스 신화. 데우칼리온은 프로메테우스의 아들. 대홍수에 의해서 다른 인간들이 멸망했을 때, 테미스의 가르침으로 아내 피라와 함께 돌을 뒤로 던져서 인간을 만들었다.
9) 오비디우스 『변신 이야기』 제1권 414~415행.
10) Sir Walter Releigh(1552 ?~1618). 영국의 군인, 탐험가, 정치가, 문필가. 소로우는 『서 월터 롤리론』(1843)을 집필한 적이 있다.

으면 안 된다. 그런데 우리들은 자신과 타인을 그다지 조심스레 취급하지는 않는다.

독자들 중에는 가난 때문에 생활이 괴롭고 때로는 숨이 끊어질 것만 같은 삶을 살고 있는 분들도 계실 것이다. 또 개중에는 지금까지 먹어온 저녁 식사 값조차 내지 못하고 이미 닳기 시작했거나 완전히 닳아 버린 외투나 구두의 대금도 지불하지 못한 채, 시간을 아끼거나 훔쳐서, 혹은 채권자들로부터 한순간의 시간을 빼앗아서 여기까지 읽어온 분도 틀림없이 있을 것이다. 나의 눈은 경험에 의해서 날카로워져 있기 때문에 대부분의 사람들이 비굴하고 은밀한 생활을 하고 있는 모습을 결코 놓치는 법이 없다. 여러분들은 장사를 시작해 보기도 하고 빚더미에서 벗어나 보려고도 하지만, 언제나 절벽 위에 세워져 있는 것이다. 그런데 먼 옛날부터 수렁에 비유되어 왔던 빚을 라틴 사람들은 æs alienum, 즉 '타인의 놋쇠'라고 불렀는데, 이는 그들이 동전들 중 일부를 놋쇠로 만들었기 때문이다. 지금도 사람들은 이 타인의 놋쇠에 의지하여 살다가 죽고 묻혀 버린다. 내일은 빚을 갚겠다, 틀림없이 갚겠다고 말하면서 오늘 그것을 갚지 못한 채 힘없이 죽어 버린다. 법에 어긋나지 않는 한 모든 수단과 방법을 동원하여 사람들의 환심을 사서 고객을 확보하려고 든다. 거짓말을 하고, 아부를 하고, 투표를 하고, 몸을 구부려 은근함의 조그만 껍질 속으로 들어갔는가 싶더니, 이번에는 호언장담으로 안개처럼 얄팍한 자신의 도량을 자랑해 보인다. 이 모든 것들이 이웃을 설득해서 구두, 모자, 외투, 마차 등의 주문을 받아내거나, 생활용품을 가져다 달라는 주문을 받아내기 위해서다. 그러다가 결국에는 몸을 망가뜨리고 만다. 그래서 병에 걸렸을 때를 대비하여 돈을 모아 두려고 낡은 옷장 속이나 흙을 바른 벽 뒤쪽의 양말 속에 돈을 숨기기도 하고, 그것도 아니면 가장 안전하다며 벽돌로 지은 은행에 맡기기도 한다. 장소나 금액의 많고 적음은 물을 필요도 없다.

때로는 참으로 이상하다는 생각이 들기도 하는데, 우리들이 흑인 노예 제도라 부르는 것이 —야만스럽기는 하지만— 북부에서는 자신과는 그다지 관계없는 사람들의 고통스러운 노동이 마음에 걸려서 견딜 수 없을 정도로 —굳이 말하자면— 고맙게 존재하고 있는 듯하다. 북부와 남부 전부를 노예화해 버리는 빈틈없고 악랄한 주인들이 헤아릴 수도 없이 많음에도 불구하고. 남부에 노예 감독이 있다는 것은 씁쓸한 일이지만, 북부에 있다는 것은 더욱 씁쓸한 일이다. 가장 씁쓸한 것은 자기 자신을 노예로 삼고 있는 노예감독들이 있다는 사실이다. 인간의 신성에 대해서는 잘들도 떠든다. 밤낮 없이 짐수레를 몰아 시장으로 달려가고 있는 거리의 마부들을 보아라. 그의 내부에 신성이 자라날 기미가 조금이라 보이는가? 이 사람들의 가장 큰 임무는 자신의 말에게 여물을 먹이고, 물을 마시게 하는 일이다! 운송으로 얻게 될 이익이 중요할 뿐, 자신의 운명 같은 것은 어떻게 되든 상관이 없는 것이다. '세상의 평판'이라는 주인을 섬기며 그저 마차를 달리고만 있지 않은가? 이 사람의 어떤 점에서 영원함과 신성함을 찾아볼 수 있단 말인가? 그는 몸을 움츠리며, 사람들의 눈을 의식하고, 하루 종일 말할 수 없는 불안감에 시달리고 있다. 영원하며 신성하기는커녕 자신에 대한 평판, 즉 그간 자신의 행위로 얻은 평판의 노예가 되어 버렸으며,[11] 포로가 되어 버렸다. 하지만 우리들이 남몰래 간직하고 있는 자신에 대한 평가에 비한다면 세상의 평가는 한낱 나약한 폭군에 지나지 않는다. 자신을 어떻게 생각하고 있는지가 그 사람의 운명을 결정하거나 혹은 암시를 해주는 법이다. '이미 노예가 해방되어 있는' 영국령 서인도 제도에서 이번에는 어떤 윌버포스[12]가 나타나 이러한 환상과 사상으로부터의 자기 해방을 실현시켜 줄는지. 또 마지막 심판의 날을 앞두고 자기의 운명에 대해서 사람들이 너무 큰 관심을 갖지 못하도록 하기 위해서 끊임없이 자수 방석의 껍데기를 만들고 있는 이곳의 부인네들을 생각해 보라! 시간을 헛되이 보내도 영원에는 아무런 상처도 생기지 않는다고 생각하고 있기라도 한 것인지?

대부분의 인간은 조용히 절망적인 생활을 보내고 있다. 흔히들 말하는 체념이란 절망의 확인에 지나지 않는다. 사람들은 절망의 도시에서 벗어나 절망의 시골로 가서 밍 크나 사향 뒤쥐의 용기[13]를 보고 스스로를 위로할 수밖에 없다. 인류가 행하는 경기와 오락의 밑바닥에는 언제나 무의식의 절망이 숨겨져 있다. 거기에는 기쁨이 없다. 기쁨은 일을 마친 뒤에 오는 것이기 때문에. 어쨌든 절망에 의한 행동을 하지 않는 것이 지혜의 한 특징이다.

교리문답은 아니지만, 인간의 가장 큰 목적은 무엇인가? 생활에 진정으로 필요한 물건과 수단은 무엇인가? 하는 질문에 대해서 생각해 보면, 사람들은 평범한 생활 방식이 무엇보다도 마음에 들었기 때문에 그것을 의도적으로 선택한 것처럼 보인다. 하지만 그들은 그것 외에는 선택의 여지가 없다고 착각을 하고 있다. 주의 깊고 건강한 인간이라면 태양이 떠올라 모든 곳을 구석구석 비추고 있었다는 사실을 잊지는 않을 것이다. 편견은 언제 버려도 늦지 않다. 사고와 행동 방식은 제 아무리 오래 전부터

---

11) 영어 속담 "우리들은 모두 여론의 노예다."에서 온 말.
12) William Wilberforce(1759~1833). 노예 해방법 성립(1833)에 중심적인 역할을 한 영국의 노예 해방 운동가.
13) 이 동물들은 덫에 걸리면 자신의 다리를 물어뜯어 자유를 얻으려고 한다.(Harding) 사향뒤쥐는 사향과 비슷한 냄새를 풍기는 수생설치류(水生齧齒類)다.

전해 내려온 것이라 할지라도 증거 없이 믿을 수는 없다. 오늘 모든 사람들이 입을 모아서 옳다고 말하며 묵인하고 있는 것이 내일은 잘못된 것이라는 말을 듣게 될지도 모른다. 밭에 단비를 뿌려 줄 구름이라고만 믿었던 것이 의견(意見)이라는 이름의 연기에 지나지 않았던 것이다. 옛날 사람들이 불가능하다고 말했던 일 중에서도 실제로 해 보면 가능한 일들이 있다. 옛날 사람들에게는 예전의, 오늘날의 사람들에게는 지금의 방법이 있는 것이다. 틀림없이 옛날 사람들은 불을 꺼뜨리지 않기 위해서 새로운 연료를 계속해서 공급하는 일조차도 알지 못했을 것이다. 오늘날의 인간들은 마른 장작인 석탄을 증기 가마 밑에 조금 넣어서 새처럼 빠른 속도로 지구를 돌 수가 있다. 옛날 사람들이 본다면 틀림없이 까무러칠 것이다. 청년보다 노인이 교사로서 더 적합하다고 말할 수는 없으며, 오히려 더 적합하지 않을지도 모른다. 나이를 먹게 되면 얻은 것보다 잃은 것이 더 많아지기 때문이다. 최고의 현자라고 해서 과연 삶을 통해서 절대적인 가치를 가진 무엇인가를 획득할 수 있었는지, 심히 의심스러운 부분이 아닐 수가 없다. 노인은 사실상 청년에게 정말로 중요한 조언을 해줄 수가 없는 법이다. 그들 자신의 경험은 매우 협소한 것이며, 그 인생은 남들에게는 말할 수 없는 이유로 인해서— 라고 본인들은 착각하고 있다— 비참한 실패로 끝나 버렸기 때문이다. 그중에는 과거의 경험을 비판할 수 있을 만큼의 성실성을 잃지 않고, 단지 옛날보다 나이를 더 먹었을 뿐이라고 말할 수 있는 사람이 있을지도 모르겠다. 나는 이 지구 위에서 30년 정도 살아왔는데, 연장자들로부터 가치 있는 조언은 물론, 진지한 조언조차 한 번도 받아본 적이 없었다. 그들은 적절한 말은 단 한마디도 해주지 않았으며, 그렇게 하고 싶어도 할 수가 없었을 것이다. 여기에 인생이라는, 내가 아직 거의 손을 대지 않은 실험이 있다. 하지만 예전에 누군가 손을 댄 적이 있다고 해서 내게 도움이 되는 것도 아니다. 만약 내게도 가치가 있다고 생각되는 경험을 하게 된다면, 그것은 틀림없이 나의 지도자들이 한 번도 가르쳐 준 적이 없는 것이라는 사실을 깨닫게 될 것이다.

한 농부가 내게 말한다.

"인간은 말이지, 야채와 같은 식물성 음식만 먹어서는 살아갈 수가 없어요. 뼈를 만들어 주는 성분을 섭취할 수가 없으니까."

그리고 농부는 황송하다는 듯이 하루의 일정한 시간을 자기 몸속의 뼈를 만들어 줄 원료를 공급하기 위한 일에 바친다. 이런 이야기를 하고 있는 동안에도 밭을 갈고 있는 소의 뒤를 따라 걷고 있다. 그런데 식물성 재료로 만들어진 뼈를 지닌 소는 어떤 장애물이 있어도 이에 개의치 않고 이 남자와 무거운 쟁기를 끌고 힘차게 앞으로 나간다. 매우 무기력하고 병적인 사회에서는 생활 필수품이라고 여겨지고 있는 것들이 다른 사회에서는 단순한 사치품에 지나지 않은 것이 되며, 또 다른 사회에는 아직 그 존재조차 전혀 알려져 있지 않은, 그런 일들도 있는 법이다.

인간 생활의 모든 영역은, 고지대에서부터 깊은 계곡에 이르기까지 모두 선각자들에 의해서 답파되었으며 이미 모든 점에 관심이 기울여지고 있다고 착각하고 있는 사람들도 있는 듯하다. 이블린[14]에 의하면 '현자 솔로몬은 나무와 나무 사이의 간격까지도 법령으로 제정했다. 또 로마의 집정관들은 이웃의 토지에 들어가 떨어져 있는 도토리를 주워도 몇 번까지는 불법 침입죄가 되지 않는지, 주운 것 중 몇 퍼센트가 이웃의 것이 되어야 하는지 등을 규정했었다.[15] 히포크라테스[16]는 손톱을 깎는 법까지 글로 남겼다. 손가락 끝과 일치하는 것이 좋으며. 그보다 길거나 짧으면 좋지 않다는 것이다. 인생의 다양성과 기쁨을 전부 맛보았다고 단정한 데서 오는 무료와 권태는 틀림없이 먼 인류의 조상인 아담 시절부터 있었던 일일 것이다. 하지만 아직도 인간의 능력은 결코 전부 다 발휘된 것이 아니다. 또한 전례에 의해서 그 능력을 판단해서도 안 된다. 그것은 아직도 극히 일부밖에 시험되지 않은 것이다. 과거에 어떤 실패를 했다 하더라도 '고민할 필요는 없다. 내 아들

아, 네가 끝내지 못한 일에 대한 책임을 네게 물을 자는 아무도 없으니'.[17]

우리들은 수많은 간단한 방법으로 자기 인생의 가치를 측정해 볼 수 있을 것이다. 예를 들어서 내 밭의 까치콩을 여물게 해주는 태양은 지구와 비슷한 태양계의 여러 천체들을 동시에 비추고 있다. 이 사실을 잊지 않고 기억하고 있었다면 나는 몇몇 잘못들을 범하지 않았을 것이다. 콩밭의 김을 매고 있을 때 나는 이 빛을 받고 있지 않았던 것이다. 별들은 얼마나 멋진 삼각형의 정점을 빚어내고 있는가? 우주의 수많은 궁[18]에 살고 있는 어떤 이상한 모습을 한 자들이 멀고 먼 곳에서 같은 순간에 같은 태양을 바라보고 있는 것일까? '자연'과 인간의 생활이란 우리들의 체질과 마찬가지로 여러 가지 모습을 하고 있다. 한 인생이 다른 사람의 인생에 어떤 희망을 줄지는 누구도 예측할 수가 없는 일이다. 우리들이 한순간 서로의 눈을 통해서 사물을 바라보는 것만큼 커다란 기적이 일어날 수 있을까? 우리들은 한 시간만에 세계의 모든 시대를 살아

---

14) John Evelyn(1620~1706). 영국의 정치가, 일기 작가.
15) John Evelyn, 『*Silva: or, a Discourse of Forest Trees*』(London, 1729, p.246).
16) 기원전 460 ?~375 ?에 살았던, '의학의 아버지'라 불리고 있는 고대 그리스의 명의.
17) H. W. Wilson, trans, 『*The Vishnu Purana*』(London, 1840, p.871).
18) 중세 점성술에서의 12궁.

가지 않으면 안 된다. 그렇다. 모든 시대의 모든 세계를. '역사', '시', '신화'. 다른 인간의 경험에 관한, 이처럼 놀랄 정도로 유익한 읽을거리를 나는 알지 못한다.

이웃 사람들이 선이라고 부르는 것들의 대부분을 나는 남몰래 악이라고 믿고 있으며, 내가 미심쩍다고 생각하는 일이 있다면 그것은 자신의 선행에 대해서일 것이라는 생각조차 든다. 도대체 어떤 악마에게 홀렸길래 그렇게 잘난 척을 했던 것일까? 노인들이여, 당신들은 그저 현명한 말들만 늘어놓아 주십시오. 70년이나 살아왔으니, 다소간의 명예는 손에 넣었을 테니까. 내게는 그런 것들에는 절대로 귀를 기울이지 말라는, 거역하기 힘든 목소리가 들려오고 있습니다. 어떤 세대는 다른 세대의 사업을 난파선처럼 버려 버리는 법입니다.

우리들은 지금 믿고 있는 것들보다 훨씬 더 많은 것들을 안심하고 믿어도 좋다고 생각한다. 일신상의 문제에는 너무 연연하지 말고, 오히려 다른 일에 대해서 진심으로 관심을 기울였으면 한다. '자연'은 인간의 강인함뿐만 아니라 나약함과도 잘 어울려 준다. 언제나 걱정과 긴장감에서 벗어나지 못하는 사람도 있는데, 이건 거의 불치의 병에 걸려 있는 것과 마찬가지인 것이다. 우리들은 어떤 일을 하고 있든지 자칫 그 가치를 과장해서 생각하는 경향이 있다. 그런데 손도 대보지 못하고 끝나 버리는 일은 또 얼마나 많은가? 혹은 병에라도 걸렸다면? 아니, 아니. 우리들은 그 얼마나 조심성이 많은지, 가능하다면 신념 같은 것은 갖지 말고 살아가자고 결심을 할 정도다. 하루 종일 주위에 신경을 쓰다가 밤이 되면 어쩔 수 없이 기도를 올리며 불확실한 것에 자신의 몸을 맡긴다. 이렇게 우리들은 자신의 생활을 매우 소중하게 여기며, 변혁의 가능성을 부정하고 철저하게 궁지에 몰려서 살아가지 않으면 안 되는 것이다. 그것만이 유일한 생활방식이라고 생각하고 있는 것이다. 하지만 사실은 하나의 중심점으로부터 얼마든지 반경을 그릴 수 있는 것처럼 다른 생활 방식은 얼마든지 있는 것이다. 모든 변혁은 기적이라고 생각할 수가 있다. 그리고 그것은 끊임없이 실제로 일어나고 있는 기적인 것이다. 공자는 "아는 것을 안다고 말하고 모르는 것을 모른다고 말하는 것이 참으로 아는 것이다."[19] 라고 말했다. 한 인간이 상상 속의 사실을 실행하여 그것을 오성 속의 사실로 만든다면, 모든 인간들이 자신들의 인생을 그 기초 위에 세울 수 있게 될 것이다.

지금까지 이야기해 온 고민과 걱정거리들의 대부분은 어디서 오는 것일까? 또 고민하고, 적어도 신경을 쓰거나

---

19) 『논어』 제2 위정(爲政) 17.

하는 일들은 어느 정도나 필요한 것일까? 이러한 문제에 대해서 잠시 생각을 해보자. 비록 피상적인 문명의 한가운데 있다 하더라도 원시적인 변경 생활을 해보면, 최소한의 생활필수품은 어떤 것이며, 그것을 손에 넣기 위해서는 어떻게 해야 하는지를 알게 된다. 이것은 매우 유익한 일이다. 혹은 상가의 낡은 장부를 뒤척여서 가게에서 가장 잘 팔린 물건은 어떤 것이었으며, 어떤 물건이 재고로 쌓였는지, 즉 가장 필요한 식품, 잡화류는 무엇인지를 조사해 보는 것도 좋은 방법이다. 시대의 진보도 인간 생활의 근본 법칙에는 거의 영향을 주지 못했다는 사실을 알게 될 것이다. 마치 현대인의 골격을 조상들의 골격과 구별할 수 없는 것처럼.

여기서 말하는 생활 필수품이란, 인간이 자신의 노력에 의해서 손에 넣는 물건 가운데서 처음부터 혹은 오랜 기간에 걸쳐서 사용한 결과 생활에 없어서는 안 될 물건이 되어 버린, 야만인이나 가난한 자나 철학자나, 모두가 그것 없이는 생활할 수 없이 되어 버린 물건을 말하는 것이다. 이런 의미에서 많은 동물에게 있어서 생활 필수품이란 오직 하나, '먹이' 밖에 없다. 대초원의 들소에게 있어서 생활 필수품이란, 숲과 산그늘에서 '둥지'를 찾는 경우를 제외한다면, 길이가 10㎝도 되지 않는 맛있는 풀과 마실 물이다. 모든 야생 동물들은 '먹이'와 '잠자리' 이외의 것들은 필요로 하지 않는다. 뉴잉글랜드 지방과 같은 기후 조건 속에서 살고 있는 인간들의 필수품은 '음식', '잠자리', '옷', '연료'라는 항목들로 나뉘어져 있다고 본다면 틀림없을 것이다. 사람들은 이런 것들을 확보하기 전까지는 성공에 대한 기대를 품거나, 인생의 근본 문제에 대해서 생각해 보려고 들지 않기 때문이다.

인간은 가옥뿐만 아니라 의복과 조리한 음식을 발명했다. 또 분명 우연일 것이라고 생각되지만 불의 따뜻함을 발견하게 되어 난방을 하게 되었고, 처음에는 사치라고 생각했을 것이 곧 오늘날과 같이 불 옆에 앉지 않으면 견디지 못하게 되어 버린 것이다. 고양이와 개도 지금은 인간과 마찬가지로 이러한 제2의 천성을 획득해 가고 있는 듯하다. 그리고 이러한 것들과 '연료'를 지나치게 사용하게 되면서부터, 즉 다시 말하자면 체내 온도보다 체외 온도가 높아지게 되면서부터 조리라는 것이 생겨난 것이라고 말할 수 있지 않을까?

박물학자인 다윈[20]이 티에라 델 푸에고[21] 원주민들에 대해서 이야기한 바에 의하면, 다윈 일행은 두꺼운 옷을 입고 모닥불 옆에 앉아 있어도 덥다는 생각을 전혀 하지 못

---

20) Charles R. Darwin(1809~82). 영국의 박물학자, 진화론자.
21) 남아메리카 대륙 남단에 있는 푸에고 제도로 이루어진 지역.

했는데, 이들 벌거벗은 미개인들은 모닥불에서 멀리 떨어져 있었음에도 불 때문에 땀을 뻘뻘 흘리고 있는 모습을 보고 매우 놀랐다고 한다. 이와 마찬가지로 유럽 사람들이 옷을 입고도 추위에 떨고 있을 때, 오스트레일리아 원주민들은 벌거벗은 채로 아무렇지도 않게 지낸다고 한다. 이러한 미개인들의 강건함과 문명인들의 지성을 하나로 조화시킬 수는 없는 것일까? 리비히[22]에 의하면 인간의 몸은 난로이며 음식은 폐에서의 내부 연소를 유지하기 위한 연료가 되는 것이라고 한다. 우리들은 추울 때는 많이 먹으며, 더울 때는 조금 먹는다. 동물의 체열은 서서히 일어나는 연소의 결과이며, 병이나 죽음은 이 연소가 너무 격렬하게 일어나는 경우, 혹은 연료 부족이나 통풍이 좋지 않아서 불이 꺼지는 경우에 일어난다. 물론 생명의 열을 불과 혼동해서는 안 되지만. 유추는 이 정도에서 끝을 맺겠다.

어쨌든 위에서 살펴본 바에 의하면 '동물의 생명'이란 표현은 '동물의 열'이라는 표현과 거의 같은 의미를 가지고 있는 것이라고 생각해도 좋을 듯하다. '음식'은 이 인간 내부의 불을 꺼트리지 않고 유지하기 위한 '연료'라고 보면 되는 것이며, 이 '연료'는 외부로부터 보급됨으로 해서 오직 '음식'을 조리하거나 몸을 따뜻하게 하는 데만 필

---

[22] Justus von Liebig(1803~73). 독일의 화학자.

요한 것이다. 한편 '잠자리'와 '의복'은 오직 이렇게 해서 발생하고 흡수한 '열'을 유지하기 위해서만 필요한 것이다.

따라서 인간의 몸에 있어서 가장 중요한 것은 몸을 따뜻하게 하는 것, 체내에 생명의 열을 유지하는 것이다. 그렇기 때문에 우리들은 '의'와 '식'과 '주' 뿐만 아니라, 밤의 의복이라고도 할 수 있는 침상 때문에도 커다란 수고를 하고 있는 것이다. 이 잠자리 속의 잠자리를 갖추려고 우리들은 두더지가 굴 깊은 곳에 풀과 나뭇잎으로 침상을 만드는 것처럼 새들로부터 둥지와 털을 빼앗고 있다. 가난한 사람들은 곧잘 세상은 냉정하다며 한탄을 한다. 실제로 우리들의 고민은 세상의 직접적인 차가움에서 오는 것도 많지만, 그에 못지 않게 육체의 차가움에서도 오는 것이다. 어떤 지방에서는 여름이 되면 낙원에서처럼 생활을 할 수 있다고 한다. 음식을 조리하는 것 이외에는 연료도 필요 없게 된다. 태양이 불이 되며, 많은 과일들이 그 빛을 받아 익어가는 것이다. '음식'의 종류도 많아지며 간단하게 손에 넣을 수 있게 된다. '의복'과 '잠자리'도 완전히, 혹은 거의 필요 없게 된다.

나의 경험에 비추어 보자면, 현재 우리나라에서는 이러한 생활 필수품에 더해서 두어 가지 도구, 칼, 도끼, 삽, 손수레 등이 필요하다. 학구적인 사람에게는 램프의 불,

문방구, 약간의 장서도 더해지는데, 이러한 것들은 모두 적은 비용으로 손에 넣을 수 있는 것들뿐이다. 그런데 어리석은 사람들은 언젠가는 뉴잉글랜드로 돌아가서 따뜻하고 편안하게 살다가 거기서 죽고 싶다는 소망 때문에 지구 반대편에 있는 야만스럽고 불건전한 토지로 건너가서 10년, 20년 동안 장사에 몰두한다. 사치스러운 생활을 할 수 있을 만큼 재산이 많은 부자들은 단지 편안하고 따뜻하게 사는 것뿐만 아니라, 몸이 축축 늘어질 듯한 더위 속에서 생활을 하고 있다. 왜냐하면 앞에서도 잠깐 언급한 바가 있지만, 그들은 불에 의해서 조리되고 있기 때문이다. 물론, 요즘 유행에 따른 것이기는 하지만.

사치품이나 생활의 위안이라고 불리고 있는 것들의 대부분은 단순히 불필요할 뿐만 아니라 오히려 인류의 진보를 방해하고 있다. 사치품과 위로라는 점에 있어서, 옛날부터 현자들은 가난한 사람들 이상으로 소박하고 궁핍한 생활을 해왔던 것이다. 중국, 인도, 페르시아, 그리스 등의 고대 철학자들은 외면적인 풍요로움에 있어서는 가장 가난하고, 내면적인 풍요로움에 있어서는 가장 풍부한 계급에 속해 있었다. 우리들 현대인은 그들에 대해서 너무도 모른다. 그래도 우리들이 지금 정도 알고 있는 것만 해도 신기할 정도이다.

그들의 동족인 근대 개혁자나 은인들에 대해서도 같은

말을 할 수 있을 것이다. 우리들의 말로는 자발적인 빈곤이라고도 부를 수 있을 법한 이 유익한 기반에 서지 않는다면, 그 누구도 인간의 생활을 공평하고 현명한 눈으로 관찰할 수 없는 것이다. 농업에 있어서나 상업, 문학, 예술에 있어서나 사치스러운 생활에서는 사치스러운 과실밖에 열리질 않는다. 현대에 철학 교수는 있어도 철학자는 존재하지 않는다. 그런데도 철학을 가르치는 일이 존경을 받고 있는 것은 예전에 철학을 연구하는 일이 존경을 받았었기 때문이다. 철학자가 된다는 것은 단순히 난해한 사상을 품거나 학파를 구축하는 것을 말하는 것이 아니라, 오직 지혜를 사랑하기 때문에 지혜가 명하는 대로 간소, 독립, 관용, 신뢰의 생활을 보내는 것을 말하는 것이다. 인생의 제반 문제들을 이론적으로뿐만 아니라 실천적으로도 해결하는 것을 말한다.

  대학자나 대사상가들의 성공한 모습을 보면 대부분이 신하로서의 모습을 띠고 있지, 영웅다운 모습이나 남자다운 모습은 보이질 않는다. 그들은 사실상 자신의 조상들과 마찬가지로 대세에 따라서 근근히 살아가고 있을 뿐이기 때문에, 어떤 의미에서도 고귀한 종족의 선조가 될 수는 없다. 그런데 인간은 어째서 타락하는 것일까? 가계(家系)가 끊겨 버리는 것은 어째서일까? 모든 국민을 나약하게 만들고 파멸로 인도하는 사치의 본질이란 무엇인가? 우리들의 생활 속에는 그것이 숨어 있지 않다고 감히 누가 단언할 수 있겠는가? 철학자는 생활의 외관에 있어서도 시대를 앞서나가는 법이다. 그의 의식주와 몸을 따뜻하게 하는 방법은 동시대 사람들과 같은 방법이 아니다. 철학자이면서도 타인보다 뛰어난 방법으로 생명의 열을 유지하는 방법을 모른다는 게 말이나 되는가?

지금까지 기술한 것과 같은 여러 가지 방법을 통해서 몸이 따뜻해지게 되면, 사람은 다음으로 무엇을 바라게 되는 것일까? 설마 지금까지 이야기한 것과 같은 종류의 따뜻함, 즉 좀 더 많은 양의 기름진 음식이나 크고 멋진 집, 좀 더 아름다운 의복과 언제나 타오르는 뜨거운 몇 개의 난로와 같은 것을 바라지는 않을 것이다. 이렇게 생활에 필요한 것들을 일단 손에 넣은 뒤에는 더욱 많은 것을 손에 넣으려고 하는 대신, 뭔가 해야 할 다른 일이 있을 것이다. 하찮은 노동으로부터 해방되어 휴가가 시작된 지금이 바로 인생의 모험에 나설 때인 것이다. 씨앗이 잔뿌리를 땅속으로 뻗기 시작한 것을 보면 토양은 그 종자에 적합한 것인 듯하다. 이번에야말로 자신감을 가지고 새싹을 위로 뻗을 수가 있을 것 같다. 인간이 이처럼 튼튼하게 대지에 뿌리를 내린 것은 그만큼 하늘을 향해서 일어서기 위해서가 아닌가? 고등 식물이 존경을 받으며, 결코 하등한 야채류와 같은 취급을 받지 않는 것은 그것이 지면으로부터 높이 성장하여 곧 대기와 빛 속에서 열매를 맺기 때문이다. 하지만 야채류는 2년생이라 할지라도 재배되는 것은 뿌리 뻗기를 마치기까지에 불과하며, 그것도 목적을 위해서 끊임없이 위쪽을 잘라 버리기 때문에 그 개화기를 아는 자가 매우 드물다.

나는 강인하고 용기 있는 사람들을 위해서 법칙을 만들자고 말하고 있는 것이 아니다. 그들은 천국에 있든 지옥에 있든 자신이 하고 싶은 일에 전념하며, 어쩌면 갑부를 능가할지도 모를 넓고 장엄한 저택을 짓고 돈을 물 쓰듯이 쓰면서 조금도 가난해지지 않는, 자신의 삶의 방식 같은 것에는 전혀 신경도 쓰지 않는—만약 세상이 언제나 꿈꾸는 그런 인물이 정말로 존재한다면— 사람들이다. 또 실제로 지금 그대로의 생활 상태에서 격려와 영감을 얻어 연애하는 자와 같은 애정과 열의를 가지고 현실을 소중히 여기는 사람들—나도 어느 정도는 그런 사람이라고 생각하고 있지만—에게 법칙을 설명할 생각도 없다. 또 어떠한 경우에 처하든 멋진 일에 종사하고 있다고 생각하는 사람, 그것도 자신이 훌륭한 일에 종사하고 있는지 어떤지를 확실하게 알고 있는 사람에게도 이야기할 마음은 없다. 주로 내가 말을 건네고 싶은 것은 평소 불만을 품고 쓸데없이 자신의 불운과 세상의 잔혹함을 한탄하기만 할 뿐, 이러한 것들을 개선하려고는 조금도 생각지 않는 대다수의 사람들에 대해서다. 또 자신의 의무는 다하고 있다고 착각하고 있기 때문에 타인에 대한 불평불만을 소리 높여 외치며, 그 어떤 위로의 말에도 귀를 기울이지 않는 사람들도 있다. 그리고 부정한 돈을 긁어모으기는 했지만 그것을 쓰는 방법도 버릴 방법도 알지 못하여 자신에게 채울 금은제 족쇄를 만들고 있는, 겉모습은 부자지만 모근 계급 중에서도 소름이 끼칠 정도로 가난한, 그런 계층 사람들도 염두에 두고 있다.

몇 년 전부터 내가 어떤 생활을 보내려고 했었는지를 이야기한다면, 그 실정을 조금이나마 알고 있는 독자들이라도 놀라지 않을 수는 없을 것이다. 더구나 아무것도 알지 못하는 사람은 틀림없이 눈을 휘둥그렇게 뜰 것이다. 여기서는 내가 가슴에 품어 왔던 계획의 극히 일부분만을 이야기하도록 하겠다.

날씨와 밤낮이라는 시간에 구애받지 않고 나는 순간 순간을 소중하게 살아가며, 막대기에 흠집을 내서 그것을 기록해 두어야겠다[23]고 마음먹었다. 나는 과거와 미래라는 두 개의 영원이 만나는 곳—바로 지금 이 순간—에 서려고, 그 선상에 발끝으로 서려고 했다. 기술 방법에 조금 애매한 점이 있더라도 부디 용서해 주길 바란다. 다른 대부분의 장사와는 달리 내 장사에는 비밀이 많다. 일부러 숨기려고 하는 것은 아니지만, 이 장사의 성질과 비밀은 떼려야 뗄 수 없는 관계에 있다. 나는 내 일에 대해서 내가 알고 있는 것은 전부 기꺼이 이야기할 생각이다. 문에 '출입 금지' 팻말을 내걸거나 하지는 않겠다.

꽤 오래 전의 일이지만, 나는 한 마리 사냥개와 한 마리 밤색 털을 가진 말과 한 마리 산비둘기를 잃었는데 아직도 그 행방을 찾고 있다.[24] 그들에 대해서, 그들의 발자국이나 어떻게 불러야 대답을 하는지 등에 대해서 내게 이야기를 들려준 사람은 대부분이 나그네들이었다. 그중에는 사냥개가 울부짖는 소리를 들었다거나, 말의 발굽소리를 들었다거나, 비둘기가 구름 사이로 사라져 가는 것을 봤다고 말하는 사람도 한둘 있었다. 그들은 마치 자신의 것을 잃어버리기라도 한 것처럼 어떻게 해서든 이 동물들을 찾아내려고 했었던 듯했다.

해 뜰 무렵과 새벽뿐만 아니라 가능하다면 '자연' 그 자체보다 앞서서 살아가고 싶다! 여름에도 겨울에도 나는 아침 일찍 일어나서, 이웃 사람 중 그 누구도 아직 일을

---

23) 옛날 영국에서는 크리켓 시합 등에서 글을 읽지 못하는 사람들이 막대기에 자국을 내서 득점을 기록했는데, 그것을 풍자적으로 이렇게 말했을 것이다.
24) 이들 동물들이 구체적으로 무엇을 의미하는가에 대해서는 여러 가지 설들이 있지만 정설은 없다. 어쨌든 소로우가 청년 시절에 체험한 정신적 상실감의 우화적 표현으로 보인다.

시작하지 않은 시간부터 곧잘 자신의 일을 시작하곤 했다. 물론, 나는 이 일을 마치고 집으로 돌아가는 길에 많은 마을 사람들을 만났다. 농민들은 어둠이 밝기 전부터 보스턴을 향해서 출발하며, 나무꾼들도 일에 나설 시간이기 때문이다. 틀림없이 내가 태양이 떠오르는 것을 실질적으로 도운 것은 아니었다. 하지만 일출의 순간에 그 자리에 있었던 것만으로도 매우 중요한 의미를 띠고 있었던 것이라는 사실만은 제발 의심하지 말아 주기 바란다.

이렇게 나는 종종 가을과 겨울의 여러 날들을 마을 밖에서 보내며 바람이 실어 오는 소식에 귀를 기울였고, 내가 들은 것들을 급히 사람들에게 전하려고 했다! 그것을 위해서 거의 전재산을 쏟아부었을 뿐만 아니라, 정면으로 바람을 맞으며 달렸기 때문에 숨이 막혀 버리기도 했다. 만약 이것이 어떤 정당과 관계 있는 소식이었다면 최신 정보와 함께 『가제트』 지상을 장식했을 것이다. 또한 때로는 절벽이나 나무 꼭대기에 있는 관측소에서 망을 보고 있다가 새로운 생물이 도착했을 때는 전보로 알리려고 했다. 혹은 땅거미가 깔리기 시작할 무렵이면 언덕에 진을 치고 있다가 하늘이 무너지면 무엇인가를 손에 넣겠다며 기다리고 있던 적도 있었다.[25] 결국 대단한 것을 얻지는 못했으며, 그나마 얻은 것도 다음날 햇빛을 받으면 만나[26]처럼 녹아 사라져 버리곤 했지만.

나는 오랫동안 잘 팔리지도 않는 잡지사의 기자로 있었다. 그런데 내 원고의 대부분은 활자화하기에 적당하지 않다고 편집장이 생각하고 있었기 때문에 다른 글쟁이들과 마찬가지로 나의 노고는 허사로 돌아가고 말았다. 하지만 내 경우는 자신의 노고 그 자체에 의해서 보답을 받았던 것이다.

여러 해에 걸쳐서 나는 눈보라와 폭풍우의 조사관으로 나 자신을 임명하고, 그 임무를 충실하게 수행해 왔다. 또한 큰길은 아니지만 숲 속의 작은 길이나 모든 오솔길의 측량사로서 사람의 발자국이 나 있는 것을 보고, 그것이 편리하겠다고 생각되면 언제나 그곳을 지나다닐 수 있게 해두었으며 계곡에는 다리를 놓아 일 년 내내 건너다닐 수 있게 해두었다.

또한 나는 울타리를 뛰어넘어 도망침으로 해서 충실한 목동을 매우 곤란하게 만드는 마을의 말썽꾸러기 가축들도 돌보아 왔다. 사람의 방문이 거의 없는 농장 구석구석까지 나의 시선은 빈틈없이 미치고 있었던 것이다. 하지만 조나스와 솔로몬이 오늘은 어느 밭에서 일하고 있는지를

---

25) 영어 속담에 "하늘이 무너지면 종다리를 얻을 수 있다."는 속담이 있다. "감나무 밑에 누워서 홍시 떨어지기를 기다린다."는 뜻.
26) 옛날 이스라엘 민족이 황야에서 신으로부터 받았던 음식. 구약 성경 출애굽기 16장 24~36절 참조.

언제나 알고 있었던 것은 아니었다. 내게 있어서 그것은 아무래도 상관이 없는 일이었다. 나는 붉은월귤나무, 샌드 벚나무, 팽나무, 적송, 검은물푸레나무, 백포도, 노랑오랑캐꽃 등에 물을 주었다. 그렇게 하지 않았다면 건기에 모두 말라 버렸을 것이다.

즉 나는 오랫동안—자랑은 아니지만—이렇게 내 자신의 일을 충실하게 수행해 왔다. 하지만 결국 마을 사람들에게는 나를 마을의 관직자 리스트에 올릴 계획도 없으며, 약간의 수당을 주어 한직에 앉힐 계획도 없다는 사실을 더욱 확실하게 알게 되었다. 나의 계산서— 충실하게 기록되었다는 사실을 맹세할 수 있다—는 실제로 한 번도 감사를 받지 않았으며, 하물며 승인되거나 지급받거나 정산된 적은 단 한 번도 없었다. 그렇다고 해서 내가 특별히 그러한 것들에 매달려 있었던 것은 아니지만.

그다지 오래된 얘기는 아니지만, 각지를 돌아다니는 한 인디언이 우리 집 근처에 살고 있는 유명한 변호사의 집으로 바구니를 팔기 위해 찾아간 적이 있었다. 인디언이 물었다.

"바구니 필요 없으세요?"

"집에 있는 것만으로도 충분하오."

대답은 이랬다.

"첫, 우리들을 굶겨 죽일 생각인가?"

인디언은 문을 나서며 들으라는 듯이 이렇게 말했다.

근면한 백인 이웃들이 매우 유복한 생활을 하고 있는 것을 보고 —예를 들자면, 이 변호사는 변론을 하는 것만으로도 무슨 마법처럼 부와 지위가 굴러 들어오고 있다— 인디언은 이렇게 중얼거린 것이었다. '그래, 나도 장사를 시작하자. 바구니를 짜는 일이라면 나도 할 수 있으니.' 라고. 그는 바구니를 짜기만 하면 자신의 역할은 모두 끝난 것이며, 이번에는 백인들이 그것을 살 차례라고 생각하고 있었다. 바구니를 다른 사람이 살 만한 가치가 있는 것으로 만들어야 한다거나, 적어도 그런 생각을 갖게 해야 한다거나, 가능하다면 다른 살 만한 가치 있는 것을 만들 필요가 있다는 사실은 전혀 생각지도 못하고 있었던 것이다. 나도 예전에 촘촘한 코를 가진 바구니를 만든 적은 있지만, 사람에게 팔 만한 가치가 있는 것을 만들지는 않았다. 하지만 나의 경우는 그렇다고 해서 바구니를 만드는 일이 내게 무가치한 것이라고는 생각하지 않았기 때문에 다른 사람이 살 만한 가치가 있는 것을 만들려면 어떻게 해야 하는 것인지를 생각하는 대신에, 오히려 그것을 팔지 않고 처치할 방법을 연구했었다. 사람들이 칭찬하고 추켜세우는 인생이란, 수많은 인생 중의 하나에 지나지 않는다. 왜 다른 삶을 희생하면서까지 하나의 삶만을 과대 포장하지 않으면 안 되는 것일까?

우리 시민 동지들은 내게 관청의 일자리도, 부목사의 자리도, 다른 생업도 제공해 줄 마음이 없으며, 나 스스로 꾸려 나가지 않으면 안 된다는 사실을 알게 되었기 때문에 나는 전보다 더욱, 마을에서보다 내 얼굴이 더 잘 알려져 있는, 숲 쪽으로 시선을 돌리게 되었다. 나는 산정해 두었던 자본이라는 것이 손에 들어오기까지 기다리지 않고, 전부터 소유하고 있던 약간의 자금을 바탕으로 곧 일에 착수하기로 했다. 내가 월든 호수로 간 목적은, 그곳에서 돈이 안 드는 생활을 하거나 사치스러운 생활을 하기 위해서가 아니라, 어떤 개인적인 일[27]을 가능한 한 사람들의 방해를 받지 않고 해내기 위해서였다. 미미한 상식과 진취적인 기상, 실무 능력이 없다고 해서 그 일의 달성을 방해받는다면, 그건 한심한 것이 아니라 멍청한 것이라는 생각이 들었던 것이다.

 나는 언제나 꼼꼼한 실무자로서의 면모를 갖추려고 노력해 왔다. 이것이야말로 모든 사람들에게 없어서는 안 될 것이다. 가령, 당신이 중국을 상대로 상업을 한다고 할 경우, 세일럼 항구 근처 해안에 작은 회계 사무소를 둔다

---

27) 처녀작 『콩코드 강과 메리맥 강에서의 일 주일』(1849)의 집필.
28) La Perouse 키(1741~88). 프랑스의 탐험가. 태평양을 항해하던 중 행방불명이 되었는데, 1826년에 바니콜로 섬에서 그 배의 잔해가 발견되었다.

면 그것으로 완전히 준비를 갖추게 되는 셈이다. 당신은 이 나라가 산출하는 것, 즉 대량의 얼음, 소나무 목재, 약간의 화강암 등 순 국산품들을 언제나 자국 배로 수출할 수가 있다. 모든 것들이 상당한 투기 대상이 되는 것들뿐이다. 당신은 모든 자잘한 일에 이르기까지 스스로 관리하지 않으면 안 된다. 도선사(導船士)이자 선장이며, 선주이자 보험업자다. 팔고, 사고, 장부를 기록하는 것뿐만 아니라, 받은 편지는 전부 한 번쯤 읽어 보아야 하며, 보내는 편지는 전부 자신이 직접 쓰든지 읽어야 한다. 밤이고 낮이고 수입품 하역 작업을 감독해야 한다. 해안 지방을 정신 없이 뛰어다녀야 하는데, 저지 근처의 해안에서 특히 값비싼 물건들의 하역 작업이 곧잘 이루어지곤 하기 때문이다. 또 당신은 스스로가 통신기가 되어 끊임없이 수평선을 바라보며 해안을 향해 들어오는 모든 선박과 교신을 해야 한다. 멀리 떨어져 있는, 상식 밖의 가격으로 팔리고 있는 시장에 물건을 공급하기 위해서 끊임없이 상품을 보내야 한다. 각지의 시황(市況), 전쟁과 평화의 예측에 관한 정보에 통달해야 하며, 상업과 문명의 동향을 예측해야 한다. 모든 탐험대들의 성과를 활용하고 새로운 항로와 항해술의 진보를 이용해야 한다. 또 항해도를 보고서 암초와 새로운 등대와 부표의 위치를 확인하고, 끊임없이 로그표를 정정해야만 한다. 로그표를 잘못 계산한 덕분에 안전한 선착장에 도착해야 할 배가 암초에 걸려 부서지는 일이 종종 일어나고 있기 때문이다. 아직도 진상이 밝혀지지 않은 라 페루즈[28]의 비운이 바로 그런 예 중의 하나다. 과학 전반의 움직임에 뒤떨어져서는 안 되며, 한노[29]와 베니키아 사람을 시작으로 오늘날에 이르기까지의 모든 위대한 발견자와 항해자, 위대한 모험가와 상인들의 전기를 연구해야 한다. 마지막으로 사업의 현황을 알기 위해서 때때로 재고품을 파악해 두지 않으면 안 된다. 이것은 모든 지혜를 총동원하여 임하지 않으면 안 되는 커다란 사업이다. 이익과 손실, 이자, 포장의 무게 산정, 그리고 그것을 산정할 때는 모든 종류의 용기들을 측정해야 하는 등 광범위한 지식을 필요로 하는 작업이다.

나는 월든 호수라면 일을 하기에 적합한 장소가 될 것이라고 생각했는데, 그것은 철도나 얼음 채취업이 있기 때문만은 아니었다. 이 호수는 사람들에게 알리기가 아까울 정도로 수많은 이점을 갖추고 있기 때문이다. 그곳은 양항이기도 하며, 지반도 매우 튼튼하다. 어디에 집을 짓는다 하더라도 스스로 말뚝을 박지 않으면 안 되는데, 네바 강의

---

29) 기원전 6~5세기 카르타고의 항해사. 지브롤터 해협을 지나서 아프리카의 서쪽 해안을 따라 북위 7도 부근까지 남하하였으며, 『항해기』를 남겼다.
30) 옷걸이라는 의미 외에도 '새로운 유행을 따르는 사람'이라는 뜻이 있다.

늪지처럼 매립을 할 필요는 없다. 서풍을 동반한 밀물로 네바 강이 범람하여 얼음이 밀려들면, 상트페테르부르크의 거리는 완전히 사라져 버릴 것이라고들 하지 않는가?

이 일은 변변한 자본도 없이 시작하게 되었는데, 그렇다면 그러한 모든 계획에 없어서는 안 될 자재를 내가 어디서 손에 넣을 생각이었는지 도저히 상상하지 못하는 사람들이 있을지도 모르겠다. 바로 문제의 실제적인 면으로 들어가서, 먼저 '의(衣)'에 대해서 이야기해 보겠다. 우리들은 의류를 조달할 때 참된 의미에서의 실용성보다는 새로움이나 세상의 시선에 좌우되는 경우가 많은 듯하다. 일을 하지 않으면 안 되는 사람에게 의류란 우선 생명의 열을 유지하기 위한 것이다. 다음으로 오늘날의 사회풍조를 바탕으로 이야기하자면, 나체를 감싸는 것에 있다는 사실을 상기해야 한다. 그렇게 하면 그는 옷장의 내용물들을 늘리지 않더라도 필요한, 혹은 중요한 일을 척척 해낼 수 있다는 사실을 알게 될 것이다. 전용 재단사가 만들어준 의상이라 할지라도 그것을 한 번밖에 착용하지 않는 왕이나 왕비들은 몸에 꼭 맞는 옷이 가져다주는 기분 좋은 착용감을 맛보지 못한다. 그들은 새로운 옷을 걸어두는 옷걸이[30]와 별반 다를 바가 없다. 우리들의 의복은 입고 있는 사람의 성격이 그대로 배어들어 하루하루 육체에 동화되어 가기 때문에 결국에는 자신의 몸과 마찬가지로 망설이거나, 의료 기계로 치료를 하거나, 의식이라도 올린 다음이 아니라면 과감하게 버릴 수도 없게 되어 버린다.

나는 기운 옷을 입었다고 해서 그 사람을 낮게 평가한 적은 단 한 번도 없었다. 하지만 대부분의 사람들은 건전한 양심을 갖기보다는 유행에 맞는 옷을 입거나, 하다 못해 기운 곳이 없는 새로운 옷이라도 입고 싶어서 견딜 수가 없는 듯하다. 그렇지만 가령 터진 곳을 수선하지 않은 옷을 입었다 하더라도 그 사실이 나타내는 최고의 악덕이란, 고작 그 사람이 부주의하다는 사실 정도에 지나지 않을 것이다. 나는 종종 이런 식으로 친구들을 시험해 보곤 한다. '무릎을 기우거나 두어 군데 뜯어진 곳을 기운 자국이 있는 바지를 입을 수 있는 사람?' 사람들의 표정을 보면, 그런 것을 입었다가는 앞날에 대한 희망이 완전히 끊어져 버린다고 착각을 하고 있는 듯하다. 틀림없이 터진 바지를 입고 거리를 걷기보다는 삔 다리를 절룩이며 거리를 걷는 것이 더 속 편하다고 생각하고 있을 것이다. 신사의 다리에 사고가 일어난 경우에는 대부분 수리를 할 수 있다. 그런데 같은 사고가 그의 바지에 일어난 경우에는 손을 쓸 수가 없다니, 이 무슨 어처구니없는 소리란 말인

---

31) Ida Pfeiffer(1797~1858). 오스트리아의 여행가. 인용문은 그녀의 저서 『A Lady's Voyage round the World』(New York, 1852, p.256) 중에서.

가? 그 남자는 참으로 존경할 만한 것보다도 세상에서 존경하고 있는 것을 더욱 소중하게 여기고 있기 때문이다.

우리들은 친분을 가지고 있는 사람은 얼마 되지 않지만, 외투나 바지에 대해서는 매우 많은 것들을 알고 있다. 허수아비에게 가장 좋은 옷을 입혀 놓고 당신이 그 옆에 멍하니 서 있으면, 지나가는 사람들은 허수아비에게 먼저 인사를 할 것이다. 얼마 전에 한 옥수수밭을 지난 적이 있었는데, 그 옆의 말뚝에 걸어놓은 모자와 외투를 보고 처음으로 그 농장의 주인이 누구인지를 알 수 있었다. 사내는 조금 전에 만났을 때보다 조금 더 햇빛에 얼굴이 타 있었을 뿐임에도 불구하고. 주인의 집에 옷을 입은 낯선 사람이 접근을 하면 반드시 짖어대지만, 벌거벗은 도둑에게는 간단히 길들여진다는 개에 대한 이야기를 들은 적이 있다. 사람들이 옷을 벗었을 때 그 상대적인 지위를 어느 정도까지 유지할 수 있을까 하는 것은 상당히 흥미진진한 문제가 아닐 수 없다. 과연 그때도 문명인 중에서 가장 존경받고 있는 계급에 속한 사람들을 확실하게 구별해 낼 수 있을까? 파이퍼 부인[31]은 동쪽에서 서쪽으로 도는 세계 일주에서 고국에 가까운 러시아령 아시아까지 왔을 때, 당국자를 만나러 가는데 여행복이 아닌 다른 옷을 입을 필요를 느꼈다고 한다. '문명국에 들어서면, …… 복장에 따라서 판단을 받게' 되기 때문이다. 이 민주적인 뉴잉글랜드의 도시들에 있어서조차도 우연히 부를 소유하게 된 사람이 의상이나 장신구로 그것을 과시하면, 그것만으로도 어디에서나 존경을 받게 된다. 하지만 이러한 것을 존경하는 무리들은 제 아무리 숫자가 많다 하더라도 어처구니없는 우상 숭배자에 불과하기 때문에 선교사를 보내야 한다. 그리고 의복을 만드는 데는 바느질이라는 일이 없어서는 안 되는데, 이것이야말로 극심한 노동인 것이다. 적어도 여성용 드레스를 만드는 일에는 전혀 끝을 찾아볼 수가 없다.[32]

드디어 자신이 해야만 하는 일을 발견한 사람은 일부러 작업복을 새로 지을 필요는 없다. 언제부턴가 다락 구석에서 먼지를 뒤집어쓰고 있는 낡은 옷이 한 벌 있으면 그것으로 충분하다. 낡은 구두라도 영웅이 신으면 하인이 신는 것보다―영웅임에도 불구하고 하인을 데리고 있다고 치고― 오래 사용할 수 있을 것이다. 맨발이 구두보다 역사가 오래되었으며, 영웅은 맨발로도 살아갈 수 있을 테니. 저녁의 파티나 국회의 의석에 참가하는 자들만이 새로 지은 외투를 입을 필요가 있다. 입고 있는 본인들처럼 끊임없이 외투도 바뀌는 것이다. 하지만 나의 재킷과 바지, 모자와

---

32) 영어의 옛말에 "남자는 아침부터 밤까지 일을 하지만, 여자의 일은 끝이 없다."는 말이 있다.
33) 신약 성경 마태복음 9장 17절에서.

구두가 신을 예배하는 데 어울리는 것이라면, 더 이상 이러쿵저러쿵 말할 필요도 없는 것 아니겠는가? 낡은 옷, 가난한 소년에게 주어도 전혀 자선행위가 되지 않으며, 받은 소년이 더욱 가난한 소년—가진 것이 없어도 살아갈 수 있으니 오히려 부자라고 해야 하는 걸까?—에게 주어 버리고 싶을 정도로, 자신의 옷—예를 들어서 외투—을 오래 입어서 결국에는 그것이 원시적 요소로 분해되어 가는 것을 지켜본 사람이 과연 지금까지 있었을까?

옷을 입고 있는 새로운 인간은 필요 없고 대신 새로운 옷이 없으면 꾸려 나갈 수 없는, 그런 모든 사업에는 주의를 기울이는 편이 좋다. 새로운 인간이 없다면 새로운 옷 같은 게 어울릴 리가 없질 않겠는가? 새로운 사업을 일으키고 싶다면, 낡은 옷을 입은 채로 해보도록 하라. 모든 사람들이 원하고 있는 것은 일의 수단이 아니라 일을 하는 것, 그리고 한 사람의 인간이 되는 것이다. 우리들의 낡은 옷이 제 아무리 너덜너덜해지고 더러워져도, 어쨌든 행동을 시작하여 사업을 계획하고 시작한 결과, 자신이 낡은 옷을 입은 새로운 인간이 되었다고 느껴지며, 또한 낡은 옷을 입은 채로 있다는 것은 새로운 술을 낡은 가죽 주머니에 넣어두는 것[33]과 같은 일이라는 생각이 들 때까지는 결코 의복을 새로 맞춰서는 안 된다. 조류들의 털갈이 시기와 마찬가지로 인간이 옷을 갈아입어야 할 시기는 생애 중에서도 위기의 국면을 맞았을 때라고 정해져 있는 것이다. 아비는 이 시기를 넘기려고 홀로 호수로 숨어든다. 또 뱀이 허물을, 송충이가 털옷을 벗어던지는 것도 내부의 노력과 성장에 의해서다. 인간에게 있어서 의복은 가장 바깥쪽에 위치한 표피이며 형해(形骸)[34]에 지나지 않는다. 이런 생각 위에 서지 않는다면 우리들은 거짓 국기를 올리고 항해하는 꼴이 되어, 결국에는 세상뿐만 아니라 자기 자신으로부터도 외면을 당하게 되어버릴 것이다.

우리들이 겹겹이 옷을 껴입는 것은 외생 식물처럼 바깥쪽으로 두께를 더해가면서 자라났기 때문이 아닐까 하는 의심이 들 정도다. 인간이 몸의 바깥쪽에 두르는 얇고 변덕스러운 의복은 표피, 혹은 가짜 피부로 생명과는 아무런 관계도 없는 것이니, 여기저기를 벗겨내도 치명상이 되지는 않을 것이다. 언제나 입고 있는 두꺼운 옷은 세포질 외피, 즉 피질이 되는 셈이다. 하지만 셔츠는 체관부, 즉 참된 수피(樹皮)로, 그것을 벗겨내면 수피가 벗겨진 수목과 마찬가지로 인간은 죽어 버린다. 그 어떠한 종족도 어떤 계절에는 셔츠에 상당하는 것을 입지 않는가? 사람들은

---

34) mortal coil. 셰익스피어의 『햄릿』 제3막 제1장 67행에서는 '세상의 번거로움'이라는 의미로 사용되었다.
35) 기원전 6세기 그리스의 철학자인 비아스(7현인 중 한 명)를 일컫고 있는 것으로 보인다. (Harding)

어둠 속에서도 자기 자신을 잃지 않도록 하기 위해서 될 수 있는 한 소박한 옷을 입어야 한다. 또한 모든 면에서 간소함을 염두에 두고 불의의 사태에 대비한 생활을 한다면, 적이 마을을 점령해도 저 유명한 고대 철학자[35]처럼 유유하게 빈손으로 성문을 빠져나갈 수가 있다. 두꺼운 옷이 한 벌 있으면 대체로 얇은 옷 세 벌의 역할을 해주는데, 값싼 의류라면 사는 사람의 주머니 사정에 맞는 옷을 살 수가 있다. 두꺼운 외투를 5달러 주고 사면 5년 동안은 입을 수 있다. 두꺼운 바지는 2달러, 소가죽 부츠는 1달러 50센트, 여름용 모자는 25센트, 겨울용 챙 없는 모자는 62.5센트(집에서 만들면 거의 공짜나 다를 바 없다)에 살 수 있다. 그렇다면 자신이 벌어들인 돈으로 사들인 이런 옷들을 입고 있는데도 경의를 표해 주는 현명한 사람을 만나지 못하는 그런 불운한 인간이 과연 있을까?

내 마음에 드는 모양대로 옷을 만들어 달라고 주문하면 맞춤복 가게의 여자는 난처한 표정을 지으며 "요즘, 사람들은 그런 식으로는 만들지 않아요."라며, '사람들'이라는 말을 전혀 아무렇지도 않다는 듯한 가벼운 어조로 말한다. 마치 '운명의 여신'과도 같은 초인격적인 권위자의 말을 인용하고 있다는 듯한 어조다. 내가 진심으로 말하고 있다는 사실, 그리고 그렇게까지 무모한 사람이라는 사실을 그녀가 도무지 믿으려 들지 않기 때문에 나는 좀처럼 내가 생각한 것과 같은 옷을 맞춰 입을 수가 없다. 이처럼 신탁(神託)과도 같은 말을 들으면, 나는 한동안 생각에 잠기게 된다. 한 마디 한 마디를 떼어내서 음미를 하고 그 말이 가지는 의미를 이해하려고 하며, '사람들'이라는 것이 '자신'과 어느 정도 깊은 혈연 관계에 있는지, 이처럼 중요한 문제에 대해서 나에게 어떤 권위를 주장하고 있는지를 알고 싶어지는 것이다. 결국 나는 그녀에게 지지 않을 정도의 신비한 어조로, 그리고 '사람들'이라는 곳은 그녀와 똑같이 아무렇지도 않다는 어조로 "틀림없이 얼마 전까지는 그랬지만, 요즘에는 사람들 사이에서 유행이 바뀌었어요."라고 말해 보고 싶어지게 된다.

만약 재단사가 내 성격의 치수는 재지 않고 외투를 걸어 놓는 옷걸이라도 취급하는 것처럼 내 어깨 넓이만 잰다면, 치수를 재는 일에 무슨 의미가 있을 것인가? 우리들은 '미의 여신'이나 '운명의 여신'이 아닌 '유행의 여신'을 숭배하고 있는 것이다. 이 여신은 대단한 권위로 실을 자아서, 옷감을 짜고 재단을 한다. 파리에 있는 원숭이 두목이 챙 없는 여행자용 모자를 쓰면, 미국의 모든 원숭이들이 그를 흉내낸다. 나는 종종 이 세상에서 타인의 도움을 받으려고 한다면 일을 아주 단순하고 정직하게는 이끌어 나갈 수 없는 것이 아닐까 하는 절망적인 기분에 사로잡힐 때가 있다. 우선 그들을 강력한 압착기에 넣어서 낡은 관념을 짜낸 다음, 한동안은 다시 일어서지 못하도록 하지 않으면 안 된다. 그러면 어느 틈에 낳아 놓았는지도 모르게 낳아 놓은 알 속에서 부화한 구더기처럼 기괴한 생각을, 매우 소중하게 머릿속에서 기르는 인간이 그들 속에 나타날 것이다. 이것은 그 구더기가 무슨 수를 써도 죽지 않기 때문인데, 덕분에 나는 굉장한 고생을 하게 된다. 단, 이집트의 보리알갱이가 미라 덕분에 현대에까지 전해졌다고 일컬어지고 있는데 이것도 잊지 않고 기억해 두고 싶다.

대체적으로 말해서 복식이라는 것은 우리나라에서나 다른 그 어떤 나라에서도 아직은 예술로서의 품격을 갖추지는 못한 듯하다. 아직까지 사람들은 무엇이든 손에 들어온 옷으로 급한 용무를 마치고 있다. 난파선의 뱃사람들처럼 해변에서 발견한 것을 닥치는 대로 몸에 걸치기 때문에, 살고 있는 장소나 시대가 조금이라도 다르면 서로의 모습이 우스워서 견딜 수가 없는 것이다. 그 어떤 세대도 지난날의 유행을 비웃으면서도 새로운 유행을 좇기에 정신이 없다. 현대인들은 헨리 8세나 엘리자베스 여왕의 의상을 보고 마치 식인종들이 살고 있는 섬의 왕이나 여왕의 의상이라도 본 것처럼 재미있어 한다. 사람의 몸을 떠난 의상이란 전부 한심하고 우스운 것이다. 웃음을 참게 하고 사람의 의상을 귀한 것이라고 생각하게 하는 것은 그 의상 속에서 빛을 발하는 진지한 눈빛과, 그 속에서 영위되어진 성실한 삶뿐이다. 희극 배우가 복통을 일으키면 그 화려한 의상도 비통의 빛을 띠게 될 수밖에 없을 것이다. 병사가 포탄에 맞으면 갈가리 찢긴 군복은 귀인들의 자줏빛 옷처럼 그의 몸을 장식하기에 합당한 것이 된다.

새로운 무늬를 갖고 싶어하는 유치하고 야만스러운 취미를 가진 남녀가, 만화경을 자꾸만 흔들어가며 그 속을 애꾸눈으로 들여다보고 지금 세대가 원하고 있는 독자적인 무늬를 발견해 내려고 하고 있다. 섬유업자들은 이러한 취향이 일시적인 변덕이라는 사실을 먼 옛날부터 알고 있었다. 독특한 색을 가진 실이 두세 가닥 많은가 적은가 하는 차이밖에 없는 두 종류의 무늬 중 하나는 금방 팔리지만, 다른 하나는 창고에 쌓이게 된다. 그런데 한 계절이 지날 때쯤이면 팔리지 않았던 쪽이 유행의 물결을 타게 되는 경우도 종종 일어나게 된다. 이에 비한다면 문신이란 세상에서 말하는 것만큼 혐오스러운 습관은 아니다. 모양이 피부 깊은 곳에 새겨져 있어서 바꿀 수 없다는 사실만으로는 야만스럽다고 할 수 없는 것이다.

우리나라의 공장 제도는 인간이 의류를 확보하는 데 있어서 필요한 최상의 방법을 취하고 있다고는 볼 수가 없다. 직공들의 노동 조건은 하루가 다르게 영국의 그것에 접근해 가고 있다. 하지만 이것은 그다지 놀랄 만한 일이 아니다. 내가 보고 들은 바에 의하면, 공장 제도의 주요한 목적은 인간이 정직하게 일한 돈으로 옷을 사 입도록 하기 위한 것이 아니라 회사를 살찌우는 것에 있다는 사실을 명확하게 알 수 있기 때문이다. 결국, 인간은 조준한 물건만을 쏘아 떨어뜨릴 수 있을 뿐이다. 그러니 지금 당장은 실패한다 하더라도 훨씬 더 높은 곳을 조준하는 편이 좋을 것이다.

'주(住)'에 대해서, 지금은 그것이 생활 필수품이 되었다는 사실을 나도 부정할 마음은 없다. 하지만 우리나라보다 추운 나라들에서 사람들이 오랫 동안 집 없이 살아왔다는 예는 있다. 새뮤얼 래잉[36]에 의하면 "라플란드인들은 가죽 의복을 입고 머리와 어깨에 가죽 자루를 뒤집어 쓴 채 며칠 밤이고 눈 위에서 잔다. 그 어떤 털옷을 입고 있어도 몸을 내놓기만 하면 그것으로 그만 생명의 등불이 꺼져 버릴 정도의 추위 속에서."라고 한다. 그는 그런 식으로 잠을 자는 모습을 실제로 본 것이다. 그리고 그는 "그들은 다른 사람들보다 특별히 강건한 것도 아니었다."

---

36) Samuel Laing(1780~1866). 스코틀랜드의 저술가, 여행가. 이하는 그의 저서 『Journal of a Residence in Norway』(London, 1837, p.295.)에서 인용.

라는 말도 덧붙였다. 하지만 틀림없이 인간은 지구상에 출현한 지 얼마 지나지 않아서 집 속에서 생활하는 것의 편리함, 즉 가정의 편안함— 처음에 이 표현은 가족이 가져다 주는 만족감보다 가옥이 가져다 주는 만족감을 나타내는 말이었을 것이다 —을 발견하게 되었을 것으로 생각된다. 단, 가옥이라고 하면 주로 겨울이나 우기가 연상될 뿐, 일 년 중 3분의 2는 파라솔이 더 필요할 정도로 집 같은 것은 필요 없는 풍토에서는 그러한 만족감도 극히 일부 사람들만이 맛보는 것이며 아주 가끔 맛보고 싶어하는 것일 테지만.

우리나라와 같은 풍토에서도 여름의 집이라고 하면, 옛날에는 대부분 밤에 그저 머리 위만을 가리는 정도의 것에 지나지 않았다. 인디언들의 기록에서 위구웜[37]은 하루 동안의 행진의 상징이며, 나무껍질에 나란히 새기거나 그려넣은 위그웜의 숫자는 야영한 날수를 나타내는 것이었다. 인간은 그다지 크지 않은 사지와 건강하지 못한 육체를 부여받았기 때문에 자신의 세계를 좁혀서 자신에게 알맞은 공간을 벽으로 두를 수밖에 없었던 것이다. 그 인간들도 처음에는 알몸으로 옥외에 있었다. 하지만 날씨가 평온하고 따뜻한 낮 동안에는 그것도 매우 쾌적했을 것이

---

37) 주로 북미의 5대 호수 동쪽에 살던 인디언들이 사용하던 반구형 텐트.

지만, 타오르는 듯한 태양이 비출 때는 말할 것도 없고 우기나 겨울에 서둘러서 가옥이라는 피난처로 몸을 감싸지 않았다면 인류는 꽃을 피우기도 전에 져 버렸을 것이다. 저 유명한 우화에 의하면, 아담과 이브는 의복으로 몸을 감싸기 전에는 나무 그늘에 몸을 숨기고 있었다. 인간은 우선, 몸을 따뜻하게 하고 사랑을 따뜻하게 하기 위해서 따뜻하고 편안한 장소인 가옥을 찾게 된 것이다.

인류의 초창기에, 모험심이 풍부한 어떤 인간이 하루는 바위굴 속으로 기어 들어가 비와 이슬을 피했을 것으로 생각된다. 어린아이들이란 모두 어느 정도까지는 인류의 역사를 처음부터 되밟는 법이기 때문에, 비와 추위에도 불구하고 문 밖에 있기를 좋아한다. 소꿉장난을 하기도 하고 말뚝박기를 하기도 하는 것은 그러한 본능을 가지고 있기 때문이다. 어렸을 때 절벽의 평평한 곳이나 동굴의 입구를 보고 가슴이 설레던 기억을 가지고 있지 않은 자가 있을까? 그것은 우리들의 내부에 아직도 태곳적 조상의 일부분이 살아남아 있어서 저절로 그러한 것들을 그리워하게 되기 때문이다. 우리들의 지붕은 동굴에서 시작되어 점차로 종려나뭇잎, 나무껍질이나 가지, 넓게 펼친 아마포, 풀과 지푸라기 지붕, 판자, 돌이나 기와 지붕으로 발전해 왔다. 곧 인간은 옥외 생활이 어떤 것인지를 알 수 없게 되었으며, 그런 생활은 자신들이 생각하고 있는 것

이상으로 여러 가지 의미에서 가정적인 것이 되었다. 난로에서 밭까지의 거리는 완전히 멀어졌다. 만약 우리들이 자신과 수많은 천체들 사이를 가로막는 것이 아무것도 없는 옥외에서 밤과 낮의 좀 더 많은 시간을 보내게 되고, 시인이 지금처럼 지붕 밑에서 노래를 하지 않으며, 성자들이 오랫동안 옥외에서 생활하게 된다면, 이 얼마나 멋진 일이겠는가? 새들은 동굴 속에서는 노래부르지 않으며, 비둘기도 우리 속에서는 그 천진난만함을 유지할 수 없는 법이다.

만약 주택을 지을 마음이 있다면 조금은 미국인다운 철저한 면을 발휘해 주길 바란다. 그렇지 않으면 자신도 모르는 사이에 공장이나, 길을 표시해 주는 실도 없는 미궁[38]이나, 박물관이나, 양로원이나, 감옥이나, 장대한 분묘 등에서 생활하는 꼴을 당하게 될지도 모른다. 우선은, 아주 적은 것들만 있으면 풍우를 피하기에 충분하다고 생각해야 할 것이다. 이 마을에서, 주위에 1피트 가까이 눈이 쌓였는데도 얇은 면 텐트만을 치고 생활하는 페납스카트

---

38) 그리스 신화. 크레타 섬의 미궁에 잠입하여 괴물 미노타우로스를 죽인 테세우스는 여왕 아리아드네의 실 덕분에 그곳에서 탈출할 수 있었다.
39) 당시 메인 주 북부에 살고 있던 페납스카트 인디언들이 종종 콩코드 마을을 방문하여 동구 밖에 텐트를 치고 생활했었다. (Harding)
40) Richard Lovelace(1618~57)의 시 「To Althea, from Prison」중에서.

인디언을 본 적이 있었는데[39], 좀 더 눈이 쌓이게 된다면 바람을 막아 줄 테니 그들은 더욱 기뻐할 것이라고 생각을 했었다. 아주 오래 전, 내가 자신의 원래 일을 자유롭게 수행하면서 정직한 노동으로 생활비를 얻기 위해서는 어떻게 하면 되는가 하는 문제로 지금보다 훨씬 더 골머리를 썩히고 있었을 때—불행하게도 요즘에는 조금 둔감해졌지만—는 종종 철도 선로 옆에서 인부들이 야간에 도구를 보관해 두는 길이 6피트, 폭 3피트나 되는 커다란 상자를 볼 수가 있었다. 그때 문득 이런 생각을 했었다. 생활이 궁핍한 사람이라면 이런 상자를 1달러에 사다가 목공용 송곳으로 두세 군데 구멍을 뚫어 적어도 공기는 통하도록 해놓고 비가 올 때나 밤에 그 속으로 들어가 뚜껑을 닫고 열쇠를 채운다면 사람의 세계에서 자유로워져 영혼이 해방될 수 있지 않을까,[40] 라고. 이것은 최악의 선택도, 결코 경멸할 만한 선택도 아닌 듯이 여겨졌다. 마음 내키는 대로 늦게까지 잠을 자지 않을 수도 있으며, 몇 시에 일어나더라도 땅 주인이나 집 주인이 집세를 독촉할 걱정 없이 거리를 돌아다닐 수가 있는 것이다. 이런 상자 속에서 살아도 결코 얼어죽을 일이 없을 텐데도 많은 사람들은 좀 더 커다랗고 사치스러운 상자를 빌려 그 세를 내기 위해서 죽을 고생을 하고 있다. 나는 결코 농담을 하고 있는 것이 아니다. 경제라는 것을 자칫 경솔하게 취급하기 쉬운데, 그렇게 해서 해결될 문제는 아니다.

 옥외에서 생활하는 일이 많았던 거칠고 강인한 종족들의 편안한 가옥이란, 예전에는 이 근처에서도 대부분 '자연'이 손쉽게 제공해 주는 재료로만 만들어져 있었다. 매사추세츠 식민지 관할 하의 인디언 감독관이었던 구킨[41]은 1674년에 다음과 같은 글을 썼다. "그들의 집 중에서도 최상의 것은 나무껍질로 매우 정성을 들여서 튼튼하고 따뜻하게 덮어놓았다. 그 나무껍질은 수액이 상승하는 계절에 줄기에서 벗겨내, 채 마르기 전의 푸르스름한 것을 무거운 목재로 눌러 얇고 커다란 조각으로 늘려놓은 것이다. …… 좀 더 소박한 집들은 부들의 일종으로 짠 거적을 둘렀는데, 이것도 역시 튼튼하고 따뜻하게 만들어져 있다. 하지만 앞서 말한 집들만큼 고급은 아니다. …… 내가 본 것 중에는 길이가 60피트에서 100피트, 폭이 30피트에 달하는 것도 있었다. …… 나는 종종 그들의 위그웜에서 머물곤 했었는데, 영국의 가장 고급스러운 가옥에도 뒤지지 않을 만큼 따뜻했다." 그리고 그는 이러한 위그웜 내부에는 대체로 훌륭한 모양을 한 멍석이 깔려 있으며, 주위도 그것으로 둘러놓았고, 여러 가지 가재도구도 갖춰져 있었

---

41) Daniel Gookin(1612~87). 영국의 식민자.
42) 신약 성경 마태복음 8장 24절에서.

다고 덧붙여 말했다. 인디언들은 지붕의 구멍 위에 멍석을 한 장 얹고 그것을 줄로 움직여서 통풍의 정도를 조절할 수 있도록 하는 데까지 진보했다. 이러한 집들은 처음 지을 때도 하루나 이틀 정도면 충분히 지을 수가 있으며, 그 후에는 2, 3시간 만에 거둬들이거나 다시 세울 수가 있었다. 어떤 가정도 집을 하나, 아니면 그 속의 방 하나를 소유하고 있었다.

미개 사회에서는 모든 가정이 가장 고급스러운 집을 가지고 있으며, 그것으로 그들의 원시적이며 단순한 욕망을 충분히 충족시키고 있다. 하지만 하늘을 나는 새에게는 둥지가 있으며, 여우에게는 굴이 있고,[42] 미개인에게는 오두막이 있는데, 현대 문명 사회에서는 전 가정의 절반도 집을 가지고 있지 못하다고 말해도 과언은 아닐 것이다. 특히 문명이 발달한 커다란 마을이나 도시에서 집을 가지고 있는 자들의 숫자는 전체의 극히 일부분에 지나지 않는다. 나머지 사람들은, 오늘날에는 계절에 상관없이 없어서는 안 될 이 가장 외부에 입는 의복을 위해서 인디언의 오두막을 마을 통채로 살 수 있을 정도의 비싼 집세를 매해 지불하고 있으며, 덕분에 평생을 가난하게 생활하고 있다. 나는 지금 집을 소유하는 것에 비해서 빌리는 것이 더 불리하다는 사실을 말하고 있는 것이 아니다. 하지만 미개인은 집이 싸기 때문에 그것을 소유하고 있는 데 비해서 대부분의 문명인들은 그럴 만한 여유가 없기 때문에 빌릴 수밖에 없다는 것은 아주 명백한 사실이다. 또 그렇다고 집을 빌렸다고 해서 전보다 여유가 생기는 것도 아니다. 하지만 가난한 문명인들은 이 집세를 지불하기만 한다면 미개인들의 집에 비해서 궁전과도 같은 집을 확보할 수 있질 않은가 하고 반론하는 경향도 있는 듯하다. 일 년에 25달러에서 100달러 정도 하는 것이 우리나라의 집세인데, 그것을 지불하기만 하면 널따란 방, 깨끗하게 칠해진 페인트와 벽지, 럼퍼드식 난로,[43] 석고를 바른 뒷벽, 베네치아식 블라인드, 동으로 만든 펌프, 스프링 자물쇠, 넓고 편리한 지하실과 그 외에도 몇 세기에 걸쳐서 진보, 개량된 것들의 은혜를 입을 수 있게 되는 것이다. 그런데 이러한 것들을 향수하고 있는 자들은 대부분 가난한 문명인들이며, 그러한 것들을 소유하고 있지 않은 미개인들은 미개인 나름대로 풍요로운 생활을 하고 있으니, 이것은 또 무슨 조화란 말인가?

문명이라는 것이 인간의 생존 상태를 근본적으로 개선하는 것이라고 확실하게 말할 수 있다면—나도 그렇게 생각하고 있다. 단지, 현자들만이 문명의 장점을 유익하게

---

[43] Benjamin Thompson, Count Rumford(1753~1814)가 발명한 연기가 나지 않는 난로.

이용할 수 있는 법이다— 그 문명이라는 것이 값을 올리지 않고서도 더욱 안락한 집을 생산할 수 있다는 사실을 증명하지 않으면 안 된다. 또 물건의 값이라는 것은 그 자리에서, 혹은 미래에 그것과 교환되어야 할 생활—이라고 나는 부르고 싶다—의 양을 말하는 것이다. 이 근처에 있는 일반적인 집의 가격은 보통 800달러 정도 한다. 그만큼의 돈을 모으기 위해서는, 한 사람의 노동 임금을 하루 평균 1달러라고 가정한다면—임금이 더 높은 사람도 있고, 낮은 사람도 있으니— 가족을 부양하지 않아도 좋은 노동자라 할지라도 10년에서 15년 정도는 일을 해야만 한다. 즉 일생의 반 이상을 소비한 다음이 아니라면 보통 사람은 자신의 위그웜을 손에 넣을 수 없다는 이야기가 되는 것이다. 따라서 집을 사는 것은 포기하고 집세를 내며 살아가는 길을 택했다 하더라도, 그것이 과연 옳은 선택이었는지, 이는 매우 의심스러운 부분이다. 만약 미개인이 이러한 조건으로 자신의 위그웜을 궁전과 교환했다고 한다면, 과연 그것을 현명한 처사였다고 말할 수 있을지?

미래에 대비한 자금으로 이러한 여유 재산을 가지고 있다 한들 개인의 경우에는 그것이 겨우 장례식의 비용을 내는 데 도움이 되는 정도에 지나지 않는다고 내가 말하려는 것이 아닌가 하고 생각하는 사람이 있을지도 모르겠다. 하지만 인간은 자신을 매장할 필요는 없을 것이다. 그런데 바로 여기에 문명인과 미개인 사이의 중요한 차이점이 있는 것이다. 세상은, 틀림없이 우리들을 위해서라고 생각해서 그런 것이겠지만, 문명인의 생활을 의도적으로 하나의 '제도'로 바꿔 버렸다. 종족의 생활을 유지하고 개선하기 위해서 개인의 생활은 대폭 그 제도 속으로 흡수되어 버린 것이다. 하지만 나는 이러한 이익이 현재 얼마나 커다란 희생을 치르고 얻어진 것인지를 명확하게 밝히고, 틀림없이 아무런 불이익도 당하지 않고 각종 이익만을 우리들 것으로 만들 수 있는 생활 방법이 있지 않을까 하는 사실을 말해 보려고 하는 것이다. 너희들은 어째서 "가난한 자들은 항상 너희와 함께 있거니와"[44]라거나, "아버지가 신 포도를 먹었으므로 그의 아들의 이가 시다."[45]고 말하는가?

"주 여호와의 말씀이니라. 내가 나의 삶을 두고 맹세하노니, 너희가 이스라엘 가운데서 다시는 이 속담을 쓰지 못하게 되리라."[46]

"모든 영혼이 다 내게 속한지라 아버지의 영혼이 내게 속함같이 그의 아들의 영혼도 내게 속하였나니, 범죄하는

---

44) 신약 성경 마태복음 26장 11절.
45) 에스겔 18장 2절.
46) 에스겔 18장 3절.
47) 에스겔 18장 4절.

그 영혼은 죽으리라."[47]

 나의 이웃들, 즉 적어도 다른 계층 사람들과 마찬가지로 유복하게 생활하고 있는 콩코드의 농민들을 생각해 보면, 그들은 대부분의 경우 각각의 농장을 명실공히 자신의 것으로 만들기 위해서 20년, 30년, 40년 동안 허리가 끊어지도록 일을 하고 있다(그렇게 해서 번 돈의 3분의 1은 가옥을 위한 비용으로 사라져 버린다고 봐도 될 것이다). 왜냐하면 그들은 저당 잡혀 있는 채로 농지를 상속받았거나, 꾼 돈으로 토지를 매입한 경우가 대부분이기 때문인데, 그 대부분은 아직도 갚지 못한 채로 남아 있다. 때로는 부채 금액이 농장의 지가를 상회하는 경우도 있기 때문에 농장 자체가 커다란 부담이 되기도 한다. 그럼에도 불구하고 상속하는 사람들이 끊임없이 생겨나고 있는데, 그들의 말을 들어 보면 모든 것을 다 알고 있으면서도 상속하는 것이라고 한다. 토지 사정관에게 문의를 해보니 —놀라지 말기 바란다— 그들은 마을에서 부채가 없는 농장을 가지고 있는 사람의 이름을 앉은자리에서 12명도 대지 못할 정도였다. 이러한 농장들의 역사를 알기 위해서는 그 농장들이 저당으로 잡혀 있는 은행으로 가서 조사를 해보면 된다. 자신의 농장에서 일을 해서 토지대를 깨끗하게 낸 사람들이 너무나도 적기 때문에 근처 사람들에게 물어보면 금방 답을 해준다. 콩코드 마을에 그런 사람이 세 명이나 있을지 의심이 들 정도다. 상인들에 대해서는 곧잘, 대부분—100명 중 97명까지—이 반드시 사업에 실패한다고들 하는데, 이는 그대로 농민들에게도 적용되는 말이다. 하지만 상인들에 대해서는, 그중 한 사람이 이런 적절한 말을 했다. 그들이 실패를 하는 대부분의 원인은 순수하게 금전상의 실패에서 오는 것이 아니라, 단지 계약을 이행하는 것이 자신들에게 불리하다고 판단되면 그것을 이행하지 않는 데서 오는 것이라고. 따라서 파산하는 것은 그들의 도덕적 인격이 되는 셈이다. 하지만 그렇게 되면 사태는 더욱 악화될 뿐이다. 그리고 성공한 세 명도 이미 자신의 영혼을 구원할 수 없을지도 모른다. 아니, 어쩌면 정직하게 일해서 실패를 한 사람들보다도 그들이 더욱 나쁜 의미에서 파산을 한 것이 아닐까 하는 생각조차 들기도 한다. 파산과 지불 거부는 마치 우리들 문명이 공중제비를 넘기 위해 밟는 도약판처럼 되어 버렸는데, 미개인들은 기근이라는 탄력 없는 널빤지 위에 서 있는 것이다. 그럼에도 불구하고 농기구의 관절들은 모두 원활하게 움직이고 있다고 주장하기라도 하듯이 이곳에서는 미들섹스 가축 품평회가 매해 성대하게 열리고 있다.

농민들은 생계에 대한 문제를, 문제 자체보다도 훨씬 더 복잡한 공식을 사용하여 풀려 하고 있다. 구두끈을 사기 위해서 소를 투기적으로 사들이는 것과 같은 꼴이다. 안락한 삶과 자립을 얻으려고 능숙한 손놀림으로 덫을 놓았는데, 막 돌아서려는 순간에 자신의 한쪽 발이 덫에 걸려 버리는 것이다. 이래 가지고는 가난에서 벗어날 수 있을 리가 없다. 이와 같은 이유로 우리들은 모두 사치품 속에 둘러싸여 있지만, 원시적인 수많은 즐거움이라는 관점에서 보자면 모두가 가난한 생활을 하고 있는 것이다. 채프먼[48]은 이렇게 노래했다.

거짓된 사람들의 세상이여
지상의 교만함으로
천상의 즐거움은 공기처럼 희박해지는구나[49]

이래 가지고는 농민들이 집을 손에 넣는다 하더라도 부유해지기는커녕 오히려 더욱 가난해져 갈 뿐일 것이다. 집이 사람을 농락하는 것이다. 지혜의 여신인 '미네르바'가 집을 지었을 때, 비난의 신인 모무스가 "뭐야, 이동식이 아니잖아. 이래서 지긋지긋한 이웃으로부터 달아날 수 있겠어?"라고 비난을 했다. 내가 보기에 이것은 사리에 맞는 비난이라고 할 수 있다. 이 비난은 오늘날에도 널

---

48) George Chapman(1559~1634). 영국의 시인, 극작가, 번역가.
49) 『*The Tragedy of Caesar and Pomppey*』(V, 2)에서.

리 사용되어야 한다. 우리들의 집은 매우 취급하기 어려운 재산이며, 인간은 그 속에서 살고 있는 것이 아니라 유폐되어 있는 것이라고 말해야 할 정도다. 그리고 달아나고 싶은 지긋지긋한 이웃이란 바로 우리들 자신의 천박한 자아를 일컫는 것이다. 나는 이 마을에서, 동구 밖에 있는 자신의 집을 팔고 마을 안으로 이사를 하고 싶다고 30년 동안이나 바라고 있었음에도 불구하고 아직도 그 소원을 이루지 못하고 있는 가족들을 한둘 알고 있는데, 그들은 죽기 이전에는 결코 자유의 몸이 되지는 못할 것이다.

가령 대다수의 사람들이 드디어 개량된 모든 요소들을 가미한 현대적인 집을 갖거나 빌릴 수 있게 되었다고 해 보자. 문명은 가옥을 개량해 왔지만, 그 속에서 살 인간까지 같은 정도로 개량하지는 못했다. 문명은 궁전을 낳기는 했지만, 귀족이나 왕을 낳는 것은 그렇게 간단한 일이 아니었다. 따라서 만약 문명인의 일이 미개인의 일보다 가치가 있는 것이 아니며, 문명인이 일생의 대부분을 오직 생활 필수품과 위안이 될 만한 물건을 얻기 위해서만 보내야 한다면, 문명인이 미개인보다도 훌륭한 집에서 살아야 하는 이유는 도대체 어디에 있단 말인가?

한편, 소수의 가난한 사람들은 어떻게 생활을 영위하고 있는 것일까? 틀림없이 일부 사람들의 외면적 생활 환경이 미개인들의 외면적 생활 환경보다 좋아져 감에 따라서,

다른 사람들의 그것은 미개인들보다도 못한 것이 되어 버렸을 것이다. 어떤 계급의 사치는 다른 계급의 빈곤에 의해서 균형을 유지하고 있다. 한편에 궁전이 있으면 다른 편에는 양로원과 '아무 말도 없는 빈민'들이 있다. 역대 파라오들의 무덤인 피라미드를 쌓아올린 무수한 사람들은 마늘을 먹으며 살아갔다. 틀림없이 그들은 변변히 매장조차 해주지 않았을 것이다. 궁전의 처마 돌림띠를 깎던 석공들은 밤이 되면 인디언들의 위그웜보다도 못한 움막으로 돌아갔을지도 모른다.

곳곳에 문명의 증거가 존재하는 나라에서는 주민들의 대다수가 미개인처럼 타락한 생활을 하지는 않을 것이라고 생각한다면, 그것은 엄청난 착각이다. 여기서 내가 말하고 싶은 것은 타락한 빈민들에 관한 것이지 타락한 부자들에 관한 것이 아니다. 이 사실을 확인해 보고 싶다면, 오늘날의 문명의 진화를 이야기해 주는 이곳의 철도 선로를 따라서 곳곳에 늘어서 있는 판자집들을 보기만 해도 충분할 것이다. 내가 매일 산책을 하면서 그곳에서 보게 되는 것은 돼지우리와도 같은 집에서 생활하고 있는 사람들이다. 어둠을 내쫓기 위해서 겨울 동안에도 늘 문을 열어둔 채로 있다. 장작 더미 같은 것은 어디에도 보이질 않으며, 그런 것이 있으리라고는 상상조차 하지 못할 때가 많다. 늙은이나 젊은이 모두 오랫 동안 추위와 비참한 경우에 놓여 있었기 때문에 몸이 오그라들어, 손발도 지능도 성장을 멈춰 버렸다. 그들의 노동 덕분에 현대의 특징이라고 할 수 있는 여러 가지 사업들을 달성할 수 있었던 것이니, 이런 사람들에게 눈을 돌리는 것은 지극히 당연한 일일 것이다. 세계의 대공장이라 할 수 있는 영국의 각종 직공들 사이에서도 이와 같은 상태를 볼 수 있다. 그리고 지도상에서는 아무것도 없는 땅으로 취급되거나, 때로는 문명국과 같은 수준으로 취급되고 있는 아일랜드에 대해서도 이야기를 해둬야겠다. 아일랜드인들의 체격을, 북미 인디언이나 남태평양 제도에 살고 있는 주민, 혹은 그 외에 문명인과의 접촉으로 퇴화하기 이전의 모든 미개인들의 체격과 비교해 보기 바란다. 그렇다고 해서 내가 아일랜드인의 통치자들이 문명국의 평균적인 통치자들만큼 현명하다는 사실에 조금이라도 의심을 품고 있다는 것은 아니다. 단지 그들의 현재 상태가, 비참한 생활이 문명과 함께 존재할 수 있다는 사실을 증명하고 있다는 것을 말하고 싶을 뿐이다. 우리나라 주요 수출품의 생산자이자, 그들 자체가 남부의 주요 생산물이기도 한 남부 각 주의 노동자들에 대해서는 여기서 새삼스레 이야기할 필요도 없을 것이다. 여기서는 일반적인 경우에 처해 있다고 일컬어지는 사람들에 대해서만 이야기를 한정시키겠다.

대부분의 사람들은 집이란 무엇인가에 대해서 생각해

본 적이 없는 듯, 이웃 사람들과 같은 집을 자신도 가져야 한다고 생각하고 있기 때문에 평생 하지 않아도 될 가난한 생활을 강요받게 된다. 이는 마치 재단사가 만든 옷은 어떤 것이라도 입어야만 한다는 것과 같은 얘기가 아닌가? 혹은 종려나무 잎으로 만든 모자나 우드척(마멋) 가죽으로 만든 챙 없는 모자는 점점 멀리하면서 왕관을 살 여유가 없다고 세상의 우울함과 괴로움을 한탄하는 것과 같은 일이 아니겠는가? 지금 자신이 가지고 있는 집보다 훨씬 편리하고 사치스러운, 하지만 그것을 살 수 있을 만한 인간은 어디에도 없다는 사실을 누가 보더라도 명확하게 알 수 있는 집을 설계 해볼 수는 있다. 우리들은 언제나 그러한 것들을 좀 더 손에 넣으려고 노력하고 있는데, 때로는 지금 가지고 있는 것보다도 적은 것들만으로 만족할 수 있도록 노력해 보는 것은 어떨지? 남들보다 뛰어난 시민이 그 거드름 피우는 듯한 어조로 격언과 실례를 들어가면서 젊은이들에게 죽기 전까지는 예비로 장화를 몇 켤레, 우산 몇 개, 머리가 텅 빈 손님들을 맞아들이기 위한 빈 방을 몇 개 준비할 수 있도록 노력하라는 등의 설교를 해도 괜찮은 것일까? 우리들의 가구는 어째서 아라비아 사람이나 인디언들 것처럼 소박해서는 안 된다는 것일까? 나는 우리들이 하늘의 사도, 신이 인간에게 보내는 선물을 옮기는 자로서 숭배하고 있는 인류의 은인들이 종들을 데리고 최신 유행의 가구를 짐수레 가득 싣고 오는 모습 같은 것은 상상할 수도 없다.

혹은 만약 내가 조금 양보하여—양보한다는 것 자체가 우습기는 하지만—우리들이 아라비아 사람들보다 도덕적·지성적으로 뛰어나기 때문에 그에 따라서 가구도 복잡해지는 것이 당연하다고 생각한다면, 도대체 어떤 결과를 낳게 될 것인가? 실제로 우리들의 집은 가구류로 가득 차서 더럽혀져 있다. 현명한 주부라면 아침 일찍부터 그러한 것들을 전부 쓸어다 쓰레기장에 버리는 것으로 아침 일을 삼을 것이다. 아침의 일! '여명의 여신' 오로라의 주홍빛과 멤논의 음악[50]과 함께 이 세상에서 우리들이 하지 않으면 안 될 아침의 일이란 도대체 무엇이란 말인가? 나는 예전에 석회석 세 개를 책상 위에 올려놓았던 적이 있었다. 그런데 마음이라는 가구에 쌓인 먼지는 아직 전혀 털어내지도 않았는데 이 돌덩이들의 먼지는 매일 털어주지 않으면 안 된다는 사실을 알고 기겁을 하게 되었고, 더 이상 소유하고 싶은 마음이 없어져서 창 밖으로 던져 버렸다. 이 정도이니 가구가 딸린 집을 내가 소유할 수 있겠

---

50) 멤논은 고대 이집트 테베 근처에 있는 이집트 왕 아멘호테프 3세의 거상으로, 아침에 햇빛을 받으면 음악을 연주했다고 알려져 있다.
51) 기원전 9세기 아시리아의 마지막 왕. 사치스런 생활과 겁 많은 성격으로 유명하다.

는가? 나는 차라리 옥외에 앉아 있고 싶다. 사람이 옆에서 땅이라도 파내고 있지 않는 한 풀에는 먼지 하나 묻지 않을 테니.

유행을 만들어내는 것은 방탕하고 사치를 좋아하는 사람들이며, 대중들은 그것을 정신 없이 뒤따르고 있다. 일류 여관 같은 곳에 투숙하는 여행자들은 곧 이 사실을 깨닫게 될 것이다. 여관 주인들은 그를 사루다나팔루스[51]와 같은 나약한 사내라고 보고, 일단 그가 주인들의 극진한 대접에 몸을 맡기기만 하면 곧 진물을 완전히 빨아먹어 버린다. 열차의 내부 등은 안전성과 편리함을 위해서가 아니라 사치를 위해서 돈을 들이는 경향이 있다. 객차는 아직 안전하지도, 편리하지도 않은데도 불구하고 긴 의자, 터키식 의자, 차양 등과 그 외 우리들이 서양으로 들여온 수많은 동양식 물건들이 갖춰져 있어서 마치 현대식 응접실과도 같은 분위기를 자아내고 있다. 이러한 것들은 할렘 가의 부인들이나 중국 제국의 유약한 국민들을 위해서 발명된 것들로, 미국인이라면 그 이름을 듣는 것만으로도 부끄러움을 느낄 만한 물건들뿐이다. 나는 다른 사람들이 빼곡이 들어 찬 벨벳으로 만든 쿠션 위에 앉아 있기보다는 호박 위에 홀로 있는 편이 훨씬 좋다. 말라리아와도 같은 독기를 마시며 유람열차의 호화로운 객차를 타고 천국에 가기보다는 덜컹거리는 소달구지를 타고 바람을 맞으며 지상을 달리는 편이 좋다.

 원시 시대의 인간들은 단순하게 알몸으로 생활하고 있었기 때문에 적어도 자연 속에서 생활할 수 있다는 이익을 얻었다. 음식과 수면으로 기운을 회복하면 그들은 다시 다음 여행에 대해서 생각을 했다. 그는 이른바 이 세상이라는 임시 숙소에서 생활하면서 계곡을 건너 전진하고, 평원을 가로지르고, 산의 정상에 오르기도 했던 것이다. 그런데 지금은 어떤가? 인간은 자신이 만든 도구의 도구로 전락하고 말았다. 배가 고프면 거칠 것 없이 제 마음대로 나무 열매를 따먹던 인간은 지금 농부가 되었다. 나무 밑에 서서 비바람을 견디던 인간은 집을 관리하고 있다. 우리들은 더 이상 들판에서 노숙하지 않으며, 지상에 정착하여 하늘을 잊어버렸다. 우리들이 기독교를 채용한 것도 그것이 하늘이 아닌 땅을 경작하기에 뛰어난 것이었기 때문이다. 사람들은 모두 현세를 위해서는 가족들의 집을, 내세를 위해서는 가족들의 무덤을 만들고 있다. 최고의 예술 작품은 이러한 상태에서 자신을 해방시키려고 하는 인간의 싸움을 표현한 것인데, 우리들의 예술은 그저 이렇게 저열한 상태를 편안한 것으로 느끼게 하여 그보다 높은 상태를 잊어버리게 하는 작용을 하고 있는 것에 지나지 않는다. 실제로 이 마을에는 미술품을 가지고 와도 그것을 놓아둘 장소가 없다. 우리들의 생활도, 집과 거리도 그것을 걸어두기에 적당한 자리를 제공해 줄 것 같지 않기 때문이다. 그림 한 장을 걸어둘 못도 없거니와, 영웅이나 성인의 흉상을 얹어둘 선반도 없는 것이다.

우리들이 어떤 식으로 집을 짓고 그 비용을 지불하는지 혹은 지불하지 않은 채 두는지, 가계를 어떻게 꾸려 나가고 있는지를 생각해 보면, 나는 방문객이 벽난로 위의 선반에 있는 싸구려 장식품에 정신이 팔려 있는 동안 발밑의 마룻바닥이 꺼져서 지하실로 떨어져 비록 흙이라고는 하지만 견고하고 거짓 없는 토대 위에 도달하지 않는 것이 신기하게 여겨질 정도다. 모든 사람들이, 이른바 풍요롭고 세련된 것이라고 불리는 이 생활에 일제히 덤벼들 것이라는 사실을 뻔히 알고 있기 때문에, 나의 관심은 오직 그들의 태도에만 집중되어 버려서 그러한 생활을 장식하는 미술품을 즐길 마음은 조금도 들지 않는 것이다. 내가 알고 있기로, 인간이 순수하게 근육의 힘에 의존해서만 멀리뛰기를 한 경우의 최고 기록은 한 아랍의 유목민이 평지에서 뛴 25피트라고 한다. 인공적인 받침이 없는 한 인간은 그 정도의 거리밖에 뛰지 못하며, 반드시 다시 지상으로 떨어지게 되어 있다. 여기서, 이처럼 귀찮은 재산을 소유하고 있는 사람들에게 내가 묻고 싶은 것은 '누가 당신들을 지탱하고 있는지? 당신은 실패자 97명 중 한 사람인지? 아니면 성공자 3명 중 한 사람인지?' 하는 것이다. 이런 질문에 답해 준다면, 나는 어쩌면 그 사람의 싸구려 장식품을 보고 아주 잘 어울리는 장식이라고 생각하게 될지도 모른다. 말 앞에 짐수레를 묶는 것은 아름답지도 않으며 도움도 되지 않는 일이다. 우리들은 집을 아름다운 것으로 꾸미기 이전에 우선은 벽을 벗겨내고, 생활을 벗겨내어 아름다운 집관리와 아름다운 생활을 토대로 그것들을 쌓아올려야 할 것이다. 하지만 미적 취미라는 것은 집도 없고 집의 관리자도 없는 옥외에서 더욱 더 잘 자라나는 법이다.

존슨[52]은 그의 저서 『기적을 행하는 섭리의 신』 속에서 자신과 동시대 사람들이었던 이 마을의 첫 이주자들에 대해서 다음과 같이 말했다. "그들은 당분간 지낼 곳을 마련하기 위해서 비탈진 언덕 밑 쪽에 구멍을 파고 목재 위에 흙을 높이 쌓았으며, 사면의 가장 높은 곳에 있는 흙 위에서 직접 연기가 가득 피어오르는 불을 피웠다." 그들은 "주의 은혜로 대지가 그들을 먹일 빵을 생산하기 전까지는 자신들의 집을 짓지 않았다."고 한다. 첫해의 수확물이 너무나도 적었기 때문에 "그들은 오랫동안 빵을 매우 얇게 썰어야만 했다."

---

52) Edward Johnson(1598~1672). 미국 식민지 개척자.
53) 오늘날의 뉴욕. 1613~64년까지 네덜란드의 식민지였기 때문에 이렇게 불렸다.

뉴네덜란드[53] 식민지의 서기관은 그곳에 토지를 갖고 싶어하는 사람들에게 정보를 제공하기 위해서 1650년에 네덜란드어로 작성한 문서 속에서 좀 더 자세하게 다음과 같은 이야기를 했다. "뉴네덜란드, 특히 뉴잉글랜드에서 처음 자신이 원하는 대로 농가를 지을 만한 재력이 없는 사람들은 지면에 깊이 7~8피트, 안쪽의 길이와 폭은 자신이 적당하다고 생각하는 길이로 지하실과 같은 네모난 구멍을 파서 사면에 목재를 빽빽하게 두르고, 그 목재 위를 나무껍질이나 그 외의 것으로 덮어 흙이 틈새로 흘러내리지 않도록 했다. 이 지하실에는 두꺼운 널빤지를 깔아 바닥으로 삼고 위에는 판자를 붙여 천장으로 삼는다. 둥근 나무로 만든 지붕을 높이 올리고 그 나무를 나무껍질이나 파란 잔디로 덮는다. 이렇게 하면 그들은 전 가족과 함께 습기도 없고 따뜻한 이 집에서 2년, 3년, 4년 동안 생활할 수 있게 된다. 이 지하실은 가족의 숫자에 따라서 몇 개의 공간으로 나뉘어져 있다고 한다. 식민 초기에 뉴잉글랜드의 유복한 실력자들까지 우선은 이런 양식의 집을 지은 데에는 두 가지 이유가 있었다. 하나는 집을 짓는 데 시간을 빼앗겨 다음 계절에 식량 부족을 겪지 않도록 하기 위해서, 또 다른 하나는 본국에서 데리고 온 수많은 가난한 노동자들을 낙담시키지 않기 위해서였다. 3, 4년이 지나서 이 지방이 농업에 적합한 곳이 되었을 때, 그들은 수천 금을 들여서 훌륭한 집을 지었다."

우리들의 조상들이 선택한 이 방침에는 적어도 그들의 사려와 분별이 나타나 있다. 우선 당장 필요한 것부터 충족시켜 나간다는 것이 그들의 원칙이었던 듯하다. 그런데 오늘날 우리들은 이렇게 당장 필요한 것들을 충족시키고 있는 것일까? 나 자신도 최신의 사치스러운 집을 손에 넣고 싶다고 생각하는 경우가 있지만 곧 포기를 해버리고 만다. 왜냐하면 이 나라는 아직 인간의 경작에는 적합하지 않기 때문에, 우리들은 조상들이 보리 빵을 얇게 썬 것 이상으로 정신의 빵을 얇게 썰어가며 생계를 꾸려나가고 있기 때문이다. 나는 지금 시대가 거치니 건축상의 장식은 완전히 무시해야 한다고 말하고 있는 것이 아니다. 단지 우리들의 집을, 외면부터 아름답게 가꾸는 것이 아니라 조개의 거처처럼 우선은 생활과 직결된 내면부터 아름답게 가꿔 나가자고 말하고 싶은 것이다. 나는 그런 종류의 주택들을 한두 채 정도 들여다본 적이 있다. 그래서 내부가 어떤 상태인지를 잘 알고 있다.

우리들은 아직 동굴이나 위그웜에서는 생활하지 못하거나, 짐승의 가죽옷을 입고서는 생활하지 못할 만큼 퇴화하지는 않았다. 그렇더라도 인류의 발명과 산업이 제공해 주는 여러 가지 편리한 것들—비싼 대가를 치른 것이기는 하지만—은 받아들이는 편이 훨씬 낫다. 이 부근에서는 널빤지나 지붕에 댈 판자, 석회나 벽돌 등을 쓸만 한 동굴이나 가공되지 않은 통나무, 필요한 양만큼의 충분한 나무껍질, 그리고 잘 반죽한 점토나 평평한 돌 같은 것들보다도 훨씬 더 싸고 간단하게 손에 넣을 수 있다. 나는 이 문제에 대해서 이론적으로나 실제적으로 잘 알고 있기 때문에, 나도 모르게 자신감에 넘쳐서 이야기를 하게 된다. 조금만 더 신경을 쓴다면 우리들은 이러한 재료들을 사용하여 오늘날의 부자들 이상으로 풍부해질 수도 있으며, 현대 문명을 하나의 축복으로 바꿀 수도 있을 것이다. 문명인이란, 경험을 통해서 현명해진 미개인을 일컫는 말이다. 그럼 이제부터 나의 실험적인 생활에 대해서 이야기를 하도록 하겠다.

1845년 3월 말경, 나는 도끼 한 자루를 빌려 월든 호반의 숲으로 가서 예전부터 집을 지으려고 봐 두었던 장소의 바로 옆에서 화살처럼 똑바로 자란 젊고 커다란 백송나무 몇 그루를 건축 용재로 쓰기 위해서 벌채하기 시작했다. 물건을 빌리지 않고 일을 시작하기란 그리 쉬운 일은 아니다. 하지만 물건을 빌림으로 해서 내가 하려는 사업에 대한 사람들의 관심을 불러일으킬 수 있다면, 그것 또한 나름대로 친절한 행위라고 할 수 있지 않겠는가? 도끼 주인은 그것을 건네줄 때, 이건 내가 소중히 여기는 물건이야, 라고 말했다. 나는 그것을 빌렸을 때보다 훨씬 더 잘 들게 만들어서 돌려주었다. 내가 일을 한 곳은 소나무로 둘러싸인 기분이 상쾌해지는 언덕의 비탈진 곳으로, 나무들 사이로 호수가 보였으며, 소나무와 호두나무가 무럭무럭 자라고 있는 숲 속의 조그만 공터가 보였다. 호수의 얼음은 군데군데 구멍이 뚫려 있는 곳도 있었지만 아직 완전히 녹지 않았으며, 전체적으로 검은 빛을 띤 채 물기로 젖어 있었다. 내가 그곳에서 일을 하는 동안에는 눈발이 날리는 날도 있었지만, 집으로 돌아오는 도중에 철도선로 쪽으로 나와 보면 모래로 쌓은 누런 둑이 흐릿한 대기 속에서 빛을 내며 멀리까지 뻗어 있었고, 레일은 봄 햇빛을 받아 번뜩이고 있었다. 또한 우리들과 함께 또 다시 새로운 해를 시작하려고 성급히 날아온 종다리와 피리새 등 여러 가지 새들의 지저귐도 들려왔다. 한가로운 봄날이었다. 인간이 불만스럽게 생각하는 겨울[54]은 대지와 함께 녹아 떠나려 하고 있었으며, 동면에 들어갔던 생물들은 기지개를 켜기 시작했다.

어느 날, 도끼 자루가 빠졌기에 호두나무의 싱싱한 가지를 꺾어다가 쐐기를 만들어서 그것을 돌로 박아넣고 자루를 불리기 위해서 도끼를 호수의 깊은 곳에 담가두었다.

---

54) 셰익스피어의 『리처드 3세』 제1막 1장 1행에서.

그때 문득 보니, 줄무늬 뱀 한 마리가 물 속으로 들어가 내가 그곳에 있는 동안 15분 이상이나 호수 바닥에 누워 있었다. 아직 동면 상태에서 완전히 벗어나지 못했던 것일지도 모른다. 같은 이유로 인간은 현재의 저급하고 원시적인 상태에서 벗어나지 못하고 있는 것이라는 생각이 들었다. 하지만 봄 속에 존재하는 봄기운이 자신을 깨우려고 한다는 사실을 느낀다면, 인간은 반드시 좀 더 높고 영적인 생활을 향해서 일어나게 될 것이다. 나는 예전부터 서리가 내린 아침에 아직 몸의 일부분이 얼어서 움직이지 못하는 뱀이 태양열에 몸이 녹기를 기다리면서 내가 지나는 길 위에 누워 있던 모습을 종종 봐왔다. 4월 1일에는 비가 내렸으며 얼음이 녹았다. 그날 아침에는 안개가 매우 짙게 드리웠는데, 길을 잃은 기러기 한 마리가 호수 위를 돌아다니며 난처하다는 듯이, 혹은 안개의 요정처럼 요란스럽게 울어대는 소리가 들려왔다.

이렇게 며칠 동안 나는 작은 도끼만을 사용하여 목재를, 그리고 기둥과 서까래를 자르고 깎고 했다. 특별히 사람들에게 전할 만한 생각도, 학자다운 사상도 머리에 떠오르지 않았다. 그래서 그저 홀로 이런 노래를 불렀다.

모든 이들이 잘난 척을 한다.
하지만 한 번 보게나, 예술도

과학도, 수많은 응용도
나래짓하며 날아가 버렸다!
모든 이들이 알고 있는 것은 오직
밖에서 불고 있는 바람뿐.[55]

  나는 주요 재목들을 6인치[56]짜리 각목으로 다듬고, 기둥은 대부분 두 면만을, 서까래와 바닥에 쓸 판자는 한쪽 면만을 깎았다. 나머지는 나무껍질이 붙은 채로 그냥 두었기 때문에, 전부가 마치 톱으로 썬 것처럼 곧았으며 튼튼하기까지 했다. 또한 모든 목재의 끝 부분에 조심스레 구멍을 파서 서로 연결할 수 있도록 해두었다. 이때쯤에는 다른 도구들도 빌렸었다. 숲 속에서 그렇게 오랜 시간 머물러 있지는 않았지만, 나는 대부분 버터를 바른 빵을 도시락으로 가지고 가서 한낮이 되면 내가 잘라낸 푸른 소나무 가지 한가운데 앉아 도시락을 쌌던 신문을 펼쳐들고 읽었다. 빵에는 그 가지 냄새가 배어 있었다. 내 손에 송진이 끈적하게 붙어 있었기 때문이었다. 소나무를 몇 그루나 베어 쓰러뜨렸지만, 나는 일을 마칠 때쯤에는 이 나무에 대해서 훨씬 더 많은 것을 알게 되었기 때문에, 소나무의 적이라

---

55) 소로우의 자작시. 이 책에서 출처가 표시되어 있지 않은 시는 모두 소로우의 자작시다.
56) 1인치=2.54cm.

기보다는 친구가 되어 있었다. 때로는 숲 속을 거닐던 사람이 도끼 소리에 끌려 내가 있는 곳으로 오기도 했다. 우리들은 여기저기 흩어져 있는 나무 조각들을 바라보며 즐거운 대화를 나누곤 했다.

나는 결코 서두르지 않고 가능한 한 신중하게 일을 해 나갔다. 그래서 4월 중순이 되어서야 집의 골격을 만들어 세울 수가 있었다. 널빤지를 구하기 위해서 나는 이미 피츠버그 철도에서 일하고 있는 아일랜드인 제임스 콜린스의 판잣집을 사두었다. 제임스 콜린스의 판잣집은 좀처럼 찾아보기 힘들 정도로 훌륭한 것이라고 생각하고 있었다. 내가 그것을 보러 갔을 때, 그는 마침 집에 없었다. 집 주위를 거닐어 보았다. 창문이 깊고 높은 곳에 달려 있었기 때문에, 한동안 집 안에서는 내가 온 줄도 모르고 있었다. 뾰족한 지붕을 얹은 작은 오두막이었는데, 주위에는 높이가 5피트나 되는 흙이 퇴비 더미처럼 쌓여 있었다. 지붕 외에는 거의 아무것도 보이지 않았다. 그 지붕은 햇빛을 받아서 상당히 휘고 약해져 있기는 했지만, 그래도 그 집 중에서는 가장 튼튼한 부분이었다. 문턱은 없었으며, 밑쪽은 닭들이 언제든지 드나들 수 있도록 통로를 만들어 놓았다. 문 앞에 모습을 나타낸 콜린스 부인이 안으로 들어와 보라고 말했다. 내가 다가가자, 닭들은 쫓기듯 집 안으로 뛰어들었다. 집 안은 어두웠으며, 대부분이 축축하고, 차갑고, 오싹오싹한 느낌의 흙바닥이었다. 여기저기 한 장씩 깔려 있는 판자는 움직이는 것만으로도 부서져 버릴 것 같았다. 그녀는 램프에 불을 붙여서 지붕의 안쪽과 벽, 그리고 침대 밑에 깔린 판자를 보여주고 지하실에는 들어가지 말라고 경고를 했는데, 그것은 마치 깊이 2피트짜리 쓰레기장과도 같았다. 그녀의 말에 의하면, '지붕의 판자, 벽의 판자, 창 모두 훌륭한 것'들뿐이었다. 이 창에는 원래 정사각형 유리가 달려 있었는데, 바로 얼마 전에 고양이가 그리로 해서 집을 나가 버렸다고 한다. 집 안에는 난로가 하나, 침대가 하나, 앉아 있을 만한 곳이 하나, 이 집에서 태어난 아이가 한 명, 비단 양산이 하나, 금테를 두른 거울, 특허품으로 어린 떡갈나무에 고정시킨 새 커피 가는 기계가 하나 있었다. 그것이 전부였다.

곧 매매 계약이 성사되었다. 이런저런 일을 하고 있는 동안 제임스가 돌아왔기 때문이다. 나는 그날 밤 4달러 25센트를 지불하기로 했으며, 다음날 아침 6시에 집을 넘겨받으러 가기로 했다. 아침 일찍 왔으면 좋겠다고 그가 말해서였다. 지대(地代)다, 연료대(燃料代)다 하면서 뭐가 뭔지 모를 매우 부당한 돈을 청구하는 사람들이 있는데, 그들이 오기 전에 떠나려고 하는 듯했다. 그 이외의 부채는 전혀 없다고 내게 약속했다.

6시에 나는 그와 그의 가족들을 길가에서 만났다. 커다란 꾸러미 하나에 모든 짐들이 들어 있었다. 침대와 커피 가는 기계와 거울, 닭까지도. 단 고양이만은 별개였는데 그 고양이는 숲으로 들어가 들고양이가 됐다가, 나중에 알게 된 사실이지만, 우드척을 잡으려고 놓아두었던 덫에 걸려서 결국에는 시체가 되어 버렸다고 한다.

나는 그날 아침, 이 집의 판자를 뜯어내 못을 뽑은 다음 작은 짐수레로 몇 번에 걸쳐서 호반으로 옮겨 태양에 말려 휜 것을 원래대로 펴려고 그것들을 풀 위에 널었다. 짐수레를 밀며 숲 속의 오솔길을 지나는데, 아직 이른 때임에도 불구하고 개똥지빠귀 한 마리가 한두 소절 노래를 들려주었다. 한 젊은 아일랜드인이 친구를 배신하고 내게 가만히 일러준 바에 의하면, 그의 이웃으로 역시 아일랜드인인 실리라는 사내는 내가 짐을 옮기는 동안 튼튼하고 곧아서 아직은 쓸 만한 못과 꺾쇠, 대못 등을 잽싸게 자기 주머니 속으로 넣었다고 한다. 그는 내가 돌아오자 자리에서 일어나 인사를 한 뒤, 아무 일도 없었다는 표정과 봄처럼 싱그러운 눈빛으로 집이 있던 곳을 바라보았다. 특별히 할 일이 없어서, 라고 말하면서. 그 사내는 말하자면 구경꾼들의 대표로 등장한 것으로, 언뜻 하찮아 보이는 이 일을 마치 트로이 신들의 이사라도 되는 것처럼 보이게 해주었다.

나는 남쪽을 향해서 기울어 있는 언덕의 중턱에 지하실

을 팠다. 예전에 우드척이 굴을 팠던 곳 근처였다. 옻나무와 검은딸기나무의 뿌리는 물론 가장 밑 부분에 있는 식물의 흔적조차 찾아볼 수 없을 정도로 깊은, 가로·세로 6피트, 깊이 7피트의 굴이었는데, 아무리 추운 겨울에라도 감자가 얼지 않도록 부드러운 모래 층까지 이어져 있었다. 지하실 옆면은 돌로 보강하지 않고 경사진 채로 그대로 두었다. 한순간도 햇볕에 닿은 적이 없었기 때문에 아직도 모래 층이 무너지질 않았다. 이 일을 하는 데 겨우 두 시간밖에 걸리지 않았다. 나는 특히 이 땅 파는 작업을 즐겼다. 어느 위도(緯度)에서나 인간은 변함 없는 일정한 온도를 얻기 위해서 대지에 구멍을 파기 때문이다. 도회의 가장 호화로운 저택 밑에도 역시 지하실이 있고, 그곳에는 옛날과 다름없이 뿌리 채소류들이 저장되어 있으며, 지상의 건물이 사라진 뒤 오랜 시간이 흘러도 후세 사람들은 대지 속에서 그 구멍의 흔적을 발견해 낸다. 집이란, 오늘날에도 굴의 입구에 있는 현관과 같은 것이다.

5월 초에 드디어, 사람의 손을 빌릴 필요는 없었지만, 이웃들과의 친목을 도모할 절호의 기회라고 생각했기에 몇몇 사람들의 손을 빌려서 상량식을 치렀다. 이번 상량식에 참석해 준 사람들만큼 뛰어난 자질을 가지고 있는 사

---

57) 미 합중국의 독립 기념일.

람들도 없을 것이다. 나는 그들이 언젠가는 더욱 품위 있는 건물의 상량식에 참가하게 될 운명을 갖고 있다는 사실을 믿어 의심치 않고 있다. 7월 4일,[57] 나는 벽에 판자 붙이기와 지붕 올리기를 마치고 바로 오두막에서 살기 시작했다. 판자는 조심스레 비스듬히 깎아서 겹쳐 놓아 결코 비가 새지 않도록 해놓았다. 그리고 판자를 붙이기에 앞서 호수에서 짐수레 두 대분의 돌을 맨손으로 끌어올려 오두막의 한쪽 끝에 굴뚝의 토대를 만들었다. 그 굴뚝은 가을 풀베기를 마친 뒤에 난롯불의 따뜻함이 필요해지기 이전에 만들었는데, 그 전까지 취사는 아침 일찍 옥외의 지면에서 해결을 했다. 이렇게 하는 편이 몇 가지 점에서 일반적인 방법보다 편리하며 기분도 좋아진다고 지금도 생각하고 있다. 빵이 구워지기 전에 폭풍이라도 불어오면, 나는 장작불 위에 두세 장 판자를 덮어씌우고 그 밑에 앉아 빵을 지켜보면서 유쾌한 한때를 보냈다. 그 당시에는 언제나 일거리가 많았기 때문에 그다지 독서를 하지 않았는데, 포장지나 테이블 보로 사용된 뒤 버려져 땅바닥 여기저기에 뒹굴고 있던 작은 신문 조각이 『일리아드』에도 뒤지지 않을 만한 기쁨을 전해 주었으며, 사실 그것에도 뒤지지 않을 만한 역할을 해주었다.

집을 지을 경우, 예를 들어서 문이나 창문, 지하실, 지붕은 인간의 본성 중에서 어떤 기초를 가지고 있는 것일까를 생각하고 일에 임하며, 단지 그러한 것이 당장 필요하기 때문에 만드는 것이 아니라 그 이상의 좀 더 훌륭한 이유를 발견할 때까지는 결코 토대 위로 건물을 올리지 않도록 하는 등, 당시의 나보다 더욱 깊은 사려를 바탕으로 일에 임한다면 틀림없이 얻는 것이 있을 것이다. 인간이 자신의 집을 지을 때는 새가 둥지를 틀 때와 마찬가지로 그 목적에 합당한 것이 되도록 해야 하는 법이다. 인간이 자신의 손으로 직접 자신의 거처를 짓고 단순하고 정직한 노동으로 자신과 가족들을 부양하게 된다면, 모든 새들도 그런 생활 속에서 지저귀고 있는 것이니, 어쩌면 모든 사람들 속에 시적 재능이 싹트기 시작하게 될지도 모른다. 그런데 슬프게도 우리들이 살아가는 방식은, 다른 새가 만든 둥지 속에 알을 낳아 놓고, 귀에 거슬리는 시끄러운 소리로 떠들어대 지나가는 나그네에게 그 어떤 위로도 주지 않는 뻐꾸기나 박달새와도 같은 것이다. 우리들은 집을 짓는 즐거움을 언제까지고 목수들에게 넘겨준 채로 있어도 괜찮은 것일까? 사람들은 일반적으로 어느 정도의 건축 경험을 가지고 있는 것일까? 나는 아직 산책 중에 자신의 집을 짓는다는 이 아주 단순하고 자연스러운 일에 종사하고 있는 사람을 단 한 번도 본 적이 없다. 우리들은 공동체에 속해 있다. 아홉 명이 모여야 한 사람의 재단사가 된다는 속담이 있는데, 이는 재단사에만 해당되는 얘기가 아니라 목사나 상인 농민에게도 해당되는 얘기다. 이 분업이라는 것은 도대체 어디까지 가야 끝이 나는 것일까? 그것은 결국 어떤 도움이 되는 것일까? 물론 다른 사람이 내 대신 생각을 해줄지도 모르겠지만, 그렇다고 해서 그것이 내가 스스로 생각하기를 그만두는 편이 더 좋다는 뜻은 아닐 것이다.

물론 이 나라에는 건축가라고 불리는 사람들이 있다. 적어도 나는 건축상의 장식이야말로 진리의 핵심이며 필요한 것이고, 따라서 그것은 미라고 주장하는 사상에, 마치 계시라도 받은 사람처럼 정신을 빼앗기고 있는 어떤 건축가에 대한 소문을 들은 적이 있다. 그의 관점에서 보자면 매우 뛰어난 주장처럼 보이겠지만, 실은 흔해빠진 호사가들의 이야기와 별반 다를 바가 없는 내용이다. 그는 건축의 감상적 개혁자로서 기초부터가 아닌 처마 돌림띠부터 일을 시작한 것이다. 이것은 마치 사탕 과자 속에는 언제나 아몬드나 캐러웨이 열매를 넣는 것처럼—아몬드에는 사탕을 바르지 않는 것이 훨씬 더 건강에 좋다고 나는 생각하고 있지만—진리의 핵심을 장식 내부에 넣어

---

58) 뉴욕 시내에 있다. 소로우가 월든에 머물고 있을 때 화재로 인해 소실되었으나, 곧 재건되었다. 내부의 화려한 장식으로 유명하다.

두려고 하는 것과 조금도 다를 바 없는 방법이다. 주민, 즉 주거자가 정성스럽게 집의 내부와 외부를 만들고 장식은 그저 일이 되어 가는 대로 맡기는 방법은 아니었다.

무릇 이성 있는 인간이, 장식이라는 것은 단순히 외면적·표면적인 것에 지나지 않는다거나, 거북이가 반점이 있는 등껍데기를, 조개가 진주빛 껍데기를 가지고 있는 것은 브로드웨이 주민들이 트리니티 교회[58]를 세운 것과 마찬가지로 어떤 하청 계약에 의해서 그렇게 된 것이라고 생각하는 일이 있겠는가? 하지만 인간과 그의 집의 양식 사이에서는, 거북이와 그 등껍데기의 모양 사이에서 볼 수 있는 것과 같은 깊은 관계를 찾아볼 수가 없다. 병사는 일일이 자신의 무용(武勇)을 군기에 새기는 것과 같은 쓸데없는 짓을 하지 않는다. 언젠가는 적들이 알게 될 테고, 어쩌면 빛[59]을 잃게 될지도 모르는 일이기 때문이다. 앞서 말한 건축가들은 처마 돌림 띠 위에서 몸을 내밀어 그들보다도 더욱 진리에 통달해 있는 세련되지 못한 거주자들에게 어줍잖은 진리를 주저주저 속삭이고 있는 것이다. 내가 알고 있기로 현재 우리들이 볼 수 있는 건축미란, 유일한 건설자인 거주자 자신의 필요성과 성격—무의식 중의 성실함과 품위와 같은 것—을 바탕으로 외견 같은 것에는

---

59) color. '빛'과 '깃발' 두 뜻을 모두 포함하고 있는 언어 유희.

조금도 신경을 쓰지 않고 내부에서 점점 외부로 성장을 해온 것이다. 그리고 이런 종류의 미가 앞으로도 더욱 태어나야 할 운명에 있다면, 그것은 모두 무의식적인 생활의 미 속에서 출현하게 될 것이다.

일반적으로 이 나라에서 가장 운치가 있는 집은 화가들이 잘 알고 있는 바와 같이 가난한 사람들의, 조금도 꾸미지 않은 소박한 통나무집이나 오두막집들이다. 그것들을 그림의 소재가 되도록 하는 것은 그 껍데기 속에서 살고 있는 사람들의 생활이지 외관상의 특질이 아니다. 또한 도시 사람들이 교외에 가지고 있는 상자형 집들도, 그들의 생활이 단순하다면 생각하는 것만으로도 즐거운 것이 되고, 주거 양식에 대해서 쓸데없는 궁리만 하지 않는다면 통나무집이나 오두막집에도 뒤지지 않을 만큼 운치 있는 집이 될 것이다. 건축상의 장식은 대부분 글자 그대로 공허한 것에 지나지 않아서 9월에 태풍이 한 번 지나가면 마치 빌려온 날개처럼 내용물에는 상처 하나 주지 않은 채 찢어져 버린다. 지하실에 올리브 열매나 와인을 보관해 두지 않는다면, '건축' 같은 것은 필요 없어지게 된다. 만약 문학에 있어서도 이것과 마찬가지로 문체의 장식을 둘러싸고 일대 소동이 벌어지거나, 혹은 여러 가지 성전(聖典)의 건축가들이 우리나라의 교회 건축가들처럼 처마 돌림 띠를 제작하는 데 수많은 시간을 할애했다면, 도대

채 어떤 일이 벌어졌을까? 하지만 오늘날의 '순수 문학'이나 '순수 미술'과 그 교수들은 그런 식으로 해서 만들어지고 있는 것이다. 실제로 몇 개의 막대기를 머리 위나 발밑에 비스듬히 세워두기 위해서는 어떻게 하면 되는지, 살고 있는 상자를 무슨 색으로 칠하면 좋을지 등과 같은 것들이 커다란 문제가 되고 있다. 거주자 자신이 얼마간의 진심을 가지고 막대기를 비스듬히 세우거나 색을 칠한다면, 그래도 아직은 봐줄 만한 구석이 있을지도 모른다. 하지만 어차피 영혼이 깃들어 있는 것이 아니니, 자신의 관—즉, 무덤—을 만들고 있는 것과 다를 바 없는 일이다. 따라서 '목수'란 '관 짜는 사람'의 다른 이름에 불과한 것이다. 어떤 사람은 인생에 대한 절망감 때문인지, 혹은 무관심 때문인지 "발 밑의 흙을 한 움큼 쥐고 그 색으로 당신의 집을 칠하면 되지 않는가?"라고 말한다. 그는 마지막 거처인 좁다란 집[60]을 생각하고 있는 것일까? 차라리 동전을 던져서 앞면인지 뒷면인지에 따라서 색을 정하면 될 것이다. 아무튼, 이 사람 굉장히 한가한 사람으로 보인다! 무엇을 위해서 흙을 한 움큼 집어드는 게지? 차라리 네 얼굴빛과 똑같이 집을 칠한 뒤에 네 몸 대신 붉으락푸르락 변하도록 하면 되질 않겠는가? 오두막집을 개량하기

---

60) 무덤.

위한 계획이라고? 좋았어. 자네가 내게 어울리는 장식을 준비해 준다면, 내 그것을 사용해 주겠네.

겨울이 오기 전에 나는 굴뚝을 만들고, 이미 비가 새어 들어오지 않도록 해두었던 벽에 판자를 붙였는데, 그것은 통나무의 표면을 얇게 벗겨내서 만든 불완전한 생나무 판자였기 때문에 끝 부분을 대패로 깎아내어 반듯하게 해주지 않으면 안 되었다.

이렇게 해서 나는 폭 10피트, 깊이 15피트, 기둥의 높이가 8피트가 되는 판자를 붙이고 회반죽을 바른 튼튼한 집을 갖게 되었다. 그 안에는 다락방과 붙박이장, 양편에 커다란 창 하나씩, 두 개의 여닫이 문, 한 편에 출입용 문, 그 반대편에 벽돌로 만든 난로가 있었다. 집을 짓는 데 쓴 정확한 비용은 다음과 같다. 사용한 재료에는 시세에 따른 가격을 매겨 놓았으며, 전부 내가 직접 일을 했기 때문에 노임은 계산에 넣지 않았다. 내가 여기에 명세를 기술하는 것은 자기 집의 건축비를 정확하게 알고 있는 사람이 극히 드물며, 그것들을 구성하고 있는 각종 재료의 비용에 대해서 알고 있는 사람은 더욱 적기 때문이다.

판자	8달러 3.5센트(대부분은 판자집의 판자)
지붕과 벽에 쓴 폐자재 널빤지	4달러
윗가지	1달러 25센트

유리가 달린 낡은 창 두 개	2달러 43센트
중고 벽돌 천 장	4달러
석회 두 통	2달러 40센트(이건 좀 비쌌다)
석회 숯	31센트 (너무 많이 샀다)
철제 틀	15센트
못	3달러 90센트
경첩 및 나사	14센트
자물쇠	10센트
(회반죽용)이회암	1센트
운반료	1달러 40센트(대부분은 내가 짊어 날랐다)
합계	28달러 12.5센트

내가 불법 점령자[61]의 권리로 마음대로 사용한 목재, 돌, 모래를 제외한다면, 이상이 사용한 재료의 전부다. 바로 옆에 장작을 넣어 두는 조그만 헛간도 만들었는데, 주로 집을 짓고 남은 재료를 이용했다.

이 집과 마찬가지로 내 마음에 들고, 비용도 이것 이상 들지 않는다는 사실만 알게 된다면, 나는 콩코드 대로변에 있는 어떤 집보다도 화려하고 사치스러운 집을 지금 당장이라도 한 채, 나를 위해서 지을 생각이다.

이런 식으로, 집을 갖고 싶어하는 학생은 현재 지불하고 있는 집세의 일 년분에도 미치지 않는 비용으로 평생 생활할 수 있는 집을 손에 넣을 수 있다는 사실을 알게 되었다. 내가 지나친 자랑을 하고 있다고 생각하는 사람들이 있다면, 나는 그것은 나를 위해서가 아니라 인류 사회를 위한 호언장담이라고 말할 것이다. 내가 하는 말에 결점이나 모순이 있다 하더라도, 그렇다고 해서 진실성에 상처를 주는 것은 아니다. 비록 잘난 체하는 위선적인 표현이 많다 하더라도—그것은 나의 밑에서 떼어내기 힘든 껍데기와도 같은 것으로, 나도 남들처럼 그런 나를 안타깝게 생각하고 있다— 그 점에 있어서만은 자유롭게 호흡하고, 사지를 쭉 뻗고 눕고 싶다. 그렇게 하는 편이 도덕적으로나 육체적으로 훨씬 더 편안하기 때문이다. 그리고 나는 겸손을 떨면서 악마의 대리인 노릇을 하지는 않겠노라고 결심을 했다. 진실을 말하기 위해서 노력할 것이다.

케임브리지[62]에 있는 하버드 대학에서는 내 방보다 아주 조금 넓을 뿐인 학생 기숙사를 빌리는 데 방세만 매해 30달러가 든다. 그런데 대학 측의 사정으로 한 건물에 32개나 되는 방이 들어 차 있기 때문에 학생들은 수많은 떠들썩한 이웃들 때문에 골머리를 썩혀야 하며, 운이 없으

---

61) 소로우는 자신을 굳이 '불법 점령자'라고 말하고 있지만, 사실은 친구인 에머슨의 토지를 빌려 오두막을 지었다.
62) 매사추세츠 주 케임브리지. 하버드 대학은 소로우의 모교.

면 4층에서 살아야 하는 불편을 감수해야만 한다. 이러한 점에 관해서 우리들에게 좀 더 참된 지혜가 있다면, 모두들 이미 상당한 교육을 받았을 테니 지금처럼 교육을 받을 필요가 없어질 뿐만 아니라, 교육을 받기 위한 금전적 부담도 훨씬 더 줄어들 것이라는 생각을 하지 않을 수가 없다. 케임리지와 그 외의 다른 곳에 있는 대학에서는 필요한 편의를 학생들에게 제공하기 위해서, 본인과 경영자들이 효율적으로 운영했을 때보다 10배나 무거운 인생의 희생을 그들 모두가 치르고 있는 것이다. 하지만 학생들이 절실하게 갈구하고 있는 것이 반드시 돈이 드는 것들뿐이라고는 말할 수 없다. 예를 들어서 수업료는 학기마다 지불하는 학비 중에서도 중요한 항목에 속하지만, 같은 시대를 살아가는 가장 교양이 풍부한 사람들과 교제하는 데서 얻어지는 더욱 더 가치 있는 교육은 무료다. 대학을 설립하기 위해서는 일반적으로 몇 달러 몇 센트의 기부금을 모은 다음, 매우 신중하게 취급하지 않으면 안 될 분업의 원리를 철저하고 맹목적으로 추진하여 이 사업을 투기 대상으로 생각하고 있는 공사 청부인을 불러온다. 그러면 그 청부인은 아일랜드인과 그 외의 인부들을 고용해서 실제적인 기초공사를 하게 한다. 그러는 동안에 앞으로 대학에 입학을 하려고 하는 젊은이들은 그곳의 학생 신분에 어울릴 만한 준비 교육을 받는다고 한다. 이러한 과오에 대한 대가는 후대 사람들이 치르게 되는 것이다.

  나는 오히려, 학생이나 대학을 통해서 이익을 얻으려고 하는 사람들이 직접 자신들의 손으로 기초 공사를 하는 편이 훨씬 더 바람직하다고 생각한다. 인간이 하지 않으면 안 될 모든 노동으로부터 계획적으로 벗어남으로 해서 그렇게도 바라던 여가와 은둔 생활을 확보한 학생은 어리석게도 경험이라는, 여가를 가치 있는 것으로 만들어 주는 유일한 수단을 스스로 포기하고 그 대신 아무짝에도 쓸모가 없는 무익한 여가를 손에 넣게 되고 마는 것이다. "하지만."이라고 어떤 사람은 말한다. "설마 학생들에게 머리가 아닌 손으로 일하라고 말하려는 건 아니겠지요?" 나도 거기까지는 확실하게 말할 생각은 없다. 하지만 어느 정도는 그렇게 생각을 해도 상관없다고 본다. 내가 하고 싶은 말은, 학생들은 사회에서 이 돈이 드는 놀이의 비용을 대준다고 해서 인생을 그저 놀거나, 배우는 것만으로 보내서는 안 되며 일관되게 인생을 진지하게 살아가야 한다는 것이다. 청년이 삶을 습득하는 방법 중에서 지금 당장 삶에 대한 실험에 착수하는 것보다 더 좋은 방법이 또 있을까? 이것은 수학에도 뒤지지 않을 만큼 우리들의 지성을 단련시켜 줄 것이다.

  예를 들어서 만약 내가 한 소년에게 일반 교양 과목을 가르쳐야겠다고 생각했다 하더라도, 나는 일반적인 방법에 따라서 그를 그저 한 대학의 교수 밑으로 보내는 일 따위는 하지 않을 것이다. 그곳에서는 여러 가지 것들을 가르치고 연습시키지만, 살아가는 기술에 대해서만은 가르치질 않는다. 다시 말하자면, 망원경이나 현미경을 통해서 세계를 관찰하는 방법은 배울 수 있지만, 육안으로 보는 법은 결코 배울 수가 없다. 화학은 배우지만 빵을 만드는 법은 배우지 못하며, 기계학은 배우지만 빵을 버는 방법에 대해서는 배우질 못한다. 해왕성의 새로운 위성을 발견할 수는 있어도 눈 속의 티끌[63]은 보지 못한다. 혹은 자신이 어떤 악한의 하수인이 되어 있는가, 한 방울의 식초 속에 있는 괴물을 가만히 관찰하고 있는 동안 주위로 몰려든 괴물들에게 자신이 먹혀 버리게 된다는 사실에 대해서는 배우질 못한다. 당장 필요한 만큼만 독서를 하고 스스로 채굴하여 녹여낸 광석으로 대형 잭나이프를 만든 소년과, 그동안 공과 대학에서 광물학 강의를 들으며 아버지로부터 로저스의 펜나이프를 받은 소년 중 어느 쪽이 한 달 뒤에 더욱 발전한 모습을 보이게 될까? 자신의 손가락을 벨 것 같은 소년은 둘 중 누구인가? 대학을 졸업할 때, 나는 항해술을 배웠다는 말을 듣고 놀라지 않을 수 없었다! 차라리 배를 타고 항구를 한 바퀴 도는 편이 항해에 대해서 더욱 잘 알 수 있었을 것이다. 우리나라의 대학에서는 가난한 학생들조차 오로지 정치 경제학[64]만을 교육받고 있지만, 철학의 동의어라고 할 수 있는 생활 경제학은 단 한 번도 진지하게 교육받은 적이 없다. 그 결과, 그들이 애덤 스미스,[65] 리카도,[66] 세이[67]를 읽고 있는 동안 아버지는 부채에 허덕이게 되는 것이다.

우리나라 대학에서 보여지는 이러한 문제점들은 여러 가지 '현대적 개선'에 대해서도 적용을 할 수가 있다. 이에 대해서 환상을 품고 있는 사람들이 많은데, 세상에는 의심할 여지도 없는 진보만이 존재하는 것이 아니다. 악마는 초기의 출비(出費)와 그 후 거듭되었던 투자에 대해서 마지막까지 복리(複利)를 짜내려고 하는 법이다. 현대의 발명은 언제나 중요한 일에서 우리들의 주의력을 돌리게 하는 아름다운 장난감이다. 이러한 것들은 개선되지 않는 목적을 달성하기 위해서 개선된 수단에 불과한 것이다. 그 목적도 지금은 철도가 보스턴과 뉴욕까지 뚫린 것처럼 너무도 쉽게 달성할 수 있게 되어 버렸다. 우리들은 서둘러서 메인 주와 텍사스 주를 잇는 전신을 부설하려 하고 있다. 하지만 틀림없이 메인 주나 텍사스 주에는 서

---

63) 신약 성경 누가복음 6장 41절에 "어찌하여 형제의 눈 속에 있는 티는 보고 네 눈 속에 있는 들보는 깨닫지 못하느냐?"라는 말이 있다.
64) 당시는 오늘날 '경제학'이라고 부르는 것을 '정치 경제학'이라고 불렀다.
65) Adam Smith(1723~90). 영국의 경제학자. 『국부론』의 저자.
66) David Ricardo(1772~1823). 영국의 경제학자.
67) Jean Baptiste Say(1767~1832). 프랑스의 경제학자.

로 통신을 하지 않으면 안 될 만큼 중요한 일은 존재하지 않을 것이다. 두 주의 당혹감을 비유적으로 말하자면, 한 유명한 귀머거리 여인을 소개받고 싶어서 발버둥치던 남자가 드디어 소개를 받게 되어 그 여자의 보청기 끝에 손을 가져다 댄 순간, 사실은 아무것도 할 말이 없었다는 사실을 깨닫게 된다는 얘기와 같은 것이다. 마치 중요한 것은 재빨리 말을 하는 것이지 결코 사려 깊게 이야기를 하는 것이 아니라는 듯이. 우리들은 대서양 해저에 터널을 뚫어 구세계의 소식을 몇 주간 앞당겨 신세계에 전하려고 혈안이 되어 있다. 하지만 열심히 일하는 커다란 미국의 귀에 흘러 들어오는 가장 첫 번째 소식은 틀림없이 애들레이드 공주[68]가 백일해에 걸렸다는 등의 소식일 것이다. 결국 일 분에 1마일을 달리는 말을 타고 온 남자가 더욱 중요한 뉴스를 전해 주러 오는 것은 아니라는 얘기다. 그는 복음 전도자도 아니며, 메뚜기와 야생 꿀을 먹으며 찾아온 예언자[69]도 아니다. 명마 플라잉 차일더스[70]는 옥수수 1펙도 제분소로 나른 적이 없을 것이다.

어떤 사람이 내게 말한다. "자네는 저금도 하질 않았나? 여행을 좋아하잖아? 지금이라도 당장 열차에 올라 피츠버그로 가서 그 주변을 구경하고 오면 좋으련만." 하고. 하지만 나는 더욱 현명하다. 가장 빠른 것은 도보로 여행하는 사람이라는 사실을 잘 알고 있으니. 나는 친구에게 말한다. "우리 한번 생각해보세. 자네와 나 중에서 누가 먼저 도착하게 될지. 거리는 30마일, 기차 요금은 90센트. 이건 하루 일당과 거의 맞먹지. 나는 이 철도 선로에서 일하던 인부들의 급여가 하루에 60센트였던 때도 기억하고 있으니 말일세. 나는 지금 도보로 출발하여 밤이 되기 전에 목적지에 도착하네. 예전에 그 속도로 일주일 간 계속해서 여행을 한 적이 있었다네. 자네는 그러는 동안 기차삯을 벌어서 내일이나, 어쩌면 오늘밤쯤에 거기에 도착하겠지. 다행히도 곧 일자리를 찾았을 때의 얘기라네. 즉 피츠버그에 가는 대신 자네는 하루의 대부분을 여기서 일을 하게 될 걸세. 따라서 만약 철도가 세계를 일주하게 된다 하더라도 변함 없이 내가 자네보다 앞서 나가게 될 거라고 생각하네. 게다가 그 지방을 둘러보며 경험을 쌓는다는 면에 대해서는 도저히 자네하고 얘기할 거리가 되지 않을 정도라고 생각하네."

우주의 법칙은 바로 이런 것이며, 그 누구도 거기서 벗어날 수가 없다. 철도에 대해서도 결국은 같은 말을 할 수가 있다. 세계 일주 철도를 깔아서 전 인류가 그것을 이용

---

68) Princess Adelaide(1840~1901). 영국 빅토리아 여왕의 첫번째 공주.
69) 세례 요한을 일컫는 말. 마태복음 3, 4장 참조.
70) 18세기 초 영국 경마계의 명마.

하게 한다는 것은 지구 표면 전체를 다듬는다는 것에 다름 아니다. 이렇게 공동 자본과 삽에 의한 활동을 오랫동안 계속해서 한다면, 언젠가는 모든 사람들이 눈 깜빡할 사이에 무료로 어디든지 갈 수 있게 될 것이라고 세상 사람들은 막연하게 생각하고 있다. 하지만 군중들이 역으로 구름 떼처럼 몰려들어 차장이 "여러분, 승차해 주십시오!"라고 외쳐도 연기가 흩어지고, 증기가 응축되고 난 뒤에 보니, 타고 있는 사람은 극히 일부에 지나지 않으며 나머지 사람들은 열차에 깔려 있었다는 사실을 알게 될 것이다. 기차 삯을 번 사람, 즉 그만큼 오래 산 사람이 드디어 승차할 수 있게 됐다는 사실에는 변함이 없지만, 아마 그때쯤이 되면 여행을 할 기력도 하고 싶다는 의욕도 완전히 사라져 버리게 될 것이다. 이처럼 인생의 가치가 최저가 되는 노년기에 미적지근한 자유를 만끽하려고 인생의 가장 좋은 시기를 돈벌이로 허비하는 사람들을 보고 있으면, 우선 인도로 가서 재산을 모은 다음 영국으로 돌아와서 시인 생활을 보내려고 했던 한 영국인을 떠올리게 된다. 이 사내는 바로 다락방으로 올라가 시인 생활을 시작했어야만 했다. "뭐라고?" 백만 아일랜드인들이 이 나라의 모든 판잣집에서 뛰쳐나오며 외친다. "우리들이 만든 이 철도가 변변찮은 것이라고 말하는 겐가?", "그게 아니야."라고 나는 대답한다. "굳이 말하자면 좋은 편이지.

자네들이 이보다 더욱 변변치 않은 일을 했을지도 모르니까. 하지만 형제 된 입장에서 말하자면, 이런 흙덩이를 파헤치는 것보다 더욱 쓸모 있게 시간을 보내는 법이 따로 있지 않았을까?"

집 짓기를 마치기 전에 임시 지출이 생길 것에 대비하여 정직하고 기분 좋은 방법으로 10달러에서 12달러 정도 벌어 두고 싶었기 때문에, 나는 집 근처의 2.5에이커 정도 되는 부드러운 모래밭에 주로 강낭콩을 뿌리고, 밭의 일부에는 감자, 옥수수, 완두콩, 무 등도 함께 심었다. 이 토지는 전부 11에이커 정도 되며, 그 대부분에는 소나무와 호두나무가 심겨져 있었는데, 지난 계절부터 1에이커당 8달러 8센트에 팔리고 있었다.[71] 한 농부는 "찍찍 울어대는 다람쥐라도 기르면 모를까, 그 외에는 아무짝에도 쓸모가 없는 토지다."라고 말했다. 나는 그 토지의 소유자가 아니고 그저 빌린 자에 지나지 않았고, 또한 이렇게 넓은 땅을 경작할 일이 다시는 생기지 않을 것 같았기에 밭

---

71) 구입자는 소로우의 친구인 에머슨. 그는 1844에 이 삼림지를 구입하여 이듬해부터 2년 여에 걸쳐서 소로우에게 빌려줬다. 한편, 에머슨은 이후에도 월든 호반의 삼림지를 순차적으로 구입하여 그것의 보전에 힘썼다. 1922년에는 그의 손자가 이들 토지를 매사추세츠 주에 양도했다. (Harding)

에는 비료를 주지 않았으며, 구석구석까지 김매기를 해준 적도 단 한 번도 없었다. 경작을 하는 동안 잘려 땅에 묻힌 커다란 나무를 몇 개나 파냈는데, 이것들은 후에 연료로써 오랫동안 내게 도움이 되었다. 나무를 파낸 자리에는 조그만 원형의 처녀지가 형성되어 있다. 그곳에서는 특히 강낭콩이 무성하게 성장을 했기 때문에 여름 내내 그곳을 금방 알아볼 수가 있었다. 우리 집 뒤쪽에 있는, 바싹 말라비틀어져서 거의 팔지 못하게 되어 버린 나무와, 호수에서 건져올린 유목이 연료의 부족분을 보충해 주었다. 밭을 경작하기 위해서 가축 한 쌍과 사람을 한 명 고용해야 했지만, 쟁기질은 내가 했다. 이 첫 경작을 위해서 지출한 금액은, 농기구, 종자, 품삯 등을 합하여 14달러 72.5센트였다. 옥수수 씨앗은 다른 사람에게서 받아왔다. 이것은 필요 이상으로 많이 뿌리지만 않는다면 크게 문제될 것이 없는 비용이다. 수확은 강낭콩 12부셸,[72] 감자 18부셸과 완두콩, 옥수수 조금씩이었다. 노란 옥수수와 무는 파종이 늦어서 열매를 맺지 못했다. 농사에서 얻은 총수입은 다음과 같았다.

수입	23달러 44센트
지출	14달러 72.5센트
잔액	8달러 71.5센트

이 외에도 이 명세표를 작성한 시점까지 내가 소비했던 작물과 수중에 남아 있던 곡식을 합치면 4달러 50센트에 상당하는 양이었다. 이 손에 남아 있던 양만 해도, 자신이 기르지 않고 구입한 매우 적은 양의 다른 곡물을 산 값을 거기서 뺀다 하더라도 상당한 금액이 남을 정도의 양이었다. 모든 점을 종합해서 생각해 보면, 즉 인간 영혼의 소중함과 오늘이라는 시간의 소중함을 생각해 본다면, 이 실험에 투자한 기간은 짧았음에도 불구하고, 아니 오히려 그것이 일시적 성격을 띤 것이었기 때문에 나는 콩코드의 그 어떤 농부보다도 더 좋은 수확을 그해에 거둘 수 있었던 것이라고 생각한다.

이듬해에는 더욱 좋은 수확을 거두었다. 이번에는 필요한 만큼의 토지—약 1/3에이커—를 전부 내 손으로 경작했으며, 아서 영[73] 등 농사에 관한 유명한 저작들에 조금도 구애받지 않고 지난 2년 동안 경험을 통해서 다음과 같은 사실을 배웠기 때문이다. 만약 사람이 간소한 생활을 하면서 스스로 기른 작물만을 먹고, 먹는 것 이상으로는 기르지 않으며, 기른 것을 매우 적은 양의 값비싸고 사치스러운 물건과 바꾸려고 들지만 않는다면, 단 2, 3라드[74]

---

72) 1부셸=27.216kg.
73) Arthur Young(1741~1820). 영국의 여행가, 농학자, 경제학자.
74) 1라드는, 면적의 경우 25.3㎡, 길이의 경우 5m.

의 토지를 경작하는 것만으로도 충분하다는 사실. 소를 사용하여 경작하기보다는 자신이 경작을 하고, 오래 경작해 온 밭에 비료를 주기보다는 때때로 새로운 장소를 밭으로 선택하는 편이 싸게 먹힌다는 사실. 필요한 농사는 여름 동안에 전부 쉬엄쉬엄 할 수 있다는 사실. 그렇게 하면 요즘 흔히 볼 수 있는 것처럼 인간이 황소나 말, 암소나 돼지를 돌보지 않아도 된다는 사실. 나는 이 점에 대해서 공평한 입장에서, 그리고 현대의 경제적·사회적 모든 계획의 성공과 실패에는 아무런 이해 관계도 가지지 않은 인간으로서 이야기하고 싶다. 나는 콩코드의 어떤 농민보다도 자립적인 생활을 했는데, 그것은 내가 집이나 농장에 얽매이지 않고 언제나 좀 유별난 자신의 성격이 원하는 대로 살고 있었기 때문이다. 나는 이미 그들보다도 풍요로운 생활을 하고 있었을 뿐만 아니라, 가령 집이 불에 타거나 농장물의 작황이 좋지 않다 하더라도 그 이전과 거의 변함 없이 풍요로운 생활을 할 수 있었을 것이다.

  나는 인간이 가축을 기르는 것이 아니라 가축이 인간을 기르고 있는 듯한 느낌이 들어 견딜 수가 없다. 가축들이 훨씬 자유롭다. 인간과 소는 서로의 일을 교환해서 하고 있다. 하지만 필요한 일에 대해서만 생각해 본다면 소가 훨씬 더 득을 보고 있는 듯하며, 그들의 농장이 훨씬 더 넓다. 인간은 소와의 교환 작업의 일부로써 6주일에 걸쳐서 여물을 만드는데, 이것은 그렇게 수월한 일이 아니다. 틀림없이 모든 면에서 간소하게 생활을 하는 국민, 즉 철학자로 구성된 국민들이라면, 동물의 노동력을 이용하는 것과 같은 커다란 우를 범하지는 않을 것이다. 그렇다. 철학자들의 나라는 예전에도 없었고, 앞으로도 그렇게 쉽게는 나타나지 않을 것이다. 또한 있는 편이 좋은지 어떤지 나도 확실하게는 알지 못하겠다. 하지만 나라면 말이나 소를 길들여 자신의 일을 시키기 위해서 기르는 일은 결코 하지 않았을 것이다. 평범한 말 주인이나 소 주인은 되고 싶지 않기 때문이다. 만약 그렇게 함으로 해서 사회가 득을 보고 있는 것처럼 보인다고 할지라도, 누군가의 득은 누군가의 손이 될지도 모르며, 마구간을 돌보는 소년이 주인과 마찬가지로 만족을 하고 있으리라고는 누구도 장담을 할 수 없는 일 아니겠는가? 그렇다. 어떤 공공 사업은 이러한 가축의 힘을 빌지 않았다면 수행할 수 없었을 것이라는 사실은 인정을 해도 좋으며, 인간이 소와 말과 함께 그 영광을 나눠 가지도록 해도 좋을 것이다. 하지만 그렇다면 인간은 좀 더 자신의 역량에 맞는 사업을 달성할 수도 있었던 것이 아니었을까? 인간이 소의 도움을 얻어 그저 불필요하고 기교적인 일뿐만 아니라 사치스럽고 무익한 일까지 시작하게 된다면 소수의 사람들이 소와의 교환 작업에만 매달려야 한다는 사실, 즉 좀 더 강한 자의 노예가 되어야 한다는 사실은 불을 보듯 뻔한 일이 아니겠는가? 이렇게 인간은 내부의 동물을 위해서 일해야 할 뿐만 아니라, 그러한 삶의 상징으로서 외부의 동물을 위해서도 일해야 하는 것이다. 벽돌이나 돌로 만들어진 견고한 집이 얼마든지 있는데도 농민의 풍요로움은 아직도 창고가 집보다 얼마만큼 큰가에 따라서 유추되어지고 있는 형편이다. 이 마을은 외양간이나 마구간의 크기에 있어서 인근 지역에서도 최고라고 일컬어지고 있으며, 공공 건축물이라는 면에서도 결코 뒤떨어져 있지 않다. 하지만 이 마을 안에는 자유로운 예배나 자유로운 언론을 위한 공회당이 거의 존재하지 않는다.

모든 민족들은 건축물을 통해서가 아니라, 추상적인 사고 능력을 통해서 그 이름을 후세에 진하도록 해야 하지 않을까? 동양의 어떤 유적보다도 '바가바드 기타'[75]가 가장 큰 찬사를 받기에 합당한 것이 아니겠는가? 탑과 사원은 왕후들의 사치다. 간소함과 독립을 존중하는 정신을 가진 사람들은 왕후의 말에 따라 움직이는 자들이 아니다.

---

75) 고대 인도의 서사시 「마하바라타」의 일부를 구성하는 철학적 교훈시.
76) 고대그리스의 전설에 등장하는 목가적이고 평화로운 이상향. 이 부분은 라틴어 명문(銘文)인 'Et in Arcadia ego(나 또한 아르카디아에 있다).' 에서 따온 것이리라.
77) 백 개에 달하는 성문이 있었다고 전해지는 이집트의 고대 도시.

천재는 어떤 황제도 섬기지 않으며, 그가 사용하는 소재는 극히 적은 양만을 제외한다면 은도, 금도, 대리석도 아니다. 도대체 무엇 때문에 그렇게도 많은 양의 석재들을 정으로 두드리는 것인지? 내가 아르카디아[6]에 있을 때는 정으로 대리석을 두드리는 사람을 단 한 명도 본 적이 없었다. 모든 민족들이 정을 휘둘러 대량의 석재를 남김으로 해서 그 이름을 영원히 남기려고 하는 광기와도 같은 야심에 휩싸여 있다. 그럴 만한 여력이 있다면, 그것을 자신들의 태도와 예의를 세련되게 하는 데 쏟는 것은 어떨까? 한 조각 양식(良識)이 달의 높이만큼이나 치솟은 기념비보다 더욱 후세에 물려줄 가치가 있는 것이다. 나는 대리석이 원래 있던 자리에 있는 모습을 보는 것을 훨씬 더 좋아한다. 테베[7]의 장려함은 속악(俗惡)한 것이었다. 인생의 참된 목적에서 멀리 일탈해 버린 백 개의 성문을 가진 테베보다도 정직한 인간의 밭을 둘러싼 1라드의 돌담이 훨씬 더 양식(良識)에 합당한 것이다.

야만스러운 이교도의 종교와 문명은 장려한 사원을 짓는다. 하지만 기독교라 불리는 것이 그런 짓을 할 리가 없다. 어떤 국민들은 정으로 다듬은 돌의 대부분을 오직 묘비로만 사용하고 있다. 스스로를 생매장하는 것과 다름없는 일이다. 피라미드에는 놀랄 만한 점이 어디에도 없다. 한 멍청한 야심가의 무덤을 구축하기 위해서 그렇게도 많은 사람들이 일생을 망쳐야 했을 정도로 타락했었다는 사실이 더욱 커다란 놀라움이다. 그런 사람들은 나일 강에 던져 익사시키고 시체는 개에게 먹으라고 주는 편이 현명한 사람다운 처사다. 이러한 군중과 멍청이를 위해서 그럴 듯한 구실을 하나 붙여 줄 수도 있겠지만, 내게는 그럴 만한 여가가 없다. 건축가들의 종교나 예술 애호벽에 대해서 말하자면, 건물이 이집트의 사원이든, 미합중국의 은행이든 세계 모든 곳의 건물들이 모두 비슷비슷하다. 막대한 비용을 들이는 것에 비해 결과가 좋질 못하다. 근본 동기는 허영심이며, 그것이 마늘과 버터와 빵에 대한 애착심에 의해서 조장되고 있다. 전도유망한 젊은 건축가 밸컴이 소장하고 있는 비트루비우스[78]의 책 마지막 부분 여백에 딱딱한 연필과 자로 설계도를 그리면, 그 일은 도브슨 앤 선즈 석공소로 넘겨진다. 삼천 년이라는 세월이 그것을 내려다보기 시작할 때쯤, 인류는 그것을 올려다보기 시작하는 것이다.[79] 세상에 있는 높은 탑이나 기념비에 대해서 말해 보겠다. 예전에 이 마을에 머리가 좀 이상한 사람이 있었

---

78) 기원전 1세기 로마의 건축가. 『건축 십서』 10권을 저술했다. 현존하는 최고의 건축이론서.
79) 나폴레옹이 이집트를 침공했을 때, 병사들에게 "이 기념비(피라미드) 꼭대기에서 4천 년의 세월이 제군들을 내려다보고 있다."고 말한 것을 두고 한 말일 것이다.

는데, 중국에 도달할 때까지 구멍을 파겠다고 말하고는 꽤 깊은 곳까지 파내려 갔다. 그의 말에 의하면, 중국인들의 냄비와 가마가 덜그럭덜그럭 부딪치는 소리가 들려왔다고 했다. 하지만 나는 그가 파놓은 구멍을 보러 일부러 가고 싶은 마음은 없다. 서양과 동양의 기념비에는 많은 사람들이 관심을 두고 있으며, 누가 지었는지를 알고 싶어한다. 나는 당시 누가 이러한 것들을 짓지 않았는지, 누가 이렇게 하찮은 것들로부터 초연했었는지를 알고 싶다. 이제 좀 전에 했던 통계 작업을 계속해서 해보기로 하자.

나는 손가락 숫자만큼의 직업을 가지고 있기 때문에 그동안에도 토지 측량과 목수일, 그 외에도 마을의 여러 가지 막일을 해서 13달러 34센트를 벌었다. 다음에 기술할 8개월 간의 식비—나는 거기서 2년 이상을 살았지만, 이 숫자는 7월 4일부터 다음 해 3월 1일까지의 것들이다—에는 내가 기른 감자와 소량의 옥수수, 완두콩은 포함시키지 않았으며, 또 마지막 날에 남아 있던 식품들의 가격도 포함시키지 않았다.

쌀	1달러 73.5센트
당밀	1달러 73센트(가장 싼 감미료)
호맥분	1달러 $4\frac{3}{4}$ 센트
옥수수 가루	$99\frac{3}{4}$ 센트(호맥보다 싸다)

돼지고기	22센트
밀가루	88센트
(옥수수가루보다 돈과 손이 많이 간다)	
설탕	80센트
돼지기름	65센트
사과	25센트
말린 사과	22센트
고구마	10센트
호박 1개	6센트
수박 1개	2센트
소금	3센트

(실험적으로 먹어 보았지만 실패였다.)

보시는 바와 같이 나는 8달러 74센트 분을 먹은 셈이 된다. 하지만 대부분의 독자 여러분도 나와 같은 죄를 범하고 있다. 여러분의 행위를 활자화하면 이것과 별반 다를 바가 없는 것이 되리라는 사실을 모르고 있었다면, 나도 이렇게 부끄러움도 모르고 자신의 죄상을 공표하지는 않았을 것이다. 그 이듬해에는 물고기를 잡아서 먹기도 하고, 한 번은 내 콩밭을 엉망으로 만들고 있던 우드척을 잡아서—타타르인들이 말하는 윤회전생(輪廻轉生)을 시켜서— 탐욕스레 먹기도 했다. 이것은 실험을 위해서기도 했다. 우드척은 사향 냄새가 나는 것에 비해서는 한때의 미각을 돋우기에 충분했지만, 오랜 기간에 걸쳐서 계속 먹기는 조금 어렵겠다는 생각이 들었다. 마을의 정육점에 부탁해서 제대로 손질을 한다면 얘기가 달라질지도 모르겠지만.

같은 기간 중에 사용한 의류비와 임시 지출(그 내역까지 추측할 수는 없겠지만)은 다음과 같았다.

의류비 및 임시 지출	8달러 40¾센트
기름과 가정 용품류	2달러

따라서 전체적인 지출액은 다음과 같다. 단 세탁과 수선은 대부분 외부에 맡겼는데, 아직 청구서가 오지 않았기 때문에 그 내용은 제외시켰다. 지구상의 이 부근에서 꼭 필요한 지출이라면 이 정도가 될 것이며, 이것도 많을 정도다.

집	28달러 12.5센트
농지(1년분)	14달러 72.5센트
식비(8개월분)	8달러 74센트
의류 등(8개월분)	8달러 40¾센트
기름 등(8개월분)	2달러
합계	61달러 99¾센트

숲속의 생활

그럼 여기서 생활비를 벌어야만 하는 독자들에게 이야기를 해보겠다. 이들 지출액을 충당하기 위해서 내가 농작물을 판 금액은 다음과 같다.

농작물 판매금	23달러 44센트
일용직에 의한 수입	13달러 34센트
일용직에 의한 수입	36달러 78센트

이것을 지출액에서 빼면 25달러 21¾센트가 부족하게 되는데, 이것은 내가 처음부터 가지고 있던 금액과 거의 맞먹는 금액이었으며, 당연히 지출이 있을 것으로 예상하고 있던 정도의 금액이었다. 하지만 나는 이렇게 해서 여가와 독립과 건강을 확보하게 되었을 뿐만 아니라, 내가 원하는 기간 동안 오래 살 수 있는 편안한 집을 손에 넣게 된 것이다.

언뜻 보기에 이 통계는 우연한 것으로, 그다지 사람들에게 도움이 되지 못할 것처럼 보일지도 모르겠다. 하지만 어느 정도는 완전한 것이니, 역시 어느 정도의 가치는 지니고 있을 것이다. 내가 사람들에게 받은 물건들은 전부 결산 보고에 포함되어 있다. 앞의 계산에 의하면, 식비만 해도 금액으로 따지면 일주일에 27센트가 든 셈이 된다. 이후 2년 가까운 기간 동안 내가 먹은 음식은 이스트를 넣지 않은 호맥분과 옥수수 가루, 감자, 쌀, 극히 소량의 소금에 절인 돼지고기, 당밀, 소금이었으며, 음료수는 물이었다. 인도의 철학을 진심으로 사랑하는 내가 쌀을 주식으로 삼았던 것은 내게 어울리는 일이었다. 여기서 고의적이고 끈질기게 흠을 잡으려는 사람들의 반론에 응하기 위하여 한 마디 덧붙여 두는 게 좋을지도 모르겠다. 나는 예전과 다름없이 종종 외식을 했으며, 앞으로도 그런 기회가 있으리라고 생각되지만, 그것은 오히려 내 가계에 손해를 주는 경우가 많았다. 하지만 외식은 이른바 세상의 관습이기도 하니, 이러한 상대적 회계 보고에는 아무런 영향도 주지 못하는 것이다.

나는 2년 동안의 경험을 통해서, 이곳과 같은 위도에서 생활하더라도 필요한 식료를 얻기 위해서는 믿을 수 없을 정도로 적은 노력만 기울이면 충분하다는 사실, 인간은 동물과 비슷한 정도로 간단하게 식사를 해도 건강과 체력을 유지할 수 있다는 사실을 알게 되었다. 옥수수 밭에서 캐다가 삶은 뒤 소금 간을 한 쇠비름(Portulaca oleracea) 한 접시만으로도 여러 가지 점에서 만족할 수 있는 식사가 된다. 이 식물의 종명(oleracea, '야채와 닮은'이라는 뜻)이 나의 식욕을 매우 돋우기 때문에 일부러 라틴어 학명을 든 것이다. 실제로 양식 있는 사람이 평화로운 시대의 평범한 낮 시간에 밭에서 막 따온 옥수수를 마음 내키는 대로 삶아서 소금으로 간을 하여 먹는 것 이상 무엇을 더 바라겠는가? 내가 식사에 다소간의 변화를 준 것은 건강상의 요구에 의해서가 아니라, 먹어 보고 싶다는 욕구를 견디지 못했기 때문이다. 그런데 사람들은 종종 필수품이 없기 때문이 아니라 사치품이 없기 때문에 굶어 죽는 것이라고 생각하고 있다. 예를 들어서 내가 알고 있는 한 선량한 여자는 아들이 음료수로써 물만을 마셨기 때문에 목숨을 잃은 것이라고 생각하고 있다.

독자 여러분께서는 내가 이 문제를 영양적 견지보다는 경제적 견지에서 취급하고 있다는 사실을 깨닫게 될 것이다. 따라서 식량 창고를 가득 채워 놓은 뒤가 아니라면, 나와 같은 절제 생활을 실험해 보려고 하지 않을 것이다.

처음에는 빵을 옥수수 가루와 소금만을 사용하여 구웠다. 진짜 호 케이크[80]인 셈이다. 나는 그것을 집 밖에서 판자 한 장이나, 집을 지을 때 톱으로 썰어낸 목재의 끝 부분에 올려놓고 장작불로 구웠다. 하지만 언제나 연기 때문에 송진 냄새가 났다. 밀가루도 사용해 보았지만, 결국 호맥분과 옥수수 가루를 섞는 편이 가장 굽기 쉬우며 입안

---

80) 예전에는 괭이(hoe)의 날 위에서 구웠기 때문에 이렇게 부르고 있다.
81) 영국의 비국교회파 목사 매튜 헨리(1662~1714)의 저서 『Commentaries』(1708)에서 인용.
82) 로마신화. 국가의 화로의 여신.

에서의 감촉도 좋다는 사실을 알게 되었다. 추운 계절에 이처럼 몇 가지 작은 빵을 마치 이집트인이 달걀을 부화시킬 때처럼 주의 깊게 지켜보거나 뒤집기도 하면서 차례차례로 구워 나가는 것은 내게 각별한 즐거움을 주었다. 이것이야말로 내가 길러 여물게 한 참된 곡물의 과실로, 헝겊으로 싸서 가능한 한 오랫동안 보관해 둔 다른 값진 과일에도 뒤지지 않을 만큼 향긋한 향기를 머금고 있었다.

나는 고대부터 우리에게 필요했던 빵의 제조법에 대해서 연구했으며, 손에 넣을 수 있는 모든 권위 있는 문헌을 참고했다. 우선 원시 시대로 거슬러 올라가 인간이 나무 열매와 짐승의 살점에 의존하던 야성적인 생활에서 벗어나 처음으로 빵에 의한 온화하고 세련된 생활에 도달했을 무렵, 처음으로 발명해 낸 효모를 넣지 않은 빵에 대해서 알아봤다. 그리고 점점 시대를 따라 내려와서 반죽이 신맛을 띠게 된 데서부터 우연히 발효 방법을 알게 되었을 것으로 생각되어지는 시대의 일과 그 후의 여러 가지 발효법에 대해서 조사를 했다. 드디어는 생명의 양식이 되는 '양질의 맛있고 건강에 좋은 빵'[81]에 이르게 되었다. 빵 효모를 빵의 혼, 즉 그 세포 조직을 채우고 있는 영(spiritus)으로 보고 베스타[82]의 화로의 불처럼 소중하게 보존하고 있는 사람도 있다. 병에 넣어진 귀중한 빵 효모가 우선 메이플라워 호를 타고 바다를 건너와 미국의 발전에 한몫을 담당했는데, 그 영향이 지금은 곡물의 커다란 물결이 되어 나라 전체에 범람, 소용돌이치며 퍼져 나가고 있는 것이다. 나는 이 빵 효모를 언제나 정기적으로 마을에서 샀다. 그런데 어느 날 아침, 사용법을 깜빡 잊고 이스트를 끓인 적이 있었다. 이 생각지도 않았던 사고 덕분에 이스트조차도 필수품이 아니라는 사실을 알게 되었다―나의 발견은 언제나 이처럼 종합적인 방법이 아니라 분석적인 방법에 의해서 이루어졌다―. 이후부터 기꺼이 이스트를 사용하지 않고 있다. 하지만 대부분의 주부들은 이스트 없이 안전하고 몸에 좋은 빵을 구울 수가 없다고 역설했으며, 나이 드신 분들은 체력이 급속히 떨어질 것이라고 예언했다. 하지만 나는 그것이 필수 성분이 아니라는 사실을 알고 있으며, 사용하지 않은 지 1년이 지났지만 보시는 바와 같이 여전히 건강하게 지내고 있다. 그리고 이스트 병을 주머니에 넣고 다녀야 하는 번거로움으로부터 해방되었다는 것이 무엇보다도 고마운 일이었다. 때때로 뚜껑이 열리면서 내용물이 쏟아져 험한 꼴을 당한 적이 있었기 때문이었다. 이스트를 쓰지 않는 편이 간단했으며, 보기에도 좋았다. 인간은 어떤 동물보다도 더욱 환경이나 처지에 잘 적응할 수 있는 능력을 갖추고 있는 것이다.

---

83) 카토(기원전 234~149)의 『농업론』 제74장에서.

나는 또한 빵 속에 탄산 소다나 그 외의 다른 산이나 알칼리도 넣질 않았다. 나는 기원전 2세기경에 마르크스 포르키우스 카토가 가르친 제조법에 따라서 빵을 구웠다고 해도 좋을 것이다. 'Panem depsticium sic facito. Manus mortariumque bene lavato. Farinam in mortarium indito, aquae paulatim addito, subigitoque pulchre. Ubi bene subegeris, defingito, coquitoque sub testu.'[83] 나는 이것을 다음과 같이 해석한다. '반죽한 빵을 만들기 위해서는 이렇게 해야 한다. 두 손과 그릇을 잘 씻어라. 가루를 그릇에 넣고 조금씩 물을 넣어 충분히 반죽하라. 잘 반죽한 다음 모양을 만들어 뚜껑 아래서(즉 빵 굽는 솥 속에서) 구워라.' 빵 효모에 대해서는 한마디도 하지 않았다. 하지만 내가 이 생명의 양식을 일 년 내내 먹었던 것은 아니다. 지갑이 텅텅 비어 버려서 일 개월 이상이나 빵을 구경도 하지 못한 적도 있었다.

뉴잉글랜드 사람이라면 누구나, 이 호맥과 옥수수의 산지인 이곳에서 자신의 빵을 위한 모든 재료를 손쉽게 기를 수 있다. 멀리 있는, 언제나 변동이 심한 시장에 의존하지 않아도 되는 것이다. 하지만 우리들은 간소하고 독립된 생활에서 완전히 멀어져 버렸기 때문에 콩코드의 가게에서는 신선하고 맛있는 옥수수 가루를 좀처럼 살 수가 없으며, 좀 더 거친 옥수수나 곡물은 거의 먹는 사람이 없는 형편이다. 대부분의 농민들은 자신이 만든 곡물은 소나 돼지에게 주고, 적어도 그것보다 더 건강에 좋을 리도 없는 밀가루를 더욱 비싼 돈을 치르고 가게에서 사고 있다. 나는 자신이 사용할 1부셸이나 2부셸 정도의 호밀이나 옥수수라면 간단하게 기를 수 있다는 사실을 알게 되었다. 호맥은 그 어떤 투박한 땅에서도 자라며, 옥수수도 역시 최상의 토지가 필요한 것이 아니기 때문이다. 이러한 것들을 맷돌로 갈면 쌀이나 돼지고기는 없어도 살아갈 수 있다는 사실을 알게 되었다. 또한 강한 단맛이 필요할 때에는 호박이나 사탕무에서 매우 질이 좋은 당밀을 얻을 수 있다는 사실도 실험을 통해서 알게 되었으며, 좀 더 편하게 그것을 얻고 싶다면 사탕단풍나무 두어 그루를 심기만 하면 되며, 그것이 자랄 동안에는 앞서 말한 것들 외에도 여러 가지 것들을 대용품으로 사용할 수 있다는 사실도 알게 되었다. 왜냐고? 우리 조상들도 노래하지 않았던가?

단 음료가 먹고 싶다면
호박, 당근, 호두나무 조각으로 만들면 된다.[84]

마지막으로, 식료품 중에서도 가장 기본이 되는 소금에 대해서 말하겠다. 이것을 채취하러 간다고 말하면 해안으로 나갈 좋은 구실이 되었을 것이며, 소금 없이 살았다면 그만큼 물을 먹지 않아도 되었을 것이다. 어쨌든 인디언이 일부러 소금을 구하러 나섰다는 얘기는 들어 본 적이 없다.

이렇게 해서 나는 식품에 관해서는 거래나 교환을 일체 하지 않았으며, 살 집은 이미 소유하고 있었기 때문에 나머지는 의복과 연료만 손에 넣으면 되었다. 내가 지금 입고 있는 바지는 한 농가에서 짠 것이다. 고맙게도 인간에게는 아직 이런 정도의 능력은 남아 있었다. 농민이 직공으로 전락한 것은 인간이 농민으로 전락한 것에 필적할 만큼 잊어서는 안 될 커다란 사건이었다고 나는 생각하고 있다. 또한 새로운 토지에서 연료는 걸리적거릴 만큼 많다. 거주지에 대해서 말하자면, 여기에 거주하는 것을 허락하지 않았다면 나는 내가 경작했던 토지가 팔리고 있었던 것과 같은 가격, 즉 8달러 8센트를 주고 1에이커의 토지를 샀을지도 모른다. 하지만 지금과 같은 상황이 되었기 때문에, 내가 이곳에 거주함으로 해서 오히려 토지의 값을 올려놓았다는 생각이 들곤 했다.

세상에는 의심 많은 사람들이 있어서, 때때로 내게 채식만으로도 살아갈 수 있다고 생각하느냐고 질문을 하곤

---

84) 『*Historical Collections of Massachusetts*』(Worcester, 1839, p.195)에서 인용.

한다. 그러면 바로 문제의 핵심을 찌르기 위해서—핵심이란 신념에 다름 아니기 때문에— 못을 먹어도 살아갈 수 있다고 대답을 한다. 이 말을 이해하지 못한다면, 내가 무슨 말을 하고 싶은 것인지 도저히 알 수 없을 것이다. 나는 한 젊은이가 자신의 이를 맷돌 삼아 2주일 동안 딱딱한 날옥수수만을 먹으며 살아 봤다고 하는 것과 같은 실험에 대한 이야기를 듣는 것을 좋아한다. 다람쥐 족들도 이와 같은 일에 성공을 하지 않았는가? 인류는 이러한 실험에 흥미를 갖는 법이다. 단, 이미 그럴 만한 이를 가지고 있지 못한 사람이나, 망부의 유산의 1/3을 제분소라는 형태로 물려받은 소수의 할머니들은 이런 얘기를 들으면 잔뜩 겁을 집어먹을지도 모르지만.

나는 가구의 일부를 스스로 만들었으며, 그 이외의 가구에는 단 1센트도 사용하지 않다. 그래서 결산보고서에는 기재하지 않았지만, 침대, 테이블, 책상, 의자 세 개, 직경 3인치짜리 거울, 부젓가락과 장작 받침, 주전자, 냄비, 프라이팬, 국자, 설거지 그릇, 나이프와 포크 두 벌, 접시 3개, 컵, 수저, 기름 주전자, 당밀 주전자, 옻칠한 램프 등이 있다. 이 세상에 호박 위에 앉아야 할 만큼 가난한 사람은 단 한 명도 없다. 그런 사람이 있다면 정말 재주가 없다는 증거다. 마을 사람들 집의 다락에서는 내 마음에

들 만한 의자들이 헤아릴 수도 없이 많이 뒹굴고 있으며, 이것을 얼마든지 받아올 수 있다. 가구가 도대체 뭐란 말인가? 고맙게도 나는 가구의 도움 없이도 앉거나 일어설 수 있는 것이다.

철학자가 아닌 한, 자신의 가구가 짐수레에 산더미처럼 실려서 빈 상자와 마찬가지로 가치 없는 모습을 해 아래, 그리고 사람들의 눈앞에 드러내면서 시골로 옮겨지는 것을 본다면, 그 누구도 부끄러워서 견디지 못할 것이다. 그건 바로 스폴딩 씨의 가구였다. 그런 짐수레를 제 아무리 면밀하게 관찰한다 하더라도 나는 그것이 이른바 부자의 것인지 빈자의 것인지를 전혀 분간해 낼 수가 없다. 주인은 언제나 매우 가난한 사람처럼 보였다. 실제로 이런 물건들을 손에 넣으면 넣을수록 오히려 사람은 가난해진다. 모든 수레에 각각 판잣집 12채분의 내용물이 들어 차 있는 것처럼 보인다. 따라서 한 판잣집이 가난하다면 짐수레는 12배나 가난하다는 얘기가 되는 셈이다. 가구, 즉 우리들의 허물을 벗어버리기 위해서가 아니라면, 무엇 때문에 이사를 하는 것일까? 얼마 지나지 않아 이 세상에서 새로운 가구가 있는 저 세상으로 옮겨가 이 세상은 불타는 대로, 그대로 남겨두기 위해서가 아닌가? 가구를 갖는다는 것은 온갖 종류의 덫을 벨트에 매다는 것과 같은 일이다. 이 귀찮은 물건을 질질 끌고 다니지 않으면 우리들이 살아가야 할 이 울퉁불퉁한 거친 세상을 건너갈 수 없는 것처럼 인식되고 있다. 덫에 꼬리를 남겨둔 채 도망간 그 너구리⁸⁵⁾는 오히려 운이 좋았다고 할 수 있다. 사향쥐는 자유롭게 되기 위해서라면 세 번째 다리까지 물어뜯고서라도 도망을 갈 것이다.

인간이 씩씩한 모습을 잃어버리게 된 것에 대해서도 놀랄 필요는 없다. 언제나 선 채로 꼼짝도 못하고(dead set) 마니!⁸⁶⁾ "저, 실례합니다만, 선 채로 꼼짝도 못한다는 게 무슨 뜻입니까?" 만약 여러분이 사물을 보는 눈을 가지고 있다면 타인과 만날 때마다, 그 사람의 젓가락에서부터 쌓아 둔 채로 태워 버리려고도 하지 않는 쓰레기에 이르기까지 그가 소유하고 있는 모든 물건, 아니 소유하고 있지 않은 척하고 있는 수많은 물건들까지도 볼 수 있을 것이다. 그는 소유하고 있는 물건들과 멍에로 연결된 채, 어떻게든 앞으로 나아가려고 발버둥치고 있는 것처럼 보일 것이다. 내가 보기에 선 채로 꼼짝도 못하는 사람들이란, 자신은 어떻게 구멍이나 문을 빠져 나왔지만 썰매에 쌓은 가구가 걸려서 움직일 수 없이 되어버린 사람을 말하는 것이다. 옷차림이 깔끔하고, 빈틈이 없어 보이며, 털털해 보여서 지금이라도 당장 커다란 활약을 시작할 것같이 보이는 사내가 자신의 '가구'에는 보험이 걸려 있다는 등, 어쨌다는 등 하는 이야기를 하는 것을 보면 나는 동정을 금할 수가 없다. "그럼, 내 가구들은 어떻게 하면 좋단 말입니까?"라고 말한다. 이렇게 우리의 활달한 나비 씨는 거미줄에 걸려 옴짝달싹 못하게 되어 버리는 것이다.

오랫동안 가구를 가지고 있지 않은 것처럼 보이는 사람도 잘 조사를 해보면 누군가의 창고에 몇몇 가구를 맡겨 놓은 상태에 있다는 것을 알게 된다. 오늘날의 영국은 수많은 짐을 가지고 여행을 하고 있는 노신사의 모습과 닮았다. 오랫동안 살림을 하는 동안에 쌓인 잡동사니들을 태워 버릴 용기를 내지 못한 채, 커다란 트렁크와 작은 트렁크, 상자와 짐 속에 넣어 들고 다니고 있다. 적어도 앞의 세 개는 과감하게 버려야 할 것이다. 오늘날, 자신의 침대를 들고 다닌다는 것[87]은 건강한 사람에게도 벅찬 일이 아닐 수 없다. 특히 병에 걸린 사람에게는 침대를 놓고 도망가라고 꼭 충고를 해주고 싶다. 하루는 한 이주민이 전 재산을 꾸려넣은 짐을 목줄기에 생긴 커다란 혹처럼 짊어지고 비틀거리며 걸어오고 있는 것을 본 적이 있었는데, 진심으로 가엾다는 생각을 했다. 짐이 그것밖에

---

85) 『이솝우화』에 나오는 꼬리 없는 너구리 이야기.
86) 당시 대학생들 사이의 은어로, 암송을 하지 못해 선 채로 꼼짝도 못한다는 뜻. (Harding)
87) 신약 성경 요한복음 5장 8절에 "일어나 네 자리를 들고 걸어가라 하시니."라는 구절이 있다.

없었기 때문이 아니라, 그렇게도 많은 짐을 옮겨야 한다는 사실 때문이었다. 만약 내가 자신의 덫을 끌고 다녀야 하는 꼴을 당하게 된다면 가능한 한 그것을 가볍게 하기 위해서, 그리고 급소를 눌리지 않도록 하기 위해서 주의를 할 것이다. 하지만 처음부터 덫에 걸리지 않도록 하는 것이 가장 좋은 방법일 것이다.

덧붙여서 커튼을 위해서는 단 한 푼도 돈을 쓰지 않았다는 말을 해두고 싶다. 태양과 달 외에는 집 안을 들여다보는 사람이 없었을 뿐만 아니라, 나는 오히려 들여다봐 주기를 바라고 있었다. 달빛이 들어와 우유를 상하게 하는 일도, 고기를 썩게 하는 일[88] 도 없었으며, 태양빛이 들어와 가구를 상하게 하거나 카펫의 색을 바래게 하는 일도 없었다. 때때로 태양이 너무 뜨거운 친구가 되는 경우는 있었지만, 살림살이를 하나 늘리기보다는 자연이 제공하는 커튼 뒤로 들어가는 편이 훨씬 더 경제적이다. 예전에 한 부인이 신발 털이용 깔개를 주겠다고 했다. 하지만 집 안에 그것을 놓을 자리도 없었을 뿐만 아니라 집 안팎에서 그것을 털 시간도 없었고 오히려 문 앞에 있는 잔디로 신발을 터는 편이 낫다고 생각하여 거절한 적이 있었다.

---

[88] 옛날부터 전해 내려오는 미신.
[89] 호메로스의 『일리아드』 제22권 330행에 헥토르의 죽음이 '먼지를 차다' 라고 묘사되어 있는데, 이를 가리키는 듯. (Harding)

악의 싹은 처음부터 잘라 버리는 것이 좋다.
 얼마 전에 한 교회 집사의 가재 도구 경매장에 가본 적이 있었다. 그 사람이 생전에 상당한 수완을 가진 사람이었기 때문이다.

 사람의 악행은 사후까지 남는다.

 생각했던 대로, 대부분의 물건은 아버지 대부터 쌓아 두기 시작한 잡동사니였다. 그 속에는 말라비틀어진 촌충 한 마리까지 껴 있었다. 이렇게 반세기라는 시간 동안 그것들은 다락방이나 창고에 방치된 채 태워 버려지지 않고 있었던 것이다. 잡동사니들을 정화(淨火)로 태워서 정화(淨化)시키는 대신에 경매장을 통해서 더욱 늘리려고 하고 있는 것이다. 동네 사람들은 그러한 것들이 보고 싶어서 열심히 모여들어 하나도 남김 없이 사들여서는 각자 자신의 다락이나 창고로 조심조심 옮겨갔는데, 그것들은 그들의 사후에 재산 처분이 결정되어 다시 밖으로 꺼내지는 날까지 거기에 방치되어 있을 것이다. 사람이 죽을 때 먼지를 걷어찬다는 것은[89] 바로 이를 두고 하는 말이다.
 미개 민족의 풍습 중에는 우리들이 배워야겠다고 생각되는 것들이 있다. 예를 들어서 적어도 일 년에 한 번, 탈피와도 같은 행사를 벌이는 등의 것들이다. 그들이 정말

탈피를 하는지 어떤지는 모르겠지만, 어쨌든 그럴 생각은 있는 것이다. 우리들도 바트램[90]이 머클래스 인디언의 풍습이라며 소개하고 있는 '버스크', 즉 '첫 곡식 수확제'를 벌인다면 어떨까? 그는 이렇게 기술했다. "마을이 버스크를 벌일 때는 미리 새로운 의복, 새로운 냄비와 솥, 그 외의 가정용품과 가구를 준비해 두고 낡은 옷과 낡은 물건들을 전부 끌어모은 뒤, 각자의 집과 광장, 마을 전체를 깨끗하게 청소하고 거기서 나온 쓰레기를 남아 있는 곡식과 그 외의 오래된 식료품과 함께 쌓아올려 불을 붙여 깨끗하게 태워 버린다. 그런 다음, 그들은 약을 먹고 3일 간 금식을 한 뒤에 마을의 모든 불을 끈다. 이 금식 기간 동안 그들은 모든 식욕과 정욕을 참는다. 대사(大赦)가 선포되면 모든 죄인들은 자신의 마을로 돌아갈 수 있게 된다. 넷째 날 아침, 사제가 마을 광장에서 마른 나무를 비벼서 새로운 불을 낳으면 마을 사람들은 한 사람 한 사람 그곳에서 새로운 정화(淨火)를 받아 집으로 돌아간다. 그들은 그 후 3일 동안 새로운 옥수수와 과일로 향연을 베풀어 춤

---

90) William Bartram(1739~1823). 미국의 식물학자. 이하의 기술은 그의 저서 『Travels through North and South Carolina』(Philadelphia, 1791, p.507)에서 볼 수 있다.
91) 기독교에서 행하는 세례와 성찬
92) 소로우는 대학 졸업 후 2년 반 정도 형과 함께 학교를 운영, 거기서 교육을 한 적도 있었다.

을 추고 노래를 부르며 지낸다. 그런 다음 다시 나흘 동안은 이웃 마을에 살고 있는, 자신들과 같은 방법으로 몸을 깨끗이 하고 새 옷을 입은 친구들의 방문을 받으며 함께 즐긴다."

멕시코 사람들도 52년마다 세계의 종말이 온다고 믿고 이것과 같은 정화 의식을 행했다고 한다.

사전에는 성례전(聖禮典)[91]이란 '내면적·정신적인 신의 은총의 외면적·가시적 표현'이라고 정의되어 있는데, 나는 이처럼 거짓 없는 성례전에 대해서는 거의 들어본 적이 없었다. 그들은 계시를 기록한 성전을 가지고 있지는 않지만, 처음부터 하늘로부터 그렇게 하도록 영감에 의해서 직접 계시를 받았음에 틀림없을 것이다.

이렇게 나는 5년 이상이나 손을 사용한 노동만으로 생활을 한 결과, 일 년에 약 6주일 정도만 일하면 생활비를 전부 충당할 수 있다는 사실을 알게 되었다. 또한 대부분의 여름과 겨울의 모든 시간 동안 자유롭게 연구에 몰두할 수 있었다. 예전에 학교 경영에 전력을 기울인 적도[92] 있었는데 수입과 지출이 맞아떨어지기는커녕 언제나 적자만 보고 있었다. 교사다운 생각과 신념을 갖고 있었다고는 말할 수 없다. 하지만 나름대로 복장을 갖추고 준비하지 않으면 안 되었으며, 게다가 시간마저 전부 그 일에 빼앗겼다. 사람들을 위해서가 아니라 단지 생계를 위해서 가르쳤던 것이 실패의 원인이었다. 장사에 손을 댄 적도 있었지만 그것이 궤도에 오르기 위해서는 10년이라는 시간이 걸린다는 사실을 알게 되었고, 그때쯤이면 내가 악마의 유혹에 굴해 버릴 것 같았다. 실제로 나는 장사가 성공을 하는 것이 아닌가 하고 걱정을 하고 있었다. 예전에 어떻게 생계를 꾸려나가야 할지 이것저것 생각하고 있었을 때, 친구들의 기대에 부응하려고 노력했던 일로 인해서 맛보게 된 씁쓸한 경험에 대한 기억이 그때까지도 생생하게 남아 있었기 때문에, 완전히 넌덜머리가 나서 곧잘 허클베리를 따서 생활을 할까 진지하게 생각하곤 했었다. 그 일이라면 나도 잘 해낼 수가 있으며, 그것을 통해서 얻어지는 적은 수입으로도 충분히 살아갈 수 있을 것 같았으며—물건에 대한 욕심이 없는 것이 내 최대의 장점이다—, 밑천이 거의 필요 없고, 평소의 기분을 상하게 하는 일도 없을 듯하다는 등의 어리석은 생각을 품곤 했었다. 친구들이 아무런 망설임도 없이 여러 가지 상업이나 직업에 뛰어드는 동안에도, 나는 이 일 역시 그들의 직업에 전혀 뒤지지 않는 것이라고 생각했다. 여름 내내 야산을 돌아다니며 여기저기서 허클베리를 따다가 적당한 가격에 팔아치운다. 이렇게 아드메투스의 양을 기르며 생활하자고 생각했던 것이다.[93] 혹은 야생 식용식물을 채집하거나, 상록수를 말린 풀 운반용 수레에 실어 숲을 그리워하는 마을 사람들이나 도회에 내다 팔까 하는 몽상도 해보곤 했다. 그런데 그 후에 장사라는 것은 자신이 취급하는 모든 물건에 저주를 건다는 사실을 알게 되었다. 하늘의 소리를 파는 장사라 해도 그 저주는 그 일에 완전히 들러붙게 되는 법이다.

내게는 내 나름대로의 취향이 있으며, 특히 자유라는 것이 소중했다. 경제적으로 여유가 없는 생활을 하더라도 별로 불행하지 않았기 때문에, 값비싼 카펫이나 그 외의 멋진 가구들, 맛있는 요리, 그리스 혹은 고딕 양식의 집 등을 손에 넣기 위해서 시간을 허비하고 싶지는 않았다. 이러한 것들을 획득하는 일이 자유로운 삶에 방해가 되지 않으며, 일단 획득한 뒤에도 그 이용법을 잘 터득하고 있는 사람이 있다면, 그러한 일은 그 사람에게 맡기기로 하겠다. 사람들 중에는 '근면'한 사람이 있어서 노동 자체를 사랑하고 있는 것처럼 보이기도 하는데, 어쩌면 좀 더 나쁜 일을 하지 않아도 되기 때문에 일을 사랑하고 있는 것일지도 모른다. 지금 이런 사람들에 대해서는 특별히 할 말이 없다. 지금보다 더욱 한가한 시간이 생겨도 무엇

---

93) 그리스 신화. 큐크로푸스 등을 죽인 죄를 씻기 위하여 일 년 동안 페라이의 왕 아드메투스 밑에서 양치기를 했던 아폴론 신처럼 생활하자는 것이다.

을 하면 좋을지 모르는 사람들에게는 지금의 두 배 이상 일을 하라고 권하고 싶다. 자신의 몸을 다시 사들여 자유 증서를 손에 넣게 되는 날까지 일을 해야 한다. 한편, 나는 일용직이야말로 특히 독립성이 강한 일이라는 사실을 알게 되었다. 일 년에 30일에서 40일 정도만 일하면 생활을 해나갈 수 있으니. 노동자로서의 하루는 일몰과 함께 끝이 나며, 나머지 시간은 노동으로부터 해방되어 자신이 좋아하는 일에 몰두할 수가 있다. 하지만 고용주는 다달이 경영에 절치부심, 일 년 내내 숨 돌릴 틈도 얻질 못한다.

즉, 우리들이 간소하고 현명하게 생활할 마음만 있다면, 이 지상에서 자신의 몸을 양육하는 것은 고통이 아닌 즐거움이라는 사실을 나는 신념과 경험을 통해서 확신하고 있다. 예를 들어서 오늘날에도 간소하게 생활하고 있는 국민들의 노동은, 좀 더 인위적인 생활을 하고 있는 국민들의 스포츠와도 같은 것이다. 나보다 땀을 많이 흘리는 사람이라면 몰라도 인간은 이마에 땀을 흘리며 밥벌이를 할 필요는 없는 것이다.[94]

내가 알고 있는 한 젊은이는 몇 에이커의 토지를 상속받

---

94) 구약 성경 창세기 3장 19절에 "네가 흙으로 돌아갈 때까지 얼굴에 땀을 흘려야 먹을 것을 먹으리니……" 라는 구절이 있다.
95) 당시 캐나다로 도망치는 남부의 노예들은 북극성을 표지 삼아 전진했다고 한다. (Harding)

았는데, 재산만 있다면 자신도 나처럼 살겠다고 내게 말했다. 하지만 나는 다른 사람이 결코 나와 같은 생활을 흉내내기를 바라지 않는다. 그 사람이 내 생활 방식을 습득하기 이전에 나는 다른 방법을 발견해 낼지도 모를 뿐만 아니라, 세상에는 가능한 한 여러 종류의 사람들이 있는 편이 좋다고 생각하고 있기 때문이다. 각자가 아버지나 어머니, 이웃들의 삶의 방식이 아닌 자신의 방식을 발견하여 그것을 관철시키며 살아가기를 바란다. 청년은 집을 짓든, 나무를 심든, 바다로 나가든 자기 좋을 대로 하면 된다. 단지, 본인이 하고 싶다고 말한 일을 방해하지는 말아야 한다고 생각한다. 선원이나 도망친 노예가 북극성에서 눈을 떼지 않는 것처럼[95] 수학적인 한 점을 목표로 삼는 일에 의해서만 우리들은 현명해지는 법인데, 이것은 일생의 지침으로써도 손색이 없는 일이다. 예정한 기간 내에 목적지인 항구에 도착하지 못할지는 몰라도, 올바른 항로를 따라가는 일은 가능해지는 것이다.

  물론 이러한 경우 한 사람에게 적용할 수 있는 일은 만인에 대해서도 더욱 적절하게 적용할 수 있는 법이다. 마치, 집을 지을 때는 하나의 지붕, 하나의 지하실, 몇 개의 방을 구분지어 줄 한 줄기 벽이 있으면 되기 때문에 커다란 집을 짓는 편이 작은 집을 짓는 것보다 단가가 싸게 먹히는 것과 같은 원리다. 물론 나는 혼자 사는 쪽을 선택했지만, 벽을 공유하는 것에 대한 이점을 타인에게 설명할 시간에 차라리 나 혼자 집을 하나 지어버리는 편이 대체로 싸게 먹힐 것이다. 또한 상대를 자기 뜻대로 설득했다 하더라도 공유의 벽을 싼값에 쌓기 위해서는 벽을 얇게 만드는 수밖에 없으며, 그 이웃이라는 사람이 자신이 사는 쪽의 벽은 수리도 하지 않은 채 내버려두는 그런 사람일지도 모른다. 협력이라는 것도 일반적으로는 매우 부분적이며 표면적인 것에 지나지 않는다. 종종 참된 협력이 존재한다 하더라도, 그것은 인간의 귀에는 들리지 않는 어떤 종류의 화음과 같은 것으로, 아예 존재하지 않는다고 봐도 무방할 것이다. 신념이 있는 인간은 어딜 가나 같은 신념을 가진 사람들과 협력하지만, 신념이 없는 인간은 어떤 사람과 사귀더라도 세상 사람들과 별반 다를 바 없는 삶을 살아갈 뿐이다. 협력한다는 것은 최고의 의미에 있어서나 최저의 의미에 있어서나 생계를 함께 해나간다는 뜻이다. 얼마 전에 두 젊은이가 함께 해외 여행을 하기로 했는데, 한 사람은 돈이 없었기 때문에 여행 도중에 뱃일이든 농사일이든 거들어 돈을 벌기로 했고, 또 다른 한 사람은 주머니에 환어음을 넣어 가기로 했다. 한 사람이 아예 일할 생각이 없으니, 둘은 곧 서먹해져서 협력할 마음도 사라질 것이라고 쉽게 예측할 수가 있었다. 그들은 모험 도중에, 드디어 처음으로 흥미진진한 위기가 찾아왔을 때 서로 갈라서게 될 것이다. 그리고 앞에서도 말한 바와 같이, 홀로 길을 떠나는 자는 오늘이라도 당장 출발할 수 있지만, 다른 사람과 함께 여행을 떠나는 자는 상대가 준비를 갖출 때까지 기다려야 하기 때문에 출발까지는 상당한 시간이 걸리게 되는 법이다.

하지만 그것은 너무 자신만 생각하는 것이 아니냐고 마을 사람들이 말하는 것을 들은 적이 있다. 자백하자면, 나는 지금까지 자선 사업에 가담한 적이 거의 없었다. 의무감에서 다소간의 희생을 감수한 적은 있었지만, 어쨌든 자선 사업에서 얻는 기쁨은 내가 그간 희생해 온 것들 중의 하나였다. 마을의 가난한 가족들을 보살펴 달라고 이런저런 수단으로 나를 설득하러 온 사람들이 있었다. 내게도 달리 할 일이 없었다면, 속담에 게으른 자에게는 악마가 일을 가져다 준다는 말이 있으니, 그런 마음을 피하기 위해서라도 자선 사업에 손을 댔을지도 모른다. 하지만 한 번은 나도 자선 사업의 즐거움에 빠져 보고 싶다는 생각이 들어, 가난한 사람들이 모든 면에서 나와 같은 쾌적한 생활을 할 수 있게 그들의 '천국'에 은혜를 베풀어 보자고 결심하고 그들에게 그런 말을 한 적이 있었다. 그들은 모두가 즉석에서 입을 모아 지금 이대로 가난하게 사는 편이 더 낫다고 대답했다. 우리 마을에서는 남자나 여자 모두가 형제들의 복지를 위해서 봉사하고 있으니,

한 사람 정도는 그것과는 조금 다른, 너무 인간미 넘치는 일이 아닌 다른 일에 종사해도 괜찮지 않겠는가?

무슨 일에 있어서나 마찬가지지만 자선에도 재능이 필요하다. '선행'은 그 자체만으로도 매우 힘든 일이다. 그리고 나는 스스로도 매우 열심히 그것을 시험해 보았는데, 좀 기묘한 얘기라고 생각할지도 모르겠지만, 선행은 나의 체질과는 맞지 않는다는 확신을 얻을 수 있었다. 사회가 내게 강요하는 선을 행하기 위해서, 아니 가령 그것이 우주를 파멸로부터 구하기 위한 것이라 할지라도, 자신에게 주어진 소중한 천직을 의식적·의도적으로 버려서는 안 될 것이다. 이러한 정신과 비슷하기는 하지만 비교할 수도 없이 위대한 어떤 부동의 정신이 어딘가에 존재하기 때문에, 아직도 우주는 파멸하지 않고 존재하고 있는 것이라고 나는 믿고 있다. 그렇다고 해서 남들이 재능을 발휘하는 것을 방해할 생각은 조금도 없다. 또한 내가 스스로 물러선 이 일에 전력을 기울여서 목숨을 걸고 매달려 있는 사람들에 대해서는 세상이 그들을 나쁘게 말한다 하더라도 ─참으로 있을 법한 얘기다─, '마음껏 행하시오.'라고 말하고 싶다.

나는 내가 특수한 입장에 처해 있다고는 조금도 생각지 않는다. 많은 독자들도 틀림없이 이렇게 변명하고 싶을 것이다. 어떤 일을 한다는 점에 있어서─이웃들이 그것을 좋은 일이라고 인정해 줄지 그것은 보장할 수 없지만—, 나는 실로 고용할 가치가 있는 사람이라는 점을 주저함 없이 이야기해 두고 싶다. 단, 내게 어떤 일을 시킬지는 고용주가 결정할 일이다. 내가 일반적인 의미의 선을 행한다 하더라도 그것은 나의 본성과는 다른 것이어야만 하며, 대부분이 그럴 생각이 없이 행하는 일이어야만 한다.

결국 세상 사람들은 이렇게 이야기할 것이다. "어떻게 해서든 훌륭한 사람이 되자고 생각하지 않아도 좋으니, 현재의 입장에서 지금 그대로의 모습으로 시작하라. 친절한 마음을 갖도록 노력하고, 선행에 힘써라." 내게도 이렇게 설교할 기회가 주어진다면, 나는 "우선 선한 인간이 되도록 합시다."라고 말할 것이다. 그들의 이야기를 듣고 있으면, 마치 태양이 달이나 6등성(六等星) 정도의 밝기까지 불타오른 뒤에 그 활동을 멈추고 로빈 굿펠로[96]는 아니지만, 한 채 한 채 사람들 집 창문을 들여다보며 돌아다니고, 광인들을 흥분시키며, 고기를 썩게 하고, 어둠 속에서도 사물을 볼 수 있게 하는 등의 일에 정신을 팔고 있는 것처럼 느껴진다. 하지만 진짜 태양은 그 부드러운 빛과 자애를 점점 더해 가며 결국에는 인간이 똑바로 쳐다볼

---

[96] 영국 민화에 등장하는 장난꾸러기 작은 요정. 셰익스피어의 『한여름밤의 꿈』에도 등장한다.

수 없을 정도가 되어 지금까지도, 그리고 앞으로도 스스로의 궤도를 따라 세계를 돌며 이 세계에 공덕을 베풀 것이다. 혹은 학문이 정확하게 발견해 낸 것처럼 세계가 공덕을 받으며 그 주위를 맴돌 것이다. 태양신 헬리오스의 아들 파에톤은 인간에게 은혜를 베풂으로써 자신이 신의 아들임을 증명하려고 딱 하루 아버지 태양신의 전차를 빌려 탔다. 그런데 마차가 그만 언제나 돌던 길에서 벗어나 버려 천계 밑쪽에 있는 마을들을 불태워 버리고, 지구 표면을 불태워 온갖 샘물을 마르게 했으며, 사하라를 광대한 사막으로 만들어 버렸다. 이에 노한 유피테르[97]가 벼락을 내려 그를 지상으로 추락시켜 버렸다. 태양신은 아들의 죽음을 슬퍼하여 일 년 동안 빛을 발하지 않았다고 한다.

부패한 선(善)에서 풍겨나는 악취만큼 역겨운 것도 없다. 그것은 인간의 썩은 육체며, 신의 썩은 육체다. 누군가 내게 선을 행할 마음을 품고 집으로 찾아오고 있다는 사실을 확실하게 알게 된다면, 나는 목숨을 걸고 도망칠 것이다. 입과 코와 귀와 눈을 모래로 틀어막고, 결국에는 인간을 질식사하게 만든다는 아프리카 사막의 건조하고

---

97) 로마신화. 천계의 지배자. 영어로는 주피터. 그리스 신화의 제우스에 해당.
98) John Howard(1726~90). 영국의 박애주의자로, 형무소의 개선에 공헌했다.

뜨거운 바람 시문으로부터 도망치듯이. 그 인간이 베푸는 선이 내게 들러붙지나 않을지, 선의 바이러스가 내 혈액 속으로 침투하는 것은 아닌지 걱정이 되어 견딜 수가 없기 때문이다. 그럴 바에는 차라리 자연의 재해를 참고 견디는 편이 나을 것이다. 내가 굶주리고 있을 때 먹을 것을 주거나, 추위에 떨고 있을 때 따뜻하게 해주거나, 수렁에 빠졌을 때 건져 줬다고 해서 그 사람이 내게 좋은 사람이라고는 말할 수 없을 것이다. 그 정도의 일이라면 뉴펀들랜드 개도 해줄 것이다. 박애란 가장 커다란 의미에서의 동포애와도 다른 것이다. 그렇다, 하워드[98]는 그 나름대로 매우 친절하고 훌륭한 사람이었으며, 그에 합당한 보답도 받았다. 하지만 되돌아보면 우리들이 최고의 상태에 있을 때, 즉 가장 도움을 필요로 할 때에 자선이 전혀 우리들에게 도움이 되지 않는다면, 하워드가 백 명이 있다 한들 그게 무슨 의미가 있겠는가? 어쨌든 박애주의자들의 모임에서 나나 나와 같은 사람들에게 뭔가 도움이 될 만한 일을 해주자는 제안이 진지하게 검토되었다는 얘기를 나는 아직 들어본 적이 없다.

예수회 선교사들은, 화형을 당하면서도 고문관들에게 새로운 고문법을 가르쳐 준 인디언들에게 완전히 질급했다고 한다. 인디언은 육체적 고통에 대해서 초연해 있었기 때문에, 때로는 선교사들의 그 어떤 위로에 대해서도 초연한 자세를 취하곤 했던 것이다. 또한 "남에게 대접을 받고자 하는 대로 너희도 남을 대접하라고"[99] 한 기독교의 계율도, 자신이 어떻게 될지에 대해서는 무관심한 채, 새로운 방법으로 적을 사랑하고 적이 행하는 일의 대부분을 전면적으로 관대하게 허락하는 데까지 이르러 있던 인디언들의 귀에는 커다란 설득력을 갖고 있는 말로는 들리지 않았던 것이다.

가난한 사람들에게는 꼭 그들이 가장 필요로 하고 있는 것들을 부여하기 바란다. 하지만 여러분의 그러한 모범 행위로 인해서 그들은 저 멀리 뒤쪽에 남겨지게 될 것이다. 돈을 주려면 진심으로 마음을 다해서 주어야지 아무런 생각도 없이 던져 주어서는 안 된다는 것이다. 우리들은 때때로 기묘한 과오를 범한다. 가난한 자들은 불결하고, 누더기를 입고 있어서 보기에는 좋지 못할지 모른다. 하지만 그다지 추위에 떨지도 굶주림에 허덕이지도 않는 경우가 흔한 법이다. 그것은 어느 정도 그의 취향에서 온 것으로, 불운 때문이라고만은 말할 수 없는 것이다. 그런 사람에게 돈을 준다면, 아마도 좀 더 많은 누더기를 사 모을 것이다. 나는 깔끔하면서도 어느 정도는 유행을 따른 외투를

---

99) 누가복음 6장 31절.
100) '잠수' 할 때 멋을 내기 위해서 입었던 바지.

입고서도 추위에 떨고 있을 때, 호수 위에서 더러운 누더기를 걸친 초라한 모습의 아일랜드인 노동자들이 얼음을 잘라내고 있는 모습을 보고 언제나 가엾다는 생각을 했었다. 그런데 살을 엘 듯이 추웠던 어느 날의 일이었다. 그들 중 한 사람이 미끄러져 물에 빠져서 우리 집으로 몸을 녹이러 왔었다. 그는 알몸이 되기 전에 더러운 누더기이기는 했지만, 바지 세 벌과, 양말 두 켤레를 벗었으며, 내가 겉에 입는 의복을 내밀자 그것을 거절할 정도의 여유까지 보였다. 그도 그럴 것이 안에 수많은 의복을 껴입고 있었기 때문이었다. 즈크로 만든 바지[100]가 바로 그가 필요로 하는 것이었다. 이 일로 인해 나는 나 자신이 너무 가엾어져서 이 사람에게 헌옷 가게를 통째로 사주는 것보다 내게 플란넬 셔츠를 한 벌 사주는 것이 훨씬 커다란 자선이 될 것이라고 생각했다.

악의 가지를 치려는 자는 천 명 있는 데 비해서 악의 뿌리를 자르려는 자는 한 사람밖에 없다. 가난한 사람들에게 최고의 시간과 돈을 주는 자는 그런 삶의 방식을 통해서, 자기 자신이 없애려고 하면서도 없애지 못하고 있는 어떤 불행을 생산하는 데 최선을 다하고 있는 것일지도 모른다. 10명의 노예 중 한 사람이 벌어들인 이익을 투자하여 나머지 아홉 명에게 일요일의 자유를 사주는 주인은 매우 믿음이 강한 사람이라고 여겨지고 있다. 가난한 사람을 부엌에서 일하게 하고는 그들에 대한 자신의 배려심을 과시하려는 사람들도 있다. 그보다는 자신이 직접 부엌에서 일하는 편이 훨씬 더 커다란 배려가 되지 않을까? 수입의 1/10을 자선 사업에 쓰고 있다고 자만하는 자들도 있는데 오히려 9/10를 그것에 쓰고 얼른 자선 사업에서 손을 떼야 할 것이다. 그렇지 않으면 사회는 재산을 1/10밖에 회수하지 못하게 된다. 이것은 그저 그 재산을 가지고 있는 사람들의 너그러움에 의한 것인가, 아니면 사법관들의 태만 때문인가?

박애란 인류가 충분히 그 가치를 인정하고 있는 거의 유일한 미덕이다. 아니, 그것은 너무나도 과대평가를 받고 있다. 그리고 그런 식으로 과대평가하고 있는 것은 우리들의 이기심이다. 어느 맑은 날, 이 콩코드에 살고 있는 가난하지만 건강한 남자가 같은 마을에 살고 있는 사람에 대해서 가난한 사람—즉, 자신을 말하는 것이지만—에게 친절하다며 칭찬을 했다. 친절한 아저씨나 아줌마들이, 인류에게 있어서 그 무엇과도 바꿀 수 없는 정신적인 아버지와 어머니보다도 더욱 존경을 받고 있다. 한번은 학문과 지성을 겸비한 한 성직자가 영국에 대해서 강연하는 것을 들은 적이 있었다. 그는 셰익스피어, 베이컨, 크롬웰, 밀턴, 뉴턴 등과 같은 그 나라의 위대한 과학자, 문학자, 정치가들의 이름을 열거한 뒤에 기독교계의 영웅들에 대해서 이야기를 했는데, 그의 직업상 어쩔 수 없는 일일지는 몰라도, 이들이야말로 위인 중의 위인이라며 앞서 열거한 영웅들보다 훨씬 더 윗자리로 그들을 끌어올렸다. 그 위인 중의 위인들이란 펜,[101] 하워드, 프라이 부인[102] 등과 같은 사람들이었다. 누구나 이런 것은 속임수이며 위선적인 것이라고 느낄 것이다. 뒤에 등장한 세 명은 영국이 낳은 최고의 남녀가 아니라, 그저 최고의 박애주의자에 지나지 않는 것이다.

나는 자선 행위에 대해서 마땅히 표해야 할 찬사를 아끼고 있는 것이 아니라, 그 생애와 업적을 통해서 인류에게 은혜를 베푼 모든 사람들을 공정하게 취급하기를 바라는 것일 뿐이다. 염직함과 선의만을 존중할 수는 없다. 그것은 말하자면 인간의 줄기이자 잎사귀에 지나지 않는 것이다. 말라 버린 파란 잎으로 병자들을 위한 차를 만드는 그런 식물은 그다지 도움이 되는 것이 아니며, 대체로 돌팔이 의사들이 그것들을 사용한다. 내가 원하는 것은 인간의 꽃과 열매다. 그 인물에게서 나에게로 뭐라 표현할 수 없는 향기가 전해져 오고, 정신의 성숙이 두 사람의 교

---

[101] William Penn(1644~1718). 영국 퀘이커 교도로, 북미 펜실베이니아 주의 개척자.
[102] Elizabeth G. Fly(1780~1845). 영국 퀘이커 교도로 여성 형무소의 개혁자.

제에 풍미를 더해 주기를 바라는 것이다. 그의 선량함은 부분적이며 일시적인 행위로 나타나는 것이 아니라, 노력하지 않아도 무의식중에 철철 넘쳐흐르는 샘물과 같은 것이어야만 한다. 바로 그것이 무수한 죄를 덮어 주는 자애라는 것이다.[103] 박애주의자들은 너무나도 자주 자신이 벗어버린 슬픔의 기억으로 인류를 대기처럼 완전히 감싸고, 그것을 동정이라고 부른다. 우리들은 절망이 아니라 용기를, 병이 아니라 건강과 편안함을 나누고, 병이 감염에 의해서 퍼지지 않도록 주의를 해야 한다. 남부의 어느 평원에서 탄식의 소리가 들려온단 말인가? 어느 위도(緯度)에 우리들이 빛을 보내야 할 이교도들이 살고 있단 말인가?[104] 우리들이 구제해야 할 무절제하고 난폭한 사람들이란 도대체 누구를 가리키는 것이란 말인가?

인간은 몸의 상태가 나빠져 생각대로 움직일 수 없게 되면, 가령 배가 조금 아픈 경우라 하더라도—그곳은 동정심이 깃들어 있는 장소기 때문에— 곧 세상의 개혁에 착수한다. 그 자신이 하나의 소우주기 때문에 그는 세계가 풋사과를 먹고 있다는 사실을 발견하게 된다. 그것은 올바

---

103) 신약 성경 베드로전서 4장 8절에 "사랑은 허다한 죄를 덮느니라."라는 말이 있다.
104) 소로우는 선교사들의 인디언에 대한 선교 활동에 언제나 회의적이었다.(Harding)

른 발견이며, 그야말로 진정한 발견자인 것이다. 사실, 그의 눈에는 지구가 풋사과로 보이는 것이며, 그는 그 사과를 인간의 아이들이 채 익기도 전에 먹어 버릴 우려가 있다는 생각을 하고 오싹함을 느낀다. 곧 그의 맹렬한 박애 정신은 에스키모나 파타고니아 사람들을 찾아내며, 인간으로 들끓고 있는 인도나 중국의 마을들을 끌어안는다. 이렇게 그가 2, 3년 간 박애 활동을 계속하는 동안—권력자들도 그 사람을 이용하여 자신들의 목적을 추구하는 것인데—, 그 덕분에 그의 소화 불량도 나았고 지구도 익기 시작했는지 한쪽, 혹은 양쪽 뺨에 살짝 붉은 기운이 감돌기 시작하는 것이다. 인생은 조잡한 것이 아니며 다시 즐겁고 건전하게 살아갈 수 있는 것이 된다. 나는 내 자신이 범해 온 것보다 더욱 흉악한 악행이 이 세상에 존재하리라고는 꿈에도 생각지 않았다. 나만큼 나쁜 인간을 아직까지 본 적이 없으며, 앞으로도 결코 볼 수가 없으리라.

내 생각으로는 사회 개혁자들을 가슴 아프게 하고 슬프게 하는 것은 곤궁에 처한 형제들에 대한 동정심이 아니라, 가령 그가 신성하기 그지없는 신의 아들이라 할지라도, 자기 개인적인 일에 대한 고민일 것이다. 이 고민거리가 해결되고 그에게도 봄이 찾아와 아침 해가 그의 침대 위에 떠오르게 되면, 그는 단 한마디의 변명도 하지 않고 선량한 개혁 동지들을 저버릴 것이다. 내가 담배의 상용

(常用)을 반대하는 연설을 하지 않는 것은 직접 씹어 본 적이 없기 때문이다. 담배를 씹는 악습을 끊은 자들에게 벌로써 연설을 하게 하면 된다. 내가 지금까지 씹어 본 것 중에는 반대 연설을 하고 싶어지도록 만드는 것들도 꽤 있었지만. 만일 여러분이 자신도 모르게 이러한 자선 사업에 손을 대게 되었다면, 오른손이 하는 일을 왼손이 알지 못하도록 하지 않으면 안 된다.[105] 알릴 만한 가치가 없는 것이니. 물에 빠진 사람을 구했다면 자신의 신발 끈을 묶자. 그런 다음에 한가로이 자유로운 일을 시작하는 것이다.

우리들의 습속은 성도(聖徒)들과의 교제로 인해서 손상되고 말았다.[106] 찬송가집은 신에 대한 아름다운 저주의 노래와 신에 대한 영원한 인내로 가득 차 있다. 예언자들이나 속죄자들조차 인간들에게 강한 희망을 갖게 한 것이 아니라 불안을 달래 준 것이라고 하는 편이 옳을 것이다. 생명이라는 선물에 대한 단순하고 억누르기 힘든 만족감이나 기억에 남을 만한 신에 대한 찬가는 아직 그 어디에도 기록되지 않았다. 온갖 건강과 성공은 제 아무리 멀리 떨어져 있는 것처럼 보여도 내게 좋은 감화를 준다. 한편,

---

105) 신약 성경 마태복음 6장 3절에서.
106) 신약 성경 고린도 전서 15장 33절에 "속지 말라 악한 동무들은 선한 행실을 더럽히나니."라는 말이 있다.
107) 1213 ?~92 ?. 페르시아의 시인. 신비주의자.

온갖 병과 실패는 제 아무리 깊은 연민이 나와 상대 사이를 오고간다 하더라도 내게는 슬픔과 나쁜 감화만을 줄 뿐이다. 따라서 만약 우리들이 진심으로 인디언적, 식물적, 자력적(磁力的)인, 혹은 자연적인 수단으로 인류를 훌륭하게 소생시켜야겠다고 생각한다면, 우선은 우리들 자신이 '자연' 그 자체처럼 단순하고 건강해져야 한다. 이마 위에 드리우는 어두운 구름을 떨쳐 버리고 조금은 모공을 통해서 생명을 흡수해야 하지 않을까? 언제까지고 민생 지도 위원으로 있지만 말고, 세상의 가치 있는 사람 중 한 사람이 되도록 노력해야 하지 않을까?

나는 시라즈의 시인 세이크 사디[107]가 저술한 『굴리스탄』(『장미원』) 속에서 다음과 같은 구절을 읽었다.

"그들이 현자에게 물었다. 숭고하신 신께서 높고 풍성하게 우거지도록 창조하신 수많은 이름난 나무들 중에서 열매를 맺지 않는 삼나무를 제외한 나무를 세상에서 '자유의 나무'라고 부르지 않는 것을 이해할 수가 없습니다. 이것은 어째서입니까? 현자가 대답했다. 모든 나무에는 정해진 계절과 그것에 합당한 열매가 맺힌다. 그 계절이 계속되는 동안에는 모두 싱싱하게 꽃을 피우지만, 시기가 지나면 말라서 시들어 버린다. 하지만 삼나무는 그러한 어떤 상태에도 빠지지 않고 언제나 변함 없이 푸르지 않은가? 자유로운 자, 즉 종교적 독립자란 바로 그러한 성격을 갖추고 있는 사람을 말한다. 덧없이 사라져 가는 것에 마음을 빼앗겨서는 안 된다. 디즐라라고 불리는 티그리스 강이 칼리프 일족이 멸망한 뒤에도 바드다드를 관통하며 흐르고 있듯이. 너희들이 넘쳐 나도록 물건을 가지고 있다면, 대추야자 나무처럼 아낌 없이 베풀어야 한다. 하지만 베풀 것이 없다면 삼나무처럼 자유롭게 살아라."

보충하는 시[108]

가난의 허세

'자네는 너무나 뻔뻔하다네, 가련하고 가난한 자여,
마치 술통과도 같은 자네의 그 초라한 오두막이
돈이 들지 않는 햇빛을 받으며, 나무 그늘 밑 샘터 옆에서,
풀뿌리와 야채를 먹이 삼아
게으른 자의, 학자연하는 덕을 길러 준다고 해서

---

108) 여기에 인용된 커루의 시는 지금까지 소로우가 주장한 견해와 정반대가 되는 내용이다. 소로우는 이 장의 마지막에 이 시를 삽입함으로 해서 독자들이 다시 한 번 두 대립하는 생활 방식을 비교, 고찰해 보기를 바라고 있는 것이리라.「가난의 허세」는 소로우 자신이 붙인 제목.
109) Tomas Carew(1594?~1639). 영국의 왕당파 시인. 위의 시는 가면극 『Coelum Britannicum』에서 인용.

천상에 자신의 거처를 요구하다니.
자네의 오른손은, 아름다운 덕의 꽃을 피워 줄
인간다운 정열의 줄기를 정신의 토양에서 뽑아 버리고,
자연의 성질을 타락시키고, 감각을 둔화시켜,
고르곤이 그랬듯이, 활동적인 인간을 돌로 만들어 버린다.
우리들은 자네의 어찌해 볼 도리 없는 절제와,
기쁨도 슬픔도 모르는 그 부자연스러운 우둔함과의
따분한 교제를 원치 않는다.
또한 네가 활동적인 것보다 뛰어나다고 말하는,
수동적인 불굴의 정신에도 관심이 없다.
평범함 속에 떡하니 자리잡은,
이 저속한 파락호들이야말로,
자네의 비굴한 근성에 어울리는 것이다.
하지만 우리들이 칭송하는 것은, 과함을 미워하지 않는
미덕뿐.
용감하고 관대한 행위, 왕후와도 같은 기품,
모든 것을 판별하는 사려, 측량할 수 없는 아량,
또한 고대로부터 이름은 전해지지 않았지만,
헤라클레스, 아킬레우스, 테세우스와 같이,
모범 그 자체로써 남아 있는 저 영웅적 미덕.
자, 네 험오스러운 은신처로 돌아가라,
그리고 새로이 빛으로 반짝이는 하늘을 볼 때는

저 위인들이 어떤 자들이었는지를, 잘 생각해 보기 바란다.

T. 커루[109]"

살았던 곳과 살았던 목적

살았던 곳과 살았던 목적

 인생의 어떤 시기에는 모든 장소가 집을 지을 수 있는 부지로 보이는 법이다. 나도 예전에 내가 살고 있던 곳에서부터 12마일 이내에 있는 모든 토지를 샅샅이 조사해 본 적이 있었다. 상상 속에서 나는 모든 농장들을 차례차례로 사들였다. 전부가 팔려고 내놓았던 것들이었으며, 가격도 알고 있었기 때문이다. 나는 각 농가의 땅들을 돌아다니며 그곳에 있는 야생 사과를 따먹기도 하고, 농사에 대한 이야기를 나누기도 하고, 얼마가 됐든 상대가 제시한 가격대로 사들여서 마음속에서 가만히 그것을 다시 그들에게 저당 잡혀 보기도 했다. 말한 것보다 비싼 돈을 준 적도 있었다. 많은 것들을 받아들였지만, 증서만은 받질 않았다. 증서 대신에 상대의 말을 받아 두기로 했던 것이다. 이는 내가 이야기하기를 좋아하기 때문이다. 그런 다음 토지를 경작하고, 겸사겸사 그 농부도 어느 정도는 경작을 해주었다. 이렇게 해서 나는 경작을 마음껏 즐긴 뒤 거기서 손을 떼고, 이후로는 농부가 계속해서 일을 할 수 있도록 내버려두었다.

  이 경험으로 인해서 나는 친구들로부터 일종의 투기를 하고 있는 것이 아닌가 하는 의심을 받기에 이르렀다. 나는 어디에 가더라도 거기서 생활할 수 있으며, 풍경은 내가 있는 곳으로부터 사방으로 퍼져 나갔다. 집이란 결국 라틴어에서 말하는 sedes, 즉 좌석을 말하는 것이 아닐까? 시골이라면 더욱 편안한 마음이 들 것이다. 나는, 당장은 사용할 수 있을 것 같지 않았지만, 집을 짓기에 적합한 부지를 수없이 발견해 냈다. 마을에서 너무 멀리 떨어졌다고 생각하는 사람들도 있는 듯했지만 내가 보기에는 마을이 너무 멀리 떨어져 있는 것이다. 여기서 한번 살아볼까, 라고 나는 중얼거리고 한 시간 정도 여름과 겨울의 생활을 해보았다. 순식간에 몇 해를 보냈으며, 겨울을 보내고 봄을 맞이했다. 훗날 이 지역에 사는 사람들은 어디에 집을 짓든 내가 앞서 살고 있었다는 사실을 틀림없이 알게 될 것이다. 이 지역을 과수원과 삼림지와 목장으로 분할하고, 입구 앞에는 어떤 멋진 떡갈나무와 소나무를 남겨야 할지, 어디서 바라봐야 고목들이 한 그루 한 그루 가장 눈에 잘 들어오는지 등을 결정하는 데는 오후 반나절이면 충분했다. 그런 다음 나는 그곳을 휴경지로 방치해 두었는데, 그것은 방치해 두어도 좋은 물건이 많을수록 인간은 풍요롭기 때문이다.

나의 상상은 멈출 줄을 모르고 드디어는 몇몇 농장의 선매권(先買權)을 갖기에 이르렀다. 선매권이 있는 것만으로도 충분했다. 하지만 나는 농장을 실제로 소유하여 그것에서 오는 골치 아픈 문제를 겪거나 하지는 않았다. 실제로 소유 직전까지 갔었던 것은 할로웰 농장을 샀을 때였다. 나는 곧 종자를 고르기 시작했으며, 농장 일에 사용하고 작물을 운반하는 데도 필요한 손수레를 만들기 위한 재료를 모으기 시작했다. 그런데 지주가 내게 증서를 넘겨주기도 전에 그의 아내―누구에게나 이런 아내가 있다―의 마음이 변하여 토지를 팔고 싶어하지 않았기에 그는 10달러에 해약해주기를 바란다고 했다. 사실을 말하자면 당시 나는 전 재산을 통틀어서 10센트밖에 가지고 있질 않았다. 일이 이렇게 되자 나는 내가 10센트를 소유한 사람인지, 농장, 혹은 10달러를 소유한 사람인지, 그도 아니면 이 모두를 소유한 사람인지 도저히 알 수가 없게 되었다. 하지만 나는 10달러도, 농장도 받질 않았다. 이미 농장 경영에 대한 꿈을 충분히 맛보았기 때문이었다. 아니면 오히려, 기분 좋게 내가 사들인 가격으로 농장을 다시 팔고, 그가 부자가 아니었기 때문에 10달러를 선물로 보냈으며, 그래도 내게는 10센트와 씨앗과 손수레를 만들 재료가 남았다고 말하는 편이 좋을지도 모르겠다. 이렇게 해서 나는 자신의 가난함에는 아무런 상처도 주지 않은 채 부자가 된 것이다. 하지만 풍경만은 포기하지 않았기 때문에 그 이후로도 여기서 수확할 수 있는 것들은 손수레를 사용하지 않고 차례 차례로 옮겨오고 있다. 풍경에 관한 이런 시가 있다.

나는 눈앞에 펼쳐진 모든 토지의 왕이며
내 권리에 이의를 제기할 자 없다[1]

 나는 한 시인이 농장에서 가장 가치 있는 부분을 마음껏 맛본 뒤에 떠나가는 모습을 종종 볼 수 있었다. 그런데도 깐깐한 농부는 그가 야생 사과를 두세 개 가지고 갔을 뿐이라고 착각을 하고 있다. 하지만 주인이 긴 시간 깨닫지 못하고 있는 동안 시인은 그 농장에 운율이라는 가장 훌륭한, 눈에 보이지 않는 울타리를 둘러 튼튼하게 감싸고 우유를 짜기도 하고, 유지(乳脂)를 퍼올리기도 하고, 크림을 전부 손에 넣은 다음 농부에게는 찌꺼기만을 남겨준 것이다.
 내가 할로웰 농장에 매력을 느꼈던 것은 다음과 같은 이유에서였다. 우선은, 완벽할 정도로 세상과 떨어져 있었다

---

1) 영국의 시인 William Cowper(1731~1800)의 시.
2) 그리스 신화. 올림푸스 신들과의 싸움에서 져서 천상을 짊어지는 벌을 받게 된 거인 신.

는 점. 그곳은 마을에서 약 2마일, 가장 가까운 이웃과도 0.5마일 떨어져 있었으며, 널따란 밭이 있어서 길과도 떨어져 있었다. 그리고 그것이 강가에 있었다는 점. 농장 주인의 말에 의하면, 강에서 피어오르는 안개가 봄에 내리는 서리로부터 농장을 지켜준다고 했지만, 내게는 아무래도 좋은 일이었다. 또한 집과 창고가 회색으로 그을러 무너져 가고 있었으며, 울타리도 상당히 허물어져 있었기 때문에, 전 주인과 나 사이에는 상당한 시간이 흐른 것처럼 느껴졌다. 그리고 속이 텅 비고 이끼에 둘러싸인 사과나무에는 토끼가 쏠은 자국이 남아 있었는데, 그것을 보고 내가 앞으로 어떤 이웃과 사귀어야 할지를 알게 되었다는 점. 하지만 가장 중요한 것은, 내가 예전에 처음으로 배를 타고 강을 거슬러 올라 이곳에 왔을 때 집이 무성하게 우거진 붉은단풍나무 숲 뒤쪽에 숨어 있었으며, 숲을 통해서 개가 짖는 소리가 들려왔던 기억이 있다는 것이다. 나는 주인이 커다란 바위를 옮겨 버리거나, 그 속이 텅 빈 사과나무를 잘라 버리거나, 목초지에 자라난 어린 자작나무를 파내거나, 즉 그 풍경에 자기 나름대로 손을 대기 이전에 서둘러 그곳을 사들이려고 했다. 그러한 것들의 매력을 마음껏 즐기기 위해서 농장을 경영하려고 했던 것이다. 나는 마치 아틀라스처럼 이 세상을 어깨에 짊어지고 있을 생각이었으며―고행의 대가로 그가 무엇을 손에 넣었는지 알 수는 없었지만—, 농장 대금을 지불하기만 한다면 내가 그것을 소유했다고 해서 불평할 사람은 아무도 없을 것이라는 사실 외에는 특별한 동기도 이유도 없는 일을 한 번 해보려고 생각했던 것이다. 왜냐하면 가만히 내버려두기만 하면 그 농장은 내가 바라는 대로 농작물을 풍부하게 열매 맺게 해줄 것이라는 사실을 처음부터 잘 알고 있었기 때문이었다. 하지만 결국에는 앞서 기술한 것과 같은 결과를 맞게 되었다.

따라서 내가 대규모 농장의 경영에 대해서 이야기할 수 있는 것은—채소를 가꾸는 일이라면 지금까지 계속해오고 있지만—, 그저 종자를 준비했었다는 것뿐이다. 많은 사람들이 해를 거듭할수록 종자의 질이 좋아진다고 생각하고 있다. 그렇다. 시간이 지나면 좋은 종자와 나쁜 종자는 확실하게 구별해 낼 수 있다. 따라서 드디어 종자를 뿌릴 때가 와도 나는 그 결과에 그다지 실망하지 않을 수 있을 것이다. 하지만 나는 모든 형제들에게 이것만은 말해 두고 싶다. 가능한 한 오랫동안 자유롭게, 구속당하지 말고 살아가라고. 농장에 얽매인 생활과 형무소에 얽매인 생활 사이에는 커다란 차이가 없는 법이다.

내게 있어서 카토의 『농업론』은 오늘날의 농업 잡지인 『경작자』를 대신하는 서적인데, 그 중에 다음과 같은 말이 있다—내가 본 유일한 번역본은 이 부분을 말도 안 되게 오역해 놓았다―. "농장을 살 때는 탐욕을 부리지 않도록 조심해야 한다. 또한 미리 둘러볼 때는 수고를 아끼지 말 것. 한 번 둘러본 정도로 만족해서는 안 된다. 좋은 토지라면 그것을 방문할 때마다 더욱 마음에 들 것이다."[3] 나도 탐욕스럽게 농장을 살 마음은 없지만 살아 있는 동안에는 몇 번이고 되풀이해서 둘러볼 생각이며, 구입하자마자 거기에 묻히게 된다면 더욱 더 그곳을 마음에 들어 할 것이라고 생각했다.

이와 같은 종류의 실험은 이번이 두 번째였다. 그 일에 대해서 좀 더 자세히 기술할 생각이다. 편의상 2년 동안의 경험을 1년으로 집약하겠다. 앞서도 말했지만, 나는 실의의 노래[4]를 부를 마음은 전혀 없다. 횃대 위에 올라앉은 아침 수탉처럼 씩씩하고 자랑스럽게 노래를 부를 생각이다. 이웃들의 잠을 깨울 수만 있다면, 그것으로 충분한 것이다.

내가 처음으로 숲 속에 거처를 정하고 낮뿐만 아니라 밤에도 그곳에서 지내기 시작한 것은 우연히도 1845년 7월 4일, 미합중국의 독립 기념일이었다. 그때 우리 집에

---

3) 카토의 『농업론』 1 · 1에서.
4) 영국의 시인 S. T.Coleridge(1772〜1834)의 같은 제목의 시가 있다.

는 아직 겨울에 대한 준비가 갖춰져 있지 않았고, 그저 비를 면할 수 있을 정도에 지나지 않았다. 회반죽도 바르지 않았으며, 굴뚝도 세우지 않았고, 벽은 비바람에 시달린 판자를 거칠게 잘라서 박아놓았을 뿐으로 여기저기에 커다란 틈이 드러나 있었다. 그래서 여름에는 실내에서 시원함을 느낄 수 있었다. 깎아 낸 자국이 선명하게 남아 있는 곧게 뻗은 기둥과 대패질을 한 지 얼마 되지 않는 문과 창틀 덕분에 집은 깔끔하고 통풍이 잘 되는 것 같았으며, 특히 아침이 되어 목재가 촉촉하게 이슬을 머금고 있는 때는 더욱 그랬다. 낮이 되면 그러한 목재들로부터 달콤한 수지(樹脂)가 배어 나오는 것이 아닐까 생각될 정도였다. 이 오두막이 하루 종일 이러한 새벽과도 같은 분위기를 자아내고 있다는 사실을 생생하게 느낄 수 있었기에, 문득 작년에 방문했던 산 정상에 있는 집을 떠올리게 했다. 그 집은 회반죽을 바르지 않은 통풍도 아주 잘 되는 오두막이었다. 여행에 나선 신을 대접하기에는 안성맞춤이었으며, 또한 여신이 치맛자락을 끌며 산책을 하기에도 매우 좋은 장소였다. 우리 집으로 불어오는 바람은 산마루를 스

---

5) 그리스 중동부에 있는 고산. 고대 그리스 신들이 이 산 정상에 살았다고 한다.
6) 고대 인도의 서사시 『마하바라타』의 부록. 5세기경에 성립. 소로우는 프랑스어 번역본으로 이 작품을 읽었다.

쳐 지나는 바람과 비슷해서 지상의 선율을 간간이 전해 주거나, 혹은 그중에서도 천상에 해당하는 부분만을 전해 주었다. 아침 바람은 끊임없이 불어오며, 창조의 시는 끊이질 않는다. 단지 그것을 구별해 낼 줄 아는 귀를 가진 사람이 극히 드물 뿐이다. 올림푸스 산[5]은 속계의 바로 바깥 그 어디에나 존재하는데도 불구하고.

보트를 제외한다면 내가 지금까지 소유한 적이 있었던 유일한 집은, 가끔 여름에 여행을 할 때 사용했던 텐트뿐이었다. 그것은 지금도 접어서 다락방에 보관해 두고 있다. 하지만 보트는 사람들 손에서 손으로 넘겨지는 동안에 시간의 흐름을 따라서 떠나 버리고 말았다. 이번에는 훨씬 더 견고한 거처를 손에 넣었기 때문에 나는 세상 속에 안주하는 방향으로 어느 정도는 전진한 셈이 된다. 이 거친 복장을 한 오두막은 내 주위에 생겨난 결정체이며, 그것을 세운 나 자신을 감화시켰다. 그것은 왠지 모르게 윤곽만을 그린 그림을 연상케 했다. 나는 바깥바람을 쐬기 위해서 문 밖으로 나갈 필요가 없었다. 실내의 공기가 조금도 신선함을 잃지 않았기 때문이다. 장대비가 쏟아지는 날에도 실내에 있다기보다는 문 뒤에 앉아 있다고 하는 편이 옳았다. 「하리뱀샤[6]」에 '새가 없는 집은 간을 하지 않은 고기와 같은 것'이라는 말이 있는데, 이는 우리 집에는 해당되지 않는 말이었다. 나는 곧 새들의 이웃이 되었기 때문이다. 새들을 가둔 것이 아니라, 내가 새장 속으로 들어가 그들 곁에 머물게 되었던 것이다. 나는 채소밭이나 과수원에 자주 놀러오는 새들뿐만 아니라, 티티새, 개똥지빠귀, 붉은풍금조, 바위종다리, 쏙독새 등 마을 사람들 앞에서는 좀처럼 노래하지 않는, 훨씬 더 야성적이며 영혼을 흔들어 대는 목소리로 우는 수많은 숲 속의 가수들과 친구가 된 것이었다.

나는 작은 호숫가에 자리를 잡았다. 그곳은 콩코드 마을에서 남쪽으로 1.5마일 정도 떨어진, 마을보다는 얼마간 높은 지대에 위치한 땅이었는데, 콩코드와 링컨 사이에 걸쳐 있는 커다란 숲의 한가운데에 자리잡고 있었다. 우리 마을에서 유일하게 유명한 사적지인 콩코드 격전지[7]로부터는 남쪽으로 2마일 가량 떨어져 있었다. 하지만 내 오두막은 숲 속 중에서도 낮은 지대에 있었기 때문에 다른 곳과 마찬가지로 0.5마일 정도 앞의 숲으로 둘러싸인 건너편 호숫가가 가장 멀리 보이는 지평선이었다. 처음 일주일 동안은 호수를 바라볼 때마다 마치 호수 바닥이 다른 호수의 수면보다 높은 곳에 위치한, 산 중턱의 작은 호수를

---

[7] 콩코드 노스브리지를 일컫는 말. 1775년 4월 19일, 이곳에서 영국 정규군과 지역 민병들 사이에 전쟁이 벌어졌는데, 이것이 독립 전쟁의 발단이 되었다

바라보고 있는 듯한 인상을 받았다. 또한 아침 해가 떠오름에 따라서 호수가 밤새 몸에 두르고 있던 안개 옷을 벗어던지면, 여기저기서 잔잔한 물결이, 때로는 빛을 반사하는 평평한 수면이 점차 모습을 드러내기 시작했다. 한편, 안개는 밤의 어둠을 틈타 열린 비밀 집회를 마친 유령처럼 가만히 사방으로 흩어져 숲 속으로 빨려 들어갔다. 안개조차 산 중턱에서 볼 수 있는 것 같이 평소보다 오랫동안, 한낮이 되기까지 나무들 사이에 얽혀 있는 듯했다.

이 작은 호수가 특별히 귀중한 이웃이 되어 주는 것은 8월의 폭풍우가 잠깐 멈추는 평온한 날이었다. 그때쯤이면 대기와 물은 고요함에 잠기고 하늘은 구름으로 뒤덮여 한낮임에도 불구하고 해질녘의 평화로운 기운이 감돌았으며, 티티새가 여기저기서 노래하기도 하고 이쪽 기슭과 저쪽 기슭에서 서로 번갈아가며 지저귀기도 하는 소리가 들려왔다. 이 계절만큼 호수가 고요함에 잠기는 때도 없었다. 특히 호수 위의 맑은 대기는 낮게 드리워진 구름으로 인해 엷은 어둠을 띠고 있기 때문에, 빛과 그림자로 넘쳐나는 수면은 그 자체가 한층 더 엄숙한 하계의 하늘을 이루고 있었다. 얼마 전에 숲이 베어져 나간 근처 언덕의 정상에 올라가 보니, 호수 너머 남쪽 반대편 기슭을 이루고 있는 언덕의 평평하고 넓은 지형이 상쾌한 풍경을 펼쳐 놓고 있었다. 마주보고 있는 언덕의 기슭이 서로 만나는 지점에서부터 숲이 우거진 계곡을 뚫고 평지 쪽으로 강물이 흘러들 것 같은 인상을 주었지만, 사실 강은 없었다. 그 부분의 숲을 이루고 있는 언덕과 언덕 사이, 그리고 정상 너머로 더 높고 푸른 언덕이 아득한 지평선을 그리고 있는 모습이 보였다. 까치발을 하고 보니, 북서쪽으로는 더욱 멀리에 더욱 푸른 산봉우리―이것이야말로 하늘이 주조한 푸른 동전이다―들, 그리고 마을의 일부까지 살짝 모습을 드러내고 있었다. 하지만 그 외의 다른 방향에 대해서는 비록 이 언덕의 정상에 올라선다 하더라도 주위를 둘러싼 숲을 넘어서 건너편을 바라볼 수는 없을 것이다.

부근에 물이 있으면, 그것이 대지에 부력을 부여하여 떠오르게 하기 때문에 나까지 들썩들썩 들뜨게 만든다. 우물은 제 아무리 조그만 것이라 할지라도 그 안을 들여다보는 자에게 대지는 대륙이 아니라 섬이라는 사실을 가르쳐 준다. 바로 이것이 우물의 가치 중 하나인 것이다. 이것은 버터를 차갑게 해주는 일에도 뒤지지 않을 만큼 중요한 일이다. 이 언덕의 정상에서 홍수 때마다 격류에 휩싸이는 계곡에 위치하고 있는 호수 너머의 서드베리 목장 쪽을

---

8) 『하리뱀사』(1834년, 프랑스어 판, 283p)에서. '다모다라' 는 '크리슈나' 의 다른 이름.)

바라보면, 신기루 현상 때문이겠지만, 물이 담긴 쟁반 위에 던져진 동전처럼 물 위에 떠 있는 것 같이 보인다. 나는 지금은 건너편 기슭 대지 전체가 이쪽 기슭과의 사이에 있는 작은 수면 때문에 격리되어 물 위에 떠 있는 얇은 지각처럼 보여, 내가 살고 있는 이곳도 결국은 물이 말라 육지가 된 땅에 지나지 않는다는 사실을 알게 되었다.

집의 문 앞에서 바라보는 풍경은 이것보다 더욱 협소했지만, 나는 자신이 답답한 곳에 갇혀 있다는 느낌은 전혀 받지 못했다. 상상력을 펼쳐 보이기에 충분할 만큼의 목초지가 있었기 때문이었다. 건너편 기슭에서부터 시작되는 떡갈나무가 자라난 낮은 고원은 서부의 대초원과 타타르의 스텝까지 이어져 온갖 유랑민에게 여유로운 공간을 제공해 주었다. 다모다라는 "이 세상에 행복한 자들이 있다면, 그것은 광대무변한 지평선을 자유롭게 즐기는 자들뿐이다."라고, 목동들이 좀 더 넓고 새로운 목초지를 바라고 있을 때 이야기했다.[8]

장소와 시간이 변하여, 나는 내가 가장 매력을 느끼고 있던 우주의 한 장소, 역사상의 한 시대에 전에 없이 가까이 근접하여 생활하고 있었다.

내가 살고 있던 곳은 밤마다 천문학자들이 관찰하는 수많은 하늘의 영역에도 뒤지지 않을 만큼 멀리 떨어져 있는 곳이었다. 우리들은 자칫 비할 데 없는 즐거움의 장소라는 것은 번잡한 저잣거리에서 멀리 떨어진 태양계의 까마득히 먼 곳보다 더 멀리 떨어진 하늘의 한 구석에, 예를 들자면 '카시오페이아의 의자' 너머에 있는 것이라고 생각하기 쉽다. 나는 바로 우리 집이 그 우주의 한 구석에 있으며, 영원히 새롭고 때묻지 않는 장소에 있다는 사실을 발견했다. 만약 플레이아데스 성좌, 히아데스 성좌, 알데바란 성이나 견우성 가까이에 사는 것이 가치 있는 일이라고 한다면, 나는 바로 그러한 장소에 살고 있었던 것이다. 즉 그곳은 내가 버리고 온 인간 세계에서 성좌만큼 멀리 떨어져 있었기 때문에, 가장 가까운 이웃의 눈에도 달이 없는 밤이 아니면 보이지 않을 정도로 희미하게 깜빡이는 작은 빛에 불과한 곳이 되어 버린 것이다. 내가 살던 곳은 대우주의 그런 장소였다.

홀로 살고 있는 양치기.
품고 있는 사상의 높은 기상은,
주위의 양떼들이,
풀을 뜯는 산을 넘을 정도.[9]

만약 양떼들이 양치기의 사상보다 높은 곳에 있는 목초지를 끊임없이 방황하는 일이 벌어진다면 그의 인생은 그 얼마나 비참한 것이 되겠는가?

날마다 어김없이 찾아오는 아침은 자연 그 자체처럼 간소한―굳이 말하자면 때묻지 않은― 삶을 보내지 않겠느냐며 호쾌하게 권하곤 했다. 나는 그리스인과 마찬가지로, 지금까지 언제나 여명의 여신 '아우로라'를 진심으로 숭배해 왔다. 아침 일찍 일어나 호수에서 목욕을 했다. 그것은 일종의 종교적 의식이었으며, 내가 행하는 일 중에서 가장 좋은 것 중 하나였다. 탕왕(湯王)의 욕조에는 "나날이 나를 완전히 새롭게 하라. 내일도, 그 다음 날도, 그 다음다음 날도 그렇게 하라."[10]는 구절이 새겨져 있었다고 한다. 나는 그 의미를 잘 알고 있다. 아침은 영웅 시대를 재현한다. 어둠이 걷힐 무렵 문과 창문을 열어젖히고 앉아 있으면, 방안을 날아다니는, 눈에 보이지도 않으며 모습을 상상할 수도 없는 한 마리 모기의 희미한 날개 소리가 명예를 칭송하는 그 어떤 나팔 소리에도 뒤지지 않을 만한 감동을 내게 전해 주는 것이다. 그것은 호메로스의 진혼곡이었다. 그 날개 소리 자체가 분노와 방황을 노래하며 우주를 떠돌고 있는 『일리아드』였으며, 『오디세이아』였다. 거기에는 뭔지 모를 우주적인 것이 있었다. 생

---

9) 이 시의 작자는 불명이지만, 1611년에 영국의 작곡가인 Robett Jones가 곡을 붙였다. (Harding)
10) 『대학』의 장구서(章句序)에서.

명이 다할 때까지 세계의 영원한 활력과 풍요로움을 끊임없이 선전하려고 하는 것일까?

아침은 하루 중에서 가장 기억해야 할 시간이며, 눈을 뜨는 시간이다. 이때처럼 졸음을 느끼지 않는 시간도 없다. 우리들 내부에서 밤낮 없이 잠들어 있는 부분조차 적어도 한 시간 정도는 눈을 뜬다. 만약 우리들이 내부의 '영성(靈性)'에 의해서가 아닌 하인 등의 기계적인 흔듦에 의해서 눈을 뜬다면, 혹은 새로이 가미된 힘과 내부에 넘치는 향상심에 의해서 서서히 물결치는 천상의 음악과 대기를 가득 채운 향기에 둘러싸여서 눈을 뜨는 대신에 공장의 일과가 시작됐음을 알리는 벨 소리 등을 듣고 눈을 뜬다면─다시 말해서 잠에 들 때보다도 높은 삶을 향해서 눈을 뜨는 것이 아니라고 한다면─, 그닐 하루─가령 하루라고 부를 만한 가치가 있다고 한다면─로부터는 많은 것을 기대할 수가 없다. 그렇게 되면 어둠이 열매를 맺는다는 사실이나, 어둠이 빛에 뒤지지 않을 만큼 좋은 것이라는 사실을 증명할 수 없게 된다. 하루 하루가 지금까지 더럽혀 온 시간보다도 빠르며, 신성하고, 서광에 넘쳐나는 시간을 포함하고 있다는 사실을 믿지 않는 인간은 결국 삶에 절망감을 느끼고 있는 것이며, 어둠을 더욱 짙게 만드는 언덕길을 구르고 있는 것이다. 감각적인 생활이 일단 중단된 뒤에 인간의 영혼, 아니 영혼의 모든 기관은 매일 아침 활력을 되찾고, 그 사람의 '영성'은 다시 숭고한 생활을 영위하려고 노력하는 것이다.

기억할 만한 모든 일들은 아침에, 아침의 대기 속에서 발생한다고 해도 과언은 아닐 것이다. 『베다』에도 "모든 예지는 아침과 함께 눈을 뜬다."[11]는 말이 있다. 시와 예술, 가장 아름다운 기념할 만한 인간의 행위는 이 시간에 시작된다. 모든 시인과 영웅은 저 멤논과 마찬가지로 여명의 여신의 아들로, 일출과 함께 음악을 연주하는 것이다. 탄력적이며 힘 있는 사상을 태양과 함께 전진시키는 자는 언제나 아침과 함께 있게 된다. 시계가 몇 시를 가리키든, 사람들의 태도와 노동이 어떤 것이든 문제가 되지 않는다. 아침이란 내가 깨어 있는 시간을 말하는 것이며, 여명은 내 내부에 있는 것이다. 도덕의 향상이란 졸음을 떨쳐 내는 노력에 다름 아니다. 지금까지 잠들어 있었던 것이 아니라면, 인간은 어째서 이렇게도 초라한 하루의 계산서밖에 제시하지 못하는 것일까? 그들은 그렇게 계산에 서툴지도 않을 텐데. 졸음에 지지만 않았더라도 그들은 좀 더 훌륭한 일을 해낼 수 있었을 것이다. 육체 노동을 할 수 있을 정도로 깨어 있는 사람은 얼마든지 있다.

---

11) 『Sanchya Karika』 (trans. by H.T. Colebrooke and H. V. Wilson' Oxford, 1837), LXXII 에서.

하지만 지성을 유효하게 가동시킬 수 있을 만큼 깨어 있는 사람은 백만 명 중 한 사람밖에 없다. 시적인 인생, 신성한 인생을 보낼 수 있을 만큼 깨어 있는 사람은 일억 명 중 한 명 정도다. 깨어 있다는 것은 곧 살아 있다는 것에 다름 아님에도 불구하고. 나는 지금까지 참으로 깨어 있는 사람을 만난 적이 없다. 그런 사람의 얼굴을 바로 앞에서 지켜볼 수 있는 기회가 어찌 있을 수 있었겠는가?

우리들은 기계적인 수단에 의존하지 않고, 그 아무리 깊은 잠에 들었을 때라도 우리들을 버리지 않는 여명에 대한 무한한 기대에 의해서 다시 눈을 뜨는 법을, 그리고 언제까지나 깨어 있는 법을 배워야만 한다. 의식적으로 자신의 생활을 향상시키려는 노력이 틀림없이 인간에게는 갖춰져 있다는 사실만큼 우리들을 분발하게 해주는 것도 없을 것이다. 어떤 특정한 그림을 그리거나 조각을 만들어서 두세 개의 아름다운 작품을 만들어 내는 일은 틀림없이 멋진 일이다. 하지만 우리들이 그것을 통해서 사물을 볼 수 있는 대기라는 투명한 매체를 조각하거나 그린다는 것은 더욱 멋진 일이다. 그것을 가능하게 해주는 것은 우리들의 덕성이다. 그날의 생활을 질적으로 높이는 일이야말로 최고의 예술인 것이다. 모든 인간은 자신의 생활을 세세한 부분에 이르기까지, 정신이 좀 더 상향되고 맑게 닦여진 순간의 관조에도 견딜 수 있도록 해두어야 한다. 만약 우리들이 이러한 조그만 교훈을 받아들이지 않거나, 혹은 너무 많이 들어서 질려 버렸을 경우에는 신들의 신탁이 그러한 삶의 방식을 확실하게 가르쳐 줄 것이다.

내가 숲으로 간 것은, 깊은 사고에 따라 살며 인생의 본질적인 사실만을 직시하고 인생이 가르쳐 주는 것을 내가 배울 수 있을지 확인해 보고 싶었기 때문이며, 죽음에 직면해서야 자신이 살아 있던 것이 아니었다는 사실을 발견하는 꼴을 당하고 싶지는 않았기 때문이었다. 인생이라고 말할 수 없는 인생을 살고 싶지는 않았다. 살아간다는 것은 매우 중요한 일이기 때문에. 또한 불가피한 일이 아니고서는 체념하는 것도 싫었다. 나는 깊이 있는 삶을 살며 인생의 정수를 철저하게 들이마시고, 스파르타인처럼 인생이라 말할 수 없는 것은 모두 파멸시킬 수 있을 정도로 늠름하게 살며, 폭넓게 그리고 뿌리까지 풀을 베어 버려, 생활을 구석까지 몰고 가서, 최저의 한계까지 몰아붙여서 만약 인생이 하찮은 것이라는 사실을 알게 된다 하더라도 개의치 않고 그 참된 하찮음을 통째로 손에 넣어 그것을 세상에 공표하려고 마음먹었던 것이다. 그리고 만약 인생이 엄숙한 것이라고 한다면 나 스스로가 직접 체험을 한

---

12) 소로우 에세이의 대부분은, 그 자신이 excursion이라고 부르는 여행기다. (Harding)

뒤, 다음 여행기¹²⁾에 있는 그대로를 기술할 생각이었다. 왜냐하면 이상하게도 대부분의 사람들은 인생이 악마의 것인지 신의 것인지 확신을 갖고 있지 못한 듯, "신을 칭송하여 영원을 받아들이는 일"¹³⁾이 지상에 인간이 살고 있는 주목적이라고 조금 성급하게 결론을 내려버린 듯한 느낌이 들기 때문이다.

우리들은 여전히 개미처럼 비참한 생활을 하고 있다. 우리는 아주 먼 옛날에 인간이 되었음에도 불구하고.¹⁴⁾ 또한 우리들은 피그미처럼 학과 전쟁을 벌이고 있다.¹⁵⁾ 그것은 수치 위에 수치를 더하는 것이며 누더기 위에 누더기를 덧대는 일로, 인간 최고의 미덕조차 불필요하고 피하는 것이 가능한 비참한 생활이 원인이 되어 나타나는 것이다. 우리들의 인생은 사소한 문제들 때문에 낭비되어지고 있다. 정직한 인간이라면 열 손가락보다 더 많은 숫자를 헤아릴 필요가 거의 없을 것이며, 있다 하더라도 발가락 열 개를 더한 뒤 그것을 한 묶음으로 만들어 버리면 되는 것이다. 모든 일에 대해서 간소하게, 간소하게, 간소하게 살

---

13) 17세기에 출판된 『뉴잉글랜드 초등 독본』에 있는 말.
14) 제우스의 아들 아이아코스는 아이기나 섬의 왕이었다. 전염병으로 주민들이 전멸하자, 제우스는 개미를 인간으로 만들어 아들의 주민으로 삼게 했다.
15) 『일리아드』 제3권에 트로이인들을 피그마이아(난쟁이족)와 싸우는 학에 비유한 부분이 있다.

도록 노력해야 한다. 자신의 문제는 100이나 1000이 아닌 2개나 3개 정도로 해두자. 백만을 세는 대신 6까지 센 뒤에 계산은 엄지의 손톱에 적어 두자. 문명 생활이라는, 이 어디로 바람이 불지 모르는 험난한 바다의 한가운데에서는 구름과 폭풍, 유사(流砂) 등 수많은 조건을 고려하지 않으면 안 되기 때문에, 침수로 배가 침몰하고 목적지에 배가 도착하지 못하는 사태를 피하기 위해서는 추측 항법으로 살아갈 수밖에 없다. 그러기 위해서는 계산에 매우 뛰어나지 않고서는 성공할 수가 없다. 간소하게, 간소해지도록 노력하자. 하루 세 끼의 식사도 필요하다면 한 번으로 줄이고, 백 가지를 먹는 대신 다섯 가지만 먹고, 그 외의 것들도 이처럼 줄여 가는 것이다.

독일 연방은 작은 주들의 모임이며 국경이 끊임없이 변경되고 있다. 독일인조차도 현재 그것이 어떤 식으로 그려져 있는지 전혀 모르는 상태인데, 우리들의 생활도 그것과 마찬가지다. 이 나라는 내정을 개혁했다고 칭해지고 있지만, 사실은 전부가 외면적인 겉모습의 개혁에 불과하다. 계산과 훌륭한 목적이 없기 때문에 가재도구만이 매우 어지럽게 늘어져 있고, 지신이 놓은 덫에 걸려서 사치와 쓸데없는 지출로 파멸하기 직전에 놓여 있는, 어떻게 손을 써볼 수도 없는 비대화된 조직에 불과한 것이다. 이러한 점은 우리나라의 몇 백만이라고 일컬어지는 가정에서도 그대로 찾아볼 수 있다. 국가에 있어서나 국민에게 있어서나 유일한 치료법은 재정을 긴축하여 스파르타인 이상으로 간소하고 엄격한 생활을 하며, 좀 더 높은 목적을 갖는 것이다. 국가는 너무나도 성급하게 생활하고 있다. 사람들의 생각대로라면 국가는 무슨 일이 있어도 상업에 종사해야 하며, 얼음을 수출하고, 전신(電信)으로 이야기를 나누며, 시속 30마일로 달리지 않으면 안 된다.[16] 자신들은 그렇게 생활하든지 말든지 관계없이. 그런데 인간은 원숭이처럼 살아야 하는가, 아니면 사람답게 살아야 하는가에 대해서는 그 누구도 확신을 가지고 있지 못한 듯하다. '만약 우리들이 침목(枕木)을 베거나 철도 만드는 일에 밤낮 없이 헌신하기를 그만두고 자신의 생활을 개선하겠다고 나선다면, 누가 철도를 건설해 주겠는가? 만약 철도가 깔리지 않는다면, 어떻게 때맞춰 천국에 도착할 수 있겠는가?' 하지만 모든 사람들이 집에서 자신의 일에 최선을 다한다면, 누가 철도를 필요로 하겠는가? 우리들이 철도에 오르는 것이 아니다. 철도가 우리들 위에 오르는 것이다. 여러분은 철도 밑에 들어가는 침목이[17] 도대체 어떤 것인지에 대해서 생각해 본 적이 있는가? 하나 하나가

---

16) 월든 호를 지나서 피츠버그로 향하는 철도는 소로우가 독거를 시작하기 일 년 전인 1844년에 개통되었다.
17) sleeper의 두 가지 의미('침목'과 '잠든 사람')를 이용한 언어 유희.

인간이며, 아일랜드인, 혹은 미국인인 것이다. 레일이 그들 위에 깔리고 모래가 뿌려지면, 차량이 그들 위를 미끄러지듯 달린다. 참으로 튼튼한 침목들은 아주 깊은 잠에 빠져들 것이다. 몇 년에 한 번씩 새로운 녀석들이 깔리고 그들은 또 다시 차량에 깔린다. 이렇게 열차를 타고 즐거워하는 사람들이 있는 반면에, 열차에 깔려 버리는 사람도 있는 것이다. 잠든 채로 비틀비틀 걷고 있는 사내, 즉 잘못된 장소에 놓인 남아도는 침목을 열차가 쳐서 잠에서 그를 깨우면, 모두들 갑자기 열차를 세우고 그것이 예외적인 커다란 사건이라도 된다는 듯이 일대 소란을 피운다. 침목을 자신의 침대에 평평하게 눕히기 위해서는 5마일 간격으로 인부들을 배치해야 한다는 말을 듣고 나는 기쁨을 감출 수가 없었다. 이것이야말로 그들이 언젠가는 다시 일어날 징후라고 생각되었기 때문이었다.

왜 우리들은 이다지도 분주하게 인생을 허비하며 살아가지 않으면 안 되는 것일까? 배가 고프지도 않은데 굶어 죽을 결심부터 하고 있다. 오늘 한 땀의 바느질이 내일 아홉 땀의 바느질을 면하게 해준다며, 내일 아홉 땀의 바느질을 면하기 위해서 오늘 천 땀이나 바느질을 한다. 일이라고 해봐야 우리들은 무엇 하나 중요한 일을 하고 있지는 않은 것이다. 우리들은 무도병(舞蹈病)에 걸렸기 때문에 머리를 흔들지 않고서는 도저히 견디지 못하는 것이다. 가령 내가 화재를 알리는 신호로써 교회의 종을 울리는 끈을 두세 번 잡아당겨 격렬하게 종을 친다면 아침에는 일이 바쁘다며 변명을 늘어놓았던 사내들—아니, 사내아이와 여자들까지라고 말하고 싶다—이 거의 한 사람도 남김없이 모든 것을 내팽개치고 콩코드 마을 밖에 있는 밭에서부터 종소리에 이끌려 달려올 것이다. 그것도 불 속에서 가재도구를 끄집어내기 위해서라면 몰라도, 사실을 말하자면 불구경을 하기 위해서다. 어차피 타 버릴 것이며, 자신이 불을 지른 것이 아니라는 사실을 알아주길 바라는 마음에서. 혹은 불을 끄는 것을 보고 싶기도 하며, 멋있게 보일 수만 있다면 불 끄는 것을 돕고 싶기 때문이다. 그렇다. 불타고 있는 것이 자기 교구의 교회라 할지라도 말이다.

대부분의 사람들은 점심을 먹은 뒤 30분 정도 낮잠을 자다가 눈을 뜨면 언제나 "별일 없었나?"라고 묻는다. 마치 자신 이외의 전 인류가 그를 위해서 보초라도 서고 있었다는 듯이. 또 개중에는 30분마다 깨워 달라고 말하는 자들조차 있는데, 이들도 역시 같은 질문을 하기 위해서다. 깨워 준 것에 대한 보답으로 그들은 자신이 꾼 꿈에 대한 이야기를 해준다. 하룻밤 자고 일어난 뒤에는 뉴스가 아침 식사처럼 없어서는 안 될 것이 된다. "이보게, 새로운 사건이 있었다면 들려주게. 지구상의 어느 곳, 그 누구에게 일어난 일이라도 상관없으니."라며 그 사내는 커피와 롤빵으로 아침을 때우면서 그날 아침, 워치토 강에서 어떤 사람이 두 눈알을 뽑혔다[18]는 기사를 읽게 된다. 그런데도 그는 자신이 끝 간 데 모르는 어둡고 거대한 동굴에 살고 있으며, 퇴화된 한쪽 눈의 흔적밖에 가지고 있지 않다는 사실은 꿈에도 생각지 못한다.[19] 나에 대해서 말하자면, 나는 우체국이 없어도 아무런 불편 없이 살아갈 수가 있다. 우체국의 신세를 져야 할 만큼 중요한 일 같은 것이 거의 없다고 생각하기 때문이다. 곰곰이 생각해 보면―몇 년 전에도 같은 말을 한 적이 있지만―, 나는 우표를 붙일 만한 가치가 있는 편지를 여지껏 한두 통밖에 받아 보질 못했다. 페니 우편 제도[20]란, 말하자면 멍하니 넋을 놓고 있는 상대에게 "무슨 생각을 하고 있는지 가르쳐 준다면 1페니를 줄게."라며 농담처럼 건네주면 될 1페니를 매우 진지하게 건네주려는 제도인 것이다. 그리고

---

18) 위치토 강은 아칸소 주에서 루이지애나 주의 레드리버로 흘러드는 강. 이 부근의 주민들은 곧잘 적의 두 눈을 손가락으로 파냈다고 한다.(Harding) 영어의 '두 눈을 파내다'에는 '돈을 뜯기다'라는 뜻도 있다.
19) 켄터키 주에 맘모스 동굴이라 불리는 곳이 있는데, 눈이 퇴화된 물고기가 살고 있는 것으로 유명하다.
20) 우편물 한 통에 1페니였기 때문에 이렇게 불렸다. 1839년에 영국에서 발족.

나는 신문에서 기억에 남을 만한 기사를 단 한 번도 읽은 적이 없다고 단언할 수 있다. 어떤 사람이 강도를 만났다거나, 피살됐다거나, 사고로 숨졌다거나, 집이 불탔다거나, 배가 난파했다거나, 기차가 폭발했다거나, 서부 철도에 소가 깔려 죽었다거나, 광견을 죽였다거나, 겨울임에도 불구하고 메뚜기떼가 나타났다는 기사는 두 번 읽을 필요가 전혀 없다. 한 번이면 충분하다. 원칙만 잘 이해해 둔다면 무수한 실례나 응용 같은 건 아무래도 좋은 것이다. 철학자에게 있어서 뉴스라는 것은 모두 가십거리에 지나지 않으며, 그런 것들을 편집하거나 읽는 것은 차를 마시며 수다떨기에 정신이 없는 아줌마들 정도에 지나지 않는 것이다. 그런데 이런 가십거리에 흥미를 느끼는 인간들이 결코 적지 않다.

얼마 전에도 최신 해외 뉴스를 알아보려고 한 신문사에 군중들이 일제히 몰려들어 그 압력으로 사무실의 커다란 유리가 몇 장이나 깨졌다고 하는데, 조금 눈치가 빠른 사람이었다면 그런 정도의 뉴스는 12개월 전에, 아니 12년 전에라도 매우 정확하게 쓸 수 있었을 것이라고 나는 진심으로 생각하고 있다. 예를 들어서 스페인에 관한 이야기라면, 돈 카를로스나 인판타 공주, 돈 페드로, 세빌랴, 그라나다와 같은 이름[21]—내가 신문을 읽지 않은 이후로 이름이 조금 변했을지도 모르지만—을 종종 적당한 비율로 지면에 올리고 다른 오락으로 안 된다면 투우를 싣는 이 방법만 터득하고 있다면, 글자 그대로 진실을 전달하는 기사가 된다. '최근의 스페인 정세', 혹은 '스페인 정세의 악화'라는 머릿글로 신문을 장식하는 매우 간결하고 명료한 기사와 비교를 해봐도 전혀 뒤지지 않을 정도로 정확하게 그러한 정세를 전달할 수 있는 것이다. 그리고 영국에 대해서 이야기해보자면, 그 나라에서 도착한 최근의 중대 뉴스는 1649년에 일어난 청교도 혁명에 관한 이야기 정도다. 따라서 영국의 연간 평균 농산물 수확량의 역사만 공부해 버린다면, 당신이 농산물 투기에 관심이 없는 한 이 문제에 주목할 필요는 어디에도 없는 것이다. 신문을 거의 들여다보는 일조차 없는 사람의 입장에서 판단을 하자면, 프랑스 혁명을 포함해서 외국에서는 무엇 하나 새로운 사건이 일어나고 있지 않는 것이다.

정말 한심한 뉴스들뿐이다! 오히려 결코 낡지 않는 것을 아는 것이 훨씬 더 중요할 텐데! "위(衛)의 대부(大父) 거백옥이 사람을 보내 공자(孔子)의 근황을 물었다. 공자는 사자를 가까이에 앉힌 뒤 이렇게 물었다. 그대 주인은 요즘 어떻게 지내시는가? 사자는 공손하게 대답했다. 주

---

21) 앞의 세 명은 1830~40년대에 신문지상을 떠들썩하게 했던 스페인 왕족. 뒤의 두 개는 스페인의 지명.

인께서는 과오를 범하지 않으시려 노력하고 계십니다만 뜻대로는 잘 안 되는 모양입니다. 사자가 떠난 뒤 공자가 말했다. 참으로 훌륭한 사자로다! 참으로 훌륭한 사자로다!"[22] 일요일이라는 것은 헛되이 보내 버린 일주일의 마지막을 잘 아우르는 날이지 새로운 주를 힘차게 시작하는 날이 아니다. 설교하는 목사들은 주말의 휴식일에 언제나 변함 없이 길고 지루한 설교로 졸린 농부들의 귀를 괴롭히지 말고, 이렇게 일갈하면 되는 것이다. "기다려라! 멈춰라! 겉으로는 그렇게 분주하면서도 왜 그렇게 느려 터졌단 말인가?"

실재하는 것이 가공의 존재로 여겨지는 한편, 허위와 망상이 확고한 진리라고 여겨지고 있다. 만약 인간이 실재하는 세계만을 잘 관찰하여 미망에 빠지지 않도록 한다면, 인생은—우리들이 알고 있는 것에 비유하자면— 동화 속 이야기나 아라비안 나이트처럼 될 것이다. 필연적인 것, 존재할 권리가 있는 것만을 존중한다면, 길거리에 시와 음악이 울려 퍼질 것이다. 서두르지 말고 현명하게 살아간다면, 위대하고 가치 있는 것만이 영원하고 절대적인 존재며 왜소하고 불안한 쾌락은 실재하는 것의 그림자에 지나지 않는다는 사실을 우리들은 알게 될 것이다. 실재하는 것들

---

[22] 『논어』 헌문 제14.

은 언제나 즐겁고 숭고하다. 하지만 사람들은 눈을 감고 잠들어서, 안주하고 외견에 미혹되어 있다. 그래서 모든 면에서 형식에 빠진 인습적인 일상생활을 구축하고, 그것을 고정화시키고 있다. 그러한 생활은 완전한 환상을 기반으로 세워져 있는 것이다. 노는 것이 곧 삶인 어린아이들은 인생의 참된 법칙과, 그것과 관계하는 법을 어른들보다 더 잘 알고 있다. 그런데 어른들은 살아 있다는 사실에 값하는 인생을 보내지도 못하면서 경험—즉 실패—에 의해서 어린아이들보다도 현명해졌다고 착각을 하고 있는 것이다. 힌두교 경전에서 이런 이야기를 읽은 적이 있다. "옛날에 한 왕자가 있었다. 어렸을 적에 태어난 마을에서 쫓겨나 숲 속의 주민에 의해서 길러졌기 때문에, 어른이 되어서도 자신은 함께 생활하고 있는 야만족의 일원이라고 생각하고 있었다. 그런데 부왕의 대신 중 한 사람이 그를 발견하고 왕자의 신분을 밝힌 덕분에 출생에 대한 오해가 풀렸고, 자신이 왕자임을 알게 되었다. 이와 마찬가지로 인간의 영혼도"라며 인도의 철학자는 이야기를 잇고 있다. "그것이 놓인 환경에 따라서 자신의 출생을 잘못 알게 되어 성스러운 사도가 나타나 진상을 밝히기 전까지는 자신이 「브라마」라는 사실을 깨닫지 못하는 것이다."

내 생각으로, 우리 뉴잉글랜드 주민들이 지금 이처럼 보잘것없는 생활을 하고 있는 것은 사물의 표면을 꿰뚫어보는 통찰력이 부족하기 때문이다. 우리들은 존재하는 것처럼 보이는 것을 존재하는 것이라고 생각하고 있다. 한 인간이 이 마을을 지나면서 실재의 모습만을 본다면, 콩코드의 중심에 있는 '밀담 상점가'는 어디로 사라져 버릴지? 만약 그 사람이 마을에서 본 여러 가지 실재의 세계를 있는 그대로 들려준다 하더라도, 우리들은 그가 설명하고 있는 것이 이 마을이라는 사실을 깨닫지 못할 것이다. 예배당, 재판소, 형무소, 상점, 주택 등을 보게 된다면, 철저하게 응시하여 어떤 참모습이 나타나는지 말로 표현해 보는 것이 좋으리라. 이야기를 하고 있는 동안 그 모든 것들은 산산이 부서지고 말 것이다.

사람들은 진리가 태양계의 구석진 곳이나 가장 먼 별 너머와 같이 까마득히 먼 곳에 존재하거나, 아담 이전이나 마지막 인간 이후에 존재하는 것이라고 생각하고 있다. 영원한 시간 속에는 틀림없이 진실하고 숭고한 것이 존재한다. 하지만 그러한 시간과 장소와 기회들은 모두 지금, 여기에 있는 것이다. 신 자신도 바로 지금 이 순간에 영광의 정점에 달해 있다. 모든 시대가 스쳐 지나가는 동안에도 신이 지금처럼 신성한 때는 두 번 다시 찾아오지 않을 것이다. 따라서 우리들은 자신을 둘러싼 실재의 세계를 끊임

---

23) 『오디세이아』 제12권 참조.

없이 내부로 흡수하여 그것에 몸을 담그는 일에 의해서만 숭고하고 지고한 것을 이해할 수 있게 되는 것이다. 우주는 언제나 순수하게 우리들의 사색에 응해 준다. 서둘러 가든 천천히 가든, 우리들의 궤도는 이미 깔려 있는 것이다. 그렇다면 사상을 잉태하는 일에 생애를 걸어 보지 않겠는가? 지난날의 시인이나 예술가들이 제 아무리 아름답고 격조 높은 구상을 품고 있었다고 한들, 후세 사람들이 그것을 완성시키지 못하라는 법은 어디에도 없질 않는가?

'자연'과 마찬가지로 하루를 깊은 사색으로 보내지 않겠는가? 호두 껍데기나 모기의 날개가 레일 위에 떨어져 있다고 해서 일일이 궤도를 벗어나서는 안 된다. 아침에는 일찍 일어나서 조용하고 차분하게 아침을 먹거나 생략하거나 한다. 손님이 오는 것도 가는 것도, 종이 울리는 것도, 아이가 우는 것도 모두 자연의 흐름에 맡기자. 하루를 최선을 다해서 즐겁게 보내자고 결심을 하고. 왜 우리들은 저항을 멈추고 흐름에 몸을 맡겨야만 하는 것일까? 정오라는 여울목에서 우리를 기다리고 있는, 점심 식사라 불리는 무시무시한 급류나 소용돌이에 말려들어 전복하지 않도록 주의하자. 이 위험만 잘 넘긴다면 이젠 안심해도 좋다. 이제부터는 내리막길이니. 그래도 마음을 단단히 다잡아 아침의 활력을 잊지 말고 오디세우스처럼 돛대에 몸을 묶고 얼굴을 돌린 채 단번에 지나쳐 버리자.[23] 기적이 울린다면 목이 쉬어서 아플 때까지 울리도록 내버려두면 된다. 종이 울렸다고 해서 뛰어나갈 필요는 없다. 그 소리가 어떤 음악과 비슷한지를 생각해보지 않겠는가? 가만히 앉아서 의견, 편견, 전통, 망상, 외견과 같은 진흙 구덩이, 즉 지구를 둘러싸고 있는 퇴적물을 뚫고 버텨 서서 파리, 런던, 뉴욕, 보스턴, 콩코드, 그리고 교회와 주는 물론, 시와 철학과 종교에 이르기까지 거침없이 깨부수고 드디어 발이 실재라고 불리는 견고한 반석에 닿게 되면, '이거야, 틀림없어!'라고 말하지 않겠는가? 이렇게 홍수, 서리, 화재 밑에 거점을 확보한 뒤에, 벽과 국가를 건설하거나 안전하게 가로등을 세울 수 있는 장소를 개척하는 것이다. 그때, 없는 것을 측정하는 나일 강변의 측정기[24]가 아닌 있는 것을 측정하는 실재 측정기를 설치해 놓으면, 후세 사람들은 거짓과 꾸밈의 홍수가 때로는 얼마나 높은 곳까지 도달하는지를 알게 될 것이다. 만약 여러분이 어떤 사실과 정면으로 마주 선다면, 사실의 양쪽 면이 아라비아의 언월도처럼 번쩍번쩍 태양에 빛나는 것이 보이고 단칼에

---

24) 시칠리아 출생의 역사가 디오도로스(기원전 1세기)에 의하면, 고대 이집트의 왕들은 나일 강의 홍수에 대처하기 위해서 멤피스에 나일 강 측정기를 설치했다고 한다. (Harding) 소로우는 'Nil'을 '허무'라는 의미로 받아들여 언어 유희를 하고 있다.
25) 지하수를 탐지하는 데 사용되었던 개암나무 가지.

자신의 심장과 골수가 두 동강이로 잘려나가는 것을 느끼면서 행복한 삶을 마감할 수 있게 될 것이다. 생과 사에 관계없이 우리들이 구하고 있는 것은 실재하는 것뿐이다. 만약 우리들이 정말로 죽어가는 것이라면, 목에서 헐떡이는 소리를 듣고 손끝과 발끝이 차가워지는 것을 느껴 보지 않겠는가? 만약 살아 있는 것이라면 해야 할 일을 하도록 하자.

시간은 내가 낚싯줄을 드리우는 작은 강에 지나지 않는다. 나는 거기서 물을 마신다. 물을 마시면서 물밑 모랫바닥이 매우 얕다는 것을 알게 된다. 얕은 강물은 흘러가고, 뒤에는 영원이 남는다. 나는 좀 더 깊이 마시고 싶은 것이다. 강바닥에 조약돌처럼 별들이 깔려 있는 저 하늘에서 낚시를 하고 싶은 것이다. 나는 하나조차도 세지 못한다. 알파벳의 첫 글자도 알지 못한다. 내 자신이 태어난 날만큼 현명하지 못하다는 사실을 언제나 애석해 하고 있다. 지성이란 고기를 써는 커다란 칼과 같은 것이다. 사물의 비밀을 찾아내서 잘라 나간다. 나는 이제 필요 이상으로 손을 쓰고 싶지가 않다. 머리를 손발처럼 움직이고 싶다. 나의 가장 큰 능력들이 전부 머리에 집중되어 있다는 사실을 알 수 있다. 어떤 동물들에게 있어서는 코나 앞발이 구멍을 파는 기관이 되지만, 내게 있어서는 머리가 그 역할을 수행하고 있다는 사실을 본능이 알려준다. 따라서 나는 머리를 사용하여 이 산들의 갱도를 팔 것이다. 아무래도 이 근처에 매우 풍부한 광맥이 있는 듯하다. 탐지봉[25]과 희미하게 피어오르는 수증기를 보면 알 수 있다. 그럼 이 부근부터 파보기로 하겠다.

독서

독서

 자신이 하려고 하는 일에 대해서 조금만 더 숙고를 한 뒤에 선택을 했다면, 누구나 본질적인 의미에서의 학생이나 관찰자가 되었을 것이다. 왜냐하면 그들의 성질과 운명은 모든 인간의 관심을 끌기에 충분한 것이기 때문이다. 자신과 자손들을 위해서 재산을 끌어모으든, 가족·국가를 건설하든, 운 좋게 명성을 획득하든, 우리들은 모두 죽을 운명에 처해 있는 것이다. 하지만 진리를 취급하게 되면 우리들은 불멸의 존재가 되어, 변화나 우연을 두려워할 필요가 없어지게 된다. 먼 옛날, 이집트나 인도의 철학자들은 신의 조각상을 뒤덮고 있던 베일의 한 자락을 들쳐 보였다. 희미하게 흔들리는 신의 옷은 아직도 들쳐진 채로 있으며, 나는 옛 철학자들과 마찬가지로 신상(神像)의 싱싱한 빛에 정신이 팔려 있다. 왜냐하면 당시 그렇게 대담하게 행동한 것은 그 철학자의 내부에 있는 나였으며, 지금 다시 그 모습을 보고 있는 것은 내 속에 있는 그 철학자들이기 때문이다. 옷에는 티끌 한 톨 묻어 있지 않다. 저 신이 나타난 이후로 시간이 전혀 흐르지 않았기 때문이다. 우리들이 참으로 활용할 수 있는 것은 과거, 현재, 미래 중 그 어느 것도 아니다.

우리 집은 사색을 하는 것뿐만 아니라 본격적인 독서를 하기에도 대학보다 좋은 조건에 있었다. 나는 그 흔한 순회 도서관도 오지 않는 벽지에서 살고 있었지만, 전 세계를 순회하고 있는 어떤 종류의 서적의 감화를 전에 없이 강하게 받았다. 그 글들은, 처음에는 나무껍질에 기록되었으나 지금은 가끔 아마포에 복사될 뿐이다. 시인 미르 가마르 우딘 마스트는 "가만히 앉아서 정신 세계를 뛰노는 일. 바로 이것이 책을 통해서 내가 얻은 이익이다. 단 한 잔의 술에 취하는 일. 이 쾌락을 나는 현묘한 이치의 술을 마셨을 때 맛보았던 것이다."[1]라고 말했다. 가끔 들춰볼 뿐이었지만, 그래도 나는 호메로스의 『일리아드』를 여름 내내 테이블 위에 올려놓았다. 집 짓기의 마지막 마무리와 콩밭의 김매기를 동시에 해야 했기에 처음에는 언제나 육체 노동에 쫓겨 공부를 할 여유가 도저히 생기질 않았다.

---

1) M.Garcin de Tassy, 『Histoire de la Letterature Hindoue』(Paris, 1839, I, p.331). 소로우 자신이 프랑스어를 영어로 번역했다.
2) (기원전 525~456). 고대 그리스의 3대 비극 작가 중 한 명. 소로우는 『결박당한 프로메테우스』와 『테베를 공격한 7명의 장군』을 영어로 번역했다.

하지만 언젠가는 마음껏 책을 읽을 수 있을 것이라는 생각으로 자신을 위로했다. 일을 하면서 짬짬이 얇은 여행기를 한두 권 읽었는데, 곧 그런 짓을 하고 있는 내가 부끄러워져서 "도대체 너는 지금 어디 살고 있다고 생각하는 거냐?"라고 자문해 보기도 했다.

학생이 호메로스나 아이스킬로스를² 그리스어로 읽는다고 해서 방탕이나 사치에 빠졌다고는 할 수 없을 것이다. 그러한 때 그는 작품 속의 영웅들과 경쟁을 하고 있으며, 그러한 작품에 빠져듦으로 해서 아침 시간을 성스럽게 만들고 있는 것이기 때문이다. 영웅을 그린 책은 비록 우리들의 모국어로 인쇄됐다 하더라도 타락한 시대에서는 언제나 사어(死語)로 기록된 것이나 다를 바 없는 것이다. 따라서 우리들은 자신이 가지고 있는 지혜와 용기와 관대함을 총동원하여 일반적인 용법이 허용하는 범위를 넘어선 훨씬 커다란 의미를 추측하여 한 글자, 한 줄의 의미를 깊이 깊이 생각하면서 읽고 해석해 나갈 수밖에 없는 것이다. 오늘날 대량으로 나돌고 있는 저렴한 출판물들 중에는 수많은 번역서가 있지만, 그 무엇도 우리들을 고대 영웅적 작가들 가까이로 단 한 발짝도 접근 시켜주지 못한다. 그들은 여전히 고독하며, 그 인쇄에 사용된 문자들은 변함 없이 기묘하게 보인다. 고대 언어는 거리의 평범한 생활 속에서 갈라져 나온, 언제나 변함 없이 시사와 자극을 주는 것이기 때문에, 젊은 시절의 귀중한 시간을 사용하여—몇 마디 말이라도 상관없다—배워 볼 가치가 있는 것이다. 농민이 우연히 듣게 된 라틴어를 두세 마디 기억했다가 되풀이해서 암송하는 것도 쓸데없는 일은 아니다.

고전에 대한 연구는 보다 현대적이고 실용적인 연구에 그 자리를 내줄 것이라고 말하는 사람들이 종종 있다. 하지만 기개 있는 학생은 그 어떤 옛날에, 그 어떤 언어로 기록되었든 언제나 고전을 연구할 것이다. 고전이란 기록되어 있는 인간의 사상 중에서 가장 기품 있는 것이기 때문이다. 그것은 아직도 소멸하지 않고 남아 있는 유일한 신탁이며, 거기에는 그 어떤 현대적인 질문에 대해서도 델포이나 도도나)의 신탁조차 알려주지 못했던 대답이 기록되어 있다. 낡은 것이니 연구하지 않겠다고 한다면, '자연'의 연구도 그만두지 않으면 안 될 것이다. 확실하게 책을 읽는 것, 즉 참된 서적을 참된 정신으로 읽는다는 것은 고귀한 수련이며, 독자들에게 최근의 풍습이 존중하고 있는 그 어떤 수련보다도 혹독한 노력을 강요하는 것이다. 그것은 옛날 운동 선수들이 견뎌 낸 것과 같은 훈련을, 거의 전 생애에 걸친 목적을 달성하기 위한 끊임없는 정신적 집중을 요구한다. 책은 그것이 쓰여진 때와 마찬가지로 사려 깊고, 주의 깊게 읽어야만 한다. 책을 쓰는 데 사용한 언어를 말할 수 있다는 것만으로는 부족하다. 이야기할 때의 언어와 기술할 때의 언어, 들을 때의 언어와 읽을 때의 언어에는 현저한 차이가 있기 때문이다. 한쪽은 일반적으로 일시적인 것이며, 음성·말·방언에 지나지 않는 거의 동물적인 것이라고 해도 좋은 것으로, 사실 동물과 마찬가지로 인간은 그것을 어머니로부터 무의식중에 배운다. 다른 한쪽은 말할 때의 언어가 성숙하고 경험을 쌓아감에 따라서 성립된 것이다. 전자가 어머니의 언어라면, 후자는 아버지의 언어다. 귀로 듣기에는 너무나도 의미가 깊고 신중하게 선택되어진 표현이기 때문에, 그 언어를 이야기하기 위해서는 다시 한 번 거듭나지 않으면 안 된다.[4]
중세에 있어서 그리스어나 라틴어를 단지 말할 수 있었을 뿐인 군중은 마침 그 시대에 태어났다고 해서 천재들의 저작을 원어로 읽을 자격이 있었던 것은 아니다. 그러한 저작은 그들이 알고 있는 그리스어나 라틴어가 아닌 선택받은 문학 언어로 기술되었기 때문이다. 그들은 그리스나 로마의 고귀한 방언은 배운 적이 없기 때문에, 그들의 입장에서 보자면 그러한 언어로 기술된 책은 한낱 종이쪽지에 불과한 것이었다. 따라서 그들은 그 대신에 동시대의

---

3) 두 군데 모두 고대 그리스의 도시명. 델포이는 아폴론의, 도도나는 제우스의 신탁으로 유명하다.
4) 신약 성경 요한복음 3장 3절 "사람이 거듭나지 않으면 하나님의 나라를 볼 수 없느니라."의 차용.

싸구려 문학을 더욱 즐겼다. 그런데 유럽의 몇몇 국가가 자국의 문학을 일으키기에 충분할 만큼의, 조잡하기는 하지만 명확한 문장 언어를 획득하기에 이르렀다. 이에 따라서 드디어 학문이 부흥되고, 학자들은 까마득한 시대를 뛰어넘어 고대의 보물을 발견할 수 있게 된 것이다. 로마나 그리스의 대중들이 귀로 들을 수 없었던 언어를 오랜 세월이 지난 뒤에 소수의 학자들이 읽을 수 있게 되었으며, 지금도 소수의 학자들만이 대를 이어 읽고 있는 것이다.

때때로 웅변가들이 내뱉는 유창한 변설을 듣고 우리들은 감탄을 하지만, 비할 데 없이 고귀한 문장 언어는 보통 이렇게 한순간에 사라져 버리는 구술 언어의 한없이 멀고 깊은 곳에 숨어 있거나, 그보다 훨씬 더 높은 곳에 존재하는 것이다. 마치 여기저기 별이 박혀 있는 하늘이 구름 뒤에 숨어 있는 것처럼. 별은 거기에 있으며, 그것을 읽을 능력이 있는 자는 그것을 읽을 수 있는 것이다. 천문학자들은 끊임없이 별에 대해서 논하고 관찰한다. 별은 우리들의 일상 회화나 곧 사라져 버리는 숨결과는 달리 증발해 버리지 않는다. 토론장에서 웅변이라고 칭송을 받는 것을 서재에서 읽으면, 대부분은 미사여구에 지나지 않는다. 웅변가는 그 장소에서만 느낄 수 있는 감흥에 휩싸여 눈앞에 있는 군중, 즉 귀로 듣는 무리들에게 이야기를 한다. 하지만 평소 좀 더 차분한 생활을 필요로 하며, 웅변가를 고무시키는 사건이나 군중들 앞에서는 오히려 정신이 산만해져 버리는 문필가는 인간의 지성과 마음에 호소하여 자신을 이해해 줄, 모든 시대의 모든 사람들에게 이야기를 하는 것이다.

알렉산드로스 대왕이 원정을 나갈 때 『일리아드』를 보물 상자에 넣어서 가지고 간 것도 그리 이상한 얘기는 아니다. 기술된 언어는 조상들의 유물 중에서도 특히 존귀한 것이었기 때문이다. 그것은 다른 그 어떤 예술 작품보다도 더욱 우리들의 가까이에 있으면서 동시에 보편적인 것이다. 인생 그 자체가 가장 가까운 예술 작품이다. 그것은 온갖 언어로 번역되어 단순히 읽혀질 뿐만 아니라, 실제로 온갖 사람들의 입을 뚫고 나올 것이다. 단순히 캔버스나 대리석에 표현될 뿐만 아니라, 생명의 숨결 그 자체에 새겨질 것이다. 고대인들의 사고의 상징이 현대인의 이야기 언어가 되는 것이다. 2천 년 동안의 여름은 그리스 문학의 기념비에, 대리석에 그렇게 한 것과 마찬가지로 한층 더 원숙한 황금의 가을빛을 더해 줬을 뿐이었다. 그리스 문학은 모든 나라들에게 맑은 천상적 분위기를 전해 줌으로써 시간의 부식작용으로부터 몸을 지켜온 것이다. 서적은 감춰진 이 세상의 재물이며, 각 세대와 국민이 물려받기에 적합한 유산이다. 가장 오래되고 가장 뛰어난 양서는 그 어떤 집의 책꽂이에 꽂혀 있어도 자연스러우며 잘 어울린다. 그러한 책들은 새삼스레 자신의 주의·주장을 내세우지는 않지만, 독자들을 계발시키고 격려하는 한은 독자들의 양식이 그것을 거부하는 일은 없을 것이다.

고전의 저자들은 모든 사회에 대해서 거부할 수 없는 귀족 출신으로, 왕이나 황제 이상 인류에게 영향을 끼치고 있다. 배운 것이 없는, 학문을 경멸하고 있었을 것임에 틀림없는 상인이 사업과 근면함으로 늘 바라던 여가와 독립을 손에 넣어 부자 사회와 상류 사회에 발을 들여놓는 것을 허락받게 되면, 지성과 천재에 의해서 구성된 보다 숭고하고 접근하기 어려운 사회에 어쩔 수 없이 눈을 돌리게 된다. 그는 자기 교양의 불완전함과 부의 허무함·불완전함을 확실하게 깨닫게 되고, 자신에게 부족한 지적 교양을 하다 못해 자식들에게라도 보장해 주어야겠다는 노력으로, 더욱 견식 있는 세계를 보이려고 할 것이다. 이렇게 해서 그는 일족의 창시자가 되는 것이다.

고대의 고전을 원어로 읽지 못하는 사람들은 인류의 역사에 대해서 극히 불완전한 지식밖에 소유할 수 없을 것이다. 놀라지 말기 바란다. 고전의 사본은 지금까지 그 어

---

5) 기원전 70~19. 고대 로마 최고의 시인. 대표작 「아에네이스」 외에도 「전원시」, 「농사시」 등이 있다.
6) 고대 페르시아 조로아스터교의 경전.

떤 현대어로도 번역된 적이 없기 때문이다―우리들의 문명 자체가 그러한 사본이라고 말한다면 이야기는 달라지지만―. 호메로스는 물론 아이스킬로스나 베르길리우스[5]의 아침과도 같이 세련되고, 깊은 내용의 아름다운 작품은 지금까지 단 한 번도 영어로 인쇄된 적이 없었다. 후세의 작가들은 우리들이 그 아무리 재능을 칭찬한다 하더라도 고전 작가들의 정묘한 아름다움과 뛰어난 구성, 그리고 평생에 걸쳐 문학사 위에 남긴 영웅적 공적과는 어깨를 나란히 하기 힘들 것이다. 고전작가들에 대해서 아무것도 모르는 자들만이 그러한 것은 잊어버렸다고 말한다. 그들에게 경도되고 그들을 이해할 수 있을 정도의 학문과 능력을 익힌 뒤에 잊어버려도 결코 늦지는 않을 텐데도. 이른바 고전이라고 불리는 유산과, 그보다도 오래되고 숫자도 많지만 그다지 알려지지 않은 각국의 성전과 같은 것을 집대성하고, 바티칸 궁전을 베다, 젠드 아베스타[6], 성경, 호메로스, 단테, 셰익스피어 등의 작품으로 가득 채우고, 미래의 모든 세기가 기념할 만한 작품을 차례차례로 세계의 광장에 쌓아올릴 때가 온다면, 그야말로 풍부한 시대가 시작 될 것이다. 이러한 것들의 집적에 의해서 우리들도 드디어 천국에 오를 수 있다는 희망을 품게 될지도 모른다.

위대한 시인의 모든 작품은 아직 단 한 번도 인류에 의해서 읽힌 적이 없다. 그것을 읽을 수 있는 것은 위대한 시인뿐이다. 그들의 작품은 대중이 별을 읽을 때처럼 천문학적으로가 아니라, 고작해야 점성술적으로 읽혀 온 것에 불과한 것이다. 대부분의 인간이 산술을 배우는 것은 장부를 적고 거래에서 속지 않기 위해서인데, 문학을 읽는 법을 배우는 것도 역시 하찮은 생활상의 편의를 도모하기 위해서다. 그들은 고귀한 지적 훈련으로서의 독서에 대해서는 거의 아무것도 알지 못한다. 하지만 그것이야말로 고귀한 의미에서의 유일한 독서인 것이다. 즉 사치품처럼 우리들의 관심을 돋우기는 하지만 그것을 읽는 동안에는 보다 고귀한 능력을 잠들어 버리게 하는 독서가 아니라, 이른바 발끝으로 서서 읽는 것과 같은, 또한 가장 집중력이 높아지고 의식이 깨어 있는 시간을 바치지 않으면 안 되는 독서를 말하는 것이다.

모국어의 문자를 배웠다면, 우리들은 최고의 문학 작품을 읽어야만 한다. 4학년이나 5학년의 학급에 있으면서도 평생 가장 앞줄의 낮은 의자에 앉아[7] 알파벳이나 한 음절

---

7) 당시 교실이 하나밖에 없었던 지방의 초등학교에서는 나이 어린 아이들이 가장 앞줄의 낮은 의자에 앉았다. (Harding)
8) 보스턴의 바로 북쪽에 'Reading'이라는 마을이 있다.
9) 당시 유행했던 감상 소설의 주인공들인 것 같다.
10) "참된 사랑의 길은 단 한 번도 평탄했던 적이 없었다." (셰익스피어 『한여름밤의 꿈』 제1막 1장 134행)에서.

단어만을 되풀이해서 외우고 있어서는 안 되는 것이다. 대부분의 사람들은 『성경』이라는 한 권의 양서를 읽고, 혹은 다른 사람이 읽는 것을 듣고 우연히 그 속의 예지에 넘쳐 나는 말에 의해서 자신의 죄를 깨닫게 되면, 그것으로 만족하여 이후로는 평생 동안 가벼운 읽을거리만을 읽으며 재능을 낭비해 버린다. 우리들의 순회 도서관에는 『작은 읽을거리(Little Reading)』라는 제목의 몇 권으로 이루어진 작품이 있는데, 나는 그것을 내가 아직 가 보지 못한 어떤 마을에 대해서 쓴 책이라고만 생각하고 있었다.[8] 세상에는 가마우지나 타조처럼 물건을 버리지 못하고 고기나 야채를 배불리 채워 넣은 뒤에도 온갖 종류의 것들을 전부 소화해 내는 무리들이 있다. 작가들이 이러한 여물을 제공하는 기계라면, 그들은 그것을 읽는 기계가 되는 셈이다. 그들이 읽는 것은 제블론과 세프로니아[9]에 대해 적어 놓은 9천 번째 이야기로, 이 두 사람이 전례를 찾아보기 힘들 정도로 열렬하게 사랑했다는 사실, 두 사람의 참된 사랑의 길은 역시 평탄하지 않았다는 사실,[10] 어쨌든 두 사람의 사랑이 어떤 길을 거쳐서 어떤 식으로 좌절하고 또 다시 일어서 전진하게 되었는지에 대한 이야기인 것이다. 또한 한 가난하고 불행한 사내가 교회의 첨탑에 올랐다는 얘기도 있는데, 굳이 종루까지 올라가도록 하지 않아도 될 만한 내용이다. 소설가는 이렇게 굳이 그럴 필요가 없는데도 사내를 거기까지 올라가게 한 뒤에 기분 좋게 종을 울려서 세상 사람들을 불러모아 놓고 한다는 얘기가, 그 남자가 어떻게 해서 다시 지상으로 내려왔는가 하는 내용이다. 참으로 벌어진 입을 다물 수가 없다! 나는 옛날 작가들이 영웅들을 곧잘 하늘의 성좌에 올려놓았던 것처럼, 현대 작가들도 이처럼 높은 곳을 동경하는 온 세계 소설 왕국에 살고 있는 주인공들을 전부 풍향계 위의 닭으로 만들어 거기서 녹이 슬어 버릴 때까지 빙글빙글 돌도록 내버려두면 될 것이라고 생각한다. 그렇게 하면 그 무리들이 지상으로 내려와 여러 가지 악의에 찬 장난으로 정직한 사람들에게 피해를 끼치는 일은 없어지질 않겠는가? 다음에 소설가가 다시 한 번 종을 울린다면, 비록 교회가 불타 없어진다 하더라도 나는 결코 꼼짝도 하지 않을 것이다. "『티틀 톨 탄』으로 유명한 작가의 중세 로맨스 『팁 토 합의 활약』 매월 간행. 주문이 쇄도하고 있으니, 속히 구입하시기 바랍니다." 모두가 왕성하고 유치한 호기심에 자극을 받아 이러한 것들을 눈을 둥그렇게 뜨고 찾아다니며 조금도 연마할 필요가 없는 주름을 가진, 지칠 줄 모르는 위로 소화시키면서 읽는 모습은, 마치 벤치에 앉은 네 살짜리 아이가 발음에도 악센트에도, 억양에도, 전혀 발전을 보이지 않고—이것은 한눈에 알아볼 수 있다—, 교훈을 이끌어내거나, 여전히 자신의 생각을 반영시키는 방법도 터득하지 못한 채 금박을 두른 표지의 정가 2센트짜리 『신데렐라』를 정신 없이 읽는 모습과 같은 것이다. 그 결과 시력이 떨어지고, 혈행이 나빠지며 지적 능력은 전반적으로 저하되거나 빈 껍데기처럼 되어 버린다. 이와 같은 종류의 생강을 넣은 쿠키는 거의 모든 아궁이에서 매일, 순수한 밀가루나 호맥분·옥수수 가루를 넣은 빵보다도 더욱 많이 구워져 드디어는 확실한 판매량을 기록하게 된다.

  최고의 서적은 좋은 독자라고 불리는 사람들에게조차 읽혀지지 않는다. 우리 콩코드의 교양은 어느 정도 수준에까지 도달해 있는 것일까? 극히 드문 예외를 제외한다면, 이 마을에서는 누구나 읽고 쓸 수 있는 언어로 기술된 영문학의 최고 걸작이나 걸작에 대한 호기심을 가지고 있는 사람조차 거의 찾아볼 수가 없다. 이곳뿐만 아니라 어디를 가도 마찬가지지만, 대학을 나온 사람이나 이른바 높은 교양 교육을 받은 사람이라 할지라도 영문학의 고전에 대해서는 거의, 혹은 전혀 알지를 못한다. 그러니 인류의 예지의 기록인 고대의 고전이나 성전에 대해서는, 마음만 먹으면 누구나 간단하게 손에 넣을 수 있음에도 불구하고, 그것들과 친숙해지려는 조그만 노력조차 찾아볼 수 없는 것이다. 내가 알고 있는 한 중년 나무꾼은 프랑스어 신문을 구독하고 있다. 그의 말에 의하면, 뉴스를 읽기 위해서가 아니라—그런 것은 이미 오래 전에 졸업했다고 한다— 캐나다에서 태어났기 때문에 '프랑스어를 잊지 않기 위해서'라고 한다. 그럼 당신이 이 세상에서 할 수 있는 가장 멋진 일은 무엇이라고 생각하느냐고 묻자, 그 외에도 영어 공부를 계속하여 어학에 대한 지식을 익히는 것이라고 대답했다. 대학을 졸업한 사람이 하고 있는 일, 혹은 하고 싶어하는 일도 대체로 이 정도의 것이며, 그들은 그를 위해서 영자 신문을 구독하고 있는 것이다.

영어로 기술된 최고의 양서 중 한 권이라고 말할 수 있는 책을 지금 막 다 읽은 사람이 그것에 대해서 이야기를 나눌 수 있는 상대를 과연 몇 명이나 찾아낼 수 있을까? 혹은 그 사람이, 배우지 못한 사람들조차 세상에서 칭송하고 있다는 사실을 알고 있는 그리스어나 프랑스어로 된 고전을 원어로 읽었다고 하자. 그는 이야기 상대를 단 한 사람도 찾을 수가 없어서 그 책에 대해서는 침묵을 지키고 있을 수밖에 없는 것이다. 사실, 우리나라의 대학에는 어떤 그리스 시인의 언어적 난해함은 정복했다 하더라도 그 기지와 시정(詩情)의 난해함까지 같은 정도로 정복하여 영민하고 건전한 독자에게 그 감흥을 전달해 줄 수 있는 교수는 거의 존재하지 않는다. 또한 인류의 성전이나 교전에 대해서는 그러한 책의 이름을 말할 수 있는 사람이 과연 이 마을에 살고 있을까? 대부분의 사람들은 유대 민족

이외의 국민들도 모두 성전을 가지고 있다는 사실을 알지 못한다. 사람들은 1달러짜리 은화를 줍기 위해서라면 상당히 먼 길이라도 돌아서 가곤 할 것이다. 하지만 여기에는 고대의 가장 현명한 사람들이 이야기하고, 그 후 온갖 시대의 현인들이 그 가치를 인정한 황금의 언어들이 있는 것이다. 그런데 우리들은 '쉬운 읽을거리'[11]나 초등 독본을 비롯한 초등학교 교과서 정도의 책밖에 읽지 못하며, 학교를 졸업한 뒤에는 어린이와 초보자를 위한 『작은 읽을거리』나 이야기책 등을 읽고 있다. 따라서 우리들의 독서, 회화, 사색은 모두 난쟁이족이나 피그미족과 같은 정도로 매우 낮은 차원에 머물러 버리게 되는 것이다.

  나는 이 콩코드에서 태어난 어떤 인물보다도 현명한 사람들과 친분을 갖기를 간절히 바라고 있다. 비록 그 사람의 이름이 현지에서는 거의 알려지지 않았다 하더라도. 아니면 나는 플라톤의 이름을 들으면서도 그의 저작은 전혀 읽지 않은 채 살아도 되는 것일까? 그것은 플라톤이 같은 마을에 살고 있는데 한 번도 만나본 적이 없으며, 이웃이면서 말하는 것을 들어본 적도 없고, 그 예지 넘치는 말들에 귀를 기울인 적도 없는 것과 마찬가지인 것이다.

---

11) 당시 『Easy Reading for Little Folks』라는 책이 널리 읽히고 있었다. (Harding)

하지만 현실은 어떤가? 그의 내부에 있는 영원불멸을 포함하고 있는 『대화편』이 바로 옆 책장에 꽂혀 있는데도 나는 단 한 번도 통독을 한 적이 없다. 우리들은 성장 환경이 좋지 않고, 생활이 비천하며, 무식한 것이다. 우리 마을의 글을 전혀 읽지 못하는 사람들의 무식함과 어린아이나 머리가 약한 사람들을 대상으로 만들어진 책밖에 읽지 못하는 사람들의 무식함 사이에는, 그렇게 커다란 차이가 있는 것처럼 보이지 않는다. 우리들은 고대의 훌륭한 사람들에게도 뒤지지 않는 뛰어난 인간이 되어야 하는데, 그러기 위해서는 우선 그들이 얼마나 뛰어난 인간이었는가를 어느 정도는 알아두어야 한다. 우리들은 난쟁이족이기 때문에 지성이 일간지의 칼럼보다 높이 날아오르지 못하는 것이다.

모든 서적이 그 독자들처럼 하찮은 것은 아니다. 바로 우리가 놓인 상황을 놓고 이야기한 말이 어딘가에는 틀림없이 있을 것이다. 그러한 말들을 우리들이 잘 듣고 이해할 수만 있다면, 아침보다도, 봄보다도 우리 생활에 도움이 될 것이다. 또 우리들의 사물을 보는 눈까지도 새롭게 해줄 것이다. 지금까지 얼마나 많은 사람들이 한 권의 책을 읽고 인생의 새로운 전환점을 맞이하게 되었는지. 우리들에게 일어난 기적을 해명하고, 새로운 기적을 계시해 줄 책이 틀림없이 존재하고 있을 것이다. 현재 말로 표현하고 있지 못한 사실도, 어딘가에서 이야기되어지고 있는 것을 만나게 될지도 모른다. 우리들을 괴롭히고, 곤란하게 만들고, 혼란스럽게 만드는 문제를 모든 현인들도 끌어안고 있었다. 단 하나의 예외도 없었다. 그리고 그들 각자가 능력에 따라서, 언어와 인생을 바쳐서 그러한 문제에 답을 해온 것이다. 우리들은 예지와 함께 넓은 마음을 배우게 될 것이다.

콩코드 외곽에 있는 농장에 고용되어 홀로 생활하고 있는 한 사내는 거듭남[12]이라는 특이한 종교적 체험을 한 뒤부터 신앙이 명하는 대로 엄숙하게 침묵을 지키며 집에 들어앉아서 사람들을 만나지 않기로 했다고 한다. 그는 믿지 않을지도 모르겠지만, 몇 천 년이나 되는 옛날에 조로아스터가 이와 같은 길을 걸었으며, 같은 체험을 했었다. 단, 조로아스터는 현명한 사람이었기에 자신의 체험이 일반적인 것이라는 사실을 알고 평소와 다름없이 이웃 사람과 만났으며, 사람들 사이에 신앙심을 불러일으켜 이를 확립시켰다고까지 일컬어지고 있다. 따라서 앞서 말한 사내도 겸허하게 조로아스터와 교제를 해야 하며, 모든 현인들의 영향으로 마음이 넓어졌다면 예수 그리스도와도 교제를 하고, '우리들만의 교회'는 그대로 사라져

---

12) 개종체험을 곧잘 '거듭남'이라고 표현하곤 했다. 역주 4참조.

없어지도록 내버려두어야 할 것이다.

우리들은 우리가 19세기에 살고 있다는 사실과, 우리나라가 다른 어느 나라보다도 급속하게 진보하고 있다는 사실을 자랑스레 여긴다. 하지만 생각해 보면 이 마을은 자신의 문화 수준을 높이기 위해서 무엇 하나 하는 일이 없질 않은가? 나는 우리 마을에 살고 있는 사람들에게 입에 발린 칭찬을 하기 싫으며, 나도 그런 말을 듣고 싶지는 않다. 그래 가지고는 양쪽 모두 진보하지 않기 때문이다. 우리들에게는 자극이 필요하다. 즉 소와 마찬가지로—우리들은 소와 별반 다를 게 없기 때문에—, 봉에 찔려 가며 달릴 필요가 있다.

이 마을은 아이들만이 다니는 일반적인 공립 초등학교에 대해서는 비교적 제대로 된 제도를 가지고 있다. 하지만 겨울에 열리는 아사 직전의 시민 교양 강좌와 최근 주의 권장으로 간신히 개관한 도서관을 제외한다면, 우리 어른들을 위한 학교는 단 하나도 존재하지 않는다. 우리들은 몸을 위한 영양—사실은 지병—에 대해서는 정신의 영양물 이상으로 돈을 들이고 있다. 인간이 한 사람의 남자나 여자가 되는 순간 교육에서 멀어지지 않도록 하기 위해서 지금 일반적인 학교와는 다른 어른들을 위한 학교를 만들어야 한다. 모든 마을이 대학이 되고, 나이 드신 주민들은 대학의 특별 연구원이 되어, 생활에 충분한 여유가 생겼을 때는 여가를 이용하여 여생을 자기 교양의 향상을 위해서 노력해야 한다. 세상에 파리 대학과 옥스퍼드 대학밖에 없는 지금과 같은 상황이 언제까지 계속되어야 한단 말인가? 학생들이 이곳에 하숙하면서 콩코드의 하늘 밑에서 수준 높은 교양 교육을 받도록 할 수는 없는 것일까? 아벨라르[13]와 같은 학자를 불러서 강의를 하게 할 수는 없는 것일까?

안타깝게도 우리들은 소에게 여물을 주거나 가게를 돌보는 일로 바빠서 너무도 오랫동안 학교에서 멀어져 있었기 때문에, 한심할 정도로 우리들의 교육은 업신여김을 받아 왔다. 이 나라에서는, 어떤 면에 있어서는 마을 자체가 유럽 귀족의 역할을 해야 하며, 예술의 보호자가 되어야 한다. 그럴 만한 부는 가지고 있다. 단지 도량과 세련이라는 부분이 부족할 뿐이다. 마을은 농민이나 상인들이 고마워할 만한 일에 대해서는 얼마든지 돈을 쏟아부으면서도, 좀 더 지성적인 사람들에 의해서 더욱 높은 평가를 얻고 있는 일에 대해서 돈을 사용하자고 제안을 하면, 몽상적인 일로 치부해 버린다. 이 마을이 그렇게 유복한 것인지, 아니면 그만큼 정략에 뛰어난 것인지는 모르겠지

---

13) Pierre Abelard(1079~1142). 프랑스의 철학자, 신학자. 엘루아즈와 주고받은 사랑의 서간으로 유명.

만, 17,000달러라는 돈을 들여서 마을의 관공서를 지으면서도 이 껍데기 속에 들어갈 중요한 알맹이—즉 살아 있는 지성—를 기르는 데는 앞으로 100년이라는 세월이 흘러도 그만큼의 돈을 사용하지는 않을 것이다. 겨울에 열리는 시민 교양 강좌를 위해서 매해 모금되는 125달러는 이 마을에서 모금되는 그와 같은 금액의 기부금 중에서 가장 유효하게 사용되고 있다. 우리들이 19세기를 살아가고 있는 것이라면, 이 세기가 제공하는 이익을 받아들이지 않을 수는 없을 것이다.

왜 우리들의 생활은 모든 면에 있어서 촌스러워야만 하는 것일까? 신문을 읽고 싶다면, 보스턴의 가십거리 같은 것은 잊고 지금 당장 세계 최고의 신문을 구독하면 되지 않겠는가? 뉴잉글랜드 지방에 살고 있다고 해서 굳이 『중립적 가정』 신문[14]의 유치한 지면을 젖꼭지처럼 물고 있거나, 『올리브 가지』[15]를 가축처럼 먹거나 할 필요는 없는 것이다. 모든 학회의 보고서를 받아 보고, 그들의 지식 정도를 헤아려보지 않겠는가? 어째서 우리들은 읽을거리를 선택할 권리를 하퍼 앤드 브라더스나 레딩과 같은 출판사에 맡겨두고 있는 것인가? 여러 가지 취미를 가지고

---

14) 정치적 중립을 표방하는 대중지.
15) 보스턴에서 간행되던 주간지.

있는 귀족이 자신의 교양을 높여 주는 모든 것들—천재, 학문, 기지, 책, 회화, 조각, 음악, 물리기구 등—을 끌어 모으듯이, 마을도 그러한 것들을 끌어 모아야 하지 않겠는가? 옛날에 우리들의 청교도 조상들이 황량한 바위 위에서 차가운 겨울을 보낼 때, 교사 한 명과 목사 한 명, 교회지기 한 명, 하나의 교구 도서관, 세 명의 행정 위원만으로 생활했다고 해서 지금의 우리들도 그 정도로 만족해서는 안 된다. 집단적으로 행동하는 것은 우리나라 모든 제도의 정신에 부합되는 것이다. 특히 우리들은 귀족보다 풍요롭기 때문에, 재정적으로도 그들보다 풍부하다고 나는 확신하고 있다. 뉴잉글랜드가 세계 중의 모든 현인들을 고용하여 가르침을 받고 그동안 계속해서 이곳에 머물게 한다면, 우리들은 지방적인 편협함에서 완전히 벗어날 수 있을 것이다. 바로 이것이 우리들에게 필요한, 일반적인 것과는 다른 학교이다. 귀족이 아닌, 인간이 살고 있는 고귀한 마을을 만들자. 필요하다면 강에 놓는 다리를 하나 덜 놓아 조금 멀리 돌아가기로 하고, 우리를 둘러싸고 있는 강보다 더 어두운 무지의 심연에 하다 못해 다리 하나라도 놓아야 하지 않겠는가?

소리

소리

 그렇다고 해서 제 아무리 엄선된 고전이라 할지라도, 책에만 몰두하여 그것 자체가 방언이나 지방의 언어에 불과한 특정 문어체만을 읽고 있으면, 비유 없이 이야기하는 유일하고 풍부한 표준어인 삼라만상의 언어를 잊어버리게 될 우려가 있다. 그것은 대량으로 발표되기는 하지만, 인쇄되는 일은 거의 없기 때문이다. 덧문을 완전히 떼어 버리면 덧문으로 스며드는 빛은 완전히 잊혀지게 될 것이다. 어떤 방법이나 훈련도 끊임없이 철저하게 지켜보는 것 이상으로 필요한 일이라고는 할 수 없다. 봐야 할 것을 언제나 잘 지켜보는 훈련에 비하면, 비록 그 내용이 제 아무리 훌륭하게 선택된 것이라 할지라도 역사, 철학, 시 등의 강좌는 하찮은 것에 지나지 않으며, 훌륭한 사람과의 교제, 혹은 더 없이 훌륭한 평소의 생활 등도 역시 하찮은 것에 지나지 않는 것이다. 여러분은 단순한 독서가나 학생이 되려는 것인가, 아니면 사물을 볼 줄 아는 사람이 되겠는가? 여러분은 자신의 운명을 읽고 눈앞에 있는 것들을 지켜본 뒤 미래를 향해서 걸음을 옮겨 놓지 않으면 안 된다.

  첫해 여름에는 책을 읽지 않았다. 콩밭을 메고 있었기 때문에. 아니, 그것 이상으로 좋은 일을 하며 지내는 시간이 많았다. 머리를 쓰는 일이건 손을 쓰는 일이건, 한창 꽃을 피우고 있는 지금 이 순간을 일 때문에 희생하고 싶지는 않다고 생각하는 적이 종종 있었다. 나는 생활에 넓은 여백을 남겨 두고 싶다. 여름 아침에는 평소와 다름없이 목욕을 한 뒤에 곧잘 볕이 잘 드는 문 앞에 소나무와 호두나무, 옻나무에 둘러싸인 채 앉아, 누구도 방해하지 않는 고독과 정적에 잠겨서 해가 뜰 무렵부터 점심때까지 멍하니 몽상에 빠져들곤 했다. 주위에서는 새들이 노래부르고 있었으며, 날갯짓하는 소리도 내지 않고 집 안을 뚫고 지나갔다. 그러다 서쪽 창으로 비춰 드는 햇빛과 멀리 떨어져 있는 길을 지나는 나그네의 마차 바퀴 소리에 퍼뜩 정신이 들어 시간의 흐름을 깨닫게 되는 것이다. 이러한 계절에 나는 밤의 옥수수처럼 성장하며 어떤 일을 하는 것보다도 훨씬 더 유익한 시간을 보내고 있었던 것이다. 그것은 내 생활 속에서 이끌어 낸 시간이 아니라, 평소보다 그만큼 더 많이 받게 된 시간이었다. 나는 동양인들이 말하는 명상이나 무위라는 말의 의미를 깨달았다. 대부분의 경우 시간이 흘러가는 것에 대해서는 조금도 신경이 쓰이지 않았다. 하루하루 시간이 흘러감에 따라서 오히려 일의 양이 줄어드는 듯한 느낌조차 들었다. 아침이 왔는가 싶으면 곧 저녁이 되어 있었다. 이렇다 할 만한 일은 무엇 하나 해놓은 것이 없었다. 나는 새처럼 지저귀지는 않았지만, 끊임없이 계속되는 행운에 말없이 미소 지었다. 문 앞 호두나무에 앉은 참새가 지저귀듯이 나는 홀로 큭큭대며 웃거나 목소리를 죽여서 노래를 부르곤 했는데, 내 둥지에서 흘러나오는 이런 지저귐을 그 참새도 듣고 있었을 것이다. 나의 나날은, 이교 신들의 이름을 따다 붙인 일주일의 무슨 요일[1]과는 관계가 없는 것이었으며, 또한 매시간으로 쪼개질 필요도, 시계의 째깍거리는 소리에 쫓길 필요도 없었다. 나는 푸리 인디언처럼 살고 있었던 것이다. 이 부족은 "어제, 오늘, 내일을 단 하나의 단어로 표현하며, 어제를 나타낼 때는 뒤를, 내일을 나타낼 때는 앞을, 오늘을 나타낼 때는 바로 위를 가리킴으로 해서 그 뜻의 차이를 나타낸다."[2]고 한다. 우리 마을 사람들에게 있어서 이런 생활은 의심할 여지도 없는 게으름의 극치였다. 하지만 만약 새나 꽃들이 그들의 기준으로 판

---

[1] Thursday가 Thor(천둥 신)에서 유래한 것처럼, 영어의 요일 명은 이교 신들의 이름에 유래를 두고 있다.
[2] 앞서 소개한 Ida Pfeiffer의 책, p.36에서.

단해 준다면, 나는 실격 당하지는 않았을 것이다. 인간은 자신의 내부에 생활의 근거를 두지 않으면 안 된다고 하는데, 참으로 옳은 말이다. 자연의 하루는 매우 평화롭게 흘러가는 것이니, 인간의 게으름을 나무라거나 하지는 않을 것이다.

즐거움을 세상에서 찾기 위해 사교계나 극장을 찾는 사람들의 생활 방식에 비한다면, 내 생활 방식에는 적어도 하나의 강점은 있다. 즉 생활 자체가 즐거움이며, 언제나 신선함을 잃지 않고 있다는 점이다. 그것은 매순간 장면이 바뀌는, 그칠 줄 모르는 드라마와 같은 것이었다. 만약 우리들이 언제나 빈틈없이 생계를 꾸려 나가며 자신이 배운 것 중에서도 가장 좋은 것이라고 생각되는 방법으로 생활을 규제해 나간다면, 절대로 권태감에 빠지지는 않을 것이다. 최대한 충실하게 자신의 성격에 맞춰 산다면 매순간 새로운 상황들이 펼쳐질 것이다.

집안일은 즐거운 기분 전환이 되어 주었다. 바닥이 더러워지면 아침에 일찍 일어나 가구는 물론 침구와 침대까지 전부 밖으로 들어내 풀 위에 늘어놓고, 바닥에 물을 뿌리고 그 위에 호수에서 퍼온 하얀 모래를 뿌린 다음 빗자루로 바닥이 하얗게 될 때까지 쓸어냈다. 이렇게 해서 마을 사람들이 아침 식사를 마칠 때쯤이면 아침해가 오두막을 완전히 말려 주어 다시 집 안으로 들어갈 수 있게 되기 때문에, 나의 명상이 방해를 받는 일은 없었다. 모든 가재도구들이 마치 집시의 짐처럼 풀 위에 조그맣게 쌓여 있고, 책과 펜, 잉크병이 올려진 채로 세 발 책상이 소나무와 호두나무 사이에 놓여 있는 모습을 보는 것은 즐거운 일이었다. 그들은 마치 문 밖에 나와 있는 것이 기뻐서 안으로는 들어가고 싶어하지 않는 듯이 보였다. 나는 종종 그 위에 천막을 치고 함께 앉아 있고 싶다는 유혹에 사로잡히곤 했다. 이러한 물건들 위로 태양이 반짝이는 것을 보거나, 바람이 지나가는 소리를 듣는 것은 멋진 일이었다. 평소 눈에 익은 것들도 실내가 아닌 실외에 놓여 있으면 훨씬 더 재미있게 보인다. 작은 새 한 마리가 옆의 가지에 앉고, 보릿대국화가 테이블 밑에 자라나 있고, 검은딸기 덩굴이 그 다리에 감기기도 한다. 솔방울, 밤송이의 껍질이, 딸기의 잎이 주위에 흩어져 있다. 이런 것들의 모양이 테이블, 의자, 침대 등에 무늬로서 조각되기 시작한 것은, 원래 가구류가 이런 식으로 숲 속에 서 있었기 때문이 아닐까 하는 생각도 들었다.

우리 집은 언덕의 중턱, 리기다소나무와 호두나무의 어린 나무들이 무성한 숲의 한가운데 자리잡고 있었는데, 그곳은 보다 넓은 숲의 끝자락과 맞닿아 있었다. 호수와

---

3) 약 30m정도 되는데, 실제로는 그보다 두 배 이상이나 멀었다. (Harding)

는 6라드³⁾정도 떨어져 있었으며, 언덕을 내려가는 한 줄기 가느다란 길이 호수로 이어져 있었다. 나의 정원에는 딸기, 검은딸기, 보릿대국화, 물레나물, 미역취, 떡갈나무, 샌드벚나무, 블루베리, 감자콩 등이 자라고 있었다. 5월 말이 되면 샌드벚나무가 짧은 줄기 둘레에 산형 화서(傘刑花序)의 원통처럼 꽃을 피워 오솔길의 양편을 수놓았으며, 곧 가을이 되면 크고 멋진 체리를 맺었는데, 그 무게 때문에 가지가 휘어져 결국에는 화환처럼 둥글게 쓰러져 버리곤 했다. 나는 자연에 대한 경의를 표하기 위해서 그 열매를 먹어 보았다. 그다지 맛있지는 않았지만. 옻나무는 내가 만든 토담을 뚫고 나와 성장했는데, 집 주위에 무성하게 자라나 첫해에는 키가 5, 6피트나 되었다. 넓은 날개와 같은, 열대 식물을 생각나게 하는 그 잎은 모습이 기묘해서 보기에 매우 즐거웠다. 처음에는 죽은 것이라고밖에 생각할 수 없었던 마른 가지에서 늦은 봄이 되자 갑자기 커다란 눈이 나오더니, 마치 마법에라도 걸린 것처럼 쑥쑥 성장을 하여 곧 우아한 녹색 잎을 단 직경 1인치 정도의 화사한 가지가 되는 것이었다. 그리고 창가에 앉아 있으면, 너무 빨리 성장을 한 탓에 약한 마디에 너무 많은 부담이 걸려서 어리고 화사한 가지가 자신의 무게를 견디지 못하고 바람 한 점 불지 않는데 갑자기 부채처럼 털썩 하고 땅에 떨어지는 소리가 들려오곤 했다. 꽃이 한창일 때는 수많은 야생 꿀벌을 끌어들이던 산딸기의 커다란 덩굴이 8월이 되면 점점 벨벳처럼 선명한 빨간색으로 변하는데, 이것도 자신의 무게를 견디지 못하고 휘어져 결국에는 그 여린 가지를 꺾어버렸다.

한여름 오후, 창가에 앉아 있자니 매 몇 마리가 내 벌목지 위에서 원을 그리며 맴돌고 있었다. 산비둘기가 격렬한 날갯짓 소리로 대기를 흔들며 두 마리, 세 마리씩 내 시야를 가로질러 날고 있었으며, 혹은 집 뒤편에 있는 백송나무 가지에 불안한 모습으로 앉아 있었다. 물수리 한 마리가 거울과 같이 매끄러운 수면에 잔물결을 일으키며 물고기를 채 올렸다. 밍크 한 마리가 문 앞쪽에 있는 늪지에서 가만히 올라와 기슭에 있는 개구리를 낚아챘다. 여기저기 낮게 날아다니는 쌀먹이새의 무게 때문에 왕골의 잎이 휘청였다. 이 30분 동안 보스턴에서 시골로 여객을 실어 나르는 열차의 울림이 마치 들꿩의 날갯소리처럼 멀어졌다가 되살아나기를 반복하고 있었다. 나는 그 소년처럼 세상에서 멀리 떨어진 곳에 살고 있지 않았다. 소문에 의하면, 이 마을의 동쪽에 위치한 농가에 들어가서 일을 하던 소년은 곧 향수병에 걸려서 그 농가에서 도망나와 뒤꿈치가 다 닳아 떨어진 구두를 신고 집에 도착했다고 한다. 소년은 그처럼 따분하고 외진 곳을 지금까지 본 적이 없었던 듯하다. 농가의 사람들은 모두 어디론가 외출을 하고 없었다고 한다. 거기다 기적 소리조차 들리지 않았다고 한다. 나는 아직도 매사추세츠 주에 그런 곳이 있다고는 생각지 않지만.

이렇게 우리 마을은, 멋지고 빠른
철도라는 화살의 표적이 되었다. 지금 우리의
평화로운 초원에 울려 퍼지는, 듣기 좋은 울림은 — 콩코드[4]

피츠버그 철도는 내가 살고 있는 곳에서 남쪽으로 100라드 정도 떨어진 지점에서 호수와 만난다. 나는 언제나 그 제방을 통해서 마을로 가는데, 말하자면 이 연결로를 통해서 사회와 연결되어 있는 것이다. 화물 열차를 타고 선로를 달리는 승무원들은 오랜 친구에게 하듯이 내게 머리를 숙이고 지나간다. 너무 자주 마주치기 때문에 나를 철도 종업원으로 생각하고 있는 듯했다. 아니, 그것은 옳은 말이다. 나도 지구의 궤도 어딘가에서 선로를 수리하고 싶다는 생각을 갖고 있으니.

---

[4] 소로우의 친구였던 시인 Ellery Channing(1818~1901)의 시 「Walden Spring」에서.

기관차의 기적은 농가의 정원 위를 나는 매의 날카로운 울음처럼 여름에도 겨울에도 숲을 뚫고 울려 퍼져 도회의 성급한 여러 상인들이, 혹은 반대편에서 한밑천 잡아보려는 시골 상인들이 이 마을로 몰려오고 있다는 사실을 알려준다. 그들이 같은 지평선 내에 들어오면 상대에게 선로에서 내리도록 경적을 울리는데, 때로는 그것이 두 마을을 뚫고 울려 퍼지기도 한다. "자, 식료품이 왔다, 시골이여. 자네들 몫이다, 시골 사람들이여!" 하지만 그들에게 "아니, 필요 없어."라고 말할 수 있을 정도로 오로지 농업에만 종사하며 사는 사람은 단 한 사람도 없다. "자, 자네들에 대한 대답이다."라며, 이번에는 시골 사람들의 기적이 소리를 지르고 성을 깨부수는 데 쓰는 나무와 같은 목재를 싣고 시속 20마일로 도시의 성벽을 향해서 돌진해 간다. 그리고 성벽 내에 살고 있는, 인생의 무거운 짐에 지쳐 버린 사람들 전원이 앉을 수 있을 만큼의 의자도 달려간다. 이렇게 과장스럽고 답답한 울림을 인사로 시골은 도회에 의자를 팔아치우는 것이다. 인디언 허클베리는 단 한 그루도 남김 없이 언덕에서 뽑혔으며, 들판의 넌출월귤도 전부 쓸어모아 도회로 보내진다. 면화가 들어오고, 옷감이 나간다. 비단이 들어오고, 비단 직물은 나간다. 책이 들어오고 그것을 쓰는 재능은 밖으로 나간다.

　수많은 차량을 끄는 기관차가 혹성의 운행처럼—하지만

그 궤도는 원 위치로 돌아가는 곡선을 그리고 있지 않은 듯하며, 속도와 방향을 보면 다시 이 태양계로 돌아올 수 있을 것 같지 않았기 때문에, 어쩌면 혜성을 닮았다고 하는 편이 좋을지도 모르겠지만— 증기의 구름을, 금·은빛의 깃발처럼, 혹은 내가 예전에 본 까마득한 상공에서 태양 빛을 받으며 점점 엷어져 가는 새털구름처럼, 뒤쪽으로 흩날리며 힘차게 똑바로 달려가는 것을 볼 때면—이 여행하는 반신(半神), 아니 구름을 피워 올리는 제우스는 자신을 따르는 차량들에게 곧 저녁 노을이 깔릴 하늘을 입히려는 듯하다—, 혹은 이 철마가 천둥과도 같은 콧김을 주위의 언덕에 울려 퍼지게 하며, 그 다리로 대지를 흔들고, 콧구멍에서 불과 연기를 내뿜는 것을 들을 때면—사람들이 어떤 날개 달린 말과 불 뿜는 용을 새로이 신화에 등장시킬지는 모르겠지만— 나는 지금이야말로 지구가 그곳에 살기 적당한 종족을 얻은 것이 아닌가 하는 생각이 들곤 한다. 만약 모든 것이 눈에 보이는 것과 다름이 없으며, 인간이 고귀한 목적을 위해서 자연의 모든 힘을 종처럼 부리고 있는 것이라면! 만약 기관차 위에서 흩날리는 구름이 영웅적인 행위로 인해 흘리는 땀이나, 혹은 농지 위에 피어오르는 구름처럼 인간에게 은혜의 비를 내려 주는 것이었다면, 자연의 모든 힘과 '자연' 그 자체도 기꺼이 인간을 따르는 종이 되고, 호위병이 되어 줄 것을.

나는 아침 열차가 지나갈 때, 규칙적이라는 면에서는 전혀 뒤지지 않는 일출을 바라보는 것과 같은 기분으로 그것을 바라본다. 내뿜는 구름이 멀리 뒤로 깔리다가 점점 위로 올라가 열차가 보스턴을 향해 달리는 동안, 나는 하늘을 향해 올라가겠다며 한동안 태양을 뒤덮어 멀리에 있는 내 농지에 그림자를 떨군다. 이 그림자야말로 하늘의 열차며, 그것에 비한다면 지상에 달라붙어 달리는 조그만 열차는 궁지에 몰린 자가 창 끝을 휘두르는 것과도 같은 것이다.

철마의 마부는 이 겨울 아침에도 산들 사이에서 빛나는 별빛에 의지하여 이른 시간에 일어나 말에게 풀을 먹이고 마구를 갖춰 주었다. 불 역시 일찌감치 피워져 생명의 열을 말에게 쏟아 부으며 출발을 재촉했다. 이러한 일들이 아침 일찍 시작될 뿐만 아니라, 순수하고 때묻지 않은 것이었다면 좋으련만! 눈이 많이 쌓이게 되면 사람들은 철마에게 눈장화를 신기고 거대한 제설용 쟁기로 산지에서부터 해안선에 이르기까지 두렁길을 판다. 그 사이로 차량이 이어지며 파종기가 씨앗을 뿌리듯이 분주한 승객들과 부평초와 같은 상품을 시골에 뿌리고 간다. 이 화마(火馬)는 하루 종일 각지를 뛰어다니며, 주인을 쉬게 하기 위해서만 멈춘다. 나는 한밤중에 이 화마의 발굽 소리와 도전적인 콧김 때문에 눈을 뜨는 적이 있는데 그때 그 화마는 어딘가 멀리 떨어진 숲의 계곡에서 눈과 얼음으로 몸을 무장한 자연계의 힘과 대치를 하고 있는 것이다. 그는 금성과 함께 드디어 마구간으로 들어갔다가 쉬거나 잠잘 틈도 없이 다시 여행에 나선다. 혹은 저녁 무렵에 마구간에서 신경을 안정시키고, 간장과 뇌를 식힌 뒤 몇 시간 동안 철의 잠을 자기 위해서 그날의 남은 힘을 단번에 뿜어내는 소리가 들려오는 적도 있었다. 이 일이 끊임없이 계속될 뿐만 아니라, 영웅적이고 위엄이 있는 일이기도 하다면 그 얼마나 좋을까?

예전에는 낮에 사냥꾼들이 들어올 뿐이었던 마을 끝 먼 곳에 위치한 숲을, 이 밝은 객차는 승객들이 눈치를 채기도 전에 통과하여 밤의 어둠을 뚫고 앞으로 돌진하기만 한다. 각양각색의 사람들이 모여드는 마을이나 도회의 휘황찬란하게 불이 밝혀진 정거장에 멈추는가 싶더니, 다음에는 '디즈마르 늪지'[5]에 정차하여 부엉이와 여우를 놀라게 한다. 지금은 열차의 발차가 마을에 하루의 시각을 알려주게끔 되었다. 열차는 시간에 맞춰 정시에 출발을 하고 도착을 하며, 기적은 멀리서도 들을 수 있었다. 그래서 농민들은 그것을 듣고 시계를 맞췄다. 이렇게 정연하게 시

---

5) 버지니아 주 남동부에서 노스캐롤라이나 주 북동부에 걸쳐 펼쳐져 있는 광대한 늪지.

행되고 있는 하나의 제도가 지역 전체를 통제하고 있는 것이다. 철도가 발명된 이래로 모든 사람들이 전보다 시간을 잘 지키게 되지 않았는가? 모두 역마차 정거장에 있을 때보다 철도역에 있을 때 더욱 빨리 말하고 생각하고 있질 않은가? 철도역에는 사람을 흥분시키는 뭔지 모를 분위기가 존재하는 것이다. 예전에 한 번 그것이 불러일으킨 기적을 직접 목격하고는 깜짝 놀란 적이 있었다. 지금까지 단 한 번도, 이렇게 정확한 시간에 움직이는 기구를 타고 보스턴으로 갈 것이라고는 생각지 못했던 이웃 사람 중 한 명이 발차 기적이 울렸을 때 바로 그 자리에 있었기 때문이었다. '철도식'으로 하겠다는 것이 요즘의 유행어처럼 쓰이고 있다. 따라서 선로에 들어가서는 안 된다고 권위 있는 사람들이 되풀이해서 성의를 가지고 경고해 주는 것은 매우 고마운 일이다. 그럴 때, 그들은 차량을 세우고 폭동 방지령을 읽어 내릴 수가 없으며, 폭도들 머리 위로 경고의 포탄을 쏘아 올릴 수도 없다. 우리들은 결코 진로를 바꿀 줄 모르는 운명의 여신, '아트로포스'를 만들어 버린 것이다—차라리 이것을 우리 기관차의 이름으로 쓰면 어떨까?—. 몇 시 몇 분에 운명의 화살이 나침반의 어느 방향을 향해서 발사되리란 것은 모든 사람들에게 미리 알려져 있다. 하지만 특별히 어른들의 일을 방해하는 것도 아니며, 아이들은 다른 길을 통해서 통학

한다. 우리들은 철도 덕분에 방향성 있는 생활을 하게 되었다. 이렇게 우리들은 모두 윌리엄 텔의 아들이 되도록 교육을 받고 있는 것이다. 공중에는 눈에 보이지 않는 화살들이 가득하다. 당신이 한 걸음이라도 자신의 길에서 이탈하면 운명의 화살에 맞아 죽어 버린다. 오직 당신 길의 궤도만을 걷도록 하길 바란다.

상업 중에서 내가 마음에 들어하는 것은 그 진취적인 정신과 용기. 상업은 유피테르 신에게 손을 모아 빌거나 하지 않는다. 나는 매일, 상업에 종사하고 있는 사람들이 많든 적든 간에 용기와 만족감을 가지고 일에 몰두하며, 자신이 생각하고 있는 것 이상으로 활약을 펼치고, 의식적으로 그렇게 하려고 해도 그렇게는 하지 못할 정도로 일에 열중하고 있는 모습을 직접 목격하고 있다. 나는 부에나비스타[6] 전선에서 30분 동안이나 버텨 낸 병사들의 대담함보다도 제설차를 겨울의 병영 삼아 그곳에서 먹고 자는 사람들의, 언제나 변함 없는 쾌활하고 늠름함에 더욱 감동한다. 그들은 나폴레옹이 매우 보기 힘든 것이라고 생각하

---

6) 멕시코 북동부에 있는 마을. 1847년 멕시코 전쟁에서 미국 군이 멕시코 군을 격파한 장소. 소로우는 이 전쟁을 영토 확대를 위한 부당한 행위라고 보고 미국 정부의 전쟁 정책에 반대를 했다.
7) 정확히는 '오전 2시의 용기'. 나폴레옹은 오전 2시에 갑자기 잠을 깼을 때 씩씩하게 용기가 넘쳐나는 병사는 매우 드물다고 말했다. (Harding)

고 있던 오전 세 시의 용기[7]를 가지고 있을 뿐만 아니라, 그 용기를 얼른 잠들게 하지 않는다. 그들은 눈보라가 잠들거나 그들 철마의 근육이 얼어붙었을 때에만 잠을 자는 사람들이다. 마침 오늘 아침에는 '폭설'이 쏟아졌으며 아직도 눈이 펑펑 내려 사람들의 피를 얼어붙게 만들고 있다. 그런데 기관차가 내뱉는 차가운 숨결이 만들어 내는 안개의 제방 속에서부터 어둠이 깃들어 있는 기적이 들려와, 뉴잉글랜드 특유의 북동 눈보라에 앞길을 저지당하면서도 열차가 크게 늦지 않고 다가오고 있음을 알려준다. 곧 전신이 눈과 서리로 범벅이 된 농부처럼 제설차가 모습을 드러낸다. 들국화도 들쥐의 둥지도 아닌 눈덩이를, 세계의 끝에 있는 시에라네바다 산맥의 둥근 돌처럼 굴리면서 가는 제설판 위로 자신의 머리 부분을 드러내 보이면서.

상업이라는 것은 생각 외로 자신감에 넘쳐 있으며, 냉정하고 빈틈이 없으며, 모험적이고 지칠 줄을 모른다. 그리고 그 방법이 매우 자연스러워서 수많은 공상적인 사업과 감상적인 실험보다도 그 점에 있어서는 훨씬 더 앞서 있다고 할 수 있다. 그렇기 때문에 비할 데 없는 성공을 거둔 것이다. 화물 열차가 덜컹거리며 눈앞을 지날 때, 나는 기분이 상쾌해지고 마음이 넓어진다. 보스턴 항구의 롱 부두에서 샘플레인 호수까지 적재 상품이 뿌리고 가는 냄새를 맡으면, 외국 땅, 산호초, 인도양, 열대 지방, 지구의 광활함 등과 같은 것들이 차례차례 머리에 떠오른다. 또한 이듬해 여름, 수많은 뉴잉글랜드 사람들의 아마빛 머리를 감싸 줄 모자를 만들기 위한 종려나무 잎들이나 마닐라삼, 야자 껍질, 낡은 밧줄, 포대, 고철, 녹슨 못 등을 보면 나는 세계 시민의 일원이라는 생각이 더욱 강하게 든다. 화물 열차 가득 실린 찢어진 돛은 종이로 재생되고 인쇄되어 책이 되는 것보다 지금 그대로 있는 편이 훨씬 더 읽기 쉽고 흥미를 끈다. 돛이 지금까지 견뎌 온 폭풍의 역사를 이 찢어진 부분만큼 생생하게 묘사할 수 있는 사람이 또 있을까? 그것은 정정할 필요가 없는 교정본이다.

이번에는 메인 주에서 벌목한 목재들이 옮겨지고 있다. 얼마 전의 홍수에 바다로 떠내려가지 않은 것들인데, 실제로 떠내려가거나 부러진 것들이 있기 때문에 길이 천 피트 당 4달러씩 값이 올랐다. 그것들은 소나무, 가문비나무, 삼나무 등의 1~4급품들인데, 얼마 전까지만 해도 전부 같은 수준의 나무로서 곰이나 사슴, 순록의 머리 위에서 바람에 흔들리고 있던 것들이다.

다음은 최고 품질의 토마스톤 석회가 지나간다. 소석회로 사용되기 전에 몇 개의 산하를 지나치게 될 것이다. 박스에 담긴, 색과 품질이 각양각색인 누더기도 있다. 이것은 면이나 삼베가 최악의 상태로 떨어진 것, 즉 의복의 마지막 모습인데, 영국, 프랑스, 혹은 미국제 날염천, 깅엄, 모슬린 등과 같은 멋진 천과는 달리 밀워키에서가 아니라면 요즘에는 칭찬을 들을 수 있을 것 같지 않게 되어 버린 것들뿐이다. 그런 누더기들이 부자, 빈자에 관계없이 사방팔방에서 수집되어 곧 한 가지 색, 혹은 두세 가지 색 정도의 종이로 변한다. 지면에는 틀림없이 상류, 하류의 실생활에 얽힌 여러 가지 이야기들이 사실에 바탕을 두고 쓰여지게 될 것이다!

이 지붕이 있는 화물 열차로부터는 뉴잉글랜드와 상업의 강렬한 냄새인 자반 냄새가 풍겨 나오는데, 그 냄새를 맡으면 나는 그랜드 뱅크스[8]와 어업에 대한 생각을 하지 않을 수가 없다. 자반을 보지 못한 사람이 있을까? 지금은 보존 처리를 완벽하게 행하고 있어 결코 썩는 일이 없기 때문에, 성직자들의 인내심조차 그 앞에서는 면목을 잃게 될 정도다. 사람은 그것을 사용하여 도로를 쓸고, 포장하고, 불쏘시개를 쪼갤 수도 있으며, 마부들은 그 그늘에 숨어서 태양과 바람, 비로부터 자신의 몸과 쌓아 올린 물건을 지킬 수도 있다. 상인이라면, 예전에 콩코드의 한 상인이 그랬던 것처럼 상업을 시작할 때 문에 그것을

---

8) 캐나다 남동부에 위치한 뉴펀들랜드 섬의 남동쪽으로 펼쳐져 있는 퇴(堆). 세계 최대의 대구 어장.

매달아 놓아 간판 대신으로 쓸 수도 있다. 얼마 지나지 않아서 가장 오래된 단골 손님도 그것이 도대체 동물인지, 식물인지, 혹은 광물인지 확실하게 알아보지 못하게 될 것이다. 그래도 이 생선은 눈처럼 깨끗하여, 일단 냄비에 넣고 삶으면 멋드러진 갈색 생선이 되어 토요일의 식탁을 떠들썩하게 만든다.

다음으로 찾아오는 것은 스페인 소의 모피인데, 그 꼬리는 아직도 모피의 주인이 스페니시메인[9]의 대초원을 달릴 때와 마찬가지로 꼬부라져 있으며, 치켜 올려진 각도까지 원래의 상태를 유지하고 있다. 이것은 모든 고집스러움의 상징으로 타고난 나쁜 버릇이라는 것은 거의 대부분 절망적이라고 할 수 있을 정도로 고치기 힘들다는 사실을 증명하고 있는 것이다. 고백하건대 나는 어떤 사람의 진짜 성격을 알게 되면, 살아 있는 동안에 그것을 좋은 쪽으로 바꾸자, 나쁜 쪽으로 바꾸자, 바꿔 주자는 생각을 도저히 가질 수 없게 된다. 동양 사람들이 말하듯이 "못된 개의 꼬리는 데우거나 누르거나 끈으로 묶는 등 12년 간 아무리 고심을 해도 변함 없이 원래 모습으로 되돌아가고 만다". 이 꼬리 얘기에서도 알 수 있듯, 고집스러움을 고치기 위한 유일한 치료법은 세상에서 곧잘 하고 있는 것처럼 그 녀석을 아교로 굳혀 버리는 것이다. 그렇게 하면 곧게 뻗은 채로 있게 될 것이다.

다음은 버몬트 주 커팅스빌에 살고 있는 존 스미스 씨 앞으로 당밀이나 브랜디가 담긴 큰 통이 찾아온다. 이 인물은 그린 산맥 중턱에 살고 있는 상인으로, 자신의 개척지 부근에 살고 있는 농민들을 위해서 물건을 떼어다 팔고 있다. 지금도 그는 지하 창고의 문 위에 서서 항구에 막 도착한 상품들이 자신의 판매가에 어떤 영향을 줄지를 계산해 가면서 손님들에게 "다음 열차 편으로 최고급품이 들어올 겁니다."라며, 오늘 아침에만 해도 20번 이상 되풀이한 말을 아직도 외치고 있을지도 모른다. 이 이야기는 『커팅스빌 타임즈』 광고란에 실려 있다.

 이러한 화물들이 실려 오는가 하면, 한편에서는 다른 화물들이 실려 간다. 삑, 하고 바람을 가르는 소리에 놀라 읽고 있던 책에서 눈을 들어보면, 멀리 북쪽 산간 지방에서 베어져 그린 산맥과 코네티컷 강을 넘어 달려온 커다란 소나무가 쏜살과도 같은 속도로, 10분도 걸리지 않아서 마을을 빠져나가는 것이 보였으며, 다시 눈을 들었을 때는 이미 그 모습이 보이지 않게 되었다. 언젠가는,

 커다란 배의

---

9) 남미 대륙의 북부 카리브 해안 지방.
10) 밀턴의 『실락원』 제1권 293~294행.

돛대가 되리라.[10]

 아, 들어보라! 이번에 찾아온 것은 가축 열차다. 수많은 언덕에 살고 있던 가축들과 양과 양들의 축사, 마구간, 외양간, 그리고 지팡이를 든 목동, 양 떼들 속의 양치기 소년 등, 산에 있는 목장을 제외한 모든 것들이 9월의 강풍에 흩날려 산에서부터 날아오는 나뭇잎처럼 맹렬하게 하늘을 날아오고 있다. 천지가 온통 송아지와 양들의 울음소리, 황소들이 서로를 밀치는 소리로 가득하여, 마치 계곡의 목장이 지나가고 있는 듯하다. 맨 앞에 방울을 달고 있는 늙은 양이 방울을 울리자, 산들은 정말 숫양처럼, 작은 언덕들은 어린 양들처럼 춤을 춘다.[11] 어떤 차량에서는 목동들이 가축 떼에 둘러싸여 있다. 그들은 이미 일자리를 잃어 가축들과 같은 지위로 전락하고 말았는데도 변함 없이 자신들 임무의 표시인 양 지팡이에 몸을 의지하고 있다. 그런데 그들의 개는 어디로 가버렸단 말인가? 개의 입장에서 보자면 이는 가축들의 대탈주이다. 완전히 빠져나갔기 때문에 냄새로 뒤를 쫓는 일조차 할 수 없게 되었다. 그들이 피터보로 산지[12] 너머에서 짖어대고, 그린 산

---

11) 구약 성경 시편 114편 4행에 "산들은 숫양들 같이 뛰놀며 작은 산들은 어린 양들 같이 뛰었도다."라는 구절이 있다.
12) 뉴햄프셔 주 남서부에 있는 산들로, 콩코드에서도 보인다.

맥 서쪽 기슭을 숨가쁘게 뛰어오르는 소리가 들려오는 듯하다. 개들은 가축들의 죽음을 지켜볼 수 없을 것이다. 일자리도 잃어버렸기 때문이다. 그들의 충실함과 영리함은 이제 그 가치를 잃었다. 그들은 체면을 잃은 채 힘없이 개집으로 돌아가거나, 어쩌면 야생으로 돌아가 늑대나 여우들과 무리를 지어 생활할지도 모른다. 이렇게 목가적인 생활은 순식간에 떠나 버린다. 하지만 기관차의 기적이 울린다. 나는 선로에서 내려와 열차가 지나가도록 해줘야 한다.

 철도란, 내게 있어서 무엇인가?
 가 닿는 곳을
 바라볼 마음이 들지 않는다.
 철도란, 울퉁불퉁한 길을 닦거나
 제비를 위해서 둑을 쌓거나
 모래 먼지를 일으키거나
 검은딸기를 자라게 하는 것.

 하지만 나는 숲 속의 짐수레 길과 마찬가지로 선로를 재빠르게 건넌다. 매연과 증기, 칙칙거리는 소리 때문에 눈알이 빠져 버리거나 귀가 멀어 버리는 일을 당하고 싶지는 않기 때문이다.

이렇게 열차가 지나고 그와 함께 분주한 세상이 전부 지나가 호수의 물고기들이 더 이상 땅의 울림을 느끼지 못할 때가 되면, 나는 전보다도 더욱 고독감을 느낀다. 이후 긴 오후 시간 중에 내 명상을 방해하는 것이 있다면, 아마도 먼 길을 달리는 마차나 짐수레의 희미한 울림 정도일 것이다.

 일요일, 바람의 방향에 따라서 때때로 링컨, 액턴, 베드퍼드, 콩코드 등으로부터 종소리가 들려왔다. 그것은 원시림 속으로 들어오기에 적합한, 여리고 마음이 편안해지는 자연의 선율이었다. 숲을 너머 충분한 거리를 확보하고 듣게 되면, 그 소리는 지평선에 있는 소나무의 뾰족한 잎이 하프의 현이 되어 퍼트리고 있는 듯한, 어떤 떨림을 머금은 울림으로 변한다. 모든 소리들은 최대한의 거리를 두고 듣게 되면 모두 똑같은 효과를 낸다. 그것은 마치 우주의 칠현금(七絃琴)의 진동음과 같은 것이다. 그것은 사람과 멀리 보이는 산 사이에 끼어 있는 대기가 먼 산을 하늘빛으로 물들여 보는 사람을 즐겁게 해주는 것과 비슷한 현상이다. 그때 내게 전해지는 것은 대기에 의해 걸러지고 숲 속의 모든 나뭇잎, 침엽(針葉)들과 속삭임을 주고받으면서 도착한 선율이었으며, 자연의 힘에 의해 조율되어 계곡에서 계곡으로 울려 퍼지는 저 메아리였다. 메아리란 어느 정도는 독자성을 가지고 있는 소리로, 바로 거기에 마력과 매력이 있는 것이다. 그것은 종소리 중에서도 반복할 가치가 있는 부분만을 반복하고 있을 뿐만 아니라, 숲의 소리—언제나 숲의 요정이 부르는 별뜻 없는 내용의 선율—도 머금고 있는 것이다. 저녁이 되면 숲 너머 지평선에 있는 소들의 편안하고 게으른 선율의 먼 울음소리가 들려왔다. 처음에는 내게도 종종 그 목소리를 들려준 적이 있었던 떠돌이 예술가들이 산과 들을 헤매며 노래를 부르는 목소리가 아닌가 착각을 했었다. 얼마 지나지 않아서 그것이 황소의 타고난, 게으르고 값싼 노랫소리라는 사실을 알고 실망을 하기는 했지만, 그렇다고 해서 불쾌함이 느껴지지는 않았다. 젊은이들의 음악도 황소의 음악과 비슷하다는 점, 결국 모두가 '자연'이 발하는 하나의 목소리라는 점을 알게 되었기 때문에. 이것은 결코 비꼬는 것이 아니라, 오히려 그 젊은이들에게 진심으로 감사하는 마음에서 하는 소리다.

여름의 어느 기간 동안, 저녁 열차가 지나간 뒤 7시 30분 정도가 되면 어김없이 쏙독새가 문 옆에 있는 나무 등걸이나 지붕의 용마루에 앉아 30분 정도 저녁 기도를 지저귀었다. 그들은 매일 저녁, 해질 녘의 일정한 시간에 맞춰 5분 정도의 오차밖에 두지 않고 거의 시계처럼 정확하게 노래를 시작했다. 그들의 습성을 알 수 있는 더 없이 좋은 기회를 얻은 것이다. 때로는 숲 여기저기서 네 마리나 다섯 마리 정도가 한꺼번에 지저귀는 경우도 있었는데, 어쩐 일인지 한 마리만이 한 소절 늦게 지저귀는 때도 있었다. 나는 그들 바로 곁에 있었기 때문에, 한바탕 울고 난 뒤 쿡쿡거리는 소리뿐만 아니라 거미줄에 걸린 파리가 내는 특유의 붕붕거리는 소리를 새의 덩치에 맞춰 크게 해놓은 듯한 소리까지도 들을 수 있었다. 또한 숲 속에 있으면, 때때로 한 마리가 마치 끈으로 묶어 놓기라도 한 것처럼 내 주위를 2, 3피트 정도 떨어져서 빙글빙글 맴도는 적도 있었다. 근처에 알이라도 까 놓은 것 같았다. 그들은 밤새도록 띄엄띄엄 간격을 두고 노래를 불렀다. 그리고 곧 어둠이 걷힐 시간이 되면, 다시 한 번 목소리를 높여서 활기차게 울어대기 시작했다.

다른 새들이 잠들어 있을 때면 부엉이들이 비탄에 잠긴 여인네들과 같은 목소리로, 우루루[13]하며 먼 옛날부터 이어 내려오던 목소리로 울음을 터트리기 시작한다. 그 음울한 목소리는 그야말로 벤 존슨[14]적이다. 현명한 심야의 마녀들이여! 그것은 시인들의 솔직하고 딱딱한 노래와는 다른 참으로 엄숙하기 짝이 없는 무덤의 소곡이며, 함께 자살한 연인들이 천상의 사랑에 대한 고통과 기쁨의 추억

---

13) u—ru—ru. 라틴 어의 'ulalo(짖다)'에서 소로우가 지어낸 말 같다.
14) Ben Jonson(1573~1637) 영국의 극작가.

에 빠져 지옥의 숲 속에서 서로를 위로하는 목소리인 것이다. 하지만 나는 음악과 작은 새들의 지저귐을 생각나게 하는 그들의 비탄과 우수에 잠긴 응답에 때때로 숲이 떠는 소리를 내는 것이 듣기 좋았다. 그것은 마치 어두운 눈물을 자아내게 하는 음악의 일면과도 같은 것이며, 노래 불리기를 바라고 있는 회한과 한숨과도 같은 것이다. 그들은 망령인 것이다. 예전에는 인간의 모습으로 밤새 이 근방을 배회하며 무시무시한 어둠의 행위를 저질렀지만, 지금은 그 악업(惡業)의 무대로 되돌아와 비탄의 성가와 애가를 부르며 자신의 죄를 갚으려고 하는 지옥에 떨어진 인간들의 비천한 망령이며 음울한 예언이다. 그들은 우리들과 함께 거처하고 있는 이 자연의 다양성과 관용성을 새삼스레 알게 해준다. "오~, 오~, 오~, 오~, 오~, 태어나지 말았으면 좋았을 것을. 오~, 오~, 오~, 오~!" 호수 이쪽에서 한 마리가 한숨을 쉬며 깊은 절망에 빠진 나머지 침착함을 잃고 빙글빙글 맴을 돈 뒤에 회색 떡갈나무 위에 앉는다. 그러자 호수 건너편에서 "태어나지 말았으면 좋았을 것을. 오~, 오~, 오~, 오~!" 하며 또 다른 한 마리가 떨리는 목소리로 진지하게 답을 하고, 더욱 멀리 떨어진 링컨의 숲에서 "오~, 오~, 오~, 오~!" 하며 아득한 목소리로 답하는 것이 들려온다.

  나는 또한 올빼미들이 부르는 세레나데를 듣는 적도 있

었다. 가까이에서 들으면 '자연'의 소리 중에서 이처럼 음울한 것도 없을 것이다. 마치 '자연'이 인간의 단말마와도 같은 신음을 일정한 선율로 바꿔서 자신의 합창단에게 끊임없이 그것을 부르도록 하고 있다는 느낌이 들 정도다. 그것은 희망을 잃은 채[15] 죽어가는 사람들이 어두운 죽음의 계곡에 접어들었을 때 내는, 짐승의 먼 울부짖음이라고도 인간의 훌쩍이는 소리라고도 말할 수 없는 애달프고도 나약한 신음과도 같은 것인데, 꾸륵꾸륵 목을 울려대며 노래하는 듯한 소리가 가미되기 때문에 한층 더 실감나게 들려오는 것이다―그 소리를 흉내내 보려고 하다가 '꾸릇' 하는 소리로부터 시작된다는 사실을 알게 됐다―. 또 그 울음소리는 건강하고 용기에 넘친 사상이 괴저병에 철저하게 당해서 젤라틴처럼 말랑말랑하게 되어 곰팡이가 피어 버리게 된 증상에까지 이른 인간의 정신을 표현하고 있는 듯이도 느껴졌다. 그 소리를 듣고 있으면 시체를 뜯어먹는 귀신이나 백치, 광인의 외침 등을 떠올리지 않을 수 없었다. 하지만 지금은 올빼미 한 마리가 멀리 떨어져 있는 덕분에 참으로 아름다운 선율로 울려 퍼지는 소리로 "호~, 호~, 호~, 호라~, 호~."라고 저 멀리 숲에서

---

14) Ben Jonson(1573~1637) 영국의 극작가.
15) "여기로 들어오는 자 모든 소망을 버려라." (단테 『신곡』 지옥 편 3가에서)

응답을 하고 있다. 사실 이 올빼미의 울음소리는 낮이나 밤이나, 여름이나 겨울이나 대부분은 마음에 흥분을 불러일으켰다.

나는 올빼미라는 녀석이 존재한다는 사실을 기쁘게 여기고 있다. 녀석들이 인간을 위해서 꼭 백치적·광인적인 소리로 울어 주었으면 한다. 그것은 한낮의 어두운 늪지와 어슴푸레한 숲 속에 아주 잘 어울리는 울림으로, 아직 인간이 알지 못하는 광활한 미지의 자연이 존재한다는 사실을 가르쳐 준다. 올빼미는 모든 인간의 가슴속에 내재해 있는 황량한 황혼적 기분과 채워지지 않는 생각의 표상이다. 태양은 하루 종일 거친 늪 지대를 비추고 있었다. 거기에는 소나무겨우살이로 뒤덮인 가문비나무가 한 그루 서 있고, 송골매가 상공을 난무하고 있으며, 상록수 틈에서는 박새가 지저귀고 있고, 그 밑을 들꿩과 토끼가 살금살금 기어다니고 있다. 하지만 드디어 이 장소에 어울리는 더욱 음울한 저물녘이 찾아오면 앞서와는 다른 동물들이 눈을 뜨고 주위 '자연'의 의미를 밝혀 주는 것이다.

깊은 밤, 멀리 다리를 건너는 짐마차의 덜컹거리는 소리가 들려온다─이것은 밤이 되면 다른 어떤 소리보다도 멀리까지 들린다─. 또한 개 짖는 소리와 때때로 어딘가 멀리 떨어진 곳에 있는 창고의 앞마당에서 외롭다는 듯이 울음을 터트리는 황소의 목소리도 들려온다. 그러는 동안에도 호숫가 일대는 황소개구리의 합창 소리로 떠들썩하다. 지난날 술주정뱅이나 방탕한 무리들이었던 이들 허풍쟁이 망령들은 지금도 회개하는 일 없이 저승의 호수—이 호수에는 수초는 별로 자라나지 않았지만 개구리만은 헤아릴 수도 없이 많았기에 이런 표현을 써보았는데, 월든 호의 요정들은 과연 이 비유를 용서해 줄 수 있을지—에서 돌림노래를 부르려고 하는 것이다. 망령들은 예전부터 내려오는 떠들썩한 주연의 전통을 지키려고 한다. 하지만 목소리가 완전히 갈라져서 엄숙함이 느껴질 정도로 답답해져 있기 때문에, 모처럼만의 떠들썩한 분위기를 오히려 비웃고 있는 듯한 소리가 되었다. 또 술은 술대로 향기를 잃어 쓸데없이 배만 부르게 하는 액체가 되어버렸고, 덕분에 미주(美酒)에 취해 기분 좋게 과거를 잊기는커녕 하염없이 배만 부르고, 물배만이 차올라 출렁이는 배 때문에 고민을 하고 있는 형편이다. 가장 연장자격인 개구리가 침이 흘러내리는 입에 대는 턱받이 대신 부초 위에 턱을 올려놓고 이 호수의 북쪽 기슭에서 살던 예전에는 아주 우습게 알던 물을 한 잔 벌컥 들이켠 뒤, "개굴, 개굴, 개굴, 개굴."이라고 외치며 잔을 돌린다. 그러면 곧 멀리 떨어진 물가에서 똑같은 신호가 수면을 타고 들려온다. 틀림없이 연령이나 몸집 면에서 두 번째 가는 녀석이 자신에게 합당한 만큼 잔의 물을 마셨다는 신호일 것이다. 이 의식이 호숫가를 한 순배 돌고 나면, 최고 연장자가 "개굴!" 하며 만족스럽다는 듯이 소리를 높인다. 그러면 물이 새어나가는 구멍이라도 뚫려 있는 듯 흐물흐물한 배를 가진, 가장 체구가 작은 개구리에 이르기까지 차례차례로 어긋남 없이 똑같은 울음소리를 반복한다. 이런 식으로 몇 번이고 몇 번이고 술잔을 돌리는 동안 태양이 아침 안개를 흩어놓기 시작한다. 그때까지도 수면 위로 올라와 있는 것은 최고 연장자뿐, 때때로 '개굴' 울음을 울고는 덧없이 대답을 기다리고 있다.

내 공터에서 수탉이 때를 알리는 소리를 들은 적이 있는지 없는지 확실하게 기억할 수는 없지만, 그 음악을 들을 수 있다는 것만으로도 어린 수탉을 노래하는 새로써 기를 가치는 있다고 생각했었다. 예전에는 야생 꿩이었던 이 새의 노랫소리는 수많은 새들 중에서도 단연 눈에 띄는 것이다. 집에서 기르기를 그만두고 야생으로 돌려보낸다면, 곧 기러기나 올빼미의 시끄러운 노랫소리를 뛰어넘어 숲에서 가장 멋진 노래를 부르게 될 것이다. 그리고 남편의 늠름한 목소리가 멈출 때면 그 공백을 메우듯이 암탉이 꼭, 꼭 하고 울고 있는 모습을 상상해 보기 바란다! 달걀이나 요리에 쓰는 다리 살을 제외하고서라도 인간이 이 새를 가축 중 하나로 삼은 것은 참으로 현명한 일이었다. 겨울의 이른 아침, 수많은 닭들이 살고 있는 그들의 고향 숲을 산책할 때, 나무 위에 있는 야생의 젊은 수탉들이 몇 마일이나 퍼져 나가는 투명하고 날카로운 외침으로 다른 새들의 가냘픈 노랫소리를 압도해 버리는 그런 모습을 생각해 보라! 그들의 노랫소리는 모든 민족들을 각성시킬 것이다. 아침 일찍 일어나며, 평생 동안 하루하루 더욱 일찍 일어나게 된다면, 누구나 더 없이 건강하고 풍요롭고 현명해질 것이다.[16] 이 이국 새의 노랫소리는 모든 나라 시인들에 의해서 자국 새의 노랫소리와 함께 칭송의 대상이 되고 있다. 용맹한 수탉은 그 어떤 환경에도 잘 어울리는 것이다. 그는 토박이 새들 이상으로 토착성을 가지고 있다. 그는 언제나 건강하고 폐도 튼튼하며, 결코 기력이 쇠하는 법이 없다. 대서양이나 태평양의 뱃사람들조차 수탉의 울음을 듣고 눈을 뜬다고 하질 않는가? 하지만 나는 이 예리한 외침을 듣고 잠에서 깨어난 적이 단 한 번도 없었다. 나는 개도, 고양이도, 황소도, 돼지도, 암탉도 기르지 않았다. 그래서 내게 가정적인 소리가 너무 결여되어 있다고 생각하는 사람이 있었을지도 모르겠다. 또한 '버터를 만들기 위한' 우유 젓는 기계도 없었으며, 물레도 없었고, 주전자의 물이 끓을 때 내는 노래나 커피가 끓을 때

---

16) 벤자민 프랭클린의 『가난한 리처드의 달력』(1757)에 "일찍 자고 일찍 일어나는 것은 사람을 건강하고, 풍요롭고, 현명하게 한다."는 말이 있다.

나는 '슛, 슛' 하는 소리, 아이들의 울음소리와 같이 마음을 편안하게 해주는 소리도 들려오질 않았다. 전통적인 사고 방식을 가지고 있는 사람이라면 이미 오래 전에 미쳐 버렸거나 따분함을 견디지 못하고 죽어 버렸을 것이다. 벽에는 쥐 한 마리 없었다. 식량을 노리는 적을 내쫓은 것이 아니라, 그들의 입맛에 맞는 음식이 아무것도 없었기 때문이었다. 하지만 지붕 위, 그리고 바닥 밑에는 다람쥐가 있었으며, 용마루 위에는 쏙독새, 창 밑에는 시끄럽게 울어대는 푸른어치, 집 밑에는 야생 토끼와 우드척, 집 뒤에는 올빼미 아니면 부엉이, 호수 위에는 기러기 떼와 비웃는 듯한 울음을 우는 아비(阿比:되강오리), 밤이 되면 우는 여우 등이 있었다. 종다리와 꾀꼬리와 같은 얌전한 개척지의 새들은 단 한 마리도 내 공터를 방문한 적이 없었다. 우리 집 정원에는 때를 알려주는 젊은 수탉도, '꼭, 꼭' 하며 우는 암탉도 없었다. 원래 정원 같은 건 있지도 않았다! 그 대신 울타리가 없는 '자연'이 바로 정원이었다. 창 밑에서는 어린 나무들이 성장하고 있었으며, 야생 옻나무와 검은딸기 덩굴이 지하실 안까지 밀고 들어왔다. 옹골차게 보이는 리기다소나무가 비좁다는 듯이 지붕을 덮은 판자들과 몸을 비비는 소리를 냈으며, 그 뿌리는 집의 바로 밑에까지 뻗어 있었다. 강풍이 불어도 천장에 달린 창이나 덧문은 날아가지 않았으며, 집 뒤에 있는 소나무가 부러지거나 뿌리째 뽑혀 연료가 되어 주곤 했다. '폭설'이 쏟아지면 앞마당으로 통하는 길이 없어진 다고 세상에서는 곧잘 말하곤 한다. 하지만 여기에는 원래 문도 없고, 앞마당도 없으며, 문명세계로 통하는 작은 길 조차도 원래 없었던 것이다!

고독

고독

 마음이 편안한 저녁이다. 전신이 하나의 감각 기관이 되어 모든 모공으로부터 기쁨을 빨아들이고 있다. 나는 '자연'의 일부가 되어 신비로운 자유스러움을 맛보며 그 속을 오가고 있다. 하늘이 흐리고 바람이 강해 쌀쌀할 정도다. 특별히 마음을 끄는 무엇인가가 있는 것도 아닌데 셔츠 한 장만 입은 채 돌멩이투성이인 호숫가를 걷고 있자니, '자연'을 구성하는 모든 원소[1]들이 전에 없이 친숙하게 느껴진다. 황소개구리가 밤을 맞이하기 위해 요란한 소리로 울고 있으며, 수면에 잔물결을 일으키는 바람을 타고 맞은편 기슭에서 우는 쏙독새의 노랫소리가 들려왔다. 나는 바람에 술렁이는 오리나무와 포플러나무 잎들에 대한 공감으로 숨이 막힐 것만 같았다. 하지만 나의 평온한 마음은 이 호수와 닮았기 때문에, 다소간 물결치는 일은 있

---

[1] 고대 철학에서 만물의 근원을 구성한다고 여겼던 흙, 공기, 불, 물 등의 네 가지 원소.

어도 크게 흔들리는 일은 없었다. 저녁 바람이 일으키는 이와 같은 잔물결은 사물을 비추는 매끄러운 수면과 마찬가지로 폭풍과는 비슷한 점을 찾아볼 수 없는 것이다. 이미 완전히 어두워졌지만 바람은 변함 없이 숲 속으로 불어가며 울부짖는 소리를 올렸고, 물결은 호숫가로 밀려들었으며, 어떤 생물들은 자장가를 불러 다른 생물들을 재우고 있었다. 완전한 휴식이란 결코 존재하지 않는 법이다. 가장 야성적인 동물들은 휴식은커녕 드디어 사냥감을 찾아 나선다. 여우, 스컹크, 토끼 등이 지금은 아무런 두려움도 없이 원시림과 숲 속을 배회하고 있다. 그들은 '자연계'의 야경(夜警)이자 생명이 약동하는 낮과 낮을 연결시켜 주는 연결자이기도 하다.

집으로 돌아와 보니, 찾아온 자가 있었던 듯 명함이 놓여져 있었다. 그 명함이라는 것은 꽃다발이나 상록수 가지로 만든 관, 혹은 연필로 이름을 적은 노란색 호두나무 잎이나 나무 조각 등이었다. 거의 숲으로 들어오는 일이 없는 사람들은 길 여기저기에 널려 있는 이러한 것들을 손에 쥐고 만지작거리다가 결국에는, 일부러 그러는 것인지 무의식중에 그러는 것인지는 모르겠지만, 그것을 남겨놓고 간다. 어떤 사람은 버드나무 가지의 껍질을 벗겨내고 그것을 엮어 고리를 만들어 내 테이블 위에 놓고 갔다. 나는 꺾이고 휘어진 나뭇가지나 풀, 혹은 발자국 등을 통해서 내가 집을 비웠을 때 사람들이 찾아왔었는지를 언제라도 알 수 있었으며, 떨어져 있는 꽃, 뜯겨진 뒤 반 마일이나 떨어진 철도변에 버려진 풀의 묶음, 궐련이나 잎담배 냄새 등 남겨진 아주 사소한 흔적을 통해서 방문객의 성별, 연령, 심지어는 성격에 이르기까지 대부분의 것들을 추측해 낼 수 있었다. 아니, 60라드나 떨어진 길을 한 여행자가 지나가고 있다는 사실을 잎담배 냄새로 알아챈 적도 종종 있을 정도였다.

우리들 주위에는 대체로 충분한 공간이 펼쳐져 있다. 지평선이 바로 눈앞에 펼쳐져 있는 일은 결코 없다. 깊은 숲이나 호수가 바로 문 앞에 있는 것이 아니라 반드시 어느 정도의 공터가 있어서 우리들에게 친밀감을 주고 사람들의 발길에 의해 잘 다져져 있으며, 거기에는 소유자가 있어서 어떤 형식으로든 울타리를 둘러쳐 흔히 말하는 '자연'을 길들이고 있는 것이다. 그런데 나는 왜 이 넓은 지역의 일대와 찾아오는 사람도 드문 수 평방 마일의 숲을 사람들로부터 양도받아 점유하고 있는 것일까? 가장 가까운 이웃도 1마일은 떨어져 있으며, 집 주위 반 마일 이내에 있는 몇몇 언덕에라도 오르지 않으면, 어디에고 집 한 채 보이지 않는다. 숲으로 둘러싸인 지평선은 전부 나만의 것이다. 한편으로는 호수에 접해 있는 철도의 먼 풍경이, 다른 한편으로는 길을 따라 세워진 울타리의 먼 풍경이 있다. 하지만 객관적으로 말하자면, 그곳은 대초원에 있는 집에도 뒤지지 않을 만큼 고립되어 있다. 그곳은 뉴잉글랜드인 동시에 아시아이기도 했고, 아프리카이기도 했다. 나는 이른바 자신만의 태양과 달과 별과 소우주를 가지고 있는 셈이다.

밤이 되면 집 앞을 지나거나 문을 두드리는 여행자들이 흔적도 없이 사라지기 때문에, 마치 내가 최초이자 최후의 인류가 아닐까 하는 생각이 들 정도였다. 하지만 봄이 되면 아주 가끔 마을에서 메기를 낚으러 오는 사람들이 있었다. 그들은 자신의 본성을 닮은 월든 호수에서 낚시를 하는 편이 훨씬 더 많이 낚을 수 있을 것처럼 보였는데, 바늘 끝에 어둠이라는 미끼를 끼워 넣고 있었기 때문이다. 하지만 그런 그들도 대부분은 가벼운 바구니를 들고 '세계를 어둠과 나에게'[2] 남겨둔 채 서둘러 자리를 떠나 버렸기 때문에, 밤의 어두운 정수가 가까이에 있는 사람들에 의해서 더럽혀지는 일은 결코 벌어지질 않았다. 마녀들은 남김없이 교수형에 처해졌으며 기독교와 촛불이 이 세상에 전해졌음에도 불구하고, 수많은 사람들은 아직도 어느 정도는 어둠을 두려워하고 있는 것처럼 보였다.

하지만 내가 때때로 경험한 바에 의하면, 제 아무리 불

---

2) Thomas Gray(1716~71)의 시 「Elegy in a Country Churchyard」에서.

쌍한 대인 기피증 환자나 지독한 우울증 환자라 할지라도 더할 나위 없이 친절하고 다정하며 때묻지 않은, 마음의 힘을 얻을 수 있는 교제 상대를 자연계에 있는 사물 중에서 발견할 수 있는 법이다. '자연'의 한가운데서 생활하며 자신의 오감을 잃지 않고 잘 유지하는 사람은 지독하게 어두운 우울증 같은 것에 절대로 걸리지 않는다. 지난날에는, 건강하고 때묻지 않은 귀에는 제 아무리 강한 폭풍이라 할지라도 바람의 신 아이올로스의 음악처럼 들렸던 것이다. 담박하고 용기 있는 사람은 무슨 일이 있어도 저속한 비애에 한없이 잠겨들지 않는다. 사계절을 벗 삼아 살아가는 한, 나는 무슨 일이 있어도 인생을 무거운 짐이라고 생각하는 일은 없을 것이다. 내 콩밭을 적셔 주고 나를 집 안에 가둬 두고 있는 오늘의 조용한 비는 결코 외롭지도, 우울하지도 않다. 오히려 내게 도움이 되는 것이다. 비는 밭의 김매기를 방해하고 있지만, 김매기 이상의 가치를 가지고 있다. 가령 비가 계속 내려서 흙 속의 씨앗이 썩고 저지대의 감자 농사가 엉망이 된다 하더라도 고지대에 있는 풀들에게는 좋을 것이며, 풀들에게 좋은 것이라면 내게도 좋은 것일 게다.

종종 나와 타인을 비교해 보면 나는 감당할 수 없을 정도로 신의 총애를 받고 있다는 생각이 든다. 마치 형제들이 얻지 못한 허가와 보장을 신에게서 얻은 것은 물론, 특별히 지도와 보호를 받고 있다는 느낌까지 든다. 나는 지금 자랑을 하려는 것이 아니다. 만약 그런 것이라 할지라도 신께서 나를 그렇게 만드신 것이다. 나는 외롭다고 생각한 적도, 고독감에 시달린 적도 전혀 없었다. 딱 한 번—숲에서 살기 시작한 지 2, 3주 정도 지났을 때였다—차분하고 건강한 생활을 영위하기 위해서는 역시 가까운 곳에 인간이 있어야만 하는 것이 아닐까 하는 의문에 한 시간 정도 빠져 있었던 적이 있었다. 홀로 있는 것이 왠지 불쾌했다. 하지만 그와 동시에 나는 자신이 어느 정도 제 정신이 아니라는 사실을 알고 있었으며, 곧 회복할 것이라는 사실도 알고 있었던 듯하다. 그런 기분에 사로잡혀 있는 동안 비가 추적추적 내리고 있었는데 나는 갑자기 '자연' 이—비 긋는 소리와 집 주위의 모든 소리와 빛이— 매우 친절하고 정감 넘치는 교제 상대라는 사실을 깨닫게 되었고, 곧 말로 표현할 수 없는 끝없는 그리움이 치밀어 올라 공기처럼 나를 감쌌으며, 인간이 가까이에 있어야만 하는 것이 아닐까 하고 생각했던 조금 전의 의문이 완전히 무의미해져 버려서 이후로는 두 번 다시 나를 번거롭게 하지 않았다. 작은 소나무의 잎들 하나 하나가 나와의 공감에 넘쳐 자라나고 부풀어올라 우정의 손길을 내밀었다. 나는 그동안 계속해서 황량하고 외로운 것이라고 불러왔던 풍경 속에서도 나와의 친밀한 관계를 생생하게 느낄 수 있게 되었다. 또 나와 가장 가까운 혈연 관계에 있으면서 그 무엇보다도 인간적이라고 생각되는 것은 인간도, 마을 사람들도 아니라는 사실을 확실하게 깨달을 수 있었기 때문에, 이제는 그 어디를 가더라도 낯설다는 느낌을 받지 않을 것이라고 생각하게 되었다.

죽은 자에 대한 애도는 비탄하는 자의 목숨을 불시에 앗아가는 법
살아 있는 자들의 나라에서 지내는 그들의 시간은 길지 않다
아름다운 토스카의 딸이여[3]

무엇보다도 즐거운 것은, 봄이나 가을에 장마를 동반한 폭풍우가 찾아와 오전과 오후 내내 집 안에 갇혀서 끊임없이 들려오는 바람의 울부짖는 소리와 떨어지는 빗소리를 들으며 마음의 위로를 얻을 때다. 그런 때면 땅거미가 일찍 깔리기 시작하여 긴 밤을 불러들이기 때문에, 여러 가지 생각들이 천천히 뿌리를 내리고 꽃을 피웠다. 북동쪽에서 불어오는 비바람이 마을의 집들을 할퀴고, 아가씨

---

3) Patrick MacGregor의 『*The Genuine Remains of Ossian*』 (London, 1841, p.193) 에서.

들이 물의 침입을 막으려고 대걸레와 물통을 들고 정면 현관에 서 있을 때, 나는 조그만 우리 집의 단 하나밖에 없는 문 안에 앉아서 그것의 든든한 비호를 받고 있는 것이다. 한번은 무시무시한 천둥이 치더니 호수 맞은편 기슭에 있는 커다란 리기다소나무 위에 벼락이 떨어져, 꼭대기에서부터 뿌리에 이르기까지 지팡이에 새기는 홈과 같은, 깊이 1인치 이상, 폭 4~5인치나 되는 규칙적인 나선형의 홈을 선명하게 파놓은 적이 있었다. 얼마 전에 그 앞을 지나가다가 다시 한 번 위쪽을 올려다보니, 8년 전에 악의 없는 하늘에서 무시무시하고 저항할 수 없는 벼락이 떨어져서 생긴 그 홈의 흔적이 이전보다 더욱 선명하게 눈에 들어왔기 때문에 두려운 마음을 감출 수가 없었다.

 사람들은 내게 곧잘 이런 말을 한다. "그런 곳에 살고 계시니 얼마나 외롭겠어요. 비나 눈이 오는 날이나 밤이 되면 좀 더 사람들과 가까운 곳에 살고 싶어지죠?" 그런 말에 대해서는 이런 대답을 하고 싶다. "우리들이 살고 있는 이 지구도 우주 속에서는 그저 한 점에 불과합니다. 우리들의 측량 기구로는 정확하게 그 직경을 재볼 수도 없을 정도로 멀리 떨어져 있는 별 위에서 최대의 거리를 두고 살고 있는 두 주민들 사이에는 어느 정도 커다란 간격이 있겠습니까? 내가 어찌 외로울 리가 있겠습니까? 지구라는 별은 은하 안에 존재하고 있지 않습니까? 당신의 질문은 그다지 중요한 것 같지 않습니다. 한 인간을 다른 인간들로부터 격리시켜 고독감을 느끼게 하는 공간이란 도대체 어떤 종류의 공간이라고 생각하십니까? 제 아무리 부지런히 만난다 하더라도 두 개의 마음을 서로에게 접근시킬 수는 없다는 사실을 나는 알게 되었습니다. 우리들이 꼭 그 근처에서 살고 싶다고 바라는 곳은 도대체 어떤 곳일까요? 아무리 생각해 봐도 수많은 군중들의 곁은 아닙니다. 예를 들어서 사람들이 수없이 몰려드는 역, 우체국, 술집, 예배당, 학교, 식료품점, 비컨 힐, 파이브 포인츠[4] 등과 같은 곳의 근처가 아니라, 우리들이 얻은 경험에 비추어 보아 영원한 생명의 샘이 넘쳐 나고 있다는 사실을 알게 된 곳의 근처입니다. 그곳은 버드나무가 물가에 서 있으며, 물이 있는 쪽으로 뿌리를 뻗고 있는 그런 곳입니다. 사람들의 성격은 가지각색이니 한마디로 말할 수는 없지만, 현명한 사람들이 자신의 지하실을 파는 곳은 바로 그러한 장소입니다 ……."

어느 날 밤, 나는 월든 가도(街道)에서 소 두 마리를 시장으로 몰고 가는 한 마을 사람의 뒤를 따라잡은 적이 있었다. 그는 '거액의 자산'을 모은 사내였다―하지만 거액

---

[4] 비컨 힐은 보스턴 구 시가지로 고급 주택가, 파이브 포인츠는 당시 불결하고 범죄가 다발하기로 유명했던 뉴욕 시의 한 지구.

의 자산이라는 것을 내가 이해할 수 있을 만큼 철저하게 확인한 것은 아니다―. 그러자 그 사내는 어떻게 그 수많은 인생의 즐거움을 버릴 결심을 하게 되었는가 하고 내게 물었다. 그래서 "나도 인생을 매우 사랑합니다."라고 답을 해주었는데, 나는 결코 농담을 한 것이 아니었다. 그 증거로 나는 잽싸게 집으로 돌아와 잠을 잤다. 하지만 사내는 그 길로 보스턴 교외의 브라이턴―인지 브라이트타운(밝은 마을)인지―으로 통하는 어둡고 질퍽한 길을 아침이 밝을 때까지 터벅터벅 걸어갔다.

죽은 자는 눈을 뜨거나 되살아날 가능성이 조금이라도 있다면, 시간과 장소를 가리지 않을 것이다. 그러한 기적이 일어날 만한 장소는 예전부터 항상 변함이 없었으며, 우리들의 오감에 있어서는 형언할 수 없이 쾌적한 장소일 것임에 틀림없다. 자칫 우리들은 어딘가 멀리에 있는 매우 짧은 순간만이 자신에게 좋은 기회를 가져다 줄 것이라고 생각하기 쉽다. 하지만 그러한 순간은 오히려 우리들의 주의력을 떨어뜨리는 원인이 되는 것이다. 모든 사물 바로 곁에 사물을 형성하는 힘이 존재한다. 바로 우리들 옆에서 세상의 위대한 법칙이 끊임없이 수행되고 있는 것이다. 바로 곁에 있는 것은 우리들이 고용한 채 마음 내키는 대로 이야기를 나누려고 하는 직공이 아니라, 우리들을 존재하게 한 그 직공인 것이다.

"천지의 영묘한 힘은 참으로 광대하고 심원하지 않은가?"

"그 힘은 바라보아도 보이지 않고, 귀를 기울여도 들리지 않는다. 사물의 본질과 일체가 되어 있기 때문에 거기서 떼어 낼 수가 없다."

"그 힘은 모든 우주 속에서 인간이 마음을 깨끗이 정화할 것을, 또한 의복을 갖추고 조상에게 희생과 공물을 바칠 것을 요구한다. 그것은 영묘한 예지의 바다다. 천지의 영력은 우리들 위나 좌우에, 또 모든 곳에 들어 차 있으며, 우리들을 완전히 감싸고 있다."[5]

누구나 내가 적잖이 흥미를 가지고 있는 실험의 피실험자가 될 수 있다. 이러한 상황에서 친구나 타인들에 대한 이야기에 빠져들지 말고 한동안 자신의 사상에 빠져 보자는 실험이다. 공자가 아주 적절하게 표현하지 않았는가? "덕은 외롭지 않다. 반드시 이웃이 있다."[6]고.

우리들은 사색에 잠겼을 때, 건전한 의미에서 자신을 잊을 수가 있다. 의식적으로 두뇌를 활동하게 함으로써 행위와 그 결과에서 거리를 두고 서 있을 수 있게 되는 것이다. 그렇게 하면 선악의 모든 것들이 우리들 곁을 성난

---

5) 이들 세 구절은 『중용』 제16장에서 인용했다.
6) 『논어』 제4 이인(里仁) 25.

물결처럼 지나쳐 가게 된다. 우리들은 '자연' 속에 완전히 동화되어 있는 것은 아니다. 나는 물의 흐름에 떠도는 나뭇조각이 될 수도 있으며, 하늘에서 그것을 내려다보는 인드라[7]가 될 수도 있다. 나는 극장의 공연물에는 감동할지도 모르지만, 그보다 훨씬 더 나와 관계가 있는 현실의 일에는 감동하지 않을지도 모른다. 나는 자신을 인간적 존재로만 알고 있는 것에 불과하다. 즉 이른바 사고와 감정의 무대로써만 알고 있는 것이다. 또한 나는 타인에 대해서뿐만 아니라 나에 대해서도 거리를 두고 서 있을 수 있는 어떤 종류의 이중성이 존재하고 있다는 사실도 의식하고 있다. 내가 제 아무리 강렬한 경험을 한다 하더라도, 내 속에는 그 경험을 공유하지 않고 단지 관찰하기만 하는 관찰자와 같은 부분이 있어서 그것이 판단하는 듯한 시선으로 바라보고 있다는 사실을 느끼는 것이다. 그 부분은 타인이 아니며, 그렇다고 해서 나 자신도 아닌 것이다. 인생의 연극—비극일지도 모른다—이 끝나면 그 관객도 자리를 뜬다. 그에게 있어서는 인생이라는 연극도 일종의 허구이며, 상상력의 산물에 지나지 않는 것이다. 이 이중성 때문에 우리들은 자칫 좋은 이웃이나 친구가 되지 못하는 경우가 있다.

---

[7] 고대 인도의 베다 신화에 등장하는 뇌정신(雷霆神).

나는 대부분의 시간을 혼자서 보내는 것이 건전하다고 생각하고 있다. 상대가 제 아무리 훌륭하다 할지라도, 사람들과 만나면 곧 따분해지고 피곤해지는 법이다. 나는 혼자 있는 것이 좋다. 지금까지 고독만큼 편하게 사귈 수 있는 친구를 만나 본 적이 없다. 우리들은 대부분 자기 방에 들어앉아 있을 때보다도 밖에서 사람들과 함께 섞여 있을 때 더욱 고독한 법이다. 생각을 하거나 일을 할 때, 사람은 어디에 있든 언제나 혼자인 것이다. 고독은 한 인간과 다른 인간 사이의 거리로 측량할 수 있는 것이 아니다. 활기찬 하버드 대학 기숙사의 한 방에 있는 참으로 근면한 학생은 사막의 수도승과 마찬가지로 고독하다. 농부는 하루 종일 홀로 밭이나 숲에서 괭이질을 하거나 나무를 베지만, 조금도 외로워하지는 않는다. 일에 열중하고 있기 때문이다. 하지만 저녁이 되어 집으로 돌아오면, 홀로 방에 앉아서 생각에 잠기질 못하고 '모두를 만날 수 있는 곳'으로 가서 기분 전환을 하면서 낮 동안의 고독을 채울 수 있을 것이라고 생각되는 일을 하지 않고서는 견디지 못하는 것이다. 그렇기 때문에 그는 어떻게 학생이 밤새도록, 그리고 낮에도 대부분의 시간을 홀로 집에 앉아서 따분해 하지도 않고 '우울함에 잠기지도 않은 채' 지낼 수 있는 것인지 신기하게 생각하는 것이다. 학생은 집 안에 있어도 사실은 농부와 마찬가지로 자신의 밭에서 일을 하며, 자신의 숲에서 나무를 베는 것이라는 사실, 그도 또한 농부와 마찬가지로 기분 전환과 교제를—좀 더 응축된 형태이긴 하지만— 원하고 있다는 사실을 농부는 도무지 이해하지 못하는 것이다.

일반적으로 인간과 인간의 교제는 너무나도 가치가 없다. 우리들은 서로에게 이익을 주는 새로운 가치를 몸에 익히기 위해서는 변변히 시간을 활용하지도 않았으면서 거의 끊임없이 서로 얼굴을 마주하고 있다. 하루에 세 번, 식사라는 명목으로 모여 서로 자랑거리도 되지 않는 곰팡이 핀 오래 된 치즈—즉 우리들 자신—를 그때마다 상대에게 내민다. 그래서 우리들은 이 빈번한 만남을 어떻게 해서든 자제하게 하여 공공연히 싸움을 일으키지 못하도록 예의범절이라 불리는 일련의 규칙을 만들어 내지 않을 수 없었던 것이다. 우리들은 우체국이나 친목회에서, 혹은 매일 밤 난로 주위에서 얼굴을 마주한다. 우리들은 어깨를 부비며 생활하고 서로를 방해하며, 서로의 발목을 잡는다. 내 생각으로는 이렇게 해서 서로에 대한 존경심을 잃어가는 것이다. 만남의 횟수를 좀 더 줄인다 해도 마음이 담긴 소중한 만남은 충분히 가능할 텐데도. 공장에서 일하는 아가씨들을 생각해 보기 바란다. 그녀들은 꿈속에서조차도 결코 혼자서는 있질 않는다. 차라리 내가 살고 있는 이곳처럼 1제곱 마일에 한 사람밖에 살고 있지 않은 편이 낫다. 인간의 가치가 피부에 있어서 만져 보지 않고서는 알 수가 없는 것도 아닐 테니.

한 사내가 숲 속에서 길을 잃고 굶주림과 피로로 거의 죽게 되어 나무 밑에 쓰러졌을 때, 몸이 약해져 있었기 때문에 병적인 상상력이 발동하여 주위에 기괴한 환영이 차례차례 나타나기 시작했다. 그는 그것을 완전히 실물이라고 착각하고 있었기 때문에 오히려 고독을 느끼지 않았다고 한다. 그렇다면 우리들은 심신이 모두 건강하고 튼튼하니, 그 사내의 상대와 비슷하다고는 하지만 그것보다는 훨씬 정상적이고 자연스러운 친구들과 교제를 함으로 해서 끊임없이 힘을 얻게 되고, 자신이 결코 혼자가 아니라는 사실을 깨닫게 되는 것은 아닐까?

우리 집에는 수많은 친구들이 존재한다. 특히 찾아오는 사람이 없는 오전 중에는. 내가 놓여 있는 상황에 대한 이해를 돕기 위해서 두세 가지 비유로 설명을 해보겠다. 나는 요란스러운 소리로 웃는 아비나 월든 호수처럼 조금도 외롭지가 않다. '그래? 그 고독한 호수에 어떤 친구들이 있다는 거지?' 하지만 그 군청색 호수 속에는 푸른빛의 음울한 악마가 아닌 푸른 옷을 입은 천사가 살고 있는 것이다. 태양도 혼자다. 흐린 날에는 두 개로 보일 때도 있지만, 하나는 가짜 태양인 것이다. 신도 혼자다. 하지만 악마는 혼자는커녕 무수한 친구들에 둘러싸여서 그야말로 대군⁸⁾을 이루고 있다. 나는 목장에 핀 한 송이 우단현삼이나 민들레와 콩잎, 꿩의밥, 등에, 뒤영벌 등과 마찬가지로 조금도 외롭지 않다. '마을의 중심부를 흐르는' 밀부룩이나 풍향계, 북극성, 남풍, 4월의 소나기, 1월의 눈 녹음, 새로 지은 집에 나타나는 첫 거미 등이 외롭지 않은 것처럼 나도 외롭지 않다.

긴 겨울 밤, 눈이 펑펑 쏟아지고 숲 속에서 바람이 울부짖을 때 나는 월든 호수를 파서 돌로 견고히 다지고 소나무 숲으로 그 주위를 둘렀다고 하는, 옛 이주민 중에서 가장 처음 이 땅의 주인이 되었다던 인물⁹⁾의 방문을 받을 때가 있다. 그는 지난 시대의 이야기와 새로운 영원에 대해서 이야기를 해준다. 사과나 사과주가 없어도 둘은 서로 흥허물 없이 농담을 주고받고, 기분 좋게 서로의 의견을 교환하기도 하면서 매우 즐거운 하룻밤을 보내는 것이다. 그는 내가 아주 좋아하는, 매우 현명하고 유머에 넘치는 친구인데, 고프나 휠리¹⁰⁾보다 더욱 사람들의 눈에 띄지 않

---

8) 신약 성경 마가복음 5장 9절에 "내 이름은 군대니 우리가 많음이니이다."라는 구절이 있다.
9) 그리스 신화에 등장하는 목신(牧神) 판이 아닐까 생각된다. (Harding)
10) William Goffe(1605 ?~79), Edward Whalley(?~1674 ?). 17세기 청교도 혁명 때 찰스 1세를 사형시킨 고등 법원의 판사. 왕정 복고 후, 미국으로 도망쳐 숨어살았다.
11) 어머니로서의 자연을 말하는 것 같다. (Harding)

는 생활을 하고 있다. 세상 사람들은 그가 죽은 것으로 알고 있는데, 그 누구도 그가 매장 된 곳을 알지 못한다. 또 한 명, 역시 대부분의 사람들 눈에는 보이지 않는 노부인[11]이 이 부근에 살고 있다. 나는 때때로 그녀의 향기로운 약초원을 산책하면서 약초를 따거나, 그녀가 들려주는 우화에 귀를 기울이기를 좋아했다. 이 사람은 헤아릴 수도 없이 풍부한 재능을 가지고 있으며, 그 기억력은 신화 시대 이전까지 거슬러 올라가기 때문에, 모든 우화의 기원과 우화의 근본이 되는 사실까지도 사람들에게 들려줄 수가 있다. 그러한 사건들은 그녀가 아직 젊었을 때 일어났기 때문이다. 어떤 날씨나 계절도 기꺼이 맞아들이는 이 혈색 좋고 발랄한 노부인은 자신의 그 어떤 자손보다도 오래오래 살 것이다.

태양, 바람, 비, 여름, 겨울. 이러한 말로 표현하기 힘든 '자연'의 때묻지 않은 순수함과 깊은 은혜가 영원하고 커다란 건강과 기쁨을 선사해 준다! 그들은 인류와 깊은 공감대를 형성하고 있기 때문에 누군가가 그럴듯한 이유로 탄식하고 슬퍼하면 자연계의 모든 것이 그것에 감화되어 태양은 빛을 잃어버리고, 바람은 인간처럼 한숨을 쉬며, 구름은 눈물처럼 비를 뿌리고, 숲은 한여름에도 잎을 떨구고 소복을 입을 것이다. 대지와 나는 서로를 이해할 수 있지 않을까? 내 몸의 일부는 이파리며, 식물의 부식토가 아니었던가?

 인간을 언제나 건강하게, 기분 좋게, 만족스럽게 해주는 묘약은 무엇일까? 그것은 우리들의 증조 할아버지가 주는 약이 아니라 증조 할머니인 '자연'이 주는 것과 같은 보편적이고 식물적인 야생의 약이다. 이 약 덕분에 그녀는 언제까지나 젊음을 유지하고 있으며, 파 노인[12]과 같이 장수한 지난날의 어떤 사람들보다도 오래 살아온 것이며, 그들의 썩어가는 지방분으로 자신의 건강을 길러올 수가 있었던 것이다. 여기서 내가 애용하는 만병통치약에 대해서 이야기해 보자면, 삼도천(三途川) 아케론의 물에 사해의 물을 섞어서 만든 엉터리 조합약을 담은 병이, 곧잘 그것의 운반에 사용되고 있는, 가늘고 길며 바닥이 얕고 검은 칠을 한 포장마차를 꼭 빼닮은, 짐마차로부터 엄중한 분위기 속에서 꺼내지곤 하지만, 나는 그런 것은 쳐다보지도 않는다. 나는 다른 것은 조금도 섞이지 않은 아침 공기를 가슴 가득 들이마시고 있다. 아침 공기! 만약 사람들이 하루의 수원(水源)에서 이것을 마시지 않는다면, 이 세상의 아침 시간에 들어갈 예약 입장권을 잃어버린 사람들을 위해서 우리들은 반드시 병에 그것을 담아서 팔지 않으면 안 될

---

12) Thoman Parr. 영국인. 1483년생. 1635년에 152세의 나이로 숨졌다고 알려져 있다.

것이다. 단, 아침 공기는 제 아무리 온도가 낮은 지하실에 넣어 둔다 하더라도, 점심 시간 때까지도 견디지 못하고 그보다 훨씬 전에 뚜껑을 열어젖히고 여명의 여신 아우로라의 뒤를 따라서 서쪽으로 가 버린다는 사실을 잊지 말기 바란다. 나는 결코, 저 나이 든 약초의 신 아스클레피오스의 딸로서 한 손에는 뱀을, 다른 한 손에는 때때로 뱀에게 먹일 물약이 든 잔을 쥔 모습으로 기념비 등에 조각되어 있는 건강의 여신 히기에라를 숭배하지 않는다. 내가 숭배하는 것은 유피테르의 잔을 받쳐들고, 신과 인간이 청춘의 활력을 되찾게 하는 힘을 가지고 있는 유노와 야생 상추의 딸, 청춘의 여신인 헤베이다. 그녀야말로 지난날 이 지구상에 살았던 모든 아가씨들 중에서 가장 완전무결한 육체와 건강함과 씩씩함을 함께 갖추고 있던 유일한 아가씨였을 것이다. 그래서 그녀가 모습을 드러내면 언제나 봄이 찾아왔던 것이다.

방문객들

방문객들

 사교를 좋아한다는 면에서 나는 누구에게도 뒤지지 않을 것이다. 혈기왕성한 사람이 찾아오면, 한동안은 찰거머리처럼 들러붙어서 떨어지지 않으려고 잔뜩 도사리고 있다. 나는 원래 세상을 등진 사람이 아니며, 때에 따라서는 술집에 가서 그 어떤 단골보다도 오랫동안 끈덕지게 눌러앉아 있을 수도 있을 것이다.

 우리 집에는 의자가 세 개 있었다. 하나는 고독을 위해서, 다른 하나는 우정을 위해서, 마지막 하나는 사교를 위해서였다. 생각지도 않게 수많은 방문객들이 찾아오면 세 번째 의자가 부족하게 되지만, 모두들 선 채로 좁은 공간을 잘 사용해 주었다. 이렇게 작은 집에 실로 수많은 뛰어난 남녀들을 수용할 수 있다는 사실에 놀라지 않을 수가 없다. 우리 집에 영혼과 육체를 가진 사람들이 한 번에 25명에서 30명까지 들어온 적도 있었는데, 그래도 서로 그렇게 가까이 있었다고는 생각하지 않고 헤어지는 적이 종종 있었다. 우리들 집은 대부분 공사를 막론하고 헤아릴 수도 없이 많은 방과 거실을 가지고 있으며, 거기에 와인 등과 같은 평화로운 시대의 탄약을 쌓아 두기 위한 지하실까지 갖추고 있어서 거주자에게는 터무니없이 크게 여겨진다. 집이 너무 넓고 당당한 때문인지, 살고 있는 사람들은 거기에 둥지를 틀고 있는 쥐 정도로밖에 보이질 않는다. 전령이 트레몬트나 애스터, 미들섹스 하우스[1]와 같은 호텔 앞에서 집합 나팔을 불면, 숙박자 전원을 위한 복도에 단 한 마리의 우스꽝스러운 생쥐[2]가 기어 나와 눈 깜빡할 사이에 다시 포장 도로에 난 구멍 속으로 도망을 가 버리니, 놀라움을 금할 길이 없다.

  작은 집에 살면서 때로 불편함을 느끼곤 했는데, 그건 방문객과 내가 커다란 사상에 대해서 거창한 언어로 이야기를 시작할 때 둘 사이에 충분한 거리를 유지할 수 없을 경우였다. 사상이 목적한 항구에 도착하기 위해서는 우선 출항을 준비하고 한두 번 정도 시험 항해를 해볼 수 있을 정도의 여유가 필요하다. 사상의 탄환이 어김없이 듣는 사람의 귀에 명중하기 위해서는 우선 좌우로 일탈하는 것이나 도약 운동을 극복해야 하며, 마지막으로는 안정된 탄도에 오르지 않으면 안 된다. 그렇지 않으면 오른쪽으로 들

---

[1] 각각 당시 보스턴, 뉴욕, 콩코드에 있었던 유명한 호텔.
[2] 호라티우스의 『시법』 1장 · 139절에서.

어가서 왼쪽으로 빠져나오는 결과를 초래하게 될지도 모른다. 이와 마찬가지로 우리들의 문장에도 우선은 전개를 한 뒤, 잠깐 사이를 두어서 대열을 정비할 만큼의 여유가 필요했던 것이다. 개인도 국가와 마찬가지로 상호 간에 적당한 폭을 지닌 자연스러운 경계선, 다시 말하자면 상당한 넓이를 가진 중립 지대를 두지 않으면 안 된다. 내게는 호수 너머 건너편 기슭에 있는 친구에게 이야기를 거는 것이 아주 커다란 사치로 여겨지곤 했다. 하지만 오두막 안에 있으면 상대가 너무 가까이에 있어서 오히려 말이 제대로 들리질 않았다. 서로가 상대방이 알아들을 수 있을 정도의 낮은 목소리로 이야기하질 못했기 때문이다. 마치 잔잔한 수면에 던져진 두 돌멩이가 너무 가까이 떨어지면 서로의 파문이 상대의 파문과 어지럽게 난무하듯이. 단순하게 커다란 목소리로 이야기하는 것뿐이라면, 서로 뺨과 뺨을 맞대고 서로의 숨결을 느낄 수 있을 정도로 가까이 서서 이야기를 하면 된다. 하지만 신중하고 사려 깊게 이야기를 하려는 경우에는 서로의 체온과 습기가 충분히 발산될 수 있을 정도의 거리가 필요한 것이다.

  만약 우리들이 각자의 내부에, 이야기를 하지 않아도 존재하며, 혹은 이야기의 차원을 넘어서 존재하는 것과 친밀하기 그지없는 교제를 원한다면, 단순히 침묵을 존중하는 것뿐만 아니라 평소에는 어떤 경우라도 상대의 목소리가 들리지 않을 만큼 육체적으로 멀리 떨어져 있어야만 한다. 이 사실을 기준으로 비춰 보자면, 이야기할 때 쓰는 언어란, 마음의 목소리가 잘 들리지 않는 사람들을 위해서 존재하는 하나의 방편에 불과한 것이다. 커다란 목소리로 외쳐 보라고 해도 말로는 표현하지 못하는 미묘한 무엇인가가 헤아릴 수도 없이 많이 존재하는 법이다. 친구와의 이야기가 점점 고상하고 웅대한 빛을 띠기 시작함에 따라서 우리들은 조금씩 의자를 뒤로 밀어 상대로부터 멀어지며, 결국에는 두 사람의 의자가 서로 마주보고 있는 구석의 벽 끝에 부딪쳐 버리게 된다. 그렇게 되면 '방이 너무 좁군.'이라고 생각하게 되는 것이다.

하지만 나의 '가장 좋은 방'—언제나 친구를 안내할 수 있으며 카펫에 햇빛이 외 닿는 경우도 거의 없는 응접실—은 집 뒤에 있는 소나무 숲이었다. 여름에 특별한 손님이 찾아오면 나는 그들을 그곳으로 안내했다. 그러면 '바람'이라는 훌륭한 하인이 나타나서 바닥을 깨끗이 쓸었으며, 가구의 먼지를 털고, 여러 가지 물건들을 정리해 주었다.

손님이 한 명일 때는 소박한 식사를 함께 나누곤 했는데, 즉석 푸딩을 만들거나 재 속에서 빵이 부풀어올라 구워져 가는 것을 지켜보는 동안에도 이야기가 끊이는 적은 없었다. 단지 스무 명이나 되는 사람들이 찾아와 집에 들어오는 경우에는, 가령 두 사람분의 빵이 있다 하더라도 식사에 대한 이야기는 꺼낼 수도 없었기 때문에, 마치 먹는 습성을 버린 것 같이 우리들은 너무나도 당연하게 금욕을 실행했다. 하지만 이것은 결코 손님을 대접할 줄 모르는 처사로는 받아들여지지 않고, 오히려 그 분위기에 가장 어울리는 배려심 깊은 접대로 받아들여졌다. 끊임없이 보강해야만 하는 체력의 소모와 쇠약이 이런 경우에는 이상하게도 완만해지는 듯, 왕성한 활력은 전혀 떨어지질 않았다. 나는 이런 식으로 스무 명이 아니라 천 명이라도 대접할 수 있었을 것이다. 그리고 만약 우리 집에 있다가 고픈 배를 움켜쥐고 자신의 집으로 돌아간 사람이 있다면, 적어도 내가 진심으로 동정했었다는 사실만은 믿어 주길 바란다.

집안일을 맡고 있는 수많은 사람들은 쉽게 못 믿을지도 모르겠지만, 낡은 습관을 버리고 전보다 좋은 습관을 새로이 만들어 내는 것은 그다지 어려운 일이 아니다. 손님에게 내는 좋은 식사의 평판을 높일 필요는 없다. 내가 다른 사람의 집을 빈번하게 방문하려고 드는 마음을 쉽게 버릴 수 있었던 것은, 지옥 문을 지키고 있는 케르베로스와 같은 무시무시한 개가 있었기 때문이 아니라, 나를 대접하려고 상대가 과장된 행동을 취했기 때문이다. 나는 그것을 두 번 다시는 나를 귀찮게 하지 말아 달라는 상대방의 은근하고도 비유적인 의사 표시로 받아들였다. 두 번 다시는 그런 경험을 하고 싶지 않다. 어떤 방문객이 명함 대신에 노란 호두나무 잎에 적어 놓은 다음과 같은 스펜서의 시구를 나는 내 오두막의 표어로서 자랑스레 내걸고 싶다.

그곳에 도착하여 그들은 조그만 오두막을 가득 메웠다.
주인도 없으며, 그 누구도 환대를 바라지 않는다.
휴식이야말로 그들의 향연이며 모두 마음가는 대로 행동한다.
숭고한 정신만이 참된 만족을 알고 있다.[3]

후에 플리머스 식민지의 총독이 된 윈즐로[4]는 의례적으로 매사소이트를 방문하려고 동료 한 사람과 함께 숲 속을 걸어서 통과했다. 그들이 피로에 지치고 배가 고픈 상태로 매사소이트의 오두막에 도착했을 때, 두 사람은 그들부터 성대한 환영을 받았지만, 그날은 결국 식사 얘기가 나오질 않았다고 한다. 그들의 말을 인용하자면, 밤이 되

---

3) Edmund Spenser, 『*Faerie Queene*』 I 권, I 편, 35연.
4) Edward Winslow(1595~1655). 1620년에 메이플라워호를 타고 플리머스에 상륙했다.
5) 이상의 인용은 윈즐로의 『*A Relation or Journall of the Beginning and Proceedings of the English Plantation at Plimouth in New England*』(London, 1622, Part II)에서.

어 '추장은 우리들을 자신과 아내가 자는 침대에서 함께 자도록 했다. 그들이 한쪽 끝에서, 그리고 다른 한쪽 끝에서 우리들이 잔 것이다. 침대라고 해봐야 지상 1피트 높이에 널빤지를 한 장 깔은 것일 뿐으로, 그 위에는 얇은 멍석이 깔려 있었다. 장소가 없었으므로 추장의 심복들이 두 사람 더 우리와 함께 잤다. 이렇게 우리들은 여행을 하는 것 이상으로 잠자리 때문에 피로를 느꼈다.'

다음날 오후 1시경, 매사소이트는 잉어보다 세 배 정도는 큰 '자신이 잡은 물고기를 두 마리 가지고 왔다.', '그것을 삶고 있자니 적어도 40명은 되는 사람들이 자신의 몫을 받으려고 몰려들어 그들 대부분이 물고기에 들러붙었다. 2박 3일을 지내는 동안 우리들이 먹은 것이라고는 고작 그것이 전부였다. 우리 둘 중 한 사람이 야생 꿩을 한 마리 사지 않았더라면, 그야말로 단식 여행이 될 뻔했다.' 먹을 것이 없었을 뿐만 아니라, '야만인들이 부르는 야만적인 노래—그들에게는 노래를 부르며 잠에 드는 습관이 있었다—'[5] 덕분에 밤에도 잠을 자지 못했기 때문에 머리가 이상해지면 안 되겠고, 또 아직 여행할 수 있는 체력이 남아 있을 때 집에 도착해야겠다고 생각했기에 그들은 그곳을 떠났다. 잠자리에 관해서는 두 사람에 대한 대우가 좋지 않았던 것은 사실이지만, 그들이 불편하다고 느꼈던 일들은 모두 두 사람에 대한 경의를 표하기 위해서 행해진 일들이었다. 그리고 음식에 관한 한 인디언들은 그 이상 어떻게 해볼 도리가 없었던 것이다. 자신들이 먹을 것조차 없었으며, 변명이 손님에게 대접할 음식을 대신할 수 있다고 생각할 만큼 어리석지도 않았기 때문이다. 그래서 그들은 허리띠를 한층 더 졸라매고 먹을 것에 대해서는 한마디도 하지 않기로 한 것이다. 윈즐로가 다음에 그들을 방문했을 때는 식량이 풍부한 계절이었기 때문에 먹을 것으로 고민하는 일은 없었다.

인간인 이상, 그 어디를 가더라도 사람들의 방문이 끊이는 적은 없다. 숲에서 사는 동안, 나는 그 이전까지의 인생의 그 어느 시기보다도 많은 사람들의 방문을 받았다. 그렇다고 해도 다소간의 방문객이 있었다는 정도에 불과하기는 하지만. 그들 중 몇몇 사람과는 다른 곳에서는 바랄 수도 없을 정도로 뛰어난 환경 속에서 얼굴을 마주할 수 있었다. 한편 하찮은 용건으로 나를 만나러 오는 손님은 줄었다. 이 점에 있어서는 마을에서 떨어져 있는 것만으로도 친구들이 추려졌다고 말할 수 있을 것이다. 교제라는 강물이 흘러드는 고독의 넓은 바다 멀리 한가운데 들어앉아 있었던 덕분에 내 필요를 만족시킬 수 있었던 점에 대해서 말해 보자면, 우선은 주위에 최상의 침전물만이 쌓이게 되는 결과를 낳았다는 점이다. 그리고 다른 편에 있는 아직 탐험도, 경작도 하지 않은 대륙에 대한 여러 가지 증거품까지 내 주위로 표류해 오곤 했다.

오늘 아침에는 놀랍게도 진짜 호메로스 풍의, 혹은 파플라고니아인[6] 풍의 사내가 내 오두막을 찾아왔다―그는 이 환경에 너무나도 잘 어울리는 시적인 이름을 가지고 있기 때문에, 안타깝게도 여기서 그 이름을 밝힐 수는 없다―.[7] 그는 캐나다 출신 나무꾼으로 기둥을 깎는 일도 하고 있는데, 하루에 50개나 되는 기둥에 구멍을 뚫을 수가 있으며, 어제 저녁으로는 기르던 개가 물고 온 우드척을 먹었다고 하는 그런 사내였다. 그도 호메로스에 대해서는 들은 적이 있으며, "책이 없었다면 비가 오는 날에 무엇을 하면 좋았을지 몰랐을 것이다."라고는 말하지만, 몇 번이고 장마철이 찾아오는 동안 단 한 권의 책도 끝까지 읽은 적은 없었던 듯하다. 그가 태어난 먼 고향의 교구에 살고 있었을 때, 그리스어를 조금 할 줄 아는 목사가 있어서 성경의 한 구절을 그리스어로 들려주었다고 한다. 이번에는 내가 그에게 『일리아드』를 쥐어 주고 아킬레우스가 파트로클로스의 슬퍼하는 얼굴을 보고 "자네는 어째서 어린 아가씨처럼 눈물을 흘리고 있는 게지? 파트로클

---

[6] 파플라고니아는 소아시아 북부의 흑해에 면해 있었던 고대 국가. 대부분의 국민이 숲 속에서 살았던 것으로 알려져 있다.
[7] 이 인물은 프랑스계 캐나다인 Alex Therien이라고 알려져 있다.

로스여."라고 말하는 부분을 번역해 줄 차례다.

 아니면 자네 홀로 프티아에서 온 어떤 전갈을 받기라도 했는가?
 엑토르의 아들 메네티우스는 아직도 살아 있다고 하고,
 아이아코스의 아들 펠레우스도 아직 미르미돈 사람들의 나라에 살고 있다고 하질 않는가?
 그들 중 누군가가 목숨을 잃었다면 우리들이 뼈저리게 슬퍼하는 것도 당연한 일이겠지만.[8]

 그는 "이거 좋은데."라고 말했다. 이 일요일 아침, 그는 어떤 병자를 위해서 모은 커다란 흰 참나무 껍질[9] 다발을 옆구리에 끼고 있었다. "이런 걸 모으러 가는 거라면 안식일이어도 별로 문제될 건 없다고 생각해서."라고 그는 말했다. 그에게 있어서 호메로스는 대작가다. 그의 책에 어떤 내용이 적혀 있는지는 모르지만. 이처럼 소박하고 자연을 닮은 사람을 쉽게 찾아볼 수는 없을 것이다. 이 세상에 그토록 어두운 퇴폐의 그림자를 드리우고 있는 악덕과 병도, 이 사람에게 있어서는 전혀 존재하지 않는 것과 마찬

---

8) 『일리아드』 제16권.
9) 당시 민간 요법으로 쓰이던 수렴제(收斂劑).

가지다. 나이는 28세 정도, 미합중국에서 일을 해서 언젠가는 다시 캐나다로 돌아가 농장을 살 수 있을 만큼의 돈을 벌려고 12년쯤 전에 모국과 아버지의 집을 뒤로한 것이다. 매우 우락부락한 체격을 가진 사내로 건강하기는 했지만 움직임이 느렸으며, 그런데도 동작은 우아해 보였다. 두꺼운 목은 햇빛에 그을러 있었고, 머리카락은 검고 덥수룩했으며, 눈은 졸려 보이는 푸른빛이었는데 종종 풍부한 감정을 드러내 보이며 빛나는 적이 있었다. 헝겊으로 만들어진 평평한 회색 모자를 쓰고, 어두운 양털색 외투를 입고, 소가죽 부츠를 신고 있었다. 그는 육식을 대단히 좋아하는 사람으로, 언제나 양철로 만들어진 도시락에 점심을 넣어가지고는 우리 집 앞을 지나서 2마일 정도 떨어진 곳에 있는 자신의 일터로 가곤 했다—그는 여름 내내 나무를 베었다—. 그 도시락 안에는 차가운 고기가 들어 있었으며, 그것도 우드척 고기가 들어 있는 적이 많았다. 또 돌로 만든 병에 커피를 담아서 허리띠에 차고 다녔는데, 종종 내게도 마셔 보지 않겠느냐고 권하기도 했다.

그는 아침 이른 시간에 내 콩밭을 가로질러서 지나다녔는데 미국인들처럼 한시라도 빨리 일에 임해야겠다며 서두르는 기색은 전혀 보이질 않았다. 무엇보다도 부상을 당하기 싫었기 때문이었다. 겨우 하숙비 정도밖에 벌지 못한다 해도 전혀 신경을 쓰지 않았다. 길을 가다가 그가 기르는 개가 우드척을 잡으면 도시락을 수풀 속으로 던져 둔 채 1.5마일이나 되는 거리를 되돌아가 그것을 발라낸 뒤, 밤이 될 때까지 안전하게 호수 속에 보관해 둘 방법은 없는지 거의 30분 정도 이런저런 생각을 했다—그는 이런 문제에 대해서 골똘히 생각하기를 좋아했다—. 그러다가 결국에는 하숙을 하고 있는 집 지하실에 그것을 보관해 두러 가곤 하는 것이었다. 아침이면 지나는 길에 곧잘 이런 말을 하곤 했다. "비둘기가 꽤 많은 걸! 매일 일하는 것이 내 일과가 아니었다면, 비둘기며 우드척, 토끼, 꿩을 샅샅이 잡아내서 고기를 얼마든지 마음껏 먹을 수 있을 텐데! 그럼, 하루면 일주일분을 잡을 수 있을 거야."

그는 뛰어난 나무꾼으로 자신의 기술을 보기 좋게 꾸미기를 좋아했다. 예를 들어서 나무를, 수평으로 지면에서 아주 가까운 부분을 자르는 등의 행동은 나중에 거기서 자라날 싹이 건강하게 자랄 수 있도록 하기 위함이며, 또한 썰매가 그루터기 위를 매끄럽게 지나갈 수 있도록 하기 위해서이기도 했다. 그리고 쌓아 올린 장작 더미를 지탱하는 봉만 해도 그것을 그대로 남겨두는 것이 아니라 깎아서 아주 얇은 말뚝이나 대오리처럼 만들어 언젠가 필요 없이 되었을 때는 손으로 부러뜨릴 수 있도록 만들어 쓰곤 했다.

이 인물이 내 흥미를 끈 것은 매우 말이 없고 고독해 보였지만, 한편으로는 행복해 보이기도 했기 때문이었다. 그의 눈에는 쾌활함과 만족감이 샘처럼 솟아오르고 있었다. 그의 기뻐하는 모습은 솔직하고 거짓이 없어 보였다. 때때로 숲 속에서 나무를 베고 있는 그를 만나곤 했었는데, 그럴 때마다 그는 말로 표현할 수 없는 만족감이 어린 환성을 올리며 캐나다 특유의 억양이 섞인 프랑스어로 인사를 했다—그는 영어도 잘 했다—. 내가 곁으로 다가가면 그는 일하던 손을 멈추고 기쁨을 억누르면서 쓰러트린 소나무 줄기 곁에 누워 나무의 내피를 벗겨내어 둘둘 만 다음, 그것을 씹으며 웃거나 이야기를 했다. 이처럼 그는 동물적 생기가 넘쳐 나는 사람이었기에, 뭔가 재미있는 일이라도 떠올리면 더 이상 견디지 못하고 땅에 쓰러져 웃으며 뒹굴었다. 그는 주위의 나무들을 바라보며 곧잘 이렇게 외치곤 했다. "누가 뭐래도 여기서 나무를 하며 사는 것만큼 즐거운 일도 없어. 내게 이 이상의 즐거움은 필요하지 않아." 때때로 여유가 생기면 그는 소형 권총을 들고 하루 종일 숲 속을 돌아다니며 일정한 간격을 두고 자신을 위해서 축포를 쏘아 올리며 즐거워하곤 했다. 겨울날 낮에는 모닥불을 피워놓고 그 불로 주전자에 넣어 둔 커피를 데웠다. 그가 장작에 앉아서 도시락을 먹고 있으면, 가끔 박새가 날아와 그의 팔에 앉아 그가 주는 감자를 쪼곤 했다. 그는 "이렇게 조그만 녀석들이 주위에 있어 주는 게 기뻐."라고 말했다.

그의 내부에서는 주로 동물적 인간이 자라고 있었다. 육체적인 지구력과 만족감이라는 점에 있어서 그는 거의 소나무나 바위와 다를 바가 없었다. 언젠가 그에게 "하루 종일 일을 하고 나면 밤에는 피곤하지 않나?"라고 물은 적이 있었다. 그러자 그는 성의가 담긴 진지한 표정으로 "무슨 소리야? 난 단 한 번도 피곤해 본 적이 없다고."라고 대답했다. 하지만 지적인 인간, 혹은 흔히들 말하는 정신적 인간은 그의 내부에서 어린아이처럼 잠들어 있었다. 그는 가톨릭의 사제들이 원주민을 교육할 때와 같은 매우 순수한, 하지만 효과가 별로 없는 방법으로 교육을 받은 적이 있을 뿐이었다. 그러한 방법으로는 학생들이 사물을 자각하는 데까지는 도저히 도달할 수 없으며 그저 신뢰와 존경심만을 갖게 될 뿐이기 때문에, 어린아이는 아무리 시간이 흘러도 어른이 되지 못한다. '자연'은 그를 창조할 때 70 평생을 어린아이의 모습 그대로 살아갈 수 있도록 건강한 신체와 만족감을 그의 몫으로 부여했으며, 거기에 존경과 신뢰라는 기둥으로 사방을 지탱할 수 있도록 해주었던 것이다.

그는 너무나도 순진하고 소박했기 때문에, 이웃에게 우드척을 소개하는 것 이상으로, 사람들에게 소개하기 어려웠다. 그는 자신 이외의 그 어떤 역할도 연기하려 들지 않았다. 여러 사람들이 그의 노동에 대해서 품삯을 주고, 의식(衣食)의 길을 도와줬지만, 그는 결코 그 누구하고도 의견을 교환하지 않았다. 매우 단순하고 천성이 겸허했기 때문에 ―만약 커다란 소망이 없는 사람을 겸허하다고 말할 수 있다면― 겸허함이 눈에 띄는 그의 미덕이 될 수 없었으며, 그 자신도 겸허함의 존재를 깨닫지 못할 정도였다. 그에게 있어서 자신보다 현명한 사람은 거의 신과 같은 존재였다. 그런 사람이 지금 오고 있다고 가르쳐 주면, 그렇게 훌륭한 사람이 자신과 같은 사람에게 볼일이 있을 리가 없으며, 모든 일은 그 사람이 알아서 처리할 테니 자신은 평소와 다름없이 그냥 내버려둘 것이라고 생각하고 있는 듯했다.

그는 자신을 칭찬하는 소리를 들어 본 적이 없었다. 그는 특히 작가나 목사를 존경하고 있었으며, 그런 사람들이 하는 일은 기적과도 같은 일이라고 생각하고 있는 듯했다. 나도 이것저것 꽤 많은 글들을 쓰고 있다고 말했더니, 그는 그 후로 상당 기간 동안 내가 글씨를 연습하고 있다고 말한 줄로 착각을 하고 있었다. 왜냐하면 자기 자신이 상당히 글씨를 잘 썼기 때문이다. 나는 때때로 길가 눈 위에 그가 태어난 곳의 교구의 이름이 정확한 프랑스어 악센트 기호가 딸린 글자로 아름답게 적혀 있는 것을 보고 그가 거기를 지나갔다는 사실을 알 수 있었다. 나는 그에게 '자신이 생각하고 있는 것을 글로 써보고 싶은 마음은 없냐?'고 물어보았다. 그랬더니 "글을 쓰고 읽지 못하는 사람들을 위해서 편지를 읽어 주거나 써 준 적은 있지만, 내 생각을 써 보고 싶다고 생각한 적은 한 번도 없다. 아니, 쓸 수 없다. 무엇보다도 어떻게 시작해야 할지를 모르며, 그런 짓을 하면 수명이 단축되어 버린다. 그리고 글을 쓰려면 철자법에도 주의를 기울여야 하고."라고 답을 했다.

한 저명한 사회 개혁론자가 그에게 "세상이 변혁되기를 바라고 있지 않은가?"라고 물었다고 한다. 그런데 그는 그런 문제가 세상에서 화제가 되고 있다는 사실은 눈곱만큼도 알지 못한 채, 질렸다는 듯이 쿡쿡 웃으며 캐나다 특유의 억양으로 이렇게 대답했다고 한다. "아니, 지금 이대로가 좋아요." 철학자라면 그와의 사귐을 통해서 여러 가지 것들을 배울 수 있었을 것이다. 그에 대해서 잘 알지 못하는 사람들의 눈에는 그가 매우 무식한 사람으로 보였을지도 모른다. 하지만 나는 그에게서 지금까지 본 적이 없었던 인간을 발견할 수가 있었다. 나는 이 사람이 과연 셰익스피어에도 뒤지지 않을 만한 현인인지 단순히 어린아이처럼 무지한 사람인지, 섬세한 시인의 의식을 가지고 있는 사람인지, 아니면 어리석은 사람인지를 도무지 알 수가 없었다. 어떤 마을 사람의 말에 의하면, 그가 그 평평하고 작은, 챙이 없는 모자를 쓰고 휘파람을 불면서 한가롭게 마을을 지나는 모습을 보면, 마치 평민 복장을 하고 몰래 마을을 돌아보고 있는 왕자의 모습이 생각난다고 한다.

그가 갖고 있는 책이라고는 역서(曆書)와 산술책이 각각 한 권씩 있을 뿐이었다. 그의 산술 실력은 상당한 것이었다. 그에게 있어서 역서는 일종의 백과사전으로, 거기에는 인간의 지식이 요약되어 빼곡하게 들어 차 있는 것이라고 그는 믿고 있었는데, 실제로 그것은 상당 부분 맞는 말이기도 했다. 나는 요즘 일어나고 있는 여러 가지 개혁에 대한 그의 의견을 묻기를 좋아했다. 그러면 그는 어떤 경우에라도 반드시 그것에 대해서 매우 단순하고 실제적인 견해를 들려주곤 했다. 그때까지 개혁 문제에 대해서 단 한 번도 들어 본 적이 없었을 텐데도. "공장 같은 건 없어도 살아갈 수 있다고 생각하는가?"라고 물었더니, "나는 버몬트 그레이로 손수 만든 옷을 입고 있는데, 아주 좋아."라고 대답했다. "차나 커피 같은 건 없어도 될까? 우리나라에 물 외에 뭔가 그럴듯한 음료수가 있을까?"라고 물었더니, "전에 솔송나무 잎을 물에 담가 두었다가 마셔 본 적이 있었는데, 더울 때는 물보다 낫다고 생각했었지."라는 대답을 했다. "돈이 없어도 살아갈 수 있을까?"

라고 물어보았더니, 그는 뜻밖에 화폐 제도의 기원에 관한 가장 철학적인 해석과, 라틴어로 '금전·재산'을 의미하는 Pecunia라는 말의 어원인 'Pecus(소)'까지 암시하는, 그것도 이들 내용과 완전히 일치하는 방법으로 금전의 편리성에 대해서 설명해 주었다. 즉 그가 소 한 마리를 재산으로 가지고 있는데 어떤 가게에서 바늘과 실을 사야 한다고 한다면, 그에 해당하는 금액에 대해서 매번 소의 일부를 저당 잡히는 것은 매우 불편한 일이며, 또 곧 불가능해져 버릴 것이 아닌가 하고 대답하는 것이었다.

그는 여러 가지 제도에 대해서 그 어떤 철학자보다도 멋들어지게 그것을 옹호하는 힘을 가지고 있었는데, 그것은 자신과의 관계 속에서 제도를 파악함으로써 그것들이 널리 세상에 행해지고 있는 참된 이유를 제시할 수 있었기 때문이며, 또한 사색에 의해서 방황하는 일이 없었기 때문이기도 하다. 한번은 플라톤이 '인간이란 날개 없는 두 발 짐승.'이다라고 정의한 것에 대해서 어떤 사람이 날개를 뽑아 버린 수탉을 내보이며 "자, 플라톤이 말한 인간이다."라고 말했다는 이야기를 들려주자, 그는 무릎이 굽혀지는 방향이 전혀 다르다는 점에 닭과 인간의 가장 큰 차이점이 있다고 생각한다고 대답했다. 그는 때때로 이렇게 외치곤 했다. "나는 얘기하는 게 정말 좋아! 하루 종일 이야기를 할 수 있다고!"

한번은 몇 개월 만에 그를 만나서 지난 여름 동안 뭔가 새로운 생각이라도 떠올랐느냐고 물었더니, "어떻게 그런. 나 같이 일하지 않으면 먹고 살 수 없는 사람들은 지금까지 했던 생각들을 잊어먹지 않기만 해도 다행이지. 만약에 자네와 함께 김매기를 하던 사람이 시합을 하자고 말하면, 자네의 생각은 온통 그쪽으로 쏠려서 잡초에 대해서만 생각하게 될 것이 틀림없네."라고 말했다. 이렇게 오랜만에 만나면 그가 먼저 "어때, 조금은 발전이 있었나?"라고 묻는 적도 있었다. 어느 겨울날, 나는 그에게 언제나 자신에게 만족하고 있냐고 물어보았다. 외부의 성직자를 대신하는 내부의 성직자가 존재한다는 사실, 좀 더 차원 높은 인생의 목적이 있을 수도 있다는 사실을 그에게 암시해 주고 싶었기 때문이었다. "만족하고 있냐고?"라며 그가 말했다. "사람에 따라서 무엇에 만족하는지 그 대상은 제 각각 다른 법이지. 생활에 걱정만 없다면 하루 종일 등을 난로로 향하고, 배는 식탁을 향해 앉아 있는 것만으로도 만족하는 사람들도 있을 테니까. 말할 필요도 없지!" 결국 나는 그에게 정신적인 면을 보도록 하지는 못했다. 그가 생각하고 있는 것은 오직, 편리한가 불편한가 하는 동물이라도 알 수 있는 그런 것들에 한정되어 있었다. 하지만 이것은 사실상 대부분의 인간에게도 적용되는 말이기는 했다. 내가 조금은 생활을 개선해보는 것이 어떻겠느냐고 물었더니, 그는 그다지 후회하는 모습도 보이지 않은 채, 이미 늦었다고 대답을 할 뿐이었다. 하지만 그는 정직함과 같은 모든 덕에 대한 가치는 철저하게 신봉하고 있었다.

그의 내면에서는, 미미하기는 했지만 어떤 종류의 확고한 독창성을 느낄 수가 있었다. 또한 때로는 스스로 생각하고, 자신의 의견을 확실하게 이야기하는 것을 목도한 적도 있었다. 이것은 흔히 볼 수 있는 현상이 아니었기 때문에, 그런 장면을 목도할 수 있다면 나는 언제라도 10마일도 멀다 않고 뛰어갈 것이다. 그것은 마치 사회의 모든 제도가 다시 창시되는 장면을 보는 것과 같은 것이었다. 그는 조금 머뭇거리며 이야기를 했지만 ―자신의 의견을 명확하게 표현할 수 없었는지는 모른다―. 언제라도 사람들 앞에서 피력할 수 있을 만큼의 생각을 남 몰래 지니고 있었다. 하지만 그 사상은 매우 원시적이고 동물적인 생활에 푹 젖어 있었기 때문에, 단순한 지식인의 사상보다는 훨씬 뛰어난 것이었다. 그러나 사람들 앞에 내보일 만큼 성숙되어 있는 경우는 매우 드물었다. 그를 보고 있으면 사회의 가장 밑바닥에는, 비록 영원히 가난하고 무식하기는 하지만 천재적인 인간이 있다는 사실을 알 수 있었다. 그들은 언제나 독자적인 견해를 가지고 있지만, 그렇다고 해서 결코 자신의 식견을 자랑으로 여기지는 않는다. 어리석고 혼

탁한 사람처럼 보일지는 모르겠지만, 예전에 월든 호수가 그렇게 생각되어졌던 것처럼 헤아릴 수 없는 깊이를 가진 사람들인 것이다.

　나와 우리 집 내부를 들여다보고 싶어서 많은 사람들이 먼 길을 돌아와 방문의 구실로 물을 한 잔 청하곤 했다. 나는 "호수의 물을 먹고 있어요." 라고 대답하며 그쪽을 손가락으로 가리키고, "국자를 빌려드리지요." 라고 말했다. 사람들과 떨어진 곳에 살고 있다고 해도 모두가 일제히 움직이는 4월 1일경이 되면 연중 행사처럼 되어 있는 방문 습관에서 나만 벗어날 수 있었던 것은 아니었다. 방문객들 중에는 좀 유별난 사람들도 섞여 있었는데, 나는 나대로 그것을 행운으로 생각하고 있었다. 예를 들어서 구휼원(救恤院) 같은 곳에 있는, 지능이 조금 떨어지는 사람들이 방문한 적이 있었다. 하지만 나는 그들이 모든 지혜를 짜내서 자신들 속에 있는 이야기를 하도록 했다. 이럴 경우 나는 지혜라는 것을 이야기의 주제로 삼도록 하고 있는 것이다. 이러한 노력의 대가는 충분한 것이었다. 사실 나는 그들 속에 이른바 빈민 감독관이나 마을의 행정 위원보다도 더 현명한 사람들이 있다는 사실을 알게 되었고, 드디어 서로의 입장을 바꿀 때가 온 것이 아닐까 하는 생각이 들기도 했다. 지혜라는 점에 있어서는 정상인이나 조금 모자란 사람 사이에 커다란 차이가 없다는 사실을 알게 되었다.

하루는 이렇다 할 특징이 조금도 없는, 머리가 조금 모자라고 가난한 한 사내가 찾아와서 당신과 같은 생활을 해보고 싶다고 내게 밝힌 적이 있었다. 나는 이 사람이 다른 사람들과 함께 인간 울타리가 되어 밭에 있는 됫박 위에 서거나 앉아서 가축과 본인 자신이 행방불명이 되지 않도록 지켜보고 있는 모습을 곧잘 목도하곤 했었다. 그는 겸허함 같은 것은 먼 옛날에 초월한—아니, 거기까지는 가지도 않는—, 최대한의 순박함과 진솔함으로 자신은 '뇌에 문제가' 있다고 말을 했다. 실제로 그렇게 말을 했다. 주님은 자신을 이런 인간으로 만드셨지만, 다른 사람들과 다름없이 자신에 대해서도 걱정을 하고 계신다고 그는 생각하고 있었다. "어렸을 때부터 늘 그랬지."라며 그가 말했다. "머리가 나빴어. 다른 애들처럼 머리가 좋질 못했어. 그것도 주의 뜻이야." 그를 보고 있으면 그 말이 틀림없는 사실이라는 것을 알 수 있었다. 그는 내게 있어서 하나의 형이상학적 수수께끼였다. 나는 이처럼 앞길에 대한 희망을 품게 하는 지반 위에 서서 형제의 얼굴을 마주한 적이 없었다. 그가 한 말들은 그만큼 순수하고 성실한 것이었으며, 그만큼 진실한 것이었다. 자신을 낮출수록 더욱 높아진다는 말은 바로 이것을 두고 한 말이었다.[10]

돌아다니기 때문에 매일 스무 마리의 병아리가 아침 이슬 속에서 미아가 되며, 그 결과 털이 지저분하고 엉망이 되어 버린 암탉을 꼭 닮았다. 이들 모두 다리 대신에 사상으로 돌아다니는 일종의 지적 지네라고 할 수 있는 무리들이다. 나는 잠깐 보는 것만으로도 온 몸의 털이 곤두서는 듯한 느낌이 들었다. 화이트 산맥 주위에서 곧잘 행해지고 있는 것처럼 노트를 한 권 준비하여 방문객들의 이름을 적게 하면 어떻겠느냐고 말해 준 사람도 있었지만, 유감스럽게도 나는 기억력이 좋았기 때문에 그럴 필요가 없었다.

방문객들의 몇몇 특징이 저절로 눈에 띄었다. 남자 아이나 여자 아이, 그리고 젊은 여자들은 대부분 숲에 오게 된 것을 기쁘게 생각하고 있는 듯했다. 그들은 호수를 들여다보기도 하고, 꽃을 바라보기도 하면서 시간을 유효하게 사용하고 있었다. 하지만 일을 하고 있는 인간들—농민들조차도 마찬가지였다—은 고독한 삶이라든가 일의 내용, 내 거처와 여러 가지 것들 사이에 있는 커다란 거리가 한시도 머릿속에서 떠나지 않는 모양이었다. 그들은 때때로 숲 속을 거니는 것이 좋다고 말하곤 했지만, 그것은 사실이 아니라는 것을 명백히 알 수 있었다. 차분하지 못하며 생활을 유지하기에 급급한 속박당한 사람들. 그리고 자신들만이 신을 독점하고 있기라도 한 듯이 신에 대해서 거침없이 이야기하며 타인의 여러 가지 의견에는 일체 귀를 기울이지 않는 목사들. 또한 의사나 변호사, 내가 집을 비운 사이에 찬장과 침대를 엿보는, 참견하기 좋아하는 아줌마들—도대체 ○○ 부인은 내 시트가 그녀의 것만큼 깨끗하지 않다는 사실을 어떻게 알고 있는 것일까?—, 그리고 완전히 젊음을 잃고 전문직이라는 평탄한 길을 가는 것이 무엇보다도 안전하다고 착각하고 있는 젊은이들……. 이러한 사람들은 대체로 입을 모아 나와 같은 입장에 있는 사람은 그다지 훌륭한 일을 할 수 없을 것이라고 말했다. 그렇군! 바로 거기에 문제가 있었던 것이군.[12]

노인, 병자, 겁쟁이들은 연령이나 성별에 관계없이 병이나 돌발 사고, 죽음에 대한 일로 머릿속이 가득했다. 그들에게 있어서 인생은 위험에 넘쳐 나는 것인 듯했다—위험은 생각하지 않는다면 그 어디에도 존재하지 않는 것인데—. 따라서 그들의 생각대로라면 주도면밀한 사람은 만약의 경우에 닥터 B가 바로 달려올 수 있는 곳과 같은 가장 안전한 장소를 신중하게 선택할 것이었다. 그들에게 있어서 마을이란 글자 그대로 com+munity, 즉 상호 방위 동맹

---

12) 『마더구스의 노래』에 나오는 시를 차용한 것.

이기 때문에,[13] 산딸기를 따러 가는 데도 반드시 약 상자를 가지고 갈 것이라는 사실을 짐작할 수가 있었다. 가만히 생각해 보면 살아 있는 한 인간에게는 죽음이라는 위험이 따라붙게 마련이다. 그러니 처음부터 죽은 것처럼 살아간다면, 그만큼 위험이 적어지게 될 것이다. 인간은 가만히 앉아 있어도 달릴 때와 마찬가지로 위험한 행동을 하고 있는 것이다. 마지막으로 사회 개혁자를 자칭하는 인간들이 있었는데, 세상에 이들처럼 귀찮은 사람들도 없을 것이다. 그들은 내가 언제나 이런 노래를 부르고 있다고 착각하고 있다.

이것은 내가 지은 집
이것은 내가 지은 집에 살고 있는 사내

하지만 그들은 그 다음 구절이 다음과 같다는 사실을 알지 못한다.

이것은 내가 지은 집에
살고 있는 사람을 곤혹스럽게 만드는 무리

---

[13] community의 어원은 라틴어인 communis(공동의)에 있지만, 소로우는 이것을 일부러 com(공동으로)+munitus(방위되었다)로 해석했다.

나는 닭을 기르지 않았기 때문에 닭을 채가는 매는 두려워하지 않았지만, 인간을 채가는 인간에게는 겁을 먹고 있었다.[14]

이런 사람들과는 달리 훨씬 더 즐거운 방문객들도 있었다. 딸기를 따러 오는 아이들, 일요일 아침이 되면 청결한 셔츠를 입고 산책을 하는 철도원들, 낚시꾼과 사냥꾼들, 시인과 철학자들, 즉 글자 그대로 마을을 뒤로하고 자유를 찾아서 숲으로 들어오는 정직한 순례자들이었다. 나는 언제나 이런 인사로 그들을 맞아들였다. "영국 분들이여, 어서 오십시오! 영국 분들이여, 어서 오십시오!"[15] 나는 그들 민족들과 오래 전부터 친밀하게 교제를 해왔기 때문이다.

---

14) 농가의 닭 등을 덮쳤기 때문에 '닭 약탈자'라 불렸던 매에 빗대서 도망 노예를 추적하는 연방 보안관들을 '인간 약탈자'라고 불렀다.
15) 1620년, 청교도들이 플리머스에 상륙했을 때 마중을 나온 인디언 추장 사모세트가 했다는 인사말.

콩밭

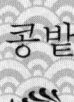

콩밭

 한편 총 연장 길이가 7마일이나 되는 내 콩밭[1]은 이미 파종이 끝났으며, 이제는 제초 작업을 기다리고 있을 뿐이었다. 가장 마지막에 뿌린 씨앗이 아직 싹도 트기 전에, 처음으로 뿌린 것들은 상당한 크기로 자라 있었기 때문이었다. 이제 더 이상 안이한 생각으로 김매기를 뒤로 미룰 수가 없는 상황이었다. 조금은 헤라클레스의 공업(功業)과도 비슷한 이 일에 도대체 무슨 의미가 있는 걸까 나는 잘 알 수가 없었다. 하지만 나는 나의 밭과 콩―실제로는 그렇게 많이는 필요하지 않았지만―을 점점 사랑하게 되었다. 나는 콩 덕분에 대지에 친밀감을 느끼게 되었고, 안타이오스[2] 뺨치는 장사가 되었다. 하지만 나는 왜 콩을 기르지 않으면 안 되는 것일까? 아마도 하늘만이 알 것이

---

[1] 소로우가 기른 콩의 종류는 덩굴강낭콩(Phaseolus vulgaris)이었다고 그 자신이 『일기』에서 밝혔다. (Harding)
[2] 그리스 신화. 해신 포세이돈과 대지의 신 가이아 사이에서 태어난 거인 장사.

다. 이것이 여름 내내 행한 나의 기묘한 일이었다. 예전에는 양지꽃, 검은딸기, 물레나물 등 향기로운 야생 열매와 눈을 즐겁게 해주는 꽃만을 길러오던 곳에서 지금은 콩을 생산하려는 것이었다. 나는 콩에 대해서, 콩은 나에 대해서 무엇을 배우게 될 것인지? 콩을 사랑하여 김매기를 해주고, 아침저녁으로 보살펴 준다. 이것이 나의 일과였다. 콩은 보기에도 멋져 보이는 넓은 잎을 무성하게 키운다. 나를 도와주는 것은 이 메마른 토지를 적셔 주는 이슬과 비였으며, 매우 척박해진 이 불모지 자체 속에 남아 있는 생산력이었다. 나의 적은 해충, 냉해와 특히 우드척이었다. 우드척은 1/4에이커의 콩을 깨끗이 먹어치웠다. 하지만 내게는 무슨 권리가 있어서 물레나물과 같은 야생초를 쫓아내고, 예전부터 그들의 것이었던 화원을 파 엎을 수 있단 말인가? 어쨌든 얼마 지나지 않으면 살아남은 콩들은 우드척도 어떻게 해볼 수 없을 만큼 딱딱해질 것이며, 더욱 성장하여 새로운 적을 맞아들이게 될 것이다.

아직도 생생하게 기억하고 있는데, 나는 네 살이 되던 해에 보스턴에서 고향인 이 마을로 되돌아왔으며,[3] 그때

---

3) 소로우 일가는 1821년에 콩코드에서 보스턴으로 이사를 했다가 2년 뒤에 다시 콩코드로 돌아왔다.
4) 코드는 장작이나 목재의 부피를 나타내는 단위. 1코드는 4×4피트.

바로 이 숲과 밭 근처를 지나서 호수 쪽으로 나갔었다. 내 기억에 각인된 가장 첫 풍경 중의 하나였다. 오늘 밤, 다름 아닌 바로 그 호수 위에 내가 연주하는 플루트 소리가 메아리를 불러일으키고 있다. 이들 소나무는 내가 태어나기 이전부터 이곳에 서 있었다. 나무가 쓰러져 있으면 나는 그 줄기를 태워서 저녁 지을 불을 피웠다. 새로운 나무들이 주위에서 자라나고 있으며, 새로운 아이들의 눈을 즐겁게 해주려고 또 다른 풍경을 준비하고 있다. 이 초원에서는 그 당시와 거의 변함 없이 물레나물이 같은 다년생 식물의 뿌리에서부터 싹을 내밀고 있다. 심지어는 나까지도 어렸을 적 꿈이었던, 이 옛날이야기와도 같은 풍경을 장식하는 데 한몫 거들게 되었는데, 내 존재와 영향이 이들 콩잎과 옥수수잎, 감자 줄기에 나타나 있는 것이다.

나는 고지대에 있는 2.5에이커 정도의 밭에 파종을 마쳤다. 그곳은 벌목된 이후 아직 15년 정도밖에 지나지 않았으며, 내 스스로가 2, 3코드[4] 분의 그루터기를 파냈을 정도의 토지였기 때문에, 비료는 하나도 주질 않았다. 그런데 여름 내 제초 작업을 하는 동안에 화살촉을 발견할 수 있었다. 그것으로 백인들이 이곳을 개척하기 이전에 지금은 이미 사라져 버린 종족이 여기에 살면서 옥수수와 콩을 경작하고 있었을 것이라는 사실, 따라서 이번 수확에 필요한 지력을 그들이 어느 정도 소모했다는 사실을 알 수가 있었다.

우드척과 다람쥐가 도로를 건너서 찾아오기 전에, 혹은 태양이 떡갈나무 위로 모습을 드러내기 전에, 주위가 온통 이슬로 뒤덮여 있을 때 나는 콩밭에 있는 오만한 잡초들의 전열을 한쪽 끝부터 베어 쓰러트렸으며, 그 위에 흙을 덮는 일에 착수했다―농부들은 이렇게 해서는 안 된다고 충고를 해주었지만―. 나는 독자 여러분에게 이 방법을 권하고 싶다. 가능하다면 이슬이 아직 남아 있을 때 모든 일을 마치도록 하라고. 나는 이른 아침에 맨발로 마치 조각가처럼 이슬에 젖어 쉽게 부스러지는 흙을 손으로 문질러가며 일을 했는데, 낮이 되면 태양열 때문에 발에 화상으로 인한 물집이 생기곤 했다. 이렇게 나는 태양 광선을 받으며 그 누런 돌멩이투성이의 고지대에 있는 15라드 정도나 되는 길고 푸른 밭두둑 사이를 천천히 오가면서 콩밭의 김매기에 힘을 쏟았다. 밭의 한쪽 끝에는 떡갈나무 숲이 있어서 나무 그늘에서 쉴 수가 있었다. 반대편 끝에는 검은딸기 밭이 있었는데, 푸른빛을 띠고 있던 열매가 내가 두 번째 김매기를 마칠 때쯤에는 더욱 짙은 빛을 띠고 있었다. 잡초를 뽑고 콩의 뿌리에 새로운 흙을 덮어 주는 일, 내가 씨앗을 뿌린 이 풀을 격려하고, 이 누런 흙으로 하여금 쑥, 개밀 피가 아닌 콩잎과 꽃으로 여름을 표현하게 하고, 대지가 풀보다는 콩이 좋다고 말하도록 하는 것, 그것이 바로 나의 일과였다.

 말이나 소의 힘도 빌리지 않고, 소작인이나 일을 돌보는 아이도 고용하지 않았으며, 개량된 농기구의 도움도 받지 않았기 때문에, 일은 좀처럼 진척되지 않았다. 하지만 덕분에 콩들과는 그 어느 때보다도 더욱 친밀하게 지낼 수 있었다. 손을 사용한 노동은 제 아무리 단조롭고 고역에 가까운 경우라 할지라도 최악의 게으름이라고는 결코 말할 수 없을 것이다. 거기에는 영원한 윤리가 깃들어 있으며, 그러한 노동이 학생들에게는 가장 뛰어난 성과를 거두게 해줄 것이다. 부근에 있는 링컨이나 웨일랜드를 지나서 서쪽으로 가는 여행자들에게 있어서 나는 이마에 땀 흘리며 일하는 농부(agricola laboriosus) 그 자체였다. 그들은 편안하게 이륜 마차에 앉아서 팔꿈치를 무릎에 대고 말고삐를 화환처럼 늘어뜨리고 있다. 나는 고향에 눌러앉아 힘든 노동으로 나날을 보내고 있는 토지의 아들이다. 하지만 나의 농지는 곧 그들의 시야에서 멀어져 잊혀져 버리고 만다. 이 농지는 길가에 넓게 펼쳐져 있는 유일한 개간지였기 때문에, 여행자들의 흥미를 끌기에 충분한 것이었다. 밭에 있으면 때때로 특별히 남들에게 들려주려고 하는 말도 아닌 그들의 이야기나 비평이 또렷하게 들려오곤 했다. "이제야 강낭콩을 기르고 있네! 때가 어느 땐데 완두콩이야?" 다른 사람들이 김매기를 시작할 무렵에 나는 아직도 씨앗을 뿌리고 있었기 때문에 이렇게 되었는데, 저 돌머리 농부에게는 상상도 하지 못할 일이었을 것이다. "꼬마야 옥수수란다. 가축의 사료로 쓰려는 게지.", "저 사람 정말로 저런 곳에서 살고 있는 걸까요?"라고 검은 부인용 모자가 회색 코트에게 묻는다. 그러자 굳은 표정의 농부가 말고삐를 당겨 말에게 잠시 쉴 수 있는 기쁨을 준 뒤, "두둑 사이에 비료를 준 것 같지 않은데, 어찌 된 일이지?"라고 내게 묻는다. 또 퇴비나, 잔반, 재, 톱밥 중 무엇이라도 좋으니 조금은 뿌려 주는 것이 어떻겠냐고 권한다. 하지만 여기에는 밭두둑이 2.5에이커나 있는데도 수레 대신 괭이 하나와 그것을 끌 손이 두 개밖에 없는 것이다―다른 수레나 말 같은 것은 사용하고 싶지 않았기 때문에―. 게다가 퇴비는 아주 멀리까지 가지 않으면 손에 넣을 수가 없다. 승합 마차를 탄 여행객들은 마차를 타고 지나가면서 지금까지 봐 왔던 밭과 내 밭을 비교하면서 커다란 목소리로 토론을 했다. 덕분에 나는 농업 세계에서 자신이 어떤 위치에 있는가를 잘 알 수 있었다. 내 농지는 콜맨 씨의 보고서[5]에 실려 있지 않은 종류의 것이었다.

---

5) 농사연구가 Henry Colman(1785~1849)이 당시 출판한 매사추세츠 주의 농사 조사 보고서.
6) Ranz des Vaches. 스위스 산악지방 목동들이 부르는 민요.

그런데 인간이 손을 대지 않았기 때문에 내 밭보다도 훨씬 더 미개한 모습을 하고 있는 밭에서 '자연'이 만들어 내고 있는 작물에 대한 가치는 도대체 누가 측량하고 있는 것일까? 영국 목초의 수확량은 신중하게 계량되어 수분, 규산염, 산화칼슘의 함유량까지 산출되어지고 있다. 하지만 숲이나 목초지에서는, 그리고 제 아무리 조그만 계곡이나 연못에서도, 인간이 수확하지 않아서 그렇지 실로 여러 가지 작물들이 풍부하게 자라고 있는 것이다. 말하자면, 내 밭은 미개척지와 경작지를 연결하는 고리와도 같은 존재였다. 문명국, 반(半)문명국, 미개국, 혹은 야만국이라는 구별법에 따라 말해 보자면 내 밭은—결코 나쁜 의미가 아닌— 반경작지였다. 내가 기른 것은 즐거이 야생적, 원시적 상태로 돌아가려고 하는 콩들이었으며, 내 괭이는 그들을 불러들이는 '소를 부르는 노래'[6]를 연주하고 있었던 것이다.

 바로 근처에 있는 자작나무 꼭대기에서는 갈색개똥지빠귀—붉은지빠귀라고 부르는 사람도 있다—가 인간과 함께 있는 것을 기뻐하며 아침부터 계속해서 지저귀고 있다. 내 밭이 여기에 없었다면 다른 농부의 밭을 찾았을 것이다. 씨앗을 뿌리고 있을 때는 "뿌려라, 뿌려라~. 덮어라, 덮어라~. 뽑아라, 뽑아라, 뽑아라~."라고 외쳤다. 다행히도 내가 뿌리고 있었던 것은 옥수수가 아니었기 때문에, 이러한 적을 두려워할 필요는 없었다. 한 줄, 혹은 스무 줄 현으로 서툴게 연주하는 파가니니 풍의 뜻없는 새의 노랫소리가 씨앗 뿌리기와 도대체 무슨 관계가 있냐며 이상하게 여기는 사람도 있을지 모르겠지만, 알칼리를 걸러낸 뒤의 재나 톱밥 같은 것보다는 이 노래가 훨씬 더 나을 것이다. 이것은 내가 전폭적으로 신뢰하고 있는 값싼 웃거름이었다.

괭이를 사용하여 새로운 흙으로 두둑을 덮는 일을 하고 있을 때, 나는 태곳적 이 하늘 밑에 살고 있던, 연대기에도 등장하지 않는 민족의 유골을 파내기도 하고, 그들이 전쟁이나 사냥에 사용했던 작은 도구들을 현대의 태양 아래 끄집어내기도 했다. 그것은 자연석—인디언의 모닥불이나 태양열에 탄 흔적이 남아 있는 것도 있었다—이나 최근 여기를 경작하던 농부가 가져온 도기, 유리 파편 등과 함께 섞여 나왔다. 괭이가 돌에 부딪치는 소리를 내면 그 음악은 숲과 하늘로 퍼져나가 내 노동의 반주(伴奏)가 되어 주었으며, 그 노동으로부터 곧 헤아릴 수도 없이 많은 것들을 수확할 수 있었다. 김매기를 해주는 상대는 더 이상 콩이 아니었으며, 콩밭의 풀을 뽑고 있는 것도 더 이상 내가 아니었다. 나는 거의 옛일을 회상하지 않지만, 이럴 때면 문득 오라토리오를 들으러 도회로 나간 친구들을 생각하고 한편으로는 자랑스럽다는 생각이 들기도 하고,

또 한편으로는 가엾다는 생각이 들기도 했다.

  햇빛이 내리쬐는 오후가 되면—나는 종종 하루 종일 밭일을 즐기곤 했다—, 마치 눈 안의 티끌, 아니 하늘의 눈의 티끌처럼 밤매가 머리 위에서 원을 그리며 날아다녔다. 때때로 하늘이 갈가리 찢어지는 것이 아닐까 하는 생각이 들 정도로 격렬한 날갯짓소리를 내면서 하강을 하곤 했는데, 창공에는 변함 없이 덧댄 흔적 하나 남아 있질 않았다. 허공을 난무하는 이 장난꾸러기는 대지 위로 솟아오른 모래 위에, 혹은 언덕 꼭대기의 바위 위에 알을 낳는데, 알은 거의 사람들의 눈에 띄지 않았다. 그 우아하고 미끈한 모습은 연못의 수면에서 퍼올린 잔물결 같았으며, 바람에 나부껴 하늘을 떠도는 나뭇잎과도 같았다. 그러한 혈연 관계가 '자연계'에는 존재하는 것이다. 하늘을 나는 매는 자신이 그 위를 날아다니거나 바라보는 물결의 형제이며, 대기를 품고 있는 그 완벽한 날개는 바다의 어리고 불완전한 날개라고도 할 수 있는 물결에 해당한다. 또한 때때로 암컷 두 마리가 하늘 높이 원을 그리면서 솟아오르기도 하고 곤두박질치기도 하면서 서로에게 접근했다가 떨어지곤 하는 것을 볼 수 있었는데, 마치 자신의 사상을 그대로 표현하고 있는 것 같다는 느낌이 들었다. 그리고 나는 산비둘기가 희미하게 떨리는 날갯짓 소리를 내면서 전령처럼 잽싸게 숲에서 숲으로 날아가는 모습을 지켜보곤 했다. 어떨 때는 내 괭이가 썩은 그루터기 밑에 있는 움직임이 둔하고 매우 이상하게 생긴, 기분 나쁜 반점이 있는 도롱뇽을 파헤쳐 내기도 했다. 그것은 이집트와 나일 강의 모습을 가지고 있기도 했지만, 틀림없는 현대의 생물이었다. 나는 괭이에 기대어 쉬면서 내 밭두둑의 여기저기서 일어나는 그러한 광경과 소리를 보고 듣곤 했다. 이것이야말로 전원이 가져다주는 한없는 즐거움 중의 하나였다.

축제날, 마을에서 축포가 터지면 그 소리가 이 부근의 숲에 딱총 소리처럼 메아리쳤으며, 때때로 군악대의 연주 소리가 이렇게 멀리 떨어져 있는 곳까지 들려오곤 했다. 마을과 반대편에 위치한 콩밭에 있는 내게는 울려 퍼지는 포성도 말불버섯이 터지는 소리 정도로밖에 들리지 않았다. 또한 내가 모르는 사이에 군사 훈련이 행해질 때면, 지평선이 성홍열이나 목의 궤양에라도 걸린 것처럼 목 부근이 하루 종일 간질간질하며 병에라도 걸린 것 같은 느낌을 주는 경우가 있었다. 곧 바람의 방향이 바뀌어 들판을 넘어 월든 가도를 따라서 바삐 달려온 바람이 그것은 '민병대'의 훈련 때문이라는 것을 알려주었다. 멀리서 들려오는 웅성거림을 듣고 있으면, 마치 누군가 기르고 있는 꿀벌이 새로운 둥지를 만들려고 할 때 동네 사람들이 베르길리우스의 충고[7]에 따라서 가장 소리가 잘 나는 가재

도구를 울려서 그것들을 원래 살던 둥지로 되돌아가도록 하려는 것과 같다는 생각이 들었다. 소음이 그치고, 웅성거림이 끊겨, 아무리 바람이 불어와도 어떤 소리도 들리지 않게 되면, 나는 그들이 드디어 수벌을 마지막 한 마리까지 안전하게 미들섹스에 있는 둥지로 몰아갔다는 사실, 이번에는 모든 이들의 마음이 둥지에 쌓인 꿀 쪽으로 쏠리고 있다는 사실을 알게 되는 것이다.

나는 매사추세츠 주의, 또한 우리 조국의 자유가 이렇게 안전하게 지켜지고 있는 것을 알고는, 이를 자랑스럽게 여겼다. 그리고 다시 김매기에 착수할 때는 말로 형언할 수 없는 자신감에 넘쳐서 미래에 대한 평온한 믿음을 가슴속에 남몰래 간직한 채 기쁜 마음으로 노동에 힘을 쏟게 되는 것이었다.

몇 개의 악대가 연주를 할 때는 마을 전체가 마치 거대한 풀무가 되어 모든 건물이 떠들썩한 소리를 내면서 부풀어오르기도 하고, 오그라들기도 하는 듯한 느낌이었다. 그런데 때때로 참으로 기품 있는, 용기를 갖게 해주는 선율과 영예를 칭송하는 트럼펫의 노래가 이 숲 속까지

---

7) 베르길리우스(기원전 70~기원전 19)의 『게오르기카』 제4권에서.
8) 소로우가 월든 호반에 체재하고 있을 때 멕시코 전쟁(1846~48)이 발발했다. 이 전쟁에 강하게 반대했던 그는 여기서 미국 내에 팽만해 있던 안일한 애국심을 풍자하고 있다.

울려 퍼져오는 적이 있었다. 그러면 나는 멕시코인을 꼬챙이에 꿰어 구워서 먹을 수 있을 것 같은 기분이 들어[8]—이렇게 된 이상 평소와 다름없이 자질구레한 일에 구애받을 필요는 없지 않겠는가?—, 내 용맹을 시험해 볼 우드척이나 스컹크가 없는지 주위를 둘러보곤 했다. 이처럼 씩씩한 선율은 멀리 팔레스티나에서 들려오는 것 같았으며, 마을 위를 덮고 있는 느릅나무들의 꼭대기 부분이 가볍게 흔들리거나 술렁이는 모습은 지평선을 지나가는 십자군의 모습을 연상케 했다. 참으로 위대한 날 중의 하나로 여겨야 할 날이었다. 하지만 내 개간지에서 올려다보는 하늘은 평소와 조금도 다름없이 영원하고 위대한 표정을 짓고 있었으며, 특이할 만한 변화는 어디에도 보이지 않았다.

씨앗을 뿌리고, 김매기를 하고, 추수를 하고, 탈곡하고, 나누고, 사람들에게 팔고—이것이 가장 어려웠다—, 먹고—나도 맛을 보았으니 이런 말을 추가해도 상관없으리라 생각된다—, 하는 콩과의 오랜 사귐은 내게 얻기 힘든 경험이 되었다. 나는 콩에 대해서 잘 이해를 해야겠다고 결심을 했던 것이다. 콩이 한참 자랄 때는 아침 5시부터 오전 내내 김매기를 했으며, 오후에는 다른 일을 하면서 지

---

9) 『일리아드』 제3권에 학과 싸우는 난쟁이족에 대한 이야기가 나온다.
10) 트로이의 왕자로, 가장 뛰어난 용장. 아킬레우스에 의해 쓰러진다.

냈다. 여러 가지 잡초와의 사이에 생겨난 친밀하고도 기묘한 교우 관계를 생각해 보기 바란다—이 책의 기술에 다소간 반복이 등장하는 것은 밭일 그 자체가 적잖이 같은 일을 반복하기 때문이다—. 그들의 섬세한 조직을 무참하게도 꺾고, 차별적으로 구별을 해낸다. 어떤 종류는 괭이로 전 대열을 베어 쓰러트리고 어떤 종류는 소중하게 기르는 것이다. 저건 로마산 쑥이다, 저건 돼지풀, 저건 괭이밥, 저건 개밀이다. 해치워라, 베어 버려라, 뿌리째 뽑아 햇빛에 말려라, 뿌리 하나라도 남겨서는 안 된다. 그렇지 않으면 다시 일어나 이틀도 되기 전에 부추처럼 싱싱하게 자란다. 이것은 학과의 전쟁이 아니라,[9] 태양과 비와 이슬을 자기편으로 삼은 트로이군, 즉 잡초와의 장기전이다. 콩들은 내가 매일 괭이로 무장하고 구원을 하러 달려와 적의 대열을 베어 쓰러트려 참호를 잡초의 시체로 메우는 것을 지켜보고 있었다. 몰려드는 전우들보다도 한층 더 키가 크고 씩씩하며 발랄하게 투구의 장식을 흔들던 수많은 용장 헥토르[10]들이 내 칼날 앞에 쓰러져 흙범벅이 되어 썩어 가고 있었다.

내 동시대 사람들은 여름날들을 보스턴이나 로마에서 미술품을 감상하거나, 인도에서 명상에 잠기거나, 런던이나 뉴욕에서 장사에 힘을 쓰면서 보냈지만, 나는 이렇게 뉴잉글랜드의 농민들과 함께 농사를 지으며 하루하루를 보냈다. 특별히 콩이 먹고 싶었기 때문이 아니었다. 나는 천성적으로 피타고라스처럼 콩을 싫어했으며, 죽을 쑤는 것도 투표수를 헤아리는 데 사용하는 것도 싫었기 때문에, 그것을 쌀과 교환했다. 내가 콩을 기른 것은 비유나 표현만으로 사용되어도 상관없으니, 언젠가는 우화작가들에게 도움이 되도록 누군가가 들에 나가서 일을 할 필요가 있다고 생각했기 때문이다. 대체적으로 이 노동은 내게 얻기 힘든 기쁨을 가져다 주었지만, 너무 오랫동안 계속했다면 일종의 유흥과도 같은 일로 전락해 버렸을 것이다. 비료는 전혀 주지 않았으며, 한꺼번에 모든 잡초들을 뽑아 주는 일도 없었지만, 매우 정성들여서 김매기를 하려고 내 나름대로 노력을 했기 때문인지, 결국에는 노력에 대한 대가를 얻게 되었다. 이블린[11]은 아니지만, '틀림없이 어떤 퇴비나 거름도 이렇게 끊임없이 가래질을 하여 흙을 갈아주고, 파내고, 또한 엎어 주는 것에는 비할 바가 못 된다.', '대지는' 이라고 그는 또 다른 곳에서 말했다. '특히 그것이 신선한 경우에는 일종의 자력을 갖추고 있기 때문에 염분과 에너지, 혹은 효력—어떻게 부르든 상관없다—을 끌어

---

11) John Evelyn(1620~1706). 영국의 일기 작가. 밑의 글은 그의 저서 『Terra : a Philosophical Discourse of Earth』(London, 1729, pp.14~16)에서 인용.
12) Kenelm Digby(1603~65). 영국의 궁정인, 외교관, 해군 장군, 저술가.

들이며, 그것이 대지에 생명을 부여한다. 인간이 자신을 기르기 위하여 땀 흘려 토지를 경작하는 것은 바로 그러한 힘을 얻기 위해서다. 거름 등과 같은 더러운 혼합 비료를 주는 것은 모두 이 토양 개량 방법의 대용 수단에 지나지 않는 것이다.' 그리고 나의 밭은 '안식일을 즐거이 여기는 메마르고 피곤에 지친 문외한의 밭'이었기 때문에 케넬름 디비 경[12]이 생각했던 것과 같은 '생명의 영'을 대기 중에서 흡수하고 있었는지도 모르겠다. 나는 12부셸의 콩을 수확했다.

여기서 좀 더 자세하게 이야기해 보자. 왜냐하면 콜맨 씨의 보고는 오직 부농들의 돈이 드는 실험만을 취급하고 있다는 불만이 있기 때문이다. 내 지출 내역은 다음과 같다.

괭이	54센트
쟁기질, 써레질, 두둑 내기	7달러 50센트
	(돈을 너무 많이 썼다)
종자용 덩굴강낭콩	3달러 12.5센트
종자용 감자	1달러 33센트
종자용 완두콩	40센트
무 씨	6센트
까마귀 쫓는 데 쓰는 흰 선	2센트
말을 부리는 고용인과 소년(3시간)	1달러

곡물 운반용 말과 수레	75센트
합계	14달러 72.5센트

수입은 "가장은 파는 버릇을 들여야지 사는 버릇을 들여서는 안 된다."[13)]는 말처럼.

강낭콩 9부셸 12쿼트 판매 금액	16달러 94센트
감자(대) 5부셸	2달러 50센트
감자(소) 9부셸	2달러 25센트
풀	1달러
콩 줄기	75센트
합계	23달러 44센트

따라서 앞서 이야기한 것처럼 이익은 나머지 8달러 71.5센트.

다음으로는 나의 콩 기르기에 대한 경험을 요약해 보겠다. 6월 1일경 조그맣고 흰, 평범한 덩굴강낭콩 중에서 신선하고 둥글며 순도가 높은 씨앗을 신중하게 골라내어 18인치 간격으로 나란히 심었다. 열과 열 사이에는 3피트의

---

13) 카토 『농업론』 제2장에서.

간격을 두었다. 처음에는 해충에 주의를 기울이며 사이가 벌어진 곳이 있으면 새로운 씨앗으로 보충했다. 다음으로 울타리가 없는 밭이라면 우드척을 조심해야 한다. 그들은 지나가는 길에 이제 막 고개를 내민 부드러운 잎을 깨끗하게 먹어치우기 때문이다. 그리고 어린 덩굴이 자라기 시작하면 바로 알아차리고 다람쥐처럼 앞발을 들고 똑바로 서서 새로운 싹과 콩깍지를 전부 갉아 떨어트려 버린다. 하지만 무엇보다도 서리를 피하고 팔기에 충분한 만큼의 수확을 얻기 위해서는 가능한 한 빨리 수확을 하는 것이 좋다. 그렇게 하면 커다란 손해를 입게 되는 경우는 없을 것이다.

그리고 다음과 같은 경험도 했다. 나는 이렇게 결심을 했다. '내년 여름에는 이렇게 열심히 콩과 옥수수를 기르지 않겠다. 대신 성실, 진리, 소박, 신앙, 순수라는 씨앗을 아직 잃지 않았다면 그것을 뿌리고, 올해처럼 노력하지 않고 비료를 더욱 적게 주어도 이 토양이 씨앗을 키워 나를 길러줄지를 시험해 보자. 틀림없이 이 토양에는 그러한 작물을 길러 줄 만한 힘이 아직도 다 소진되지 않고 남아 있을 것이다.' 라고. 그런데 그 결과는 어떻단 말인가? 나는 그렇게 결심했지만, 다음 여름이 지났고, 또 그 다음 여름도, 그 다음 여름도 허무하게 지나고 말았다. 그리고 지금 독자 여러분께 말씀드리지 않을 수 없다. 내가 뿌린 씨앗은 틀림없이 그러한 미덕의 씨앗이었는지는 몰라도 전부 벌레가 쏠고, 혹은 생명력을 잃어버렸다. 그래서 결국에는 싹을 틔우지 못했다. 일반적으로 사람들은 조상의 용감함에 따라서 용감해지기도 하고, 비굴해지기도 하는 듯하다. 현 세대 사람들은 매해 틀림없이 옥수수와 콩을 심고 있는데, 그것은 몇 세기 전에 인디언이 첫 이주민들에게 가르쳐 준 것을 그대로, 마치 운명처럼 그대로 흉내내고 있는 것에 불과한 것이다. 얼마 전에도 나는 한 노인이 괭이를 휘둘러 적어도 70번째쯤은 되는 구멍을 파고 있는 것을 보았는데, 그것이 자신이 들어가기 위한 것이 아니라는 사실을 알고는 놀라지 않을 수 없었다.

그런데 왜 뉴잉글랜드 사람들은 곡물, 감자, 목초, 과수원에만 열중을 하고 좀 더 다른 작물을 기르려는 새로운 모험은 시도하려 들지 않는 것일까? 또한 왜 종자용 콩에만 그렇게 신경을 쓰고, 새로운 세대를 만들어 내는 일에는 전혀 신경을 쓰지 않는 것일까? 어떤 사람을 만났을 때, 내가 앞에서 든 여러 가지 미덕―누구나 다른 작물보다 소중하다고 말하고 있지만, 대부분은 여기저기 뿌려진 채 공중을 떠돌고 있다― 중 하나라도 그 사람의 내부에 착실하게 뿌리내려 자라고 있다는 사실을 확인할 수 있다면, 우리들은 틀림없이 만복감과 만족감을 얻게 될 것이다. 예를 들어서 극히 소량이든 신종이든, 진리나 정의와 같은 정묘하고 비할 데 없는 미덕이 지금 길을 걸어오고 있다고 하자. 우리나라의 대사는 즉석에서 이러한 씨앗을 조국으로 보내도록 지침을 받았어야만 하며, 의회는 그러한 것들이 전국에 배포될 수 있도록 손을 써야만 할 것이다. 우리들은 성실한 사람과는 결코 딱딱한 만남을 가져서는 안 된다. 덕과 우정의 씨앗이 눈앞에 있다면, 치사한 성격 때문에 서로를 속이거나, 모욕을 주거나, 배척하거나 해서는 결코 안 되는 것이다.

우리들은 이렇게 분주히 사람들을 만나서는 안 된다. 나는 대부분의 경우 누구와도 만나지 않은 듯한 기분이 들곤 하는데, 이는 모두가 시간이 없어 보이기 때문이다. 모두들 콩에 관한 일로 머릿속이 가득한 것이다. 이렇게 그들은 일 년 내내 억척스럽게 일하고, 일 중간 중간에는 지팡이 대신 괭이나 쟁기에 기대어 휴식을 취한다. 버섯과는 달리 땅에서 상당히 떨어져 있으며 직립한다는 것 외에는 이렇다 할 장점도 없기 때문에, 지상으로 내려와 걸어다닐 때의 제비와 별반 다를 바가 없어 보인다. 이런 사람들과는 그다지 사귀고 싶지가 않다.

> 그분이 이야기를 하면 때때로 양 날개가
> 비상할 때처럼 펼쳐졌다, 접혔다 하는 것이었다[4]

이처럼 우리들은 마치 천사와 이야기하고 있는 것이 아닐까 하는 착각을 하게 될 정도다. 빵은 반드시 우리들을 위한 영양분이 된다고는 말할 수 없지만, 인간과 '자연' 속에 존재하는 도량을 발견하고, 순수하고 영웅적인 기쁨을 서로가 나누어 가지는 일은 언제나 우리들에게 유익한 것이며, 어쩐지 기분이 좋지 않을 때라도 그것이 딱딱해진 관절을 풀어 주어 몸을 부드럽게 해주고 경쾌하게 해준다는 효과도 가지고 있는 것이다.

고대의 시나 신화는 농경이 적어도 예전에는 성스러운 기술이었다는 사실을 가르쳐 준다. 하지만 우리들의 목적은 커다란 농장과 대량의 수확물을 손에 넣는 것뿐이기 때문에, 우리들은 불손하게 여겨질 정도로 서두르며 부주의하게 농업을 영위해나가고 있다. 농민이 자신의 천직에 대해서 품고 있는 성스러운 의식을 표현하거나 그 신성한 기원을 상기하기 위한 축제도, 행렬도, 의식도 우리들에게는 없으며, 가축 품평회나 이른바 감사제 등도 예외는 아니다. 농민의 마음을 끄는 것은 상금과 풍성한 음식뿐이다. 그는 곡물의 여신 케레스와 대지의 신 유피테르에게는

---

14) 영국의 시인 Francis Quarles(1592~1644)의 시 「The Shepheard's Oracles」에서.
14) 『농업론』 3장에서.

공물을 바치지 않고, 지옥의 부의 신 플루토스에게 그것을 바친다. 탐욕스러움과 이기심 때문에, 혹은 대지를 재산이나 재산을 손에 넣기 위한 수단으로밖에 보지 않는 우리들이 공통으로 가지고 있는 천한 습성 때문에 풍경은 일그러지고, 농업은 타락했으며, 농민은 더할 나위 없는 비천한 생활을 하고 있는 것이다. 농민은 '자연'을 도둑의 입장에서 이해하고 있는 것에 불과하다. 카토에 의하면, 농업을 통해서 얻어지는 이익은 특히 종교의 가르침에 부합하는 정당한 것(masimeque pius qu stus)이다. 바로에 의하면, 고대 로마인들은 '같은 대지를 어머니라고도 케레스라고도 불렀으며 그것을 경작하는 사람들은 경건하고 세상을 위해 도움이 되는 생활을 보냈으며, 그들만이 농경 신 사투르누스 왕의 자손이라고 생각하고 있었다'.[15]

우리들은 태양이 우리들의 경작지나 평원, 숲을 구분하지 않고 내려다보고 있다는 사실을 자칫 잊어버리기 쉽다. 이 모든 것들이 햇빛을 반사함과 동시에 흡수하고 있는 것이며, 경작지는 나날의 운행 도중에 바라보는 장엄하고 화려한 풍경화의 극히 일부분에 지나지 않는다. 태양이 보기에 지구는 전체가 채소밭과 마찬가지로 골고루 경작되어지고 있는 것이다. 따라서 우리들은 그 빛과 열의 은혜를, 그것에 부합하는 신뢰와 아량을 가지고 받아들여야 한다. 내가 콩의 씨앗을 소중히 여기고 그것을 가을에 거둬들였다고 해서, 그것이 뭐 그리 대단하단 말인가? 그렇게 오랜 시간 내가 바라보며 생활해 온 이 넓은 밭은 나를 주된 경작자로 보지 않으며 오히려 나의 존재 같은 것은 무시하고, 스스로 비를 내려 땅을 적시고 푸르름을 짙게 해주는 훨씬 더 친절한 자연의 힘에 의지한다. 이 콩들은, 나로서는 거둬들일 수 없는 열매를 맺고 있는 것이다. 콩의 일부분은 우드척을 위해서 자라는 것이 아닐까? 밀 이삭—라틴어로는 speca이며, 옛말인 speca는 '희망'을 의미하는 spe에서 왔다—만이 농민의 유일한 희망이어서는 안 되며, 밀 이삭에서 그 핵, 즉 알갱이—라틴어로는 granum으로 이것은 '출산'을 의미하는 gerendo에서 왔다—만이 탄생하는 것은 아니다. 그렇다면 우리들의 수확이 실패로 끝나 버리는 일은 결코 없질 않겠는가? 잡초의 씨앗은 새들의 먹이가 되니, 잡초가 무성한 것도 기뻐해야 할 일이 아니겠는가? 밭의 작물이 농부의 창고를 가득 채워 줄 것인가 하는 일은 그다지 중요한 일이 아니다. 다람쥐들이 올해도 숲에 밤이 열릴지 하는 것에 대해서는 전혀 신경을 쓰지 않는 것처럼, 참된 농부는 마음의 수고함 없이 그날 그날의 노동을 행하며 밭의 산물에 대한 모든 청구권을 버리고 첫 수확뿐만 아니라 마지막 수확까지도 마음속에서 신에게 공물로 바치려고 할 것이다.

마을

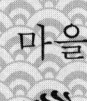

마을

 오전 중에 김매기를 하고 때로는 독서나 집필을 한 뒤에, 나는 대체로 다시 한 번 호수에서 목욕을 하고 반드시 만 하나를 헤엄쳐 건넜다. 이렇게 노동으로 해서 묻은 몸의 먼지를 털어 내고, 공부로 해서 생긴 마지막 주름을 편뒤, 오후에는 완전히 자유의 몸이 되었다.

 매일, 혹은 하루 걸러 한 번씩 마을까지 한가로이 걸어가서 입에서 입으로, 혹은 신문에서 신문으로 끊임없이 맴돌고 있는 소문들에 귀를 기울였다. 이와 같은 풍문도, 독으로써 독을 제압하는 동종 요법(同種療法)의 방법으로, 소량씩 복용하면 나뭇잎의 속삭임이나 개구리의 울음소리처럼 일종의 상쾌함을 부여해 준다.

 나는 새나 다람쥐를 보기 위해서 숲 속을 걷는 것처럼 사내들과 소년들을 보기 위해서 마을을 걸어다녔다. 그러자 솔바람 소리 대신에 짐수레의 덜컹거리는 소리가 들려왔다. 우리 집에서 어떤 방향으로 가면, 강가에 있는 목장에 사향쥐의 집단 거주지가 있었다. 그리고 반대 방향의 지평선에는 느릅나무와 플라타너스 숲 밑에 바쁜 사람들이 살고 있는 마을이 있었다. 그들은 자신의 굴 입구에 앉아 있기도 하고, 이웃 굴로 달려가 이야기에 열중하기도 하는 프레리도그[1]를 닮았기 때문에 내 눈에는 아주 신기하게 보였다. 나는 그들의 습성을 관찰하기 위해서 그 곳으로 곧잘 가곤 했다. 마을은 커다란 신문 열람실과도 같았다. 거리 한편에서는 마을의 생활을 지탱하기 위해서 옛날 보스턴의 스테이트 가에 있던 레딩 앤 컴퍼니 서점이 문전성시를 이룰 듯했지만, 실제로는 호두·건포도·소금·옥수수 가루와 그 외의 식료품을 팔고 있었다. 사람에 따라서는 앞서 제시한 필수품—즉 뉴스—에 대한 식욕이 매우 왕성하고 소화 기관이 튼튼하기 때문에, 언제까지고 몸 하나 꿈쩍하지 않고 대로변에 앉아서 여러 가지 뉴스가 계절풍처럼 가만가만 속삭이며 그들 사이를 빠져나가는 것에 몸을 내맡기고 있는 사람도 있었다. 그게 아니라면 에테르를 흡입한 사람들처럼 감각이 마비되어 뉴스가 가져다 주는 고통을 느끼지 못하게 되었고—그렇게라도 생각하지 않는다면 차마 듣지 못할 이야기들이 너무 많다—, 따라서 그 어떤 풍문도 그들의 의식에 작용을 하지 못하게 되어 버렸다.

---

[1] 북미의 대초원에 살고 있는 마멋의 일종.

마을을 돌아다니다 보면 이러한 분들이 나란히 늘어서 있는 모습을 하루도 빠짐없이 볼 수 있다. 그들은 언제나 사다리에 앉아서 햇볕을 쬐고 있으며, 몸을 조금 앞으로 숙이고 넋 나간 표정을 지으며 때때로 대열의 이쪽저쪽을 바라본다. 그렇지 않으면 주머니에 두 손을 찔러 넣은 채 창고의 벽에 기대어 서 있었는데, 마치 창고를 지탱하고 있는 여신상 기둥 같았다. 그들은 대부분 문 밖에 있었기 때문에, 바람이 실어 오는 소식을 전부 들을 수 있었다. 거기는 가장 투박한 방앗간과 같은 곳으로, 모든 소문들은 일단 그곳에서 거칠게 갈아지거나 분쇄된 다음 실내로 옮겨져 좀 더 촘촘한 눈을 가진 세밀한 장치에 넣어지게 되는 것이다.

　내가 관찰한 바에 의하면, 마을의 중심이 되는 장소는 식료 잡화점, 주점, 우체국, 은행 등이었다. 또한 필요한 기계의 일부로써 마땅히 있어야 할 지점에는 종, 대포, 소방펌프가 갖춰져 있었다. 집들은 인간을 정중하게 대접하려고 통로를 따라서 서로 마주보도록 지어져 있었기 때문에, 여행자들은 모두 양편으로부터 날아오는 채찍형을 피할 수가 없었다. 남자, 여자, 어린아이 모두 여행자를 향해서 일격을 가할 수가 있었다. 말할 필요도 없이 집들의 대열 중에서 가장 끝 쪽에 거처를 정한 자들은 가장 잘 보이고, 눈에 가장 잘 띄었으며, 또한 처음으로 일격을 가할 수 있었기 때문에, 가장 비싼 지대(地代)를 내고 있었다. 한편 마을 어귀에 흩어져서 살고 있는 소수의 사람들은 매우 적은 토지세와 창문세를 지불하고 있었다. 이는 집과 집 사이에 커다란 간격이 있으면, 여행자가 담을 넘거나 소들이 다니는 길로 숨어들어 도망가 버리는 일이 벌어지기 때문이었다.

곳곳에 나붙은 간판들이 여행자들을 유혹하고 있었다. 술집이나 음식점처럼 식욕을 미끼로 여행자들을 낚는 곳도 있었고, 옷가게나 보석상처럼 변덕스러운 기호를 미끼로 낚는 곳, 심지어는 이발소, 구둣가게, 양장점처럼 머리카락이나 발, 스커트를 미끼로 낚는 곳도 있었다. 거기다가 이런 가게들을 전부 들여다보고 싶다거나, 지금쯤이면 집에 있을 만한 친구들의 집에 들러보고 싶다는 더욱 더 무시무시하고 끊임없는 유혹까지도 견디지 않으면 안 됐다. 나는 이러한 뭇매를 맞는 자에 대한 권고에 따라서 곧바로 대담하게 곁눈질하지 않고 목표를 향해서 돌진하거나, '하프 소리에 맞춰 신에 대한 찬가를 소리 높여 불러 바다의 마녀 사이렌의 목소리를 듣지 않고 위기를 넘긴' 오르페우스처럼 고상한 것을 생각하든지 하여 대체로 위기를 능숙하게 모면하곤 했다. 나는 갑자기 마을에서 뛰쳐나와 종적을 감추기도 했다. 이는 체면 같은 것은 생각지도 않고, 울타리에 구멍이 나 있으면 아무렇지도 않게 그곳으로 빠져나갔기 때문이다. 그리고 나에게는 자신을 환대해 주는 집에 거침없이 들어가는 버릇이 있었는데, 그 집에서 마지막으로 체에 걸러진 뉴스의 핵심, 그 침전물, 전쟁과 평화에 대한 예측, 세계가 더 버텨낼 수 있을지 등에 대해서 배운 뒤에 뒷문을 통해서 빠져나와 다시 숲으로 도망가곤 했다.

특히 어둡고 날씨가 거친 날, 늦게까지 마을에 있다가 호밀이나 옥수수 가루가 든 자루를 어깨에 메고 밝은 마을의 응접실, 혹은 강연회장을 뒤로하고 밤의 어둠 속으로 출항하여 숲 속의 편안한 내 항구를 향하여 가는 것은 실로 즐거운 일이었다. 그럴 때면 나는 이른바 외부의 나에게 방향키를 잡게 하거나, 혹은 순조로운 항해일 경우에는 방향키를 묶어서 고정시키고, 외부 세계를 완전히 차단한 채 사상이라는 활기찬 선원들과 함께 갑판 밑으로 들어가 버리곤 했다. '바다를 떠다니면서'[2] 나는 선실의 난로 옆에 앉아 때때로 기분 좋은 생각에 잠기곤 했다. 몇 번인가 폭풍을 만난 적도 있었다. 하지만 어떤 날씨에도 표류하거나, 방향을 잃거나 하지는 않았다. 숲 속은 평범한 밤에도 보통 사람들이 생각하는 것보다 훨씬 더 어둡다. 나는 종종 길 위의 나무들 사이로 별을 올려다보며 항

---

[2] 미국에 오래 전부터 전해 내려오는 발라드의 후렴구.

로를 확인하고, 짐마차 길이 없는 곳에서는 내가 다니며 밟아 닦아 놓은 희미한 오솔길을 발끝으로 더듬어서 앞으로 나아가야 했는데, 특히 어두운 밤에는 언제나 숲의 한가운데서, 예를 들자면 18인치 이상 떨어져 있지 않은 두 그루의 소나무 사이를 빠져나갈 수 있도록 두 손으로 특정한 나무들을 더듬어 미리 알고 있던 상호 관계를 확인한 뒤에 그것에 의지하여 방향키를 잡지 않으면 안 되었다. 어둡고 무더운 한밤중에 이런 식으로 눈에는 보이지 않는 길을 발끝으로 더듬어 가면서 꿈을 꾸는 듯한 들뜬 기분으로 집에 도착하여, 입구의 걸쇠를 벗기려고 손을 들 때가 돼서야 제정신이 든 적도 있었다. 그런데 그럴 때는 내가 온 길이 전혀 생각이 나질 않는 것이었다. 따라서 마치 두 손이 간단하게 입을 찾아내는 것처럼, 주인이 육체를 버려도 육체는 자신의 집으로 가는 길을 더듬어 갈 수가 있는 것이 아닐까 하는 생각을 하게 되었다.

뜻하지 않게 늦게까지 머물러 밤까지 집에 손님이 있게 되면, 어두운 밤에 그 사람들을 집 뒤에 있는 짐마차 길까지 데리고 가서 거기서부터 그들이 가야 할 방향을 알려주면서 눈보다는 다리에 의지해서 가라고 권해야 할 때도 종종 있었다. 아주 어두웠던 어느 날 밤, 호수에서 낚시를 하고 있던 두 젊은이를 그런 식으로 안내를 해준 적이 있었다. 그들은 숲을 빠져나가 1마일 정도 되는 곳에 살고 있었는데, 평소에 그 길에는 익숙했었다고 한다. 그 다음 날인가 다음다음 날 한 청년이 내게 한 이야기에 의하면, 두 사람은 거의 밤새도록 길을 헤맸으며, 자신들 집 가까이까지 갔으면서도 날이 밝을 때까지 집에 도착하지 못했고, 그러는 동안에 몇 번이고 지독한 소나기를 만나기도 하고, 나뭇잎들이 완전히 젖어 있었기 때문에 전신이 푹 젖어버렸다고 한다.

흔히들 말하는 '어둠을 칼로 벨 수 있을 것 같은 어두운 밤'에는 마을 어귀에서도 길을 잃는 사람이 많다는 얘기를 들은 적이 있었다. 마을 어귀에 살고 있는 사람이 마차를 타고 마을로 물건을 가지러 갔다가 그곳에서 하룻밤을 묵어야 했던 적도 있었으며, 친구를 방문하려고 찾아왔던 신사 숙녀들이 오직 발에만 의지하여 인도를 더듬어 나가는 동안에 자신도 모르게 반 마일이나 옆길로 빠져 버렸다는 등의 예도 있다. 숲 속에서 길을 잃는다는 것은 그 어떠한 경우에라도 귀중한 체험이 되기도 하지만, 그것은 놀랍고도 잊기 힘든 경험이기도 하다. 한낮이라 하더라도, 눈보라가 휘날리는 날에는 평소 잘 알고 있던 도로를 가면서도 어느 쪽으로 가야 마을로 갈 수 있는지 까맣게 잊어버리게 되는 경우는 아주 흔히 있는 일이다. 천 번이나 그곳을 지난 적이 있는데도 무엇 하나 특징을 찾아낼 수가 없어서, 마치 시베리아의 도로처럼 낯설게 여겨진다. 밤이 되면 그러한 당혹감은 무한대로 증폭된다. 주변을 잠깐 걸을 때에도 우리들은 마치 뱃길 안내인처럼 무의식적으로기는 하지만 끊임없이 자신이 기억하고 있는 등대나 곶을 표지 삼아 방향키를 잡고 있는 것이며, 평소와는 다른 항로를 갈 때도 역시 부근에 있는 곳의 방향을 염두에 두고 있는 것이다. 따라서 우리들은 완전히 미아가 되거나 한 바퀴 빙 돌기 전에는―사람이 이 세상에서 미아가 되기 위해서는 눈을 감고 주위를 한 바퀴 빙 도는 것만으로도 충분하다― '자연'의 거대함도, 그 신비함과 낯섦도 이해할 수 없는 것이다. 인간은 모두 잠에서, 혹은 멍한 상태에서 깨어날 때마다 다시 한 번 나침반이 가리키는 방향을 읽지 않으면 안 된다. 미아가 되어서야 비로소, 즉 세상을 잃어버린 뒤에야 비로소 우리들은 자신을 발견하기 시작하게 되는 것이며, 또한 우리들이 놓인 위치와 우리들과 세계 사이에 무한히 펼쳐지는 관계를 인식하게 되는 것이다.

첫 번째 여름이 거의 끝나갈 무렵의 어느 날 오후, 나는 구두 수리점에 맡겨 놓았던 구두를 찾기 위해서 마을로

---

3) 이 사건에 대해서는 소로우의 에세이인 『시민의 반항』(Civil Disobedience)에 자세히 기술되어 있다.
4) 당시 미국 각지에 있었던 비밀 공제 조합. '이상한 녀석'이라는 뜻을 차용한 언어 유희.

가던 도중에 체포되어 감금당했다.[3] 이미 다른 곳에서 이야기했던 것과 마찬가지로, 의사당 입구에서 남자와 여자 아이들을 가축처럼 매매하는 국가에 대해서 나는 세금을 납부하기를 거부하고—즉 국가의 권위를 인정하지 않았다— 있었기 때문이었다. 내가 숲으로 들어간 것은 다른 목적이 있어서였다. 하지만 인간이 어디로 가든 사람들은 뒤를 쫓아와 그 더러운 제도를 들이대며 어떻게 해서든 자신들의 구제할 길이 없는 오드펠로우[4] 비밀 결사에 억지로 끌어넣으려고 한다. 틀림없이 나는 힘껏 저항하여 다소간의 성과를 거둘 수도 있었을 것이며, 사회를 상대로 '한바탕 날뛸' 수도 있었을 것이다. 하지만 나는 오히려 사회가 나를 상대로 '한바탕 날뛰는 것'이 좋겠다고 생각했다. 사회야말로 구제할 길이 없는 집단이기 때문이다. 하지만 나는 다음날 석방되었고, 수리가 끝난 구두를 받아 숲으로 돌아와 페어 헤이번 힐에서의 월귤 오찬에 늦지 않을 수 있었다.

나는 국가를 대표하는 무리들 이외의 다른 사람들로부터는 단 한 번도 고통을 당한 적이 없었다. 원고가 들어 있는 책상을 제외한다면 어디에도 자물쇠나 빗장을 걸어 놓은 곳이 없으며, 창문에도 걸쇠나 못 하나 걸어 놓질 않았다. 밤낮을 불문하고, 며칠 동안 집을 비울 때에도 문을 걸어 잠근 기억이 없다. 가을이 되어 메인 주에 있는 숲에서 2주일간을 보냈을 때도 역시 그랬다. 그럼에도 불구하고 우리 집에는, 한 무리의 병사들이 지키고 있을 때보다도 더욱 경의가 표해지고 있었다. 산책에 지친 사람은 난로 곁에 앉아서 몸을 녹일 수 있었고, 문학을 좋아하는 사람은 책상 위에 있는 몇 권의 책을 읽으며 즐길 수 있었고, 호기심이 강한 사람은 찬장을 열어 어떤 음식을 남겼는지 저녁에는 무엇을 먹으려고 하는지를 알아볼 수도 있었다. 하지만 온갖 계층의 사람들이 이 호수를 찾아왔음에도 불구하고, 나는 그들로부터 심한 피해를 입은 적이 단 한 번도 없었다. 안쪽에 어울리지도 않는 금박 장식이 들어간 소형 호메로스 한 권[5] 이외에는 무엇 하나 없어진 것도 없었다. 이 책도 지금쯤은 틀림없이 우리 병영에 있는 병사 중 한 명이 그것을 발견하여 이용하고 있을 것이다. 만약 모든 사람들이 당시의 나처럼 간소한 생활을 한다면, 절도나 강도는 없어질 것이라고 나는 확신하고 있다. 이러

---

5) 이 글에 등장하는 캐나다인 나무꾼이 가져갔다는 사실이 밝혀졌다. (Harding)
6) 소로우가 『다이얼』지를 위해서 편집한 「공자의 말씀」에 'Chi(제?) 나라 병사가 둥근 방패를 잃어버려 오랫동안 찾아 헤맸지만, 결국에는 찾질 못했다. 그는 「방패를 잃어버렸지만 틀림없이 우리 병영의 병사가 그것을 주워 사용하고 있을 것이다.」라고 생각하여 자신을 위로했다.' 는 내용이 있는데, 이를 차용한 것이다. (Harding)
7) 고대 로마의 시인 티부르스(기원전 48?~기원전 19)의 『비가』 제3권에서.
8) 『논어』 제12장·안연 19 및 『맹자』 등문공 장구 하에서.

한 사건은 필요 이상으로 많은 물건을 소유하고 있는 사람이 있는 반면, 필요한 물건조차 가지고 있지 못한 사람이 있는 사회에서만 일어나는 것이다. 포프가 번역한 호메로스도 언젠가는 필요에 따라서 배포되는 날이 올 것이다.

Nec bella fuerunt,
Faginus astabat dum scyphus ante dapes.

사람들은 전쟁으로 고통받지 않았다.
너도밤나무 그릇에 만족하던 시절에는[7]

정치를 하는 데 어찌 형벌을 사용할 필요가 있겠는가? 덕을 사랑하라. 그렇게 하면 백성 또한 덕을 흠모할 것이다. 군자의 덕은 바람과 같으며, 소인의 덕은 풀과 같다. 바람이 풀 위로 불면 풀은 나부낀다.[8]

호수

호수

  때때로 인간과의 교제나 잡담에도 싫증이 나고, 마을에 살고 있는 친구들을 한 명도 남김없이 전부 만나 버리고 나면, 나는 언제나 내가 살고 있는 곳보다 훨씬 서쪽에 위치한, 이 마을에서도 거의 찾아가는 사람이 없는 '상쾌한 숲과 새로운 목장에'[1] 한가로이 걸어가거나, 혹은 해질 무렵에 페어 헤이븐 힐에서 월귤이나 블루베리로 저녁 식사를 하고 며칠분을 더 따오기도 했다. 이러한 열매를 사서 먹는 사람들이나 시장에 출하하기 위해서 기르는 사람들은 그 참맛을 알지 못한다. 그것을 알 수 있는 방법은 오직 한 가지밖에 없는데, 그렇게 하는 사람은 거의 없는 듯하다. 월귤이 어떤 맛인지 알고 싶다면, 소몰이 아이나 들꿩에게라도 물어보면 된다. 자신이 직접 따먹어 본 적도 없으면서 월귤을 맛봤다고 생각하는 것은 세상 사람들이 흔히들 범하는 과오다. 월귤은 단 한 알도 보스턴에 배

---

1) 밀턴의 시 「Lycidas」 193행.

달되지 못한다. 예전에 그곳의 세 군데 언덕에서 자란 적은 있었지만, 이후 그곳에서는 전혀 알려져 있지 않다. 이 열매 중에서 특히 맛이 좋은 본질적인 부분은 시장으로 향하는 짐마차 속에서 표면에 붙어 있는 하얀 가루가 떨어져 나감과 동시에 사라져 월귤은 단지 인간의 사료가 되어 버리는 것이다. '영원한 정의'가 이 세상을 지배하고 있는 한, 때묻지 않은 월귤은 단 한 알갱이도 시골 언덕에서 도회로 운반되어질 수 없다.

때로는 하루의 김매기를 마치고, 아침부터 호수에서 낚시를 하면서 내가 오기를 기다리고 있던 한 친구와 합류하는 경우도 있었다. 그는 오리나 물 위에 떠 있는 나뭇잎처럼 아무 말도 하지 않고 꼼짝도 하지 않은 채 여러 가지 철학을 가다듬어 내가 도착할 때쯤이면 대부분, 자신은 지난날의 수도승[2]이라는 결론에 도달해 있었다. 또한 어떤 노인은 낚시의 명수로 숲 속 사정에 매우 밝은 사람이었는데, 우리 집이 낚시꾼들의 편의를 위해서 지어진 줄 알고 매우 기뻐했었다. 나도 그가 집 앞에 앉아서 낚싯줄을 준비하는 모습을 지켜보는 것이 기뻤다. 종종 두 사람은 함께 호수로 나가기도 했다. 각자가 배의 양쪽 끝에 앉아

---

[2] 원문은 'Coenobite'. 여기서는 'See, no bite'(이거 하나도 안 물잖아)와 발음이 같은 것을 이용한 언어 유희로 쓰이고 있다.

서. 하지만 노인은 최근 귀가 멀기 시작했기 때문에, 우리들은 그다지 이야기를 나누지 않았다. 그는 때때로 찬미가를 흥얼거리곤 했는데, 그것은 내 철학과 멋진 조화를 이루었다. 따라서 우리들의 사귐은 결코 조화를 잃는 법이 없었으며, 지금 생각해 보아도 언어를 통한 사귐보다도 훨씬 기분이 좋은 것이었다. 평소에는 이야기할 사람도 없었는데 그럴 때면 나는 뱃전을 노로 두드려서 메아리를 불러일으켜, 주위 숲을 파문처럼 퍼져나가는 소리로 가득 채웠다. 그렇게 사육사가 사육하는 야수를 부추길 때처럼 숲을 부추겨, 드디어는 나무들이 우거진 모든 계곡과 언덕의 중턱에서 울부짖음과도 같은 메아리가 퍼져 나오도록 하곤 했다.

따뜻한 밤이면 곧잘 보트에 앉아서 플루트를 불었다. 그러면 음악에 매혹된 듯 퍼치가 내 주위를 천천히 헤엄치며 맴도는 모습과, 숲의 잔해가 갈비뼈처럼 흩어져 있는 호수 바닥 위를 달이 건너가고 있는 모습이 선명하게 보였다. 예전에는 어두운 여름밤에 종종 친구 한 명과 함께 모험심에 설레는 가슴을 안고 이 호수를 찾아와, 물가에 불을 피워 놓고—물고기를 끌어들일 것이라고 생각했기 때문이었다— 낚싯줄 끝에 끼워 둔 한 무더기의 지렁이를 미끼 삼아 메기를 낚곤 했다. 곧 밤이 깊으면 낚시는 그쯤 해두고 아직 불이 붙어 있는 나무를 봉홧불처럼 하늘 높이 던져 올리면 호수에 떨어지며 칙 하는 커다란 소리와 함께 불이 꺼지고, 그 순간부터 우리들은 칠흑 같은 어둠 속을 손으로 더듬기 시작했다. 우리들은 휘파람을 불면서 그 어둠 속에서 빠져나와 다시 인가가 있는 곳으로 돌아왔다. 하지만 지금 나는 그 기슭에 자신의 집을 세운 것이다.

때로는 마을 어느 사람의 집 응접실에서 그 가족 모두가 잠자리에 들기까지 오랫동안 앉아 있다가 숲으로 돌아와, 다음날 식사에 쓰려고 달빛에 의지하여 한밤중의 몇 시간을 배 위에 앉아 낚시를 하며 보낸 적도 있었다. 그러면 올빼미와 여우가 묘한 노랫소리를 들려주었으며, 때로는 바로 가까운 곳에서 들어 본 적이 없는 새의 날카로운 외침이 들려오기도 했다. 다음과 같은 경험도 내게는 잊을 수 없는 매우 귀중한 경험이었다. 기슭으로부터 20~30라드 떨어진 곳, 깊이 40피트 정도 되는 곳에 배를 띄워 놓고 달 그림자가 떠 있는 수면을 꼬리로 쳐서 잔물결을 일으키는 수많은 퍼치와 샤이너와 같은 작은 물고기들에 둘러싸여 깊이 40피트 밑바닥에 살고 있는 신비한 밤의 물고기와 긴 삼베 실을 통해서 교신을 나눈 것이다. 또 어떤 때는 길이 60피트짜리 낚싯줄을 끌고 부드러운 밤바람을 맞으며 호수 여기저기를 떠돌아다니고 있노라면, 갑자기 조그만 진동이 실을 따라 전해져 오는 경우가 있었다. 그것은 실의 끝 부분에 어떤 막연하고 불확실한, 또한 우유부단하여 이루지 못할 목적을 가진 생물이 꿈틀거리고 있으며, 아직도 결단을 내리고 있지 못함을 알려주는 것이었다. 곧 천천히 실을 감아 올리면, 뿔이 달린 메기가 끽끽 소리와 함께 몸을 비틀며 수면 위로 모습을 드러냈다. 어두운 밤이면 특히 그랬지만, 사고가 다른 천체의 광대함이나 우주 진화론적인 문제에 빠져들어가 있을 때, 이러한 몽상을 방해하고 나를 다시 '자연계'와 연결시키는 이 조그만 당김을 느낀다는 것은 상당히 기묘한 경험이었다. 이번에는 낚싯줄을 물속으로 던져 넣는 것 뿐만 아니라, 공중으로 던져 올려도 좋을 듯한 기분이 들었다. 물의 밀도가 그다지 높은 것도 아니었기 때문이었다. 이렇게 해서 나는 바늘 하나로 물고기 두 마리를 잡은 것이다.

월든 호수의 풍경은, 규모 면에서는 아담한 편이다. 매우 아름답기는 했지만 웅대하다고는 말할 수 없었으며, 오랫동안 자주 방문하거나 기슭에 살아 본 경험이 있는 자들이 아니고서는 그다지 흥미를 느끼지 못할 것이었다. 하지만 이 호수의 깊이와 맑은 물은 특별히 기술할 가치가 있을 만큼 비범한 것이다. 그것은 길이 반 마일, 둘레 1.75마일에 이르는 맑디맑은 짙은 녹색 샘으로 면적은 61.5에이커였다. 즉 소나무와 호두나무 숲 한가운데에 솟아나고 있는 영원한 샘물로, 구름과 증발에 의한 것 외에는 물이 드나들 만한 곳을 전혀 찾아볼 수가 없다. 주위의 언덕은 물가에서부터 갑자기 40내지 80피트의 높이로 솟아 있다. 그리고 남동쪽과 동쪽은 1/4마일에서 1/3마일 범위 내에서 각각 100피트에서 150피트 정도의 높이에까지 도달해 있다. 그쪽 일대는 삼림 지대이다.

우리 콩코드에 있는 물들에는 적어도 두 종류의 빛깔이 있다. 하나는 멀리서 바라보았을 때의 빛깔, 또 다른 하나는 가까이서 봤을 때의 원래의 빛깔이다. 전자는 빛에 많은 영향을 받으며 날씨에 따라서 변화한다. 맑은 여름날, 조금 떨어진 곳에서 보면 특히 파도가 이는 날에는 파랗게 보이지만, 멀리 떨어진 곳에서 바라보면 모든 수역이 같은 빛을 띠고 있다. 흐린 날에는 검푸른 빛을 띤 회색으로 보이는 적도 있다. 바다와 같은 경우는 대기 중에 눈에 띄는 변화가 없어도 어떤 날에는 푸르게, 또 다른 날에는 녹색으로 보인다고 한다. 주위가 눈으로 완전히 뒤덮였을 때 콩코드의 강을 바라본 적이 있는데, 물도 얼음도 거의 풀과 같은 녹색이었다. 사람들 중에는 파란색이야말로 "액체이건 고체이건, 순수한 물의 특유한 색이다."라고 말하는 이도 있다. 하지만 배 위에서 바로 물 속을 내려다보면 실로 여러 가지 빛깔이 눈에 띈다.

월든 호수는 똑같은 지점에서 바라보아도 어떨 때는 파

란색이며, 어떨 때는 녹색이다. 하늘과 땅의 중간에 있기 때문에 양쪽 빛깔을 모두 머금고 있는 것이다. 언덕 꼭대기에서 바라보면 모랫바닥이 보이는 물가 부근은 누른빛을 띠고 있으며, 그것이 점점 밝은 녹색으로 변하다가 호수의 중심부에 접근해 감에 따라서 점점 짙은 녹색으로 변해 간다. 하지만 빛의 상태에 따라서는 언덕 꼭대기에서 바라보아도 물가 부근에 있는 물이 선명한 녹색으로 보일 때가 있었다. 주위에 있는 풀과 나무의 반사 때문이라고 생각하는 사람들도 있었다. 하지만 철도 옆의 모래 둑을 등에 얹고 있는 부분도 녹색으로 보였으며, 나뭇잎이 무성해지기 전인 이른 봄에도 그렇게 보일 때가 있으니, 단순히 물 전체의 푸른빛이 모래의 누른빛과 섞인 결과에 불과한 것이라고 밖에는 생각되지 않는다. 어쨌든 호수의 홍채(虹彩) 부분은 그런 색을 하고 있었다. 그리고 그곳은 봄이 되면 호수 바닥에 반사된 태양열과 땅을 통해서 전달된 태양열에 의해 기온이 상승해서 얼음이 가장 먼저 녹기 때문에, 아직 얼어 있는 중심부를 둘러싸고 좁다란 운하가 형성되는 부분이기도 하다. 콩코드에 있는 다른 수역에서도 마찬가지지만, 맑은 날 바람 때문에 수면이 격렬하게 물결칠 때면 물결의 표면이 하늘의 빛깔을 직각으로 반사하거나 더욱 많은 빛이 물과 섞이기 때문에, 조금 떨어진 곳에서 바라보면 호수가 하늘보다도 더욱 진한 푸른빛을 띠게 된다. 이럴 때 반사광을 좀 더 자세히 보려고 물 위로 나갔다가 거기서 말로 표현하지 못할, 비할 데 없이 밝은 푸르름을 발견한 적이 있었다. 그것은 물결 무늬가 있는, 혹은 여러 가지 색조로 변화하는 비단이나 칼의 날 부분으로 생각될 만큼 하늘 이상으로 선명한 감벽(紺碧)으로, 그것이 물결 반대편에 있는 원래의 물빛인 암녹색과 번갈아 가며 나타났다. 두 빛깔을 비교해 보고 있자니, 그 암녹색은 진흙빛으로밖에 보이질 않게 되었다. 내 기억에 의하면, 그 푸르름은 일몰 전에 서쪽 하늘의 먼 구름 사이로 드문드문 내다보이는 겨울 하늘을 생각나게 하는, 투명하고 녹색 기운이 감도는 그런 푸르름이었다. 그런데 그 물을 컵에 담아 빛에 비춰 보면 같은 양의 공기와 마찬가지로 무색투명하다. 누구나 알고 있는 바대로, 커다란 유리는— 제조업자들의 말을 빌자면 — '용적' 때문에 녹색 기운이 감도는 빛을 띠지만 작은 파편은 무색투명하다고 한다. 그렇다면 월든 호수의 물이 녹색 기운이 감도는 빛을 반사하기 위해서는 얼마 정도의 용적이 필요할까 하는 의문이 생기는데, 나는 아직도 그것을 증명하지 못하고 있다. 이 부근의 강물은 가까이서 내려다보면 검정이나 흑갈색으로 보이며, 대부분의 호수와 마찬가지로 헤엄치고 있는 사람의 몸을 누른빛으로 물들인다. 하지만 월든 호수의 물은 수정처럼 맑디맑아서 헤엄치고 있는 사람의 몸은 설화석고나, 부자연스러워 보일 정도로 그보다 더욱 하얀빛을 띠게 되며, 손발은 확대되어 일그러져 보인다. 미켈란젤로의 습작 소재로 쓰일 것 같은 기괴한 효과를 내게 되는 것이다.

이곳의 물은 투명도가 매우 높아 25 내지 30피트 깊이까지도 호수 바닥을 확실하게 들여다볼 수가 있다. 배를 젓고 있으면 수면에서 몇 피트나 밑에 있는 퍼치나 샤이너의 무리들을 볼 수가 있다. 전부 크기가 겨우 1인치 정도밖에 되질 않지만, 퍼치는 옆줄 무늬가 있기 때문에 쉽게 구분해 낼 수가 있다. 이런 곳에서 생활하고 있는 것을 보면 매우 금욕적인 물고기임에 틀림없다. 몇 년 전 겨울의 일이다. 강꼬치고기를 잡으려고 얼음에 몇 개의 구멍을 뚫다가, 기슭으로 올라가려고 도끼를 그쪽 얼음 위로 던졌다. 그런데 마치 악령에게 홀리기라도 한 것처럼 도끼가 4라드에서 5라드나 미끄러져서 구멍 속으로 떨어져 버렸다. 그곳의 수심은 25피트였다. 호기심에서 얼음에 배를 깔고 누워 구멍 속을 들여다보니, 조금 옆쪽에 머리를 호수 바닥에 처박고 손잡이를 똑바로 세운 도끼가 호수의 고동에 따라서 천천히 흔들리고 있는 것이 보였다. 그대로 두면 도끼는 거기에 선 채로 곧 자루가 썩어서 떨어져 나갈 때까지 계속해서 흔들리고 있었을 것이다. 나는 가지고 있던 얼음용 끌로 도끼 바로 위에 구멍을 하나 더 뚫고 부근에 있는 자작나무 중에서 가장 긴 것을 나이프로 베어 와 올가미를 만들어 그 끝에 묶은 다음, 그것을 조심조심 물 밑으로 내려서 자루의 손잡이 부분에 올가미를 끼우고 자작나무에 연결해 두었던 낚싯줄을 감아 올려 도끼를 건져 올렸다.

한두 군데 모래사장을 제외하면 기슭은, 포장용 돌멩이처럼 매끈매끈하고 둥글며 하얀 돌들이 벨트 지대를 형성하고 있는데, 경사가 매우 급하기 때문에 한 번 껑충 뛰어들면 머리까지 물속에 잠길 정도로 깊은 곳이 많다. 따라서 이곳 물이 놀랄 정도로 투명하지 않았다면, 맞은편 기슭의 야트막한 곳까지 헤엄쳐 건너가기 전에는 두 번 다시 호수의 밑바닥을 볼 수 없었을 것이다. 바닥이 없다고 생각하는 사람도 있다. 진흙으로 탁해져 있는 부분은 어디에도 없으며, 별 생각 없이 바라보는 사람들은 수초 하나 자라지 않는다고 말할지도 모른다. 원래는 호수의 일부가 아니었는데 얼마 전에 물에 잠겨 버린 조그만 목초지를 제외한다면, 눈에 띄는 식물이라고는 아무리 자세히 들여다보아도 창포나 부들은커녕 흰색이나 노란색 백합 한 송이조차 찾아볼 수 없다. 약간의 심장초와 가래풀, 그리고 한두 포기 정도의 순채 정도가 자라고 있을 뿐이다. 그런 것들도 헤엄을 치고 있는 사람들의 눈에는 보이지 않을 것이다. 이런 식물들은 자신들을 길러 주고 있는 물처럼 깨끗하고 밝게 빛나고 있다. 기슭의 돌멩이들은 1라드에서 2라드 정도 물속으로 들어간 곳까지 펼쳐져 있으며, 그 다음부터는 순수한 모래들이 호수 바닥을 이루고 있다. 단, 가장 깊은 곳은 좀 달라서 대부분은 침전물이 약간 쌓여 있는데, 그것은 틀림없이 오랜 세월에 걸쳐서 가을에 떨어진 잎들이 흘러들어 썩은 것들이리라. 또한 한겨울에도 빛나는 푸른 수초들이 닻에 걸려서 올라오는 경우도 있다.

부근에 여기와 아주 비슷한 호수가 한 군데 더 있다. 서쪽으로 2.5마일 정도 가면 나인 에이커 코너라는 곳이 있는데, 그곳의 호수가 그것이다. 월든을 중심으로 12마일 이내에 있는 호수라면 나는 대부분 잘 알고 있는데, 이 두 호수만큼 맑은 샘물 같은 성질을 공유하고 있는 호수는 없다. 틀림없이 수많은 민족들이 차례로 이 호수의 물을 마시고 감탄하며 깊이를 재고 소멸해 갔을 것이다. 지금도 그 물은 옛날과 다름없이 맑은 푸른빛을 간직하고 있다. 솟아나거나 마르는 일이 없는 샘물인 것이다! 아마 아담과 이브가 에덴 동산에서 쫓겨난 그 봄날 아침에도 월든 호수는 이미 이곳에 있었으며 철이 되면 옅은 안개와 남풍을 동반한 부드러운 봄비에 젖어 해빙하고 수많은 오리와 기러기들은 인류의 타락에 대해서는 아무 것도 알지 못한 채 변함 없이 맑은 호수에 만족하며 수면에 무리

지어 있었을 것이다. 그 당시부터 호수는 이미 수위의 상승과 하강을 시작하고 있었으며, 그 물은 정화되어 지금과 같은 색으로 물들었을 것이다. 그리고 이것이야말로 세계 유일의 월든 호로, 천계의 이슬을 만드는 증류기가 될 것이라고 하늘이 점지해 두었을 것이다. 지금은 잊혀진 많은 민족들의 문학 속에서 이 호수는 '카스탈리아의 샘'[3]처럼 영감의 원천이 되었던 것은 아니었을까? 그리고 황금 시대에는 어떤 요정들이 이곳을 지배하고 있었을까? 월든 호수는 콩코드가 자신의 왕관에 박아 놓은 가장 싱그러운 보석이다.

그리고 이 샘에 처음 온 사람들은 틀림없이 어떤 식으로든 흔적을 남길 것이다. 실제로 나는 호수 주위를 걷다가, 기슭의 빽빽한 숲이 막 벌채된 장소에서 험한 언덕의 중턱으로 층이 지고 폭이 좁은 오솔길이 오르락내리락하고 물가에 접근했다가 멀어지기도 하는 것을 발견하고 깜짝 놀란 적이 있었다. 아마도 그것은 이 주변에 처음으로 인류가 출현했을 때부터 생긴 것으로, 먼 옛날 사냥꾼들의 발이 만들어 놓은 것을 지금도 때때로 이곳 사람들이 별 생각 없이 밟고 다니며 다져 놓고 있는 것이리라. 이 오솔

---

[3] 그리스 신화. 파르나소스 산맥에 있었던 아폴론과 뮤즈의 신천(神泉). 시의 영천(靈泉).

길은 겨울, 눈이 조금 내린 직후에 호수 한가운데 서서 보면 잡초와 나뭇가지에 방해받지 않고 선명하게 기복이 있는 한 줄기 선이 되어 나타나기 때문에, 더욱 뚜렷하게 알아볼 수가 있다. 또한 여름에는 그 길이 바로 옆에 있어도 좀처럼 구분해 내기 어려운 수많은 지점에서도, 그곳에서부터 1/4마일 정도 떨어져서 보면 매우 선명하게 보인다. 이는 눈이 선명한 백색 부조처럼 그 길을 재현해 주기 때문이다. 언젠가 이곳에 세워질 별장의 풍류 있는 정원도 이 오솔길의 흔적을 어느 정도는 보존한 채로 만들어질지도 모를 일이다.

호수의 수위는 일정치가 않다. 단, 그것이 규칙적으로 변화를 하는 것인지, 또한 어떤 기간 내에 일어나는 것인지는 누구도 알지 못한다. 늘 그렇듯이 아는 척하는 사람들은 많지만. 일반적으로 겨울에 불어나고 여름에 줄어들지만, 반드시 강수량에 비례한다고는 말할 수 없다. 내가 호수의 기슭에 살고 있었을 때보다 수위가 1, 2피트 낮아진 때도 있었으며, 반대로 적어도 5피트 정도는 높아진 때도 있었다고 기억하고 있다. 호수 안쪽으로 뻗어 나간 좁은 모래톱이 하나 있으며, 그 한쪽은 수심이 매우 깊다. 1824년경, 기슭에서 6라드 정도 떨어진 그 모래톱 위에서 찌개 끓이는 것을 도운 적이 있었다. 이후 현재까지 25년간, 그런 일을 하는 것은 불가능했다. 그런데 한편으로는

—친구에게 이야기했지만 믿어 주질 않았다— 그로부터 2, 3년 뒤에 그들이 알고 있는 유일한 기슭에서 15라드나 떨어져 있는 숲 속의 강과 만나는 곳에서 나는 배를 타고 곧잘 낚시를 하곤 했다. 훨씬 전에 목초지로 변해 버린 그곳에서 말이다. 최근 2년 동안 호수의 수위는 확실하게 상승하고 있다. 현재, 즉 1852년 여름 현재는 내가 그곳에 살고 있었을 때보다 정확히 5피트 상승한 상태다. 그것은 30년 전과 같은 수위며, 실제로 그 목초지에서는 다시 낚시를 할 수 있게 되었다. 따라서 수위의 변화의 폭은 많아야 6, 7피트 정도 되겠지만 주위 언덕에서 흘러드는 물의 양은 미미한 것이니, 변화의 원인은 깊은 호수 바닥의 샘에 영향을 주는 여러 가지 요인에 있는 것이라고 생각하는 편이 옳을 것이다. 올 여름, 호수의 수위가 다시 내려가기 시작했다. 이 변동에 일정한 주기가 있는 것인지 아닌지는 모르겠지만, 증감에 오랜 시간을 필요로 한다는 점에는 주목할 만한 가치가 있다. 지금까지 나는 상승을 한 번, 하강의 일부를 두 번 관찰한 셈이 되는데, 12년 내지 15년 후에는 내가 전에 본 적이 없었을 정도로 낮은 수위로까지 다시 내려가지 않을까 생각된다. 여기서 동쪽으로 1마일 떨어진 곳에 있는 플린트 호수는 몇몇 입구와 출구가 일으키는 수위의 변화를 가감하여 계산해 보면, 두 호수 사이에 있는 아주 작은 호수와 더불어서 최근 월든 호

수와 때를 같이하여 똑같은 시기에 최고 수위에 달했었다. 내 관찰에 의하면 화이트 호수도 이와 마찬가지였다.

긴 간격을 두고 반복되는 월든 호수 수위의 상승과 하강은, 적어도 다음과 같은 점에 도움을 주고 있다. 일 년이나 그 이상의 기간에 걸쳐서 지금과 같이 높은 수위를 유지하게 되면, 기슭을 걸어다니기에 불편한 것도 사실이지만, 앞서 있었던 수위 상승 이후 물가에 자라난 관목과 수목—리기다소나무, 자작나무, 오리나무, 사시나무 등—이 말라버려 수위가 줄어든 이후에는 걸리적거리는 것 하나 없는 깨끗한 기슭만이 남게 되는 것이다. 이것은 매일 수위의 증감을 반복하는 다른 많은 호수나 강과는 달리, 이 호수의 기슭은 수위가 가장 낮을 때가 가장 아름답다는 사실을 말해 준다. 우리 집 바로 밑에 있는 물가에는 일렬로 늘어선 높이 15피트 정도 되는 리기다소나무가 말라서 마치 지렛대로 들어 엎은 것처럼 쓰러져 버렸다. 이렇게 해서 나무들이 호수로 침략해 들어가는 것이 저지되었다. 쓰러진 나무들의 크기를 보면 이전 이 높이까지 수위가 상승한 이후 몇 년이 경과했는지를 알 수가 있다. 호수는 수위의 변동으로 기슭에 대한 자신의 권리를 주장하고 있는 것이며, 이처럼 솜씨 좋게 물가를 베어 내니 수목도 소유권을 내세워 그곳을 점거하고 있을 수는 없게 되는 것이다. 이와 같은 기슭은 수염이 자라지 않는 호수의 입술이다. 호수는 때때로 그곳을 혀로 핥고 있는 것이다. 수위가 상승하면 오리나무, 버드나무, 단풍나무 등은 물속에 잠긴 줄기의 곳곳에, 지상 3, 4피트의 높이에 이르는 부분에까지 길이 몇 피트에 걸친 섬유질의 붉은 뿌리를 내밀어 어떻게 해서든 살아남으려고 한다. 나는 기슭에 무성하게 자라 있는 월귤나무가 평소에는 열매를 맺지 않으면서 이런 상황하에서는 수많은 열매를 맺는다는 사실을 알고 있다.

기슭에 어째서 이렇게 가지런한 돌들이 깔려 있는 것인지를 이해하지 못하는 사람들도 있다. 마을 사람이라면 누구나 들은 적이 있을 것이며 가장 나이가 많은 사람들도 젊었을 때 들었다고 하는 오랜 전설에 의하면, 먼 옛날 인디언들이 지금의 호수의 깊이와 같은 높이로 솟아 있던 언덕 위에서 집회를 열었을 때 신을 모독하는 말을 거침없이 내뱉었기 때문에—라고 되어 있지만 이것이야말로 인디언들이 절대로 범하지 않는 죄이다— 그 언덕이 심하게 흔들리기 시작하며 갑자기 함몰하였는데, 월든이라는 이름의 할머니만이 도망을 쳤다고 한다. 그래서 이 할머니의 이름을 따서 호수의 이름을 붙였다고 한다. 언덕이 흔들릴 때 돌멩이들이 경사를 따라 굴러 떨어져 지금의 기슭이 된 것이 아닐까 추측된다. 어쨌든 예전에는 여기에 없었던 호수가 지금은 있다. 그것만은 확실하다. 그리고 이 인디언 우화는 내가 앞서 이야기한 태곳적 이주자[4]와 관련된 다음 이야기와 조금도 어긋나는 부분이 없질 않은가? 그 이주자의 기억에 의하면, 점을 치는 나뭇가지를 들고 처음 이곳에 모습을 나타냈을 때, 풀밭 쪽에서 한 줄기 희미한 증기가 피어올랐고 개암나무 가지가 확실히 밑을 가리켰기 때문에, 여기에 우물을 파기로 했다는 것이다. 기슭의 돌멩이에 관해서는 아직도 많은 사람들이 언덕을 향해 밀려오는 파도의 작용에 의한 것이라는 설명을 쉽사리 인정하려 들지 않는다. 하지만 나는 주위 언덕에 같은 종류의 돌들이 놀랄 정도로 많이 있다는 사실을 확인했다. 그렇기 때문에 호수 바로 옆에 철도를 깔 때, 언덕을 깎아 낸 부분에는 그 돌멩이들을 쌓아 올려 벽을 만들지 않을 수가 없었다. 그것도 경사가 급한 기슭일수록 돌멩이들이 많다. 따라서 내게 있어서 그런 일들은 조금도 이상할 것이 없는 일들이다. 나는 돌멩이들을 깔아 놓은 자의 정체[5]를 알고 있는 것이다. 호수의 이름은 영국 어딘가의 지명—예를 들자면 새프론 월든—에서 유래한 것이 아니라면, 원래 '벽으로 둘러싸인(월드인)' 호수라고 불리고 있었던 것에서 유래했을 것이라고 생각된다.

---

4) 목신 판이라고 생각된다.
5) 빙하를 말한다.

내게 있어서 호수는 개발을 마친 우물이었다. 일 년 중 4개월 동안은 언제나 맑디맑을 뿐만 아니라 시원하기도 했다. 그 시기의 호수 물은 마을의 그 어떤 물과 비교를 해봐도—최고라고는 할 수 없을지 몰라도— 결코 뒤지지 않을 정도로 맛이 좋다고 생각한다. 겨울이 되면 바깥 공기에 닿는 물은 모두 바깥 공기에 닿지 않는 샘물이나 우물물보다 차갑다. 1846년 3월 6일 오후 5시부터 다음날 정오에 걸쳐서 내 방의 온도는 —지붕을 비추는 태양열 때문이기도 했지만— 한때 화씨 65도에서 70도까지 상승했었는데, 같은 실내에 놓아두었던 호수의 물은 42도로 마을에서 가장 차가운 우물에서 막 퍼올린 물보다도 1도 낮았다. 같은 날 보일링 스프링의 수온은 45도로 내가 조사한 그 어떤 물보다도 따뜻했다. 하지만 내가 알고 있기로는, 여름에도 얕게 고인 표면의 물이 섞이지 않는 경우에는 그곳의 물이 가장 차갑다. 그리고 여름의 월든은 그 깊이 덕분에 태양에 노출되어 있는 대부분의 물만큼은 결코 따뜻해지지 않는다. 매우 더운 날이면 언제나 작은 물통 가득 물을 떠다가 지하실에 넣어 두곤 했는데, 밤 사이에 차가워져서 다음날까지도 내내 차가운 상태를 유지했다. 하지만 가까이에 있는 샘물을 이용하는 경우도 있었다. 그 물은 일주일이 지나도 퍼온 날과 같이 맛있었으며, 펌프 냄새도 나질 않았다. 여름, 어딘가의 호숫가에서 캠

핑을 하는 사람은 텐트 그늘에 2, 3피트 정도의 구멍을 파서 물통을 묻어 두면 사치스러운 얼음 같은 것은 사용하지 않아도 될 것이다.

월든에서는 강꼬치고기가 잡힌다. 무게가 7파운드나 되는 것을 잡은 적이 있었다. 한 번은 굉장한 속도로 릴을 잡아당긴 적이 있었다. 눈으로 확인할 수 없었기 때문에 ―놓친 고기가 커 보인다는 말처럼―, 8파운드는 될 것이라고 내 마음대로 생각을 하곤 했었다. 퍼치, 메기 등은 각각 2파운드를 넘는 것도 있었으며, 샤이너와 황어(Leuciscus pulchellus), 아주 가끔 기름종개(Pomotis obesus), 뱀장어 두 마리(그중 한 마리는 4파운드였다) 등이 잡혔다. 이렇게 세세한 부분까지 일일이 이야기하는 것은 일반적으로 그 무게만이 물고기의 명예가 되기 때문이다. 또 여기서는 이 두 마리 이외에는 뱀장어가 잡혔다는 이야기를 들어 본 적이 없기 때문이다. 그리고 옆은 은빛이며 등은 푸른빛을 띠고 있는, 어딘지 버들개를 닮은 5인치 정도 되는 작은 고기를 잡은 적이 있다는 사실을 어렴풋이 기억하고 있다. 그것을 여기에 기술하는 커다란 이유는 사실을 우화와 연결시키기 위해서다. 하지만 이 호수에는 물고기가 많은 편은 아니다. 풍부하다고는 할 수 없지만, 강꼬치고기가 주종이라고 할 수 있을 것이다. 나는 예전에 얼음 위에 누워서 적어도 세 종류의 강꼬치고기가 있다는 사실을 확인한 적이 있었다. 첫 번째는 강에서 흔히 잡히는 것과 똑같은 것으로, 얇고 길며 검푸른 빛을 띄고 있다. 두 번째는 이 호수에서 가장 많이 볼 수 있는 것으로, 선명한 황금색을 띠고 있다. 빛을 받으면 푸른빛을 반사하고, 매우 두껍다. 세 번째는 역시 황금빛으로, 생긴 것도 두 번째와 비슷하다. 옆구리에 조그만 갈색, 혹은 검은색의 반점이 있고, 그것과 함께 희미한 혈흔을 생각나게 하는 붉은 반점이 드문드문 섞여 있다는 점은 송어와 비슷하기도 했다. reticulatus(그물 무늬가 있는)라는 학명은 어울리지 않으며, 오히려 guttatus(반점이 있는)라고 하는 편이 적절하다고 할 수 있겠다. 이들은 모두 상당히 단단한 몸을 가지고 있기 때문에, 크기에 비해서 무게가 많이 나가는 편이다.

샤이너나 메기, 퍼치뿐만 아니라 이 호수에 살고 있는 모든 물고기들은, 물이 맑기 때문에 강이나 다른 대부분의 호수에서 살고 있는 물고기보다 청결하고, 생김새도 좋으며, 몸도 탱탱하다. 그래서 다른 것들과 쉽게 구분을 할 수가 있다. 틀림없이 많은 어류학자들이 이러한 물고기들 중 어떤 것을 신종으로 분류하려고 할 것이다. 또한 보기에도 깨끗한 개구리와 거북, 그리고 약간의 민물조개도 있다. 사향쥐와 밍크는 호수 주위에 발자국을 남겨놓고 간다. 때로는 자라가 멀리서 찾아오기도 한다. 아침에 배를 호수로 내리려고 할 때, 밤 사이에 그 밑으로 몸을 숨긴 커다란 자라를 놀라게 한 적도 있었다. 봄과 가을에는 곧잘 오리와 기러기가 찾아왔으며, 배가 하얀 제비(Hirundo bicolor)가 수면을 스치고 날아다니며, 물총새는 만이 있는 부분에서 똑바로 기세 좋게 날아오르며, 도요새(Totanus macularius)는 여름 내내 돌멩이투성이인 기슭에서 '뒤뚱뒤뚱' 걸어다닌다. 나는 때때로 물 위로 뻗은 한 그루 백송나무 가지에 앉아 있는 물수리를 놀라게 하는 적이 있다. 하지만 이 호수는 페어 헤이번[6]처럼 갈매기들의 날개로 그 신성함을 더럽힌 적은 없었을 것이라고 생각된다. 기껏해야 일 년에 아비 한 마리가 찾아오는 것을 참고 있을 정도일 뿐이다. 이상이 현재 이곳을 방문하고 있는 모든 동물들이다.

바람이 없는 날에 동쪽 모래사장과 가까운 곳에 있는 수심 8피트에서 10피트 정도 되는 곳이나 그 이외의 몇몇 곳에서 배를 탄 채 호수 속을 들여다보면, 모래 이외에는 아무것도 없는 호수 바닥에 계란과 같은 작은 돌멩이들로 이루어진 직경 6피트, 높이 1피트 정도 되는 조그만 산들을 볼 수 있다. 처음에는 인디언들이 어떤 목적이 있어서

---

[6] 월든 호수에서 남서쪽으로 약 1마일 떨어진 곳에 있는 Sudbury River의 일부.

얼음 위에 만들었던 것이 해빙과 함께 물속으로 잠긴 것이 아닐까 하는 생각도 해보았다. 하지만 모양이 너무 정연했으며 만들어진 지 얼마 되지 않아 보이는 것들도 있었기 때문에, 그렇게 보기에는 무리가 있을 듯싶었다. 강에서 자주 볼 수 있는 것과 비슷하기는 하지만 이 호수에는 서커[7]나 칠성장어가 살고 있지 않기 때문에, 어떤 물고기가 만들어 놓은 것인지 나로서는 알 수가 없다. 아마도 황어의 집이 아닐까 생각한다.[8] 이러한 것들이 호수 바닥에 즐겁고도 신비한 풍취를 더해주고 있는 것이다.

기슭의 모양은 매우 불규칙하지만, 그 덕분에 단조롭지가 않다. 내 머릿속에는 깊은 만이 있고 드나듦이 심한 서쪽 기슭, 그것 이상으로 대담한 곡선을 그리고 있는 북쪽 기슭, 곶이 서로 겹치듯이 차례차례로 돌출해 있으며 아직 사람의 발길이 닿지 않은 만이 있는 것이 아닐까 하는 생각이 들 정도로 아름다운, 부채꼴 모양을 한 남쪽 기슭 등이 차례차례로 떠오른다. 물가에서부터 갑자기 솟아오른 언덕으로 둘러싸인 작은 호수의 중심부에서 바라볼 때만큼 숲이 아름답고 멋지게 보일 때가 없다. 거기서 바라볼 때는 숲을 비추는 물이 더할 나위 없이 멋들어진 전경(前

---

7) 입술이 두꺼우며 잉어와 비슷한 북미산 식용어(食用魚).
8) 이후의 조사에서 소로우의 추측이 옳았음이 증명되었다. (Harding)

景)을 만들어 주고 있을 뿐만 아니라, 굽이치는 호수의 기슭이 숲과의 가장 자연스럽고 쾌적한 경계선이 되기 때문이다. 숲의 일부분을 도끼로 베어 내거나 바로 옆에 밭을 만들었을 때와는 달리, 물가에서는 황량한 풍경이나 불완전한 곳을 조금도 찾아볼 수가 없다. 나무들은 물 쪽으로 뻗어 나가기 위한 공간을 충분하게 확보하고 있으며, 각자가 매우 건강한 가지를 그쪽 방향으로 뻗고 있다. '자연'은 거기에 훌륭한 띠를 두르고 있는 것이다. 따라서 시선은 기슭에 있는 작은 관목에서부터 가장 큰 수목으로 올바른 단계를 거쳐서 상승해 간다. 인간의 손을 댄 흔적은 거의 찾아볼 수가 없다. 물은 천 년 전과 마찬가지로 그 기슭을 깨끗이 씻어 주고 있는 것이다.

호수는 풍경 중에서도 가장 아름답고 표정이 풍부한 지형적 요소다. 대지의 눈이라고 할 수 있을 것이다. 그곳을 들여다보는 사람은 자기 본성의 깊이를 재볼 수 있을 것이다. 물가에서 자라고 있는 나무들은 눈을 둘러싸고 있는 속눈썹이며, 숲으로 둘러싸인 주위의 언덕과 절벽은 눈 위를 덮고 있는 눈썹이다.

옅은 안개가 걸쳐 있어 반대편 기슭이 희미하게 보이는 평화로운 9월 오후, 호수 동쪽 끝에 있는 부드러운 모래사장 위에 서면 '거울과 같은 수면'이라는 표현이 무엇을 뜻하는 것인지 잘 알 수 있다. 머리를 거꾸로 하고 가랑이 사이로 들여다보면 수면은 계곡에 쳐놓은 얇은 거미줄처럼 보였다. 또한 멀리 있는 소나무 숲을 배경으로 반짝반짝 빛을 내며 공기 부분과 물 부분을 두 개로 갈라놓고 있었다. 마치 그 사이를 젖지 않고 건너편 기슭까지 걸어갈 수 있을 것 같은 기분이 들며, 수면을 스치고 지나가는 제비도 그곳에서 날개를 쉴 수 있을 것 같은 생각이 들었다. 실제로 제비는 때때로 물 밑으로 잠겨들고 난 후에야 비로소 자신이 착각했음을 깨닫고는 한다.

서쪽을 향해서 호수를 바라볼 때는 태양과 그 반사광으로부터 눈을 지키기 위해서 두 손을 사용하지 않을 수가 없다. 양쪽 모두가 똑같이 눈부시게 빛나고 있기 때문이다. 이 두 가지 빛 사이에 끼어 있는 수면을 자세히 들여다보면, 그것은 글자 그대로 거울과 같이 매끄럽다. 하지만 수면 전체에 걸쳐서 일정한 간격으로 퍼져 있는 소금쟁이들이 햇빛 속에서 움직이면서 수면에 말로 표현할 수 없을 정도로 섬세한 빛의 파문을 일으키기도 하고, 또 때로는 오리가 깃을 가다듬기도 하고, 혹은 조금 전에 말한 것처럼 제비가 수면을 스치고 지나가기도 한다. 멀리서는 물고기가 공중에 3피트에서 4피트 정도 되는 선을 그리는 적도 있다. 물고기가 튀어오르는 순간에는 섬광이 번뜩였는가 싶고, 수면에 떨어질 때도 다시 섬광이 일어난다. 때로는 은빛 아치가 완전히 눈에 보이는 때도 있다. 혹은 그곳에 엉겅퀴의 갓털이 떠다니는 때도 있는데, 물고기들이 그것을 향해 돌진하면 잔잔한 파문이 일어난다. 수면은 식기는 했지만 아직 완전히 굳지 않은 녹은 유리 같아서 그 속에 있는 작은 먼지는 유리 속의 티처럼 순수하고 아름답다. 그리고 어쩌면 눈에 보이지 않는 거미줄에 의해서 다른 곳과 격리되어 물의 요정들이 몸을 쉬는 장소로 사용하고 있는 것이 아닐까 하는 생각이 들 정도로 다른 곳보다 더 매끄럽고 아늑해 보이는 수면을 발견할 때도 종종 있었다.

언덕 위에서 내려다보면 어느 곳에서 물고기가 튀어올라도 대부분은 눈에 들어온다. 강꼬치고기나 샤이너는 이 매끄러운 수면 위에 떠 있는 벌레 한 마리를 잡기 위해서 호수 전체의 평정을 크게 깨트리지 않을 수 없다. 이렇게 단순한 일들이 그 크기와는 상관없이 전부 공개되어 버리니, 놀라지 않을 수가 없다. 물고기족들에 의한 살생은 반드시 노출되어 버리는 것이다.[9] 멀리서 내려다볼 때라도 원을 그리는 파동이 직경 6라드에 달하면 나는 그것을 확실하게 구별해 낼 수가 있다. 아니, 1/4마일이나 떨어진 매끄러운 수면을 물매암이(Gyrinus)가 끊임없이 움직이고 있는 것까지도 발견해 낼 수가 있다. 왜냐하면 그

---

[9] 『탄다베리 이야기』 중 「여수도원장의 이야기」의 'Murder will out'에서.

들은 수면에 희미한 고랑을 파면서 전진하기 때문에, 두 개의 분기선을 경계로 선명한 잔물결이 일기 때문이다. 한편 소금쟁이는 눈에 보일 정도의 잔물결을 일으키지 않고 부드럽게 미끄러져 간다. 수면에 상당한 물결이 일 때는 소금쟁이도 물매암이도 나타나질 않는데, 평온한 날이면 그들은 자신들의 항구를 떠나 대담하게도 기슭에서 기세 좋게 잔걸음으로 미끄러져 내려가 결국에는 호수를 건너 버리는 듯하다.

따뜻한 태양이 참으로 고맙게 여겨지는 가을의 어느 맑은 날, 이렇게 작은 언덕 위에 있는 그루터기에 앉아 호수를 내려다보면서 수면에 비춰진 하늘과 나무들 사이로 파문이 새겨져 나가는 것을 관찰할 때면 마음의 평안을 얻을 수가 있다—파문이 없다면 수면이라고는 깨닫지 못할 정도다—. 마치 꽃병 속의 물을 흔들면 떨리는 파문이 꽃병 주위로 몰려왔다가 다시 잠잠해지는 것처럼, 이 넓디넓은 수면에서는 어떤 소동이 일어나도 곧 잠잠해지고 진정이 되고 만다. 수면 위로 물고기가 한 마리 튀어 오르고, 곤충이 한 마리 떨어져도, 그것이 마치 호수 샘물의 끊임없는 솟음, 그 생명의 부드러운 약동, 그 가슴의 고동이기라도 한 것처럼 원을 그리는 잔물결과 아름다운 곡선이 되어 나타나는 것이다. 기쁨에 의한 전율과 고통에 의한 전율은 구별하기가 어렵다. 이 호수에서 일어나는 현상들은 그 얼마나 평화로움에 넘쳐 있는가? 덕분에 인간의 행동까지도 봄을 만난 것처럼 빛을 발하고 있다. 그렇다. 모든 나뭇잎과 가지, 돌멩이와 거미줄이 지금 이 한낮에, 마치 봄날 아침 이슬에 젖은 것처럼 빛을 발하고 있질 않은가? 지느러미와 곤충들의 모든 움직임이 눈부시게 반짝이고 있지 않은가? 지느러미가 물에 떨어질 때, 그 얼마나 아름다운 소리가 울려 퍼지는가?

  9월이나 10월에 그런 날이 찾아오면, 월든은 비할 데 없이 아름다운 보석—으로 내 눈에는 보인다—을 주위에 박은 완벽한 숲의 거울이 된다. 아마 호수만큼 아름답고 순수하며 커다란 것은 지상에 존재하지 않을 것이다. 하늘의 물. 그곳에는 울타리를 두를 필요가 없다. 많은 민족들이 왔다가 사라지지만, 호수를 더럽히지는 않는다. 그것은 돌을 던져도 깨지지 않으며, 수은도 결코 벗겨지지 않고, 도금한 곳은 '자연'이 끊임없이 수리를 해주는 한 장의 거울이다. 폭풍도 흙먼지도 결코 그 신선한 표면을 더럽히지 못한다. 이 거울에 들러붙으려 하는 모든 불순물은 안개라는 태양의 솔—이것이야말로 빛을 빛나게 하는 걸레다—에 의해 닦여져 호수 바닥에 가라앉아 버린다. 이 거울은 입김을 불어도 흐려지지 않으며, 오히려 자신이 내뿜는 입김이 하늘 높이 올라가 구름이 되어 그 조용한 가슴에 비춰지곤 하는 것이다.

넓디넓은 호수는 대기 속을 떠다니는 정령의 존재를 확실하게 증명한다. 그것은 끊임없이 위로부터 새로운 생명과 운동을 얻고 있는 것이다. 호수는 대지와 하늘의 중간적인 성격을 가지고 있다. 지상에서는 풀과 나무들만이 흔들리고 있는데, 여기서는 물 자체가 바람에 나부껴 잔물결을 일으킨다. 빛의 줄무늬나 반짝임을 보면 바람이 어디를 건너가고 있는지를 알 수 있다. 수면을 내려다볼 수 있다는 것은 참으로 멋진 일이다. 언젠가 우리들은 이런 식으로 대기의 표면을 내려다보며 뭐라 이름할 수 없는 정령이 이곳을 지나가는 모습을 눈으로 볼 수 있게 될 것이다.

 소금쟁이와 물매암이는 차가운 서리가 내리는 10월 하순이 되면 모습을 감춰 버린다. 그때부터 11월에 걸쳐서 평온한 날의 수면에 물결을 일으키는 것은 아무것도 없다. 며칠 동안 계속해서 내리던 비바람이 멈추고 평온한 날씨를 되찾은 11월의 어느 날 오후, 하늘은 아직도 구름으로 완전히 뒤덮여 있고 대기 중에는 안개가 가득했지만 수면은 놀랄 정도로 잔잔하여 수면을 알아볼 수가 없을 정도였다. 이미 그곳에는 10월의 그 타오르는 듯한 색채는 없으며, 주위 언덕의 어두운 11월의 빛이 비추고 있을 뿐이었다. 나는 그 수면 위를 가능한 한 조용히 저어 나갔다. 하지만 배가 일으키는 잔잔한 파동은 시선이 가 닿을 수 있는 곳의 끝, 멀리까지 퍼져 나가 수면 위의 영상에 갈비

뼈와 같은 모습의 일그러진 무늬를 그렸다. 수면을 둘러보니, 저 멀리 여기저기에 희미하게 빛나는 것이 있었다. 마치 소금쟁이들이 서리를 피해서 그곳에 모여들었거나, 혹은 수면이 너무나도 잔잔하기 때문에 호수 바닥에서 솟아오르는 샘물의 위치가 폭로되어 버리는 것과 같은 모습이었다. 그중 한 곳으로 가만히 배를 저어 가보니, 놀랍게도 나는 곧 크기 5인치 정도의 작고, 짙은 청동색을 한 퍼치 떼들에게 둘러싸여 버렸다. 그들은 녹색 물속에서 헤엄치며 노닐고 있었는데, 끊임없이 수면으로 떠올라 잔물결을 일으켰으며, 때로는 포말을 남겨 둔 채로 사라져 버리곤 했다. 이처럼 구름이 비춰진 투명하고 끝이 없을 것 같은 물 위에 있으면, 마치 자신이 풍선을 타고 공중을 떠다니고 있는 듯한 느낌이 들었으며, 물고기들의 움직임은 공중 비행이나 공중 유영을 떠오르게 했고, 물고기 떼들은 몸의 지느러미를 돛처럼 세우고 내 좌우를 조금 낮게 날아다니는 새들의 빽빽한 무리 같았다. 호수에는 이와 같은 물고기 떼들이 헤아릴 수도 없이 많아서 겨울이 그들의 넓디넓은 천장의 창에 얼음 덧문을 내리기 전의 짧은 계절을 즐기고 있는 듯, 때때로 가볍게 불어오는 산들바람이 수면을 스치거나 빗물이 두세 줄기 떨어졌을 때와 같은 움직임을 그곳에 불러일으켰다. 그리고 내가 무심코 다가가서 그들을 놀라게 하면, 누군가가 솔과 같은 나뭇가지로 수면을 내리친 것처럼 갑자기 꼬리지느러미로 물보라를 일으켜 파문을 만들면서 순식간에 물속 깊은 곳으로 도망가 버렸다.

점점 바람이 일기 시작하고, 안개가 짙어지고, 물결이 일기 시작하면, 퍼치는 예전보다도 더욱 높이 튀어오른다. 그들은 물 밖으로 몸을 거의 반이나 내밀어, 길이 3인치 정도 되는 수많은 검은 점이 되어 한꺼번에 수면 위로 모습을 드러냈다. 어떤 해에는 12월 5일에도 몇몇 잔물결을 발견한 적이 있었다. 나는 곧 많은 비가 올 것이라는 생각이 들어 서둘러 노를 저어서 되돌아오기 시작했다. 얼굴에 빗방울이 떨어진 것은 아니었다. 하지만 이미 빗줄기가 급속히 세력을 키워 가고 있는 기색을 보였기 때문에, 완전히 젖어 버릴 각오를 하고 있었다. 그런데 그 잔물결이 갑자기 사라져 버린 것이었다. 사실 그것은 퍼치 떼들이 만들어 내고 있던 것으로, 내가 노 젓는 소리에 놀라서 일제히 물 밑으로 도망을 간 것이었다. 막 모습을 감추려고 하는 물고기 떼들의 모습이 희미하게 보였다. 결국 이렇게 해서 나는 그날 오후를 비에 젖지 않고 지낼 수가 있었다.

60년 정도 전, 이 호수가 아직은 주위의 숲들 때문에 희미한 어둠에 잠겨 있었을 때 이곳을 자주 찾아왔었다고 하는 노인의 말에 의하면, 당시에는 이곳에 오리 외에도 수많은 물새들이 있었으며, 주위에는 수많은 매들이 생식하고 있었다고 한다. 그가 여기에 온 것은 낚시 때문으로, 기슭에서 발견한, 통나무로 만든 낡은 카누를 이용했었다고 한다. 그것은 안쪽을 파낸 백송나무 두 그루를 못으로 맞붙인 것으로, 양 끝을 각이 지게 잘라놓았다. 매우 조잡한 것이기는 했지만, 부력이 사라져서 호수 밑바닥으로 가라앉기까지 매우 오랜 기간 사용했었던 것 같았다. 노인은 그것이 누구의 것인지 알지 못했다. 이 호수의 것이었다고 할 수 있을 것이다. 그는 호두나무 껍질을 연결하여 닻줄로 사용하고 있었다. 독립 혁명 이전부터 이 호수 근처에서 살고 있었다고 하는 나이 든 도공(陶工)이, 호수 바닥에는 철로 만들어진 상자가 잠겨 있으며 자신은 그것을 본 적이 있다고, 그에게 이야기했다고 한다. 그 상자는 때때로 물가 쪽으로 다가오는데, 사람이 접근을 하면 깊은 곳으로 돌아가 모습을 감춰 버린다고 한다. 나는 그 낡은 통나무 카누 이야기를 듣고 기쁨을 감출 수가 없었다. 그것은 같은 목재로 만들어지기는 했지만 훨씬 더 우아하고 아름다운 모양을 한 인디언들의 카누 대신 사용된 것으로, 틀림없이 처음에는 호수 기슭에서 자라고 있던 한 그루 나무였는데 어떤 사정에 의해서 호수 속으로 쓰러졌고, 곧 월든에 가장 어울리는 배가 되어 한 세대라는 기간 동안 그곳에 떠 있었을 것이다. 예전에 내가 처음으로 호수의 깊은 곳을 들여다보았을 때, 바닥에 커다란 나무들이 수없이 나뒹굴고 있는 모습을 희미하게 볼 수 있었다. 그것들은 아주 오래 전에 바람에 쓰러진 것이거나 목재의 값이 지금보다 훨씬 더 쌌을 때 마지막으로 베어 낸 뒤 얼음 위에 쌓아 놓은 채로 사람들이 떠나 버린 것이라고 생각되는데, 지금은 거의 찾아볼 수가 없다.

내가 처음으로 월든에 배를 띄웠을 때, 그곳은 커다란 소나무와 호두나무의 빽빽한 숲으로 둘러싸여 있었다. 어떤 때에는 포도덩굴이 물가에 있는 나무에 엉겨붙어서 마치 정자와도 같은 모습을 하고 있었는데, 배를 타고 그 밑을 빠져나갈 수도 있었다. 기슭을 형성하고 있는 언덕은 매우 험했으며 그곳에서 자라고 있는 나무들은 키가 매우 컸다. 서쪽 끝에서 내려다보면, 이 호수는 숲과 관련된 공연물을 상연하기 위한 원형극장처럼 보였다. 조금 더 젊었을 때, 나는 여름 오후가 되면 호수 가운데쯤까지 배를 저어갔다. 거기서부터는 산들산들 불어 오는 바람에 배를 맡기고 수면 위를 떠다니며, 좌석 위에 누워 몽상에 잠긴 채로 몇 시간을 보내곤 했었다. 드디어 배가 모래사장에 부딪히면 다시 정신을 차리고 운명의 여신이 어떤 기슭으로 자신을 데리고 왔는지 보려고 자리에서 일어나곤 했다. 그 당시에는 무위라는 일이 가장 매력적이고 생산적인 일이었던 것이었다. 나는 오전 중에 살짝 마을에서 빠져나와 하루 중 가장 귀중한 시간을 그런 식으로 보내기를 좋아했다. 돈은 없었지만 햇볕이 드는 시간과 여름의 나날들은 넘쳐 날 정도로 가지고 있었기 때문에, 그것들을 아낌없이 사용한 것이었다. 그리고 나는 직장이나 교사용 책상 앞에서 그러한 시간을 좀 더 사용하지 않았던 것을 조금도 후회하지 않는다. 그런데 내가 그 기슭을 떠난 뒤부터 나무꾼들이 더욱 심하게 숲을 황폐화시켰기 때문에, 숲의 오솔길을 더듬어 가며 나무 사이에 숨어 호수의 풍경을 즐기는 일 같은 것은 이제 더 이상 바랄 수 없게 되었다. 나의 뮤즈〔詩神〕가 더 이상 노래하지 않는다고 해도 이제는 어쩔 수 없을 것이다. 새들의 숲이 베어져 나가고 있는데, 어떻게 그들이 지저귀기를 바랄 수 있겠는가?

지금은 호수 바닥을 뒹구는 나무도, 그 낡은 통나무 카누도, 울창하고 무성한 주위의 숲도 없어져 버렸다. 이 호수를 제대로 알지 못하는 마을 사람들은 이곳에 와서 수영을 하거나 물을 마시는 대신, 적어도 간디스 강에 필적할 만큼 신성한 이 물을 파이프로 마을까지 끌어다가 접시를 닦으려는 계획을 세우고 있는 것이다! 수도꼭지를 돌려 마개를 엶으로 해서 월든을 자신의 것으로 만들겠다는 것이다! 귀를 찢어 놓을 듯한 울부짖음을 마을 전체에 퍼트리고 있는 악마와 같은 철마는 보일링 스프링의 물을 앞발로 더럽혀 버렸다. 월든 호반에 있는 숲의 어린 잎들을 완전히 먹어 치운 것도 그 녀석이다. 그것이야말로 뱃

속에 천 명이나 되는 병사들을 숨긴 채 욕망에 눈이 어두워진 그리스 병사에 의해서 운반된 트로이 목마다.[10] 이 거만함에 빠진 귀찮은 녀석을 '호수의 북서쪽 기슭에 있는' 언덕을 깎아 만들 철도에서 맞아 그 옆구리에 복수의 창을 꽂아 줄 우리나라의 영웅, 무어 홀의 무어는 어디에 있단 말인가?[11]

하지만 내가 알고 있는 인물 중에서 월든만큼 예전의 모습을 잘 간직하고 있으며, 순수함을 유지하고 있는 자는 아무도 없는 듯하다. 많은 사람들이 이 호수에 비유되곤 했지만, 그런 명예를 차지할 만한 가치가 있는 사람은 매우 드물다. 나무꾼들이 기슭을 점점 벌거숭이로 만들고, 아일랜드인들이 물가에 초라한 오두막을 짓고, 철도가 호수의 경계를 침범하고, 때로는 얼음 채취업자가 수면을 떠올리기도 했다. 하지만 호수 자체는 조금도 변함 없이 젊은 시절에 내가 봤던 물을 그대로 간직하고 있다. 모든 변화는 내 속에서 일어난 것이다. 그렇게 많은 잔물결을 일으키면서도 호수는 언제까지고 지워지지 않는 주름은 하나도 갖고 있질 않다. 호수는 영원한 젊음을 유지하고

---

10) 트로이 전쟁 때 그리스군은 거대한 목마 속에 병사를 숨기는 계략을 써서 트로이를 함락시켰다.
11) 용을 퇴치한 그리스의 전설적 영웅.

있다. 내가 멈춰 선다면 그 시절과 마찬가지로 제비가 수면에서 벌레를 물어 올리려고 살짝 물에 잠겨 버리는 모습을 볼 수 있을 것이다. 오늘밤도 호수는, 20년 이상이나 매일처럼 친밀하게 지냈다고는 생각할 수 없을 정도로 내 가슴을 울렸다. '이봐, 여기에 월든이, 예전에 내가 발견했을 때의 모습 그대로 숲에 둘러싸인 그 호수가 있질 않은가?' 작년 겨울에 숲이 잘려 나간 부근에서는, 그 기슭에 새로운 숲이 다시 건강하게 자라기 시작하고 있다. 그때와 같은 사상이 수면 위로 솟아오르고 있다. 월든은 자기 자신과 창조자에게 있어서—그렇다. 그리고 바로 내게 있어서도— 언제나 변함 없는 기쁨과 행복의 원천이 되는 것이다. 그것은 틀림없이 사심 없는 용감한 사람들이 만들어 낸 것이다! 그는 이 호수를 자신의 손으로 만들고, 자신의 사상 속에서 깊이를 더하고 정화한 뒤, 유언을 통해서 콩코드로 보낸 것이다. 나는 호수의 표정을 보고 그것이 나와 같은 회상에 빠져 있음을 알았다. 그리고 이렇게 말을 건네고 싶어진다. '월든, 거기 있는 게 자네 맞지?' 라고.

단 한 가닥 선으로라도
장식을 하겠다고는 꿈에도 생각지 않는다.
월든 물가에서 살면

신과 천국에 가장 가까이 접근할 수 있으니.
나는 돌멩이투성이인 기슭,
혹은 수면을 건너는 미풍.
내 손금에는 월든의 물과 모래가,
내 사상의 높은 곳에는
그 심원한 휴식의 장소가 존재한다.

  열차는 이 호수를 바라보기 위해서 정차하거나 하지 않는다. 하지만 기관사나 화부, 조종수, 그리고 정기권을 가지고 있어서 호수를 거의 매일 바라보고 있는 손님들은 이 풍경을 봄으로 해서 인간적으로 한층 더 향상되지 않을까 하고 나는 생각하고 있다. 기관사―혹은 그의 본성―는 하루에 적어도 한 번 순수함 그 자체인 맑디맑은 풍경을 직접 보았다는 사실을 밤이 되어서도 잊지 못할 것이다. 비록 한 번밖에 보지 못했다 하더라도, 그것은 스테이트 거리[12]나 기관차의 그을림을 씻어 내는 데 도움이 된다. 차라리 이 호수의 이름을 '신의 물방울'이라고 하면 어떨까?

  월든 호에는 눈에 띄는 입구도 출구도 없다고 앞서 말했

---

12) 보스턴의 금융가.

는데 한쪽으로는 월든보다 높은 곳에 위치한 플린트 호수와 그 주변에 퍼져 있는 작은 호수들에 의해서 멀리 간접적으로 연결되어 있고, 또 다른 쪽으로는 낮은 곳에 있는 콩코드 강과, 앞서 말한 것과 비슷한 호수들에 의해서 직접적으로 연결되어 있는 것이 확실하다. 지난 날 다른 지질 시대에 월든의 물은 그들 호수를 통해서 다른 강으로 흘러들었을 것이다. 그러니 지금도 지면에 조금 도랑을 파기만 한다면—결코 그런 짓을 해서는 안 되지만—, 호수의 물은 다시 그 쪽으로 흐르게 될 것이다. 만약 이 호수가 오랫동안 숲 속의 은자처럼 조용하고 엄격하게 살아왔기 때문에 이렇게 멋진 순수함을 획득한 것이라면, 비교적 불순한 플린트 호수의 물이 유입되어 섞이거나 월든의 물이 대양으로 흘러가 그 감미로움이 거친 파도 속으로 묻혀버린다면, 그것을 안타깝게 생각하지 않을 사람이 어디 있겠는가?

링컨에 있는 플린트 호수는 샌디 호수라고도 불리고 있는데, 이 부근에서는 가장 큰 호수이자 내해(內海)로, 월든에서 동쪽으로 1마일 정도 떨어진 곳에 위치하고 있다. 월든보다 훨씬 커서 면적은 약 197에이커라고 한다. 물고기는 많이 살지만 비교적 얕은 편으로 물도 그다지 맑지는 못하다. 기회가 있을 때마다 숲을 지나서 그쪽으로 산책을 나가는 것이 나의 즐거움이기도 했다. 제 마음대로 불어대는 바람을 뺨에 맞으며, 물결의 출렁임을 보면서 어부들의 생활을 생각하는 것만으로도 산책의 가치는 있었다. 나는 바람이 세게 부는 날에 그곳으로 밤을 주우러 갔었는데, 밤은 물속으로 떨어졌다가 내 발밑으로 밀려오곤 했다. 하루는 얼굴에 상쾌한 물보라를 맞으며 사초(莎草)가 무성한 기슭을 기다시피 해서 걸어가다가, 형체를 알아볼 수 없을 정도로 썩어 버린 배의 잔해를 발견하게 되었다. 배의 옆 부분은 완전히 없어졌으며, 등심초 사이에 간신히 평평한 배의 밑 부분만이 남아 있었다. 하지만 그 골격은 잎맥이 선명하게 드러난 채로 썩어 버린 커다란 수련잎처럼 확실하게 흔적을 남기고 있었다. 그것은 해안에 있다 해도 조금도 이상할 것 같지 않을 만큼 강렬한 인상을 주는 난파선으로, 아주 멋진 교훈을 담고 있었다. 지금은 단지 부식토가 되어 호수의 기슭과 전혀 분간할 수 없이 되어 버렸고, 그곳을 뚫고 등심초와 창포가 자라고 있다.

나는 이 호수의 북쪽 끝에 있는, 맨발로 물속에 들어가면 수압 때문에 단단하게 굳어 있다는 사실을 확실하게 느낄 수 있는 물결 무늬가 남겨진 모랫바닥에, 마치 물결이 심어 놓은 것처럼 그 물결 무늬에 따라서 물결치듯 열을 지어 자라고 있는 등심초의 모습을 황홀한 시선으로 바라보곤 했다. 그리고 아마도 털이슬의 연약한 풀잎이나 뿌리가 뭉쳐져 만들어진 것이라고 생각되는데, 직경 0.5인치에서 4인치 정도로 공처럼 완전히 둥근 모양을 한 기묘한 구형을 수도 없이 발견한 적이 있었다. 그것은 얕은 여울목의 모랫바닥 위에서 물결의 움직임에 맞춰 앞뒤로 흔들리고 있었는데, 때로는 기슭까지 밀려 올라오는 경우도 있었다. 풀만으로 만들어진 것과 속에 얼마간의 모래를 포함하고 있는 것이 있다. 언뜻 보기에는 둥근 조약돌처럼 물결의 작용에 의해서 만들어진 것처럼 보이지만, 사실은 가장 작은 것조차도 역시 길이 0.5인치 정도 되는 거칠거칠한 재료로 만들어져 있으며, 그것도 일 년에 한 번 일정한 계절에 밖에 만들어지질 않는다. 그리고 물결이라는 것은 이미 어느 정도의 딱딱함을 가지고 있는 어떤 물체를 다른 형태로 구성하기보다는, 오히려 그 물체를 마모시키는 작용을 하지 않는가? 이들 공들은 바싹 말라 버린 뒤에도 상당 기간 동안 그 원형을 유지한다.

플린트 호수! 바로 여기에 우리들 명명법(命名法)의 졸렬함이 나타나 있다. 이 천상의 물 바로 옆에 밭을 만들고 호숫가를 가차없이 벌거숭이로 만들어 버린, 어리석고 불순한 농부가 무슨 권리가 있어서 자신의 이름을 이 호수에 붙였단 말인가? 자신의 철면피를 비춰 볼 수 있을 만큼 번쩍번쩍 빛나는 1달러짜리 은화나 1센트짜리 동화를 바라보는 것을 좋아하며, 호수에 살고 있는 야생 오리조차 침입자로 간주하고, 하르퓌아처럼 한 번 잡은 것은 놓지 않는 오랜 습관 때문에 손가락까지 갈고리 모양의 뿔과 같은 손톱으로 변해 버린 구두쇠. 이러한 인간이 붙인 이름 같은 것은 성격상 받아들일 수가 없다. 내가 그곳에 가는 것은 그 사람을 만나기 위해서가 아니며, 그에 대한 이야기를 듣기 위해서도 아니다. 그는 단 한 번도 그 호수를 본 적이 없으며, 그곳에 몸을 담근 적도 없고, 그것을 사랑하거나 보호하거나 칭찬한 적도 없으며, 그것을 만들어 준 것에 대해서 신께 감사를 드린 적도 없다. 차라리 거기서 헤엄치고 있는 물고기나 그 부근에 출몰하는 조수(鳥獸), 기슭에 피는 들꽃, 혹은 평생 살아온 이야기가 호수에 얽힌 이야기와 구분하기 어려울 정도로 야성적인 남자나 아이의 이름을 붙이는 편이 훨씬 나을 것이다. 한 통속들인 이웃이나 주 의회가 그에게 부여한 권리 증명서 이외에는 아무런 권리도 갖고 있지 못한 사람, 호수의 금전적 가치밖에 생각하지 않으며 그 사람이 나타났다는 사실만으로도 기슭 전체가 저주를 받을지도 모르는 사람, 주위의 토지를 고갈시키고 호수의 물까지도 고갈시키려 드는 사람, 그곳이 영국 건초나 월귤나무가 자라는 초원이 아니라는 사실을 안타까워하며—사실 그가 보기에 이 호수는 아무런 장점도 갖고 있질 못하다— 차라리 호수의 물을 바싹 말려 바닥에 있는 진흙의 가격으로 호수를 완전히 팔아 버렸을지도 모를 사람, 그는 이름만은 붙여서는 안 되는 것이었다. 이 호수는 그의 물레방아를 돌려주지 않았으며, 그는 그곳을 바라보는 일을 특권이라고는 전혀 생각하지 않았던 것이다. 나는 그의 노동에도, 모든 물건들에 가격이 매겨져 있는 그의 농장에도 경의를 표하고 싶은 마음은 없다. 이 사람은 얼마간 돈이 된다고 생각하는 것이 있으면, 그것이 풍경이든 신(神)이든 시장으로 가지고 갈지도 모를 종류의 인간이다. 실제로는 그렇게 할 수 없기 때문에 그는 자기 자신의 신인 돈을 찾아서 시장으로 간다. 그의 농장에서 공짜 물건은 하나도 자라지 않는다. 밭에 곡물은 익지 않고, 들에 꽃은 피지 않으며, 나무에 열매는 맺히지 않고, 자라는 것은 오직 달러일 뿐이다. 그는 자신이 기른 과일의 아름다움 같은 것은 조금도 사랑하지 않으며, 달러로 환산되기 전까지 과일은 아직 익은 것이 아니다. 하지만 내게는 참된 풍요로움을 맛볼 수 있는 가난함을 주길 바란다. 내게 있어서 농부는 가난하면 가난할수록—빈농일수록— 존경의 대상이 되며, 흥미진진한 사람이 된다. 모범 농장이라니! 거기에는 가옥이 퇴비 속에서 자라난 버섯처럼 서 있으며, 인간과 말, 소, 돼지의 방들이, 청소를 한 것과 하지 않은 것 모두가 한데 섞여 나란히 늘어서 있다! 인간이 사육되고 있는 것이다! 비료 냄새와 버터밀크 냄새로 가득한 거대한 기름때와 같은 곳! 인간의 심장과 뇌를 퇴비로 쓰는 고도의 경작이 행해지고 있는 곳! 마치 교회의 묘지에서 감자를 기르려고 하는 것과 같은 것 아닌가? 이것이 바로 모범 농장이라는 것이다.

아니, 아니, 풍경 중에서도 가장 아름다운 이 지형적 요소에 사람의 이름을 붙이려면, 누구보다도 기품 있고 훌륭한 사람의 이름을 붙여야 할 것이다. 우리 지방의 호수에는 "아직도 그 기슭에는 (하나의) 위업을 칭송하는 소리가 울려 퍼지고 있다."[13]고 노래한 저 '이카리아 해(海)'[14]에도 뒤지지 않을 만한 제대로 된 이름을 붙여 줘야 하는 것 아닐까?

규모가 조그만 구우스 호수는 내가 플린트 호수로 가는 길 중간에 자리잡고 있다. 그리고 콩코드 강의 연장선상에 있는, 면적이 약 70에이커 정도라고 알려져 있는 페어 헤이번은 남서쪽으로 1마일 떨어진 지점에 있으며, 면적이 약 40에이커인 화이트 호수는 페어 헤이번에서 1.5마일

---

13) 스코틀랜드의 시인 William Drummond of Hawthornden(1585~1649)의 시 「Icarus」에서.
14) 에게 해의 일부. 이카로스가 하늘에서 떨어져 익사했다고 전해지기 때문에 이런 이름이 붙었다.
15) 워즈워스의 시로 유명한 영국의 '호수 지방'을 염두에 두었을 것이다.

정도 더 간 곳에 위치하고 있다. 이것이 바로 나의 호수 지방[5]이다. 콩코드 강을 포함한 이들 수역은 말하자면 내가 수리권을 가지고 있는 곳들로, 밤이나 낮이나, 몇 해가 지나도 내가 가지고 가는 곡물을 탈곡해 주는 곳이다.

 나무꾼, 철도, 그리고 나 자신까지도 월든을 더럽히게 되면서부터 이 부근의 호수 중에서 가장 아름답다고는 말할 수 없지만 가장 매력적인, 숲의 보석이라고 할 수 있는 호수는 틀림없이 화이트 호수일 것이다. 놀랄 만큼 맑은 물이나 모래의 색깔 때문에 그렇게 불리고 있는 것인데, 호수의 평범한 외관 때문에 인상적이지 못한 이름을 얻게 되었다. 어쨌든 그런 특질도 그렇고 다른 점에 있어서도, 이 호수는 월든과 쌍둥이 형제다. 두 호수가 너무나도 닮았기 때문에, 지하로 연결이 되어 있을지도 모른다는 생각이 들 정도다. 돌멩이가 빽빽하게 깔려 있는 기슭, 물빛 모두 서로를 쏙 빼닮았다. 무더운 한여름에, 바닥이 반사하는 빛으로 물들어 있는 그다지 깊지 않은 부분을 나무 숲 사이에서 바라보면, 물이 조금은 뿌옇게 보이는 청록색이나 푸른빛이 감도는 회색을 띠는 점 등도 월든과 똑같은 점이다. 꽤 오래 전에 나는 사포(砂布)를 만들 모래를 모아서 짐수레로 옮기려고 곧잘 화이트 호수를 찾곤 했었는데, 그 이후로 단골이 되어 버리고 말았다. 이곳에 종종 찾아오고 있는 어떤 사람은 이 호수를 '녹색 호수'

라고 부르는 것이 어떻겠냐고 말했다. 하지만 다음과 같은 이유로 해서 '미송 호수'라고 부를 수도 있을 것이다. 15년 정도 전에는 특정한 종류를 가리키는 말은 아니지만, 이 부근에서 미송이라고 불리고 있는 한 그루 리기다소나무가 기슭에서 몇 라드나 떨어져 있는 깊은 물 속에서 수면 위로 가지의 끝 부분을 내밀고 있는 모습을 볼 수 있었다. 그래서 이 호수는 지면의 함몰에 의해서 생겨난 것이며, 그 나무는 예전에 그곳에 무성하게 자라고 있던 원시림 중의 일부였다고 생각하는 사람까지 등장하게 되었다. 내가 조사한 바에 의하면, 1792년에 이미 매사추세츠 역사 협회 사료 집성에 수록된, 한 콩코드 시민의 손에 의해서 작성된 '콩코드 지지(地誌)'에서 그 저자는 월든 호수와 화이트 호수에 대해서 기술한 뒤, 이런 말을 덧붙였다. "수위가 극단적으로 떨어지면 화이트 호수 한가운데에 나무가 한 그루 나타난다. 그 뿌리는 수면 밑으로 50피트 되는 지점에까지 이르고 있는데, 마치 그곳에서 성장한 것처럼 보인다. 나무의 윗부분은 잘려 나갔으며, 그 부분의 직경은 14인치다."

1849년 봄, 서드베리에서도 이 호수에 가장 가까이 살고 있는 사내와 이야기를 나눈 적이 있었는데, 그는 10년인가 15년 전에 그 나무를 뽑아 낸 것은 바로 자신이라고 밝혔다. 그의 기억에 의하면 그 나무는 기슭에서 12 내지

15라드 떨어져 있는 물 속에 서 있었으며, 그곳의 수심은 30에서 40피트 정도였다고 한다. 겨울이었기 때문에 오전 중에는 얼음을 채취하고 있었는데, 오후에 동네 사람들의 힘을 얻어서 그 미송을 뽑아 버려야겠다는 결심을 했다고 한다. 그는 톱으로 얼음을 썰어서 기슭 쪽에 홈을 만들고 황소를 이용하여 나무를 쓰러트린 다음, 줄을 감아 올려 얼음 위로 끄집어냈다고 한다. 그런데 작업을 시작한 지 얼마 지나지 않아서 그 나무가 사실은 거꾸로 처박혀 있는 것이며, 가지가 잘려나간 부분도 밑을 향하고 있고, 가느다란 나무의 끝 부분이 호수의 모랫 바닥에 단단히 박혀 있는 것이라는 사실을 알게 되어 놀라지 않을 수 없었다고 한다. 굵은 부분의 직경이 1피트 정도 되었기 때문에 좋은 목재를 얻을 수 있겠다고 기대를 하고 있었는데, 너무 심하게 썩어 있어서 간신히 장작으로 쓸 수밖에 없었다고 한다. 그 당시에는 나무의 일부가 아직도 그의 장작을 쌓아 두는 창고에 남아 있었다. 밑둥치에는 도끼로 찍은 흔적과 딱따구리가 쪼아놓은 흔적이 남아 있었다. 그는 기슭에 서 있던 마른 나무가 바람이 불자 쓰러져, 위쪽은 물에 잠겨 흠뻑 졌었지만 뿌리 쪽으로는 아직 물이 흡수되지 않아서 가벼웠기 때문에, 호수 속으로 흘러가면서 거꾸로 잠긴 것이 아닐까 하고 생각하고 있었다. 80세가 되는 그의 아버지의 기억에 의하면, 그 나무는 언제나 같은 장소에 있었던 듯하다. 지금도 상당히 커다란 고목 몇 그루가 호수 바닥에 가라앉아 있는 것을 볼 수 있는데, 그것들이 수면의 파동에 따라서 움직이는 모습은 거대한 물뱀을 생각나게 한다.

이 호수는 지금까지 배에 의해서 더럽혀진 적이 거의 없었다. 어부들을 유혹할 만한 것이 거의 살고 있지 않기 때문이다. 진흙이 필요한 하얀 수련이나 평범한 창포 대신에 붓꽃(Iris versicolor)이 호수 일대의 돌멩이투성이 호수 바닥에서 자라나 맑디맑은 물속에서 드문드문 모습을 드러내며, 6월이 되면 벌새들이 찾아온다. 그 파란 잎과 꽃의 빛깔은, 특히 물에 비칠 때 푸른빛이 감도는 회색 물과 섞여서 참으로 독특한 조화를 이루게 된다.

화이트 호수와 월든 호수는 지상의 커다란 수정이며, '빛의 호수'다. 두 호수가 영원히 응결하여 손에 쥘 수 있을 정도로 조그맣게 변한다면, 곧 보석과 같이 노예들이 가지고 가서 황제들의 머리를 장식하게 될 것이다. 하지만 두 호수 모두 액체며, 거대하고, 영원히 우리들과 우리들 자손의 손에 맡겨져 있다. 그래서 우리들은 그것들을 소홀히 여기고 코히누르의 다이아몬드[16]를 찾아 헤매는 것이다. 이 호수들은 시장 가치를 갖기에는 너무나도 순수한

---

[16] 1849년 이후부터 영국 왕실이 소장하고 있는 인도산 다이아몬드.

것이다. 불순물은 조금도 섞여 있지 않다. 이 호수들은 우리들의 생활에 비해서 그 얼마나 아름다우며, 우리들의 성격에 비해서 그 얼마나 투명한지! 인간은 그들로부터 비열한 언동을 배운 적이 단 한 번도 없었다! 농가의 문 앞에서 볼 수 있는, 집오리들이 헤엄치고 있는 연못 등에 비한다면, 그 얼마나 아름다운가? 이들 호수에는 청결한 야생 오리가 날아든다. '자연계'에는 그것의 가치를 알고 있는 사람이 없다. 깃털과 노래를 가진 새들은 꽃들과 멋진 조화를 이루지만, 과연 어떤 젊은이나 아가씨가 '자연계'의 야성적이며 풍부한 아름다움과 손을 잡고 생활하고 있는가? '자연'은 그들이 살고 있는 마을에서 멀리 떨어져서 가만히 빛을 발하고 있다. 천국에 대해서 이야기하는 자는 지상을 욕되게 하고 있는 것이다!

베이커 농장

베이커 농장

 때때로 나는 소나무 숲 쪽으로 한가로이 산책을 하곤 한다. 숲 속의 모습은 어딘가 사원과 비슷한 점이 있었지만, 가지가 흔들리며 빛의 물결을 일으키고 있는 모습은 돛을 활짝 펴고 바다를 항해하는 함대처럼 보이기도 했다. 그것은 매우 조용하고 푸르며 깊은 그림자를 드리우고 있었기 때문에, 두르이드 교도[1]들조차도 떡갈나무를 버리고 이곳에서 예배를 드리고 싶어질 것이다. 그리고 나는 플린트 호수 건너편에 있는 히말라야 삼목 숲에 가는 적도 있었다. 그곳의 나무들은 푸르스름한 작은 야생 과일들에 뒤덮여 하늘 높이 치솟아 있는데, 발할라 궁전[2]의 앞마당에 서 있으면 더욱 빛을 발할 것 같았다. 노간주나무는 열매가 빽빽하게 달린 화관처럼 지면을 뒤덮고 있었다. 그리고 늪

---

1) 고대 켈트 민족이 창시한 원시 종교의 교도들로, 떡갈나무를 성목(聖木)으로 숭배했다.
2) 북유럽 신화. 최고 신인 오딘의 궁전.

지 쪽으로 가면 나무 이끼가 꽃송이처럼 가문비나무에 늘어져 있고, 늪의 신들의 원탁인 독버섯이 지면을 뒤덮고 있으며, 그것보다 훨씬 더 아름다운 균류(菌類)가 나비나 조개 껍데기처럼—즉 식물성 조개처럼— 나무 그루터기를 장식하고 있었다. 그곳에는 또한 패랭이꽃과 미국산 딸기나무가 무성하며, 붉은 오리나무 열매가 조그만 도깨비의 눈처럼 빛나고 있고, 노박 덩굴이 한 번 덩굴을 뻗어 감기 시작하면 그 어떤 단단한 나무에라도 파고 들어가 자국을 남겨 놓는다. 야생 호랑가시나무의 열매는 보는 사람으로 하여금 집으로 돌아가는 것을 잊게 할 만큼 아름다우며, 그 외의 이름을 알 수 없는 야생의 금단의 열매들에게도 매혹되고 유혹당하는데, 인간이 먹기에는 너무나도 아름답다. 나는 학자를 방문하는 대신 멀리 있는 목초지나 숲, 늪 지대 깊숙한 곳이나 언덕 위에 서 있는, 이 부근에서는 쉽게 찾아볼 수 없는 특정한 수목을 몇 번이고 방문하곤 했다. 예를 들자면, 직경이 2피트 정도 되는 검정자작나무나 그와 같은 종류로 넉넉한 황금색 조끼를 몸에 걸치고 검정자작나무와 마찬가지로 좋은 냄새를 풍기고 있는 황자작나무 등이다. 그리고 너도밤나무는 매우 깔끔한 줄기를 가지고 있으며, 아름다운 이끼로 채색되어 있기 때문에 여러 가지 점에서 완벽하다고 할 수가 있다. 여기저기에 산재해 있는 것을 제외한다면, 나는 이 마을에 상당히 커다란 너도밤나무들이 군생하고 있는 작은 숲이 한 군데 남아 있다는 사실을 알고 있다. 오래 전에 가까운 곳에 있는 너도밤나무 열매를 물고 온 비둘기들에 의해서 씨앗이 뿌려졌을 것이라고 생각하는 사람도 있다. 이 나무를 자르면 은빛 나뭇결이 불꽃처럼 빛나는데, 이는 한 번 볼 만한 가치가 있는 것이다. 그 외에도 참피나무와 서나무, 하크베리(Celtis occidentalis) 등이 무성하게 자라고 있는데, 하크베리 중에서 제대로 자란 것은 단 한 그루밖에 볼 수가 없었다. 그리고 숲의 한가운데에는 높다란 돛대와 같은 소나무와 폰데로사소나무, 좀처럼 찾아보기 힘들 정도로 완벽하게 자란 솔송나무가 한 그루씩 마치 탑처럼 치솟아 있다. 이 외에도 수많은 종류들을 들 수가 있다. 이러한 것들이야말로 내가 계절에 관계없이 참배한 신전(神殿)이었다.

어느 날, 나는 우연히 무지개의 한쪽 끝에 서 있었다. 무지개는 대기의 낮은 부분에 가득 넘쳐서 주위 초목들을 물들이고 있었다. 나는 색이 들어간 수정을 통해서 바라보고 있는 듯한 신비함을 느꼈다. 그것은 무지개 빛의 호수였으며, 그 속에서 나는 한동안 돌고래처럼 생활을 했다. 만약 무지개가 오랫동안 계속되었다면, 내 일과 생활도 빛으로 채색되었을지도 모른다. 철도의 둑길을 걷고 있을 때, 나는 종종 내 그림자 주위에 빛의 띠가 생겨나는 것을 보고 이를 신비하게 여기며, 나는 틀림없이 신에게 선택받은 사람이라고 자랑스럽게 생각하곤 했었다. 나를 찾아온 어떤 사람의 말에 의하면, 그 사람의 앞을 걸어가고 있는 아일랜드 사람들의 그림자에는 그런 띠가 생기질 않으며, 그러한 영예를 맛볼 수 있는 것은 이곳에서 태어난 사람들뿐이라고 한다. 그러고 보니 벤베누토 첼리니[3]가 회고록에서 다음과 같이 말한 적이 있었다. 성 안젤로 성에 유폐되어 있을 때 꿈인지 환상인지 모를 어떤 무시무시한 것을 본 뒤로 이탈리아에 있어도, 프랑스에 있어도 찬란한 빛이 아침저녁으로 머리의 그림자 위에 나타나게 되었으며, 특히 풀이 이슬에 젖어 있을 때면 그 빛이 더욱 눈에 띄었다고 한다. 이것은 틀림없이 내가 지금 말한 것과 같은 현상으로, 나의 경우에도 역시 아침에 더욱 확실하게 눈에 띄었지만 다른 시간에도—예를 들어서 달이 빛나는 밤에조차도— 나타나곤 했다. 흔히 일어나는 현상이기는 하지만 깨닫는 사람이 적기 때문에, 첼리니처럼 민감한 상상력을 가지고 있는 사람들에게는 미신의 대상이 될지도 모르겠다. 더구나 그는 그것을 거의 아무에게도 밝히지 않았다고 기술했다. 하지만 자신이 주목을 받고 있다고

---

[3] Benvenuto Cellini(1500~71). 이탈리아의 조각가, 문학자.
[4] Ellery Channing의 시 「Baker Farm」을 소로우가 조금 개작한 것.

생각하는 사람들은 그것만으로도 선택받은 인간이라고 할 수 있지 않을까?

 어느 날 오후, 저장해 두었던 야채들이 거의 다 떨어져 갔기 때문에, 이를 보충하기 위해서 숲을 지나 페어 헤이번으로 낚시를 갔었다. 플레전트 들판을 가로질러 갔는데, 그곳은 후에 어떤 시인이 다음과 같은 구절로 시작하는 시 속에서 노래한 조용하고 한가로운 땅으로, 베이커 농장의 부속지였다.

 너의 입구는 즐거운 들판.
 이끼 덮인 과일 나무가
 붉은 빛을 띤 작은 강과 토지를 공유하고 있는 곳.
 쪼르르 달려가는 사향쥐와
 쏜살처럼 헤엄치며 돌아다니는 건강한 송어가
 이 곳을 지키고 있다.[4]

 나는 월든으로 가기 전에 그곳에서 생활하겠다고 생각한 적이 있었다. 사과를 잠깐 실례한 뒤, 작은 강을 건너서 사향쥐와 송어를 놀라게 하면서 나는 걸음을 옮겼다. 집을 나섰을 때는 이미 오후도 반 가까이 지나 있었는데, 그것은 언제까지고 계속되면서 끊임없이 사건이 일어날 것 같은 기분이 드는, 사람의 일생과도 맞먹을 만큼 길고 긴 느낌을 주는 어느 날 오후의 일이었다. 도중에 소나기를 만났기 때문에, 하는 수 없이 30분 정도 소나무 가지가 겹쳐 무성하게 자란 곳 밑에 들어가 손수건을 머리 위에 얹은 채 비를 맞았다. 드디어 허리까지 물에 잠겨서 가래 너머로 낚싯줄을 던졌을 때, 갑자기 구름의 그림자가 나를 감싸며 맹렬한 천둥 소리가 울려 퍼졌다. 나는 경건한 마음으로 귀를 기울일 수밖에 없었다. 아무런 무기도 가지고 있지 않은 낚시꾼을 내쫓는 데 이처럼 무시무시한 벼락창을 휘두르다니, 신들은 틀림없이 흥분을 하고 있는 것이라는 생각이 들었다. 그래서 나는 서둘러 가장 가까이에 있는 오두막으로 몸을 피했다. 그 오두막은 모든 길에서부터 0.5마일 정도 떨어진 곳에 위치하고 있었기 때문에 그만큼 호수와 가까운 곳에 위치하고 있었으며, 오랫동안 아무도 살지 않은 채 버려져 있었다.

여기에 시인이 지은 게지,
꽤 오래 전 얘기이기는 하지만.
보게, 허물어질 대로 허물어진
작은 오두막을[5]

뮤즈의 이야기에서는 그렇게 되어 있다. 그런데 막상 가서 보니 지금은 존 필드라는 아일랜드 사람과 그의 아내, 아이들이 살고 있다. 가장 큰 아이는 얼굴이 큰 소년으로 아버지의 일을 돕고 있었는데, 조금 전부터 내리기 시작한 비를 피해서 아버지와 나란히 늪지에서부터 달려 집으로 막 돌아와 있었다. 막내아이는 얼굴에 주름이 가득하고 무당과 같은 분위기를 풍기는 머리가 뾰족한 아기로, 귀족들이 머무는 여관에라도 있는 것처럼 아버지의 무릎 위에 앉아 있었다. 비에 젖어 아사 직전까지 몰린 집 속에서 유아의 특권이라도 된다는 양 낯선 손님을 이상하다는 듯이 뚫어져라 쳐다보았는데, 마치 가난뱅이 존 필드의 아기가 아니라 어느 귀족의 자손으로 세상이 기대를 걸고 있으며 한몸에 주목을 받고 있다는 사실을 아직 알지 못하는 듯한 그런 모습이었다.

밖이 소나기와 천둥에 휩싸여 있는 동안, 우리들은 지붕 밑에서도 가장 비가 새지 않는 곳에 함께 앉아 있었다. 예전에 이 일가족을 미국으로 실어 온 배가 건조되기 이전에 나는 종종 그곳에 앉아 있곤 했다. 존 필드는 정직하고 부지런하기는 했지만, 아무리 봐도 무기력해 보이는 사내였다. 또한 그의 아내도 커다란 난로가 놓여 있는 저쪽 구석에서 저녁을 마련하려고 날이면 날마다 분전(奮戰)

---

5) 출전은 앞의 시와 같다.

하고 있었다. 통통하고 둥근 얼굴로, 가슴을 풀어헤친 이 여자는 언젠가는 형편이 나아지리라는 희망을 아직도 완전히 버리지 못하고 있다. 한쪽 손에는 언제나 걸레를 쥐고 있었는데, 그 효과는 어디에서도 찾아볼 수가 없었다. 병아리들도 비를 피해서 그곳에 모여 있었다. 마치 가족의 일원인 양 아주 거만한 모습으로 방안을 돌아다니고 있었으며, 그것이 인간의 모습과 너무나도 닮아 있었기 때문에 도저히 통닭으로 만들어 먹을 수 있을 것 같지가 않았다. 병아리들은 멈춰 서서 내 눈을 뻔히 들여다보기도 하고, 의미 있는 몸짓으로 내 구두를 쪼아 보기도 했다.

그러는 동안에도 주인은 내게 자신의 신상에 관한 이야기를 들려주었다. 자신이 근방에 살고 있는 농부를 위해서 '진흙 속에 들어가서' 필사적으로 일을 하고 있다는 사실, 1에이커 당 10달러의 품삯으로 쟁기와 늪지용 쟁기를 사용하여 목초지를 갈고 그 토지를 일 년 동안 비료를 공급받아 가면서 이용하고 있다는 사실, 그 얼굴이 커다란 아들은 아버지가 얼마나 수지에 맞지 않는 일을 하고 있는지는 알지도 못한 채 자신의 옆에서 기쁘다는 듯이 일을 하고 있다는 사실 등에 관한 이야기였다. 나는 나의 경험이 그에게 도움이 될지도 모르겠다고 생각하여 다음과 같은 이야기를 들려주었다. '나는 바로 이 근처에 살고 있다. 이런 곳으로 낚시를 다니고 있으니 게으름뱅이로 보일지 모르겠지만, 그래도 당신과 똑같이 내 손으로 생계를 꾸려 나가고 있다. 나는 밝고 튼튼하며 청결한 집에서 살고 있다. 그것은 당신의 집과 같은 판잣집을 일 년 간 빌리는 데 필요한 돈과 거의 같은 비용을 들여서 지은 것이다. 당신도 마음만 먹으면 1, 2개월 만에 자신의 궁전을 지을 수 있을 것이다. 나는 차도, 커피도, 우유도 마시지 않으며, 버터와 신선한 고기도 먹지 않는다. 그래서 그런 것들을 사기 위해서 일하지 않아도 된다. 그리고 그다지 일을 하지 않기 때문에 많이 먹지 않아도 되며, 따라서 식비도 얼마 들지 않는다. 하지만 당신은 처음부터 커피, 버터, 우유, 고기 등을 먹고 마시고 있기 때문에 그것을 사기 위해서는 필사적으로 일을 할 수밖에 없으며, 필사적으로 일을 하게 되면 소모된 체력을 보충하기 위해서 필사적으로 먹지 않으면 안 된다. 그렇기 때문에 결국 사태는 조금도 좋아지질 않으며, 오히려 더욱 나빠지기만 하지 않는가? 만족스러운 일이 없을 뿐만 아니라, 생명조차 깎아먹고 있기 때문이다. 그런데도 불구하고 당신은 매일 차나 커피, 고기를 손에 넣을 수 있다며 미국에 오기를 잘했다고 생각하고 있는 듯하다. 하지만 유일하고도 진정한 미국은 그런 것들 없이도 살아갈 수 있는 생활양식을 자유롭게 탐구할 수 있는 나라며, 그러한 것들을 사용함으로 해서 직·간접적으로 생겨나게 되는 노예 제도나 전

쟁, 그리고 그 외의 쓸데없는 출자 등에 찬성할 것을 국민들에게 강요하지 않는 그런 나라인 것이다.'

나는 일부러 그를 철학자나, 혹은 그렇게 되고 싶어하는 사람으로 보고 이야기를 했다. 지구의 모든 목초지가 개간되지 않은 채 남겨지고, 그것이 스스로를 구원하려는 인류의 노력의 결과라면 나는 매우 기쁠 것이다. 인간은 자기 자신을 경작하려면 어떻게 해야 하는지를 발견하기 위해서 일부러 역사를 배울 필요는 없다. 그런데 한심하게도, 아일랜드 사람의 정신을 개간하는 것은 도덕적 늪지용 괭이를 휘두르며 일에 임하지 않으면 안 될 정도로 어려운 일이다. 나는 그에게 이렇게 말했다. "당신은 늪지를 개간하는 일에 쓸데없이 힘을 쏟고 있기 때문에 두꺼운 장화와 튼튼한 옷을 필요로 하지만, 그것도 곧 진흙투성이가 되고 닳아 떨어져 버린다. 하지만 나는 가벼운 구두와 가벼운 옷을 입고 있다. 당신은 내가 신사 같은 옷차림을 하고 있다―사실 그렇지도 않았지만―고 생각할지도 모르겠지만, 당신 옷값의 절반도 들이질 않았다. 나는 마음만 먹으면 한두 시간 안에 고생은커녕 즐거운 마음으로 이틀분의 물고기를 낚아 올릴 수가 있다. 혹은 일주일분의 생활비를 벌어들일 수도 있다. 당신과 당신 가족들이 간소하게 생활을 해나가겠다고 마음만 먹는다면, 여름에는 소풍을 가는 기분으로 월귤을 따러 갈 수 있을 것이다."

내가 이렇게 말하자 존은 한숨을 쉬었고, 그의 아내는 허리에 손을 대고 팔꿈치를 세운 채 눈을 둥그렇게 뜨고 나를 바라보았다. 두 사람 모두 그런 생활을 시작할 수 있을 만큼의 자금이 과연 있을지, 혹은 그런 생활을 해낼 수 있을 만큼의 계산 능력이 있는지에 대해서 생각하고 있는 듯한 모습이었다. 그들에게 있어서 그것은 추측 항법으로 항해를 하는 것과 같은 것으로, 어떻게 해야 목적한 항구에 도착할 수 있을지를 전혀 알지 못하고 있는 것이다. 따라서 그들은 지금도 그들 나름대로 용감하게 인생과 맞서 필사적으로 싸우고 있는 것이겠지만, 인생이라는 거대한 대열을 갈라놓아 멋지게 분열시켜 그들에게 패배를 맛보게 할 만큼의 기술이 없기 때문에, 마치 엉겅퀴를 다룰 때처럼 인생을 적당하게 취급하려고 생각하고 있는 것이다. 하지만 그들의 싸움에는 승산이 전혀 없다. 아, 슬프다. 존 필드는 계산 능력도 없이 살아가고 있으며, 그렇기 때문에 실패를 하고 있는 것이다.

"낚시는?"

내가 그에게 물어보았다.

"네, 하고 있죠. 일을 쉬는 날 잠깐 다녀오곤 하죠. 퍼치 같은 걸 꽤 잡아 오곤 해요."

"미끼는 뭘로?"

"지렁이로 샤이너를 낚고, 그것으로 퍼치를 낚죠."

"지금 다녀오지 그러세요, 여보."

그의 아내가 기대감에 넘친 얼굴로 말했다. 하지만 존은 망설이고 있었다.

드디어 소나기가 그치고 동쪽 숲 위에 걸린 무지개가 저녁에는 맑을 것이라고 약속해 주었기 때문에, 나는 작별을 고하기로 했다. 이 집에 대한 마지막 관찰로 우물의 바닥을 들여다보고 싶어져서 물을 한 잔 청했다. 그런데 놀랍게도 우물물은 거의 말라비틀어져서 삼각주처럼 모래가 드러나 있었으며, 거기다 줄이 끊어져 두레박은 바닥에 떨어져 있는 상태였다. 그러고 있는 동안에 그들이 적당한 용기를 찾아서 가지고 왔다. 물은 끓여놓았던 것인 듯했으며, 두 사람은 서로의 의견을 교환한 뒤에 드디어 그것을 목이 말라 있던 내게 넘겨주었다. 아직 식지도 않았으며, 맑지도 않았다. 저들은 이런 죽과 같은 물로 생명을 유지하고 있는 걸까? 나는 눈을 감고 물의 바닥을 잘 흔들어서 찌꺼기를 한쪽으로 몰아놓은 뒤 성의가 담긴 대접에 감사하면서 그것을 전부 마셔 버렸다. 이렇게 예의범절이 중요한 경우에는 까다로운 말을 하지 않기로 나는 결심을 하고 있었던 것이다.

비가 그쳐서 아일랜드 사람 집을 뒤로하고 다시 한 번 호수 쪽으로 발걸음을 옮기고 있을 때, 인가에서 떨어진 풀밭과 웅덩이와 늪지대의 움푹 패인 곳과 쓸쓸하고 황량한 곳을 건너서 총총걸음으로 강꼬치고기를 낚으러 가다니, 학교는 물론 대학까지 나온 인간이 하기에는 너무나도 하찮은 일이 아닐까 하는 생각이 일순 머리를 스치고 지나갔다. 하지만 어깨 너머로 무지개를 되돌아보고, 깨끗하게 닦여진 것 같은 대기를 통해서 어디선가 들려오는 희미한 종소리를 들으면서 저녁 노을에 물든 서쪽을 향해서 언덕을 올랐을 때 나의 수호신이 이렇게 말하는 듯한 기분이 들었다. '매일매일 멀리, 이곳저곳 낚시와 사냥을 하러 나가도록 하라―더욱 멀리, 더욱 여러 곳으로―. 또한 이곳저곳의 강변이나 난로 옆에서 마음껏 쉬도록 하라. 네 젊은 날에 너를 창조하신 이를 기억하라.[6] 어둠이 밝기 전에 마음의 번뇌를 털어 버리고 일어나 모험을 떠나라. 정오에는 다른 호숫가에 가 있도록 하라. 밤이 찾아오면 어디에 있든지 자기 집에 있는 것처럼 편안하게 지내라. 여기에 있는 들판만큼 넓은 들판도 없으며, 여기서 심취하는 놀이만큼 가치 있는 놀이도 없다. 내 본성에 따라서 야성적으로 살아라. 결코 영국 건초가 되지 않는 사초나 고사리처럼. 천둥이 치도록 그대로 내버려두어라. 그것이 농부의 작물에 피해를 준다 한들, 그게 어쨌단 말

---

6) 구약 성경 전도서 12장 1절에서.

인가? 천둥이 네게 전달하려고 하는 것은 그런 것이 아니다. 농부들이 짐마차나 지붕 밑으로 몸을 숨긴다면, 너는 구름 밑으로 몸을 숨겨라. 생계를 꾸려 나가는 일을 직업으로 삼지 말고 놀이로 삼아라. 대지를 즐기되 소유는 하지 말라. 사람들은 진취적인 기상과 신념이 부족하기 때문에 물건을 사고 팔며 일생을 농노(農奴)처럼 생활하고 조금도 진보하지 못하는 것이다.'

아, 베이커 농장이여!

가장 풍부한 자연의 요소가
때묻지 않은, 조그만 태양 빛과 같은 풍경……

울타리를 두른 네 초원에서
술에 취해 소란을 피우는 자 아무도 없다……

너는 누구와도 논쟁하지 않는다
너는 질문 때문에 고민하는 적도 없다
처음 봤을 때도 역시 온화했으며
소박한 갈색 옷을 걸치고 있었던가?……

사람을 사랑하는 자들이여, 오라

사람을 증오하는 자여, 오라
성스러운 비둘기의 아들도
정치범 가이 포크스[7]처럼 되려는 자들도
자, 악랄한 계획을 교수형에 처하자
튼튼한 나무들의 서까래에 매달아[8]

저녁이 되면 사람들은 자신의 집에서 나는 소리가 끊임없이 들려오는 바로 근처의 밭과 길에서 조용히 집으로 돌아온다. 그들은 자신이 내뱉은 숨결을 되풀이해서 들이마시기 때문에 생명이 점점 시들어 가고 있다. 그들의 그림자는 아침저녁으로 그들이 그날 걸은 거리보다도 더욱 길게 늘어난다. 우리들은 매일 먼 곳에서 모험과 위험과 발견에 넘친 여행을 마치고 새로운 경험과 성격을 얻어 집으로 돌아와야 한다.

내가 호수에 도착하기 전, 어떤 충동에 사로잡혔는지 존 필드의 마음이 갑자기 변해서 일몰 전인데도 불구하고 '진흙 파기'를 일찍 마치고 나를 찾아왔다. 하지만 불쌍하게도 존 필드는 내가 계속해서 물고기를 낚아 올리고

---

7) Guy Fawkes(1570~1606). 영국의 가톨릭교도. 국회를 폭파할 계획을 품고 있었다고 하여 처형당했다.
8) 출전은 각주 4와 같다.

있는 동안 겨우 두 마리 정도를 놀라게 했을 뿐으로, "오늘은 운이 없는데."라는 말을 하곤 했다. 그래서 배 안에서의 자리를 바꿔 앉았는데, 운이라는 녀석도 자리를 바꿔 앉은 모양이었다. 불쌍한 존 필드! —그가 이 책을 읽을 리는 없겠지만, 읽는다면 틀림없이 얻는 것이 있을 것이다.—미국이라는 원시적인 새로운 국가에 살면서도 그는 먼 옛날 국가에서 전해 내려오는 방법으로 생활하며 샤이너로 퍼치를 낚으려고 하는 것이다—경우에 따라서는 그것도 훌륭한 미끼가 된다는 사실은 나도 인정하지만—. 그는 자신의 지평선을 소유하고 있음에도 불구하고 변함없이 가난하며, 가난하게 살아가도록 태어난 것이다. 조상들로부터 아일랜드식 가난, 혹은 가난한 생활을 대대로 물려받아, 아담의 할머니 때부터 내려온 진흙탕 속 인생을 질질 끌며 살아가고 있기 때문에, 그도 그의 자손들도 이 세상에서는 제대로 일어설 수 없을 것이다. 늪지를 뛰어다니고 있는 그들의 물갈퀴 달린 발에 '헤르메스의' 날개가 달린 샌들을 신지 않는 이상은.

보다 높은 법칙

보다 높은 법칙

 나는 낚은 물고기들을 줄에 꿰어 들고, 주위가 이미 완전히 어두워져 있었기 때문에 낚싯대를 지면에 질질 끌면서 숲 속을 통해서 집으로 돌아오는 길에 우드척 한 마리가 가만히 길을 가로질러 가는 모습을 발견했다. 그러자 나는 야만적인 기쁨의 기묘한 전율에 휩싸여 그 녀석을 잡아서 산 채로 뜯어먹고 싶다는 강한 충동에 사로잡혔다. 특별히 배가 고팠던 것이 아니라, 우드척이 나타내 보이는 야성적인 것에 굶주려 있었던 것이었다. 나는 호반에서 사는 동안 한 번인가 두 번, 될 대로 되라는 식의 묘한 기분에 빠져서 굶주려 죽기 직전의 사냥개처럼 어떻게든 야생의 고기를 손에 넣을 수 없을까 해서 숲 속을 방황한 적이 있었다. 그때였다면 어떤 야생 동물의 고기라도 아무렇지도 않게 먹을 수 있었을 것이다. 더할 나위 없이 야성적인 광경도 내게는 아주 친밀한 것으로 느껴졌던 것이다. 그때나 지금이나 나는 대부분의 인간들과 마찬가지로 자신의 내부에 보다 높은, 즉 정신적인 생활을 추구하는 본능과 원시적이고 열등하며 야만적인 생활을 추구하는 본능을 함께 갖추고 있는데, 나는 이 모두에게 경의를 품고 있다. 선량한 것 못지 않게 야성적인 것을 사랑한다. 낚시에는 야성미와 모험성이 있기 때문에 나는 지금도 그것을 좋아하고 있다. 때로는 미개한 생활 방식으로 하루 종일 동물처럼 살아가고 싶다고 생각하는 적도 있다.

내가 '자연'과 친교를 맺게 된 것도 틀림없이 어렸을 때부터 낚시나 사냥을 했기 때문일 것이다. 낚시나 사냥은 일반적으로 그 나이 때는 좀처럼 친숙해지기 어려운 풍경 앞으로 우리들을 데려가, 우리들을 그 속에서 머물게 한다. 어부나 사냥꾼, 나무꾼 등 들판이나 숲에서 일생을 보내는 자들은, 어떤 의미에서는 그들 자신이 '자연'의 일부이기 때문에 기대감을 가지고 '자연'에 접하는 철학자나 시인들보다도, 일의 중간 중간에는 '자연'을 관찰하기에 적당한 기분을 갖게 되는 것이다. '자연'도 그런 사람들에게는 아무런 거리낌 없이 자신을 드러내 보인다. 대초원을 여행하는 사람은 저절로 사냥꾼이 되어, 미주리 강과 콜럼비아 강의 상류에서는 덫을 놓게 되고, 세인트 메리 폭포에서는 낚시꾼이 된다. 단순하게 여행을 하고 있을 뿐인 사람은 사물을 수박 겉 핥기 식으로, 그리고 간접적으로만 배울 뿐 참된 권위자가 될 수는 없다. '자연' 속에서 살아가고 있는 사람들이 이미 체험적으로, 혹은 본능적으로 알고 있는 사실을 과학이 보고해 줄 때 우리들은 최대의 흥미를 느끼게 된다. 그것만이 참된 인문 과학, 즉 인간 경험에 대한 기술이기 때문이다.

미국인이 영국인만큼 휴일을 가지고 있지 않으며, 어른이나 아이들 할 것 없이 그다지 게임을 하지 않는다고 해서 오락과는 별로 연이 없는 사람들이라고 선입견을 갖는 것은 잘못된 견해다. 여기서는 낚시나 사냥과 같이 보다 원시적이며 혼자서 즐길 수 있는 오락이 아직도 다른 게임에 그 자리를 물려주지 않고 있을 뿐인 것이다. 나와 같은 세대를 살아가고 있는 뉴잉글랜드의 아이들은 대부분 10살에서 14살이 되면 엽총을 어깨에 메곤 했다. 그리고 그 사냥터나 낚시터는 영국 귀족의 금렵지(禁獵地)처럼 범위가 한정되어 있는 것이 아니라, 때로는 미개인들의 토지 이상으로 끝없이 펼쳐져 있었다. 따라서 사내아이들이 마을의 공유지에서 그다지 빈번하게 놀지 않았던 사실도 별로 이상하게 여길 필요는 없는 것이다. 하지만 이제는 변화의 조짐이 보이고 있다. 휴머니티가 널리 퍼졌기 때문이 아니라, 모두에게 골고루 돌아갈 만큼의 사냥감이 사라져 가고 있기 때문이다. 동물 애호 협회를 포함한 모든 인간들 중에서 사냥꾼이야말로 사냥감이 되는 동물의 가장 진실한 벗일 것이다.

그리고 호반에서 살고 있었을 때, 나는 종종 생선을 더

함으로 해서 먹거리에 변화를 줘야겠다는 생각을 하곤 했다. 실제로 나는 먼 옛날의 낚시꾼들과 같은 이유에서 낚시를 했던 것이다. 그것에 대해서 제 아무리 휴머니티를 외쳐 본다고 한들 그것은 인위적인 것이 되어 버리며, 감정보다는 철학적인 문제가 되어 버리는 것이다. 내가 지금 여기서 낚시에 대해서만 이야기하는 것은, 새 사냥에 대해서는 예전부터 다른 생각을 품고 있었고, 따라서 숲에 들어오기 전에 총을 팔아 치웠기 때문이다. 나는 내가 다른 사람들보다 동물 애호 정신이 부족하다고는 생각하지 않지만, 낚시에 대해서만은 그다지 마음이 움직이질 않았다고 하는 것이 나의 진심일 것이다. 물고기나 벌레들이 불쌍하다는 생각은 별로 들질 않았다. 이것은 습관 때문이다. 새 사냥에 대해서 이야기해 보자면, 총을 들고 다녔던 기간 중 마지막 몇 년간은 조류 연구를 위해서라는 구실로 새로운, 혹은 보기 드문 희귀종만을 찾아다녔다. 하지만 사실을 말하자면, 지금은 그것보다 훨씬 더 뛰어난 조류 연구 방법이 있다는 사실을 알게 되었다. 그것은 새들의 습성을 보다 치밀하게 관찰할 필요가 있는 방법이기 때문에, 그 점 때문에라도 나는 기꺼이 총을 팔아 치우자고 생각했던 것이다.

인도적 차원에서의 반대론이 있다고는 하지만 사냥만큼 가치가 있는 야외 놀이 중에서 그것을 대신할 만한 다른 무엇이 존재하고 있는지는 참으로 의심스러운 부분이 아닐 수가 없다. 따라서 어떤 친구가 걱정스러운 얼굴로 자신의 아들에게 사냥을 가르쳐야 할지 잘 모르겠다고 상담을 요청해 왔을 때, 나는 내가 받은 교육 중에서도 그것이 각별한 도움이 됐다는 사실을 상기하고 이렇게 대답을 해주었다. "꼭 사냥을 가르치세요. 처음에는 그저 놀이처럼 시작을 해도 상관없지만, 가능하다면 큰 사냥꾼이라는 말을 들을 수 있도록 해주면 좋을 겁니다. 이 부근에서, 아니 그 어느 곳에 가더라도 그들에게 어울릴 만한 커다란 사냥감은 없다는 말을 들을 수 있을 만한 사냥꾼, 즉 사람을 낚는 어부 겸 사냥꾼이 되도록이요."[1] 그 점에 대해서는 나도 초서의 『캔터베리 이야기』에 나오는 여자 수도자의 의견에 찬성합니다.

사냥하는 자들은 성자가 될 수 없다.
이런 규율은 털이 뽑힌 암탉만큼도 관심을 끌지 못한다.[2]

인류의 역사에서와 마찬가지로 개인의 역사 중에도 앨

---

[1] 신약 성경 마가복음 1장 17절 "예수께서 이르시되 나를 따라오라. 내가 너희로 사람을 낚는 어부가 되게 하리라 하시니."에서.
[2] 초서의 『캔터베리 이야기』, 「프롤로그」(178~179행)에서.

곤퀸 족[3]이 말하듯, 사냥꾼이야말로 '최고의 인간'이라는 말이 적용되는 시기가 있는 법입니다. 우리들은 한 번도 총을 쏘아 보지 못한 사내아이를 불쌍히 여기지 않을 수 없습니다. 한심할 정도로 교육을 받지 못한 아이에게서 동물 애호 정신이 자라날 리가 없지 않습니까?'

이상이 사냥에 열중하고 있는 젊은이들의 문제에 대한 나의 대답이었다. 그들이 곧 그 시기에서 벗어날 것이라고 확신하고 그렇게 대답한 것이었다. 일단 사려 깊지 못한 소년 시절이 지나가면 생각이 있는 사람들은 자신과 똑같은 생존권을 가지고 살아가고 있는 동물들을 자기 기분에 따라서 죽이거나 하지는 않을 것이다. 토끼도 궁지에 몰리게 되면 사람의 아이들과 똑같은 울음소리를 낸다. 세상의 어머니들에게 경고를 해두자. 나는 동정심을 다른 박애주의자들처럼 인간에게만 기울이고 있는 것이 아니다.

이렇게 해서 소년은 종종 숲과 가장 근본적인 자기와 비로소 만나게 되는 것이다. 처음에는 사냥꾼이나 낚시꾼으로서 찾아가지만, 만약 그가 자신의 내부에 보다 좋은 인생의 종자를 품고 있다면 곧 시인이나 박물학자로서의 자기 본래의 목적을 발견하고 엽총이나 낚싯대를 버리게 될

---

3) 캐나다의 오타와 강 유역 및 퀘벡 지방에 살고 있는 인디언.
4) 신약 성경 요한복음 10장 11절 "나는 선한 목자라."에서.

것이다. 이 점에 관해서 대중들은 아직도, 아니 어느 시대에나 완전히 어른이 되지 못하고 있다. 목사가 사냥을 하고 있는 광경을 어렵사리 볼 수 있는 국가조차도 있다. 그런 무리들은 좋은 양치기 개는 될 수 있어도 결코 '선한 목자'[4]는 될 수 없을 것이다. 벌목과 얼음 채취 그리고 그것과 비슷한 일을 제외하면, 내가 알고 있는 한— 단 한 명만을 빼놓고는— 어른이고 아이고 할 것 없이 이 마을의 시민을 꼬박 한 나절 동안 월든 호수에 붙잡아둘 수 있는 일은 낚시 정도밖에 없다는 사실을 생각해 보면 그저 한심할 뿐이다. 이런 사람들은 가만히 호수를 바라볼 기회를 얻었으면서도 긴 줄 가득 꿸 만큼 고기를 잡지 못하면 대부분은 운이 없었다거나, 일부러 나온 보람이 없었다고 생각하고 있는 듯했다. 낚시에 의해 발생한 침전물이 호수 밑바닥에 가라앉아 그들의 목적을 들여다볼 수 있을 정도로 순화되기까지 사람들은 천 번이나 호수를 찾지 않으면 안 될 것이다. 하지만 어쨌든 이러한 정화 작용이 끊임없이 계속되고 있다는 사실은 의심할 여지가 없는 것이다.

주의 지사나 그 고문관들은 어렸을 적에 낚시를 해본 적이 있기 때문에 이 호수를 희미하게나마 기억하고 있다. 하지만 지금은 나이를 먹고 너무 훌륭한 사람이 되었기 때문에 낚시를 할 수 없게 되어, 더 이상은 이 호수에 대해서 영원히 알지 못하게 되어 버린 것이다. 그럼에도 불구하고 결국에는 자신들도 천국에 갈 수 있을 것이라고 생각하고 있다. 의회가 이 호수에 주목을 하게 된다면, 그것은 주로 이곳에서 사용할 수 있는 낚시 바늘의 숫자를 규제하고 싶기 때문일 것이다. 하지만 그들은 의회를 미끼로 하여 호수 그 자체를 낚기 위한 낚시 바늘 중의 낚시 바늘에 대해서는 아무것도 알지 못한다. 이처럼 미숙한 인간들이란, 비록 문명 사회에서 살고 있다 하더라도 인류 발달사의 수렵 단계를 통과하고 있는 중에 불과한 것이다.

요 몇 년 사이에 나는 낚시를 할 때마다 자존심이 얼마간 흔들리는 경험을 반복해서 해왔다. 나는 몇 번이고 낚시를 해봤다. 내게 있어서 낚시란 아주 손쉬운 일이며, 대부분의 사람들과 마찬가지로 어떤 종류의 본능을 가지고 있는데, 그것이 때때로 되살아나는 것이다. 그런데 낚시를 한 뒤에는 언제나 '아, 하지 말았으면 좋았을 것을'이라는 생각을 하게 되는 것이다. 이런 마음이 잘못된 것이라고는 생각지 않는다. 그것은 미미한 조짐에 불과하기는 하지만, 미미하기로 말하자면 서광도 역시 마찬가지가 아닌가? 나의 내부에는 틀림없이 하등 동물에 속하는 본능이 잠들어 있다. 그런데 인간미가, 아니 지혜조차도 늘어나는 것도 아닌데, 해마다 낚시를 하지 않게 되어 가고 있다. 지금은 낚시를 완전히 그만두게 되었다. 하지만 원초적인 자연 지대에서 살아가게 된다면, 나는 다시 본격적으로 낚시나 사냥을 하고 싶어지게 될 것이라는 사실을 잘 알고 있다. 그리고 이러한 음식이나 모든 동물의 살에는 본질적으로 어딘가 불순한 점이 있는 것이다. 집안일이라는 것이 도대체 어디서부터 시작되는 것인지, 우리들이 터무니없이 많은 비용을 들여서 매일 깔끔하고 보기 좋게 몸을 단장하고, 집을 깨끗이 하여 악취나 볼썽사나운 곳을 없애지 않으면 안 되는 것은 어째서인지를 나도 잘 알 수 있게 되었다. 나는 요리를 대접받는 신사임과 동시에 나를 위한 백정, 접시닦이, 요리사기도 하기 때문에, 흔히 찾아볼 수 없을 정도로 완벽한 경험을 바탕으로 이야기를 할 수 있는 것이다. 나의 경우, 동물의 고기를 피한 실제적인 이유는 그것이 불결했기 때문이었다. 또한 물고기를 잡아다가 씻고 요리를 해서 먹는다고 해도 그것이 내 몸의 피와 살이 된다고는 생각되지 않았다. 그러한 행동은 무의미하기도 하고 불필요하기도 했으며, 얻는 것보다 잃는 것이 더 많은 행동이었다. 그것 대신에 소량의 빵과 감자만 있다면 번거로움도 피할 수 있고 불결함도 적어질 뿐만 아니라, 영양상으로도 전혀 뒤지지 않을 것이다.

나는 수많은 동시대 사람들과 마찬가지로 오랫동안 동물의 고기나 차, 커피 등은 거의 먹지 않았다. 어떤 해가 있다는 점을 알았기 때문이 아니라, 내 상상력에 맞지 않는 부분이 있었기 때문이었다. 사람들의 육식에 대한 혐오감은 경험에 의한 것이 아니라 일종의 본능과도 같은 것이다. 여러 가지 면에서 내게는 소박한 옷과 소박한 음식으로 생활하는 것이 훨씬 더 아름다운 것으로 여겨졌다. 실제로 그렇게까지는 생활하지 못했지만, 자신의 상상력을 즐겁게 해줄 정도로는 그런 생활을 실행했다고 생각하고 있다. 자신의 최고의 능력, 혹은 시적 능력을 최선의 상태로 유지해야겠다고 진심으로 생각한 사람들은 모두, 특별히 육식이나 과식을 피해왔을 것임에 틀림없다. 커비와 스펜스의 저서[5]에서 읽은 내용인데, 곤충학자들의 다음과 같은 말은 매우 흥미진진한 것이다. "성충이 된 곤충 중에는 소화 기관을 가지고 있으면서도 그것을 사용하지 않는 것들이 있다."는 것이다. 또한 두 사람은 "이러한 상태에 있는 곤충들의 대부분은 일반적으로 유충 상태에 있었을 때보다도 훨씬 적은 양밖에 먹질 않는다. 대식가인 송충이가 나비가 되고, 탐욕스러운 구더기가 파리가 되면" 겨우 한두 방울의 꿀이나 달콤한 액체로 만족한다고 단언을 하고 있다. 나비의 날개 밑 부분에 있는 복부에는 아직도 유충 시대의 흔적이 남아 있다. 바로 그것이 곤충을 잡

---

[5] W. Kirby and W. Spence, 『*An introduction to Entomology*』(Philadelphia, 1846). 밑의 인용은 동서 p.258에서.

아먹는 동물을 유혹하여 나비에게 비운을 선사하는 감미로운 부분이 되는 것이다. 대식가란, 다시 말하자면 유충 상태에 있는 인간을 일컫는 것이다. 국민 전체가 그러한 상태에 있는 나라도 있으며, 그들이 공상력도 상상력도 가지고 있지 않은 국민이라는 사실은, 그들의 거대한 배를 보면 한눈에 알아볼 수가 있다.

상상력을 해치지 않는 소박하고 청결한 식사를 준비하고 요리하는 것은 그리 쉬운 일이 아니다. 하지만 육체에 영양분을 공급한다면, 상상력에 대해서도 그렇게 해야만 할 것이다. 이들은 모두 같은 테이블에 앉아야만 한다. 그것은 절대 불가능하지 않다. 과일을 적당하게 먹는다면 우리들은 자신의 식욕을 부끄럽게 여길 필요가 없을 것이며, 가장 높은 가치가 있는 일이 방해를 받을 염려도 없어질 것이다. 하지만 요리에 조금이라도 쓸데 없는 향신료를 첨가한다면 몸에 독이 될 것이다. 사치스러운 요리를 먹으며 살아가는 일에는 아무런 가치도 없다. 육식이든 채식이든 매일 타인이 마련해 주는 것과 같은 음식을 자신의 손으로 만들고 있는 모습을 다른 사람에게 보이게 된다면, 대부분의 사람들은 이를 부끄럽게 생각할 것이다. 하지만 식생활을 바꾸지 않는다면 우리들은 문명인이 될 수 없으며, 신사나 숙녀는 될 수 있을지 몰라도 참된 의미의 남자나 여자는 될 수가 없는 것이다. 따라서 우리들이 어떻게 변해야 하는가는 아주 명백하게 알 수가 있다. 상상력이 고기나 지방과 조화를 이루지 못하는 이유를 묻는다는 것은 매우 어리석은 일이다. 나는 조화를 이루지 못한다고 확신하고 있다. 인간이 육식 동물이라는 사실은 하나의 치욕에 불과한 것이 아닐까? 그렇다. 인간은 대부분의 경우 다른 동물을 먹음으로 해서 살아갈 수 있게 되며, 실제로도 그렇게 살아왔다. 하지만 그것이 비참한 생활 방식이라는 사실을, 토끼를 덫으로 잡거나 어린 양을 도살하는 자라면 누구나 느끼고 있을 것이다. 따라서 인간에게 좀 더 죄가 되지 않는 건강한 음식만을 먹도록 가르치는 자가 미래에 나타난다면, 그는 그야말로 인류의 은인으로 추앙을 받게 될 것이다. 나의 식습관과는 관계없이 인류는 진보를 해감에 따라서 동물의 살을 먹는 것을 그만두어야 할 운명에 처해 있다는 사실을 나는 믿어 의심치 않는다. 마치 야만인들이 문명인을 만나게 되면서부터 서로의 고기를 먹는 습관을 버린 것처럼.

내면의 정신이 발하는 가장 희미하지만 끊임없는 경고—그것이야말로 진실을 알리는 목소리다—에 귀를 기울인다 하더라도 사람들은 그 정신이 자신을 얼마나 극단적인 상황으로—차라리 광기라고도 할 수 있는— 인도할지를 전혀 예상하지 못한다. 그렇지만 인간은 결의와 신념을 굳혀 감에 따라서 점점 그쪽 방향으로 나아가게 되는 것이다. 건강한 사람 한 명이 아주 희미하게나마 반드시 이론을 제기해야 한다고 느낀다면, 그것은 곧 인류의 윤리와 습관을 뛰어넘게 될 것이다. 지금까지 자신의 길을 잃어버릴 만큼 내적 정신의 목소리에 따랐던 자는 단 한 명도 없었다. 그렇게 하면 몸이 쇠약해질지는 모르겠지만, 비록 그렇다 하더라도 한탄할 만한 결과로 끝났다고는 말할 수 없을 것이다. 그것은 보다 높은 차원의 원칙에 따라서 생활한 결과이기 때문에. 여러분들이 만약 낮과 밤을 기쁨으로 맞아들일 수 있으며, 그 생활이 만발한 꽃이나 냄새가 좋은 풀처럼 향기를 풍기고, 좀 더 부드럽고, 별처럼 빛나며, 영원한 것에 더욱 접근했다고 느끼게 된다면, 그것이야말로 여러분들의 성공이라고 말할 수 있을 것이다. 자연계는 일제히 당신을 축복할 것이며, 당신은 시시각각으로 자신을 축복할 만한 이유를 갖게 될 것이다. 최고의 이익과 가치는 오히려 가장 인식하기 어려운 법이다. 우리들은 그런 것이 존재한다는 사실조차 곧잘 의심하곤 한다. 혹은 쉽게 잊어버리고 만다. 사실은 그것이야말로 최고의 현실인 것이다. 가장 경탄할 만한, 가장 현실적인 사실은 결코 사람에게서 사람으로 전달될 수 없는 것임에 틀림없다. 나의 일상생활이 가져다 주는 참된 수확은 아침과 저녁의 빛깔과 마찬가지로 만질 수도, 말로 표현할 수도 없는 것이다. 손으로 따낸 조그만 별, 손에 넣은 한 조각 무지개라고 할 수 있을 것이다.

  그렇다고 해서 내가 평범한 사람들과는 전혀 다른 까다로운 생활을 하고 있었던 것은 결코 아니다. 나는 필요하기만 하다면 튀긴 쥐를 맛있게 먹을 수도 있다. 나는 아편 중독자들의 천국보다 자연의 하늘이 더 마음에 드는데, 그것과 똑같은 이유로 내가 오랫동안 물을 마셔 왔다는 사실을 기쁘게 생각하고 있다. 나는 언제나 맨정신으로 지내고 싶다. 취하는 모습도 각양각색이다. 나는 물이야말로 현자들에게 어울리는 유일한 음료수라고 생각한다. 와인 같은 것은 그다지 기품 있는 음료수라고 할 수는 없다. 하물며 한 잔의 뜨거운 커피로 아침의 희망을, 한 잔의 홍차로 저녁의 희망을 산산조각 내버리는 모습을 생각해 보라! 아, 그런 것들에 유혹될 때, 나는 얼마나 타락하게 되는 것일까? 음악도 사람을 취하게 하는 경우가 있다. 이처럼 언뜻 보기에는 하찮아 보이는 것이 그리스, 로마를 멸망케 한 것이며, 결국에는 영국, 미국까지도 멸망케 할 것이다. 과연 모든 취하는 것들 중에서 자신이 숨쉬고 있는 공기에 취하는 것이 가장 좋다고 생각하지 않는 인간이 존재하고 있을까? 격렬한 노동을 오랫동안 계속한 뒤에는 먹고 마시는 일에도 격렬해지기 때문에 나는 그러한 노동을 반드시 그만두어야 할 것이라고 생각하고 있다. 하지만 사실 나는 요즘 이러한 점에 대해서는 그다지 까다롭게 굴지 않는다. 종교에 의해 식단을 제한하는 일도 없으며, 식전에 기도도 하지 않는다. 이는 내가 현명해졌기 때문이 아니라, 자백하기에 조금 부끄러운 일이기는 하지만, 나이를 먹어 감에 따라서 거칠고 무감각해졌기 때문이다. 이러한 문제는 틀림없이 시와 마찬가지로—라고 대부분의 사람들은 생각하고 있다—, 젊었을 때만 우리들의 관심을 끄는 것이리라. 내 식습관은 어디에도 없지만, 내 의견은 여기에 있는 것이다. 베다에는 "세상의 지고한 존재에 대해서 참된 신앙을 품고 있는 자는 무엇을 먹어도 상관없다."는 말이 있다. 즉 무엇을 먹든지 누가 요리를 하든지 그것을 이래저래 따질 필요는 없다는 뜻인데, 나는 결코 내가 그런 특권을 가진 자라고는 생각하지 않는다. 그리고 그런 특권을 가진 자라 할지라도 한 인도인 주석자가 말한 것처럼, 베단타 철학에서는 이 특권이 '고난의 때'에만 해당한다고 했다는 점에 주목하길 바란다.

식욕과는 관계없이 먹은 음식에 말로는 표현할 수 없을 정도의 만족감을 느낀 적이 없는 사람이 과연 존재할까? 나는 미각이라는, 일반적으로 말하자면 저속한 감각 덕분에 어떤 정신적인 지각을 얻었다는 사실, 미각을 통해서 영감을 얻었다는 사실, 한 언덕의 중턱에서 먹은 딸기가 내 내면의 정신을 키워줬다는 사실 등을 생각하면, 몸서리가 쳐질 만큼 기뻐하곤 했다. "마음이 거기에 있지 않으면, 보아도 보이지 않으며, 들어도 들리지 않고, 먹어도 맛을 알지 못한다."[6]고 증자(曾子)는 말했다. 자신이 먹는 음식의 참된 맛을 아는 자는 결코 대식가가 되지 못하는 법이다. 맛을 알지 못하는 자는 그렇게 될 수밖에 없는 것이다. 시의회 의원이 거북이 요리를 탐닉할 때와 조금도 다를 바가 없는 저속한 식욕에 빠져서 청교도도 검은 빵의 껍데기를 탐닉하는 경우가 있을 것이다. 입으로 들어가는 음식이 사람을 더럽히는 것이 아니라, 먹을 때의 식욕이 사람을 더럽히는 것이다.[7] 음식의 질과 양이 아니라, 관능적인 맛에 사로잡혀 버리는 것이 문제인 것이다. 음식이 우리들의 동물적 생명을 지탱해 주거나 정신적 생명을 분발하게 하는 양식이 되는 것이 아니라, 우리들을 손에 넣을 구더기의 양식이 되는 경우가 문제인 것이다. 사냥꾼이 자라나 사향쥐와 같은 야생의 진미를 즐기는 것과 귀부인이 송아지 다리의 연골이나 외국에서 들여온 수입 정어리만 보면 정신을 못 차리는 것은, 결국 다를 바 없는 모습인 것이다. 사냥꾼은 물레방앗간이 있는 호수로, 귀부인은 보존용 항아리로 발걸음을 옮기는 것이다. 참으로 알

---

6) 『대학』 제7장에서.
7) 신약 성경 마태복음 15장 18절 "입에서 나오는 것들은 마음에서 나오나니, 이것이야말로 사람을 더럽게 하느니라."에서.

수 없는 것은 이런 사람들이, 그리고 여러분과 내가 이렇게 불결하고 짐승과도 같은 식생활을 아무렇지도 않게 영위하고 있다는 점이다.

  우리들의 생애는 놀랄 만큼 도덕적이다. 선과 악 사이에는 단 한순간의 휴전도 없다. 선행이야말로 결코 손해를 보는 일이 없는 유일한 투자다. 세상에 부는, 수금(竪琴)과도 같은 바람의 선율에 빠져들 때, 우리들이 감동하는 것은 이러한 사실들이 강조되어 있기 때문인 것이다. 이 수금은, 회사의 규약을 선전하고 돌아다니는 우주 보험 회사의 외판원이며, 우리들은 보험료로써 조그만 선행을 지불하기만 하면 되는 것이다. 젊은이들은 곧 무관심해지지만, 우주의 법칙은 결코 무관심해지는 법 없이 언제나 가장 감수성이 예민한 자의 곁에 서 있다. 산들바람이 불 때마다 귀를 기울이고 훈계하는 소리를 들어라. 그것은 틀림없이 들려올 것이다. 듣지 못하는 자는 불행한 자다. 한 줄 현(絃), 안족 하나를 건드리는 것만으로도 매력적인 교훈이 우리들의 가슴을 파고들 것이다. 넌덜머리가 날 정도의 소음도 멀리 떨어져서 들으면 우리들 생활의 저열함을 자랑스럽게, 그리고 부드럽게 풍자하는 음악처럼 들리게 된다.

  인간의 내부에는 한 마리 동물이 살고 있어서 고차원의 본성이 잠들면 그것이 눈을 뜬다는 사실은 누구나 알고 있다. 그것은 파충류적이기도 하고 육욕적이기도 하기 때문에, 우리 몸에서 완전히 몰아낼 수는 없을 것이다. 마치 우리들이 건강할 때조차도 우리 몸속에 살고 있는 기생충과 같은 것이다. 그 녀석으로부터 몸을 빼낼 수는 있을지 몰라도, 그 본성까지는 결코 바꿀 수 없을 것이다. 그 녀석은 자기 자신 고유의 건강을 즐기고 있는 듯하기 때문에, 인간이 아무리 건강해져도 순수해질 수는 없을 것 같다. 예전에 나는 희고 튼튼한 이와 앞니가 붙어 있는 멧돼지의 아래턱을 주운 적이 있었는데, 그것은 정신적인 것과는 다른 동물적인 건강과 활력이 존재하고 있다는 사실을 말해 주고 있었다. 이 동물은 절제와 순수와는 또 다른 방법으로 훌륭하게 살아 있었던 것이다. "인간이 금수와 다른 점은 매우 사소한 데 있다. 서민은 곧 그것을 잃어버리나, 군자는 그것을 조심스럽게 유지하고 있다."[8]라고 맹자는 말했다.

우리들이 순수한 인간이 되는 날 새벽에는 과연 어떤 생활이 우리들을 기다리고 있을까? 순수함이란 어떤 것인지 가르쳐 줄 현인이 있다면 나는 당장이라도 그를 찾으러

---

8) 『맹자』 제8권 이루 장구 하 19.
9) 파우누스는 로마 신화에서 인간의 몸에 산양의 하반신을 가진 뿔이 돋은 숲의 신. 사티로스는 그리스 신화에서 주신(酒神) 바쿠스를 따르는 반인반수(半人半獸)의 쾌락을 즐기는 정령. 둘은 거의 동일시되고 있다.

나서고 싶다. '정신이 신에게 접근하기 위해서는 여러 가지 욕망과 육체의 외부적 감각을 통제하고 선행을 쌓아 가지 않으면 안 된다.'고 베다는 가르치고 있다. 정신은 아직 육체의 모든 부분과 기능에 침투하여 그것을 지배하고, 형태에 있어서도 가장 저속한 육체적 욕망을 순결과 믿음으로 바꿀 만한 힘을 가지고 있다. 생식력도 우리들이 절제를 하지 못하면 덧없이 인간을 소모케 하고 불결하게 하지만, 절제를 하면 활력과 영감을 부여해 준다. 순결이란 인간의 개화다. '천재', '용기', '성스러움'이라 일컬어지는 것들은 그것에 따르는 여러 가지 과실에 지나지 않는다. 순결의 수로가 열리면 인간은 곧바로 신을 향해 흘러간다. 우리들이 순결하면 그것은 영감의 근원이 되고, 불순하면 그것은 우리들을 쓰러트린다. 자기 내부에서 동물적인 것이 나날이 사멸해 가고 있으며, 신성한 것이 서서히 자리를 잡아가고 있다고 확신할 수 있는 사람은 행복한 사람이다. 자신이 저급하고 야비한 본성과 결탁하고 있다는 사실을 부끄럽게 생각지 않는 사람은 아마 단 한 사람도 없을 것이다. 우리들은 파우누스나 사티로스[9]와 같은 신이라기보다는 반신반인(半神半人), 즉 동물과 한 몸을 이룬 신, 욕망의 노예에 지나지 않으며, 그렇기 때문에 우리들의 생활은 어느 정도 치욕에 묻혀 있는 것이 아닐까?

행복하다, 자신의 마음속 짐승에게 적당한 장소를 제공하고,
정신의 숲을 개척한 자는!
…… (중략) ……
자신의 말, 양, 늑대 등 모든 짐승을 길들이고
그 외의 모든 것에 대해서 스스로는 나귀가 되지 않는 자는!
그렇지 않으면 인간은 돼지치기는커녕
돼지들을 광기와 파멸로 몰아넣은
저 악마와 별반 다를 바가 없는 것[10]

모든 육체적 욕망은 여러 가지 형태를 갖고 있지만, 결국은 한 가지에 불과한 것이다. 모든 순수함도 하나다. 먹든, 마시든, 동침을 하든, 잠을 자든, 육체적 욕망에 사로잡혀 있는 한 인간은 모두 같은 일을 하고 있는 것이다. 그것은 전부 하나의 욕망에 지나지 않는다. 따라서 어떤 인간이 어느 정도 욕망에 사로잡혀 있는가를 알고 싶다면, 그중 하나의 행위를 보는 것만으로도 충분하다. 불순한 인간은 청순하게 서지도, 앉지도 못한다. 파충류는 둥지의

---

10) John Donne의 시 「To Sir Edward Herbert at Julyers」에서. 돼지에 관한 이야기는 신약 성경 마태복음 제5장 참조.

한쪽 입구를 공격당하면 다른 쪽 입구에서 모습을 나타낸다. 순결하고 싶다면 절제를 해야만 한다. 그렇다면 순결이란 무엇인가? 자신이 순결한지 그렇지 않은지 어떻게 해야 알 수 있는 것일까? 자신은 알 수가 없다. 우리들은 이 미덕에 대해서 들어 본 적은 있지만, 그 실태를 파악하지는 못했다. 소문으로 떠도는 것을 잠깐 듣고 그것을 안일한 마음으로 행하고 있을 뿐이다.

노력으로부터는 예지와 순수함이 태어나며, 게으름으로부터는 무지와 육체적 욕망이 태어난다. 학자에게 있어서 육체적 욕망이란 게으른 정신의 습관이다. 불결한 인간은 예외 없이 게으른 자다. 난로를 끌어안고 있거나, 양지 바른 곳에서 잠을 자거나, 피곤하지도 않으면서 졸거나. 불결함과 모든 죄를 피하고 싶다면, 마구간 청소든 뭐든 상관없으니 최선을 다해 일을 해야 한다. 이교도만큼도 순수하지 않고, 그들만큼도 자기를 부정하지도 않고, 종교적이지도 않다면, 도대체 기독교도라는 사실이 무슨 도움이 된단 말인가? 이교적이라고 일컬어지고 있는 종교 체계 중에는 이 계율을 읽으면 우리들이 부끄러워지며, 그 의식만이라도 좋으니 배워 보자는 생각을 새삼스레 들게 하는 그러한 것들이 수없이 많다는 사실을 나는 잘 알고 있다.

이러한 문제에 대해서 이야기할 때면 주저하지 않을 수

없다. 하지만 그것은 주제 때문이 아니라—나는 내가 사용하는 말이 제 아무리 품위 없는 것이라 해도 신경 쓰지 않는다—, 내 자신의 불순함을 폭로하지 않고서는 그것에 대해서 이야기할 수 없기 때문이다. 우리들은 육체적 욕망의 어떤 형태에 대해서는 아무런 부끄럼 없이 이야기를 하지만, 다른 형태에 대해서는 입을 다물어 버린다. 우리들은 지독히 타락해 버렸기 때문에 인간에게 원래 갖춰져 있는, 없어서는 안 될 여러 기능에 대해서 솔직하게 이야기하지 못하게 되어 버렸다. 고대의 몇몇 국가에서는 모든 기능을 경의가 담긴 말로 이야기했으며, 법에 의해서 규제되어 있었다. 현대인들의 입장에서 보자면 참으로 어처구니없는 일이겠지만, 인도의 입법자들에게 있어서 이 세상에 하찮은 것이란 단 하나도 존재하지 않았던 것이다. 그들은 음식, 동거, 분뇨의 배설 방법에 이르기까지 비속한 것들을 높이 여겨 가르쳤으며, 이러한 것들을 하찮은 것이라고 위선적으로 외면하며 지나치지 않았던 것이다.

모든 인간은 자신이 숭배하는 신에게 바친 육체라는 신전[11]을 순수하게 자기만의 양식으로 세우는 건축사로, 육체 대신 대리석을 해머로 두드림으로 해서 그 일에서 벗

---

11) 신약 성경 고린도 전서 3장 16절 "너희는 너희가 하나님의 성전인 것과 하나님의 성령이 너희 안에 계시는 것."에서.

어날 수 있는 것이 아니다. 우리들은 모두 조각가이자 화가이며, 재료는 우리들 자신의 피와 살과 뼈인 것이다. 조금이라도 고귀한 마음을 가지고 있다면 그것이 곧 얼굴에 품위로 나타나며, 야비하고 육욕적인 곳이 있다면 그의 얼굴은 짐승을 닮아가게 된다.

존 파머는 9월의 어느 날 저녁, 하루의 힘든 노동을 마치고 문 앞에 앉아 있었다. 그는 아직도 일에 대한 것이 조금은 걱정이 되었다. 목욕을 마친 뒤 그곳에 앉아서 자기 속의 지적 인간을 되살려 보려고 했던 것이다. 상당히 쌀쌀한 저녁이었기 때문에, 이웃들 중에서는 서리가 내릴 것을 걱정하는 자도 있었다. 그가 사색의 실을 풀어내기 시작한 지 얼마 지나지 않아서 누군가 부는 플루트 소리가 들려왔다. 그 음색은 그의 기분과 아주 멋진 조화를 이루고 있었다. 그래도 아직 일에 대해서 생각을 하고 있었다. 하지만 머릿속으로 생각을 하며, 자신이 자신의 의사와는 상관없이 일에 대한 계획을 세우고 이런저런 궁리를 하고 있다는 사실을 깨달을 때면, 이제 그런 것은 아무래도 좋다는 생각이 그의 머릿속에 되풀이해서 떠올랐다. 일이란 끊임없이 피부에서 벗겨져 나가는 각질과 같은 것에 지나지 않는다. 하지만 플루트의 선율은 그가 일하고 있는 곳과는 전혀 다른 세계에서 찾아와 귀를 통해서 마음속으로 스며들어, 그의 내부에 잠들어 있는 어떤 능력에 맞는 다른 일을 해보는 것이 어떻겠냐고 유혹을 한다. 그 선율은 그가 살고 있는 거리와 마을, 지역을 가만히 지워 버리고 떠났다. 어떤 목소리가 그에게 말했다. "마음만 먹는다면 멋진 생활이 자네를 기다리고 있는데, 자네는 왜 이런 곳에서 억척스럽게 비참한 생활에 매달려 있는 건가? 저 별들은 다른 밭 위에서도 똑같은 모습으로 반짝이고 있다네." 하지만 어떻게 해야 이 상태에서 벗어나 진정 건너편 세상으로 들어갈 수 있는 것일까? 그가 생각해 낸 것은 새로운 금욕 생활을 실천하는 것이며, 정신을 육체 속에 내려 보내 육체를 구출하게 하는 것이며, 이전보다도 더욱 커다란 존경심을 가지고 자기 자신을 대하자는 것이었다.

이웃 동물들

이웃 동물들

　때때로 나는 친구와 함께 낚시를 하러 가곤 했다. 그는 마을의 반대편에서 그곳을 지나 나의 오두막으로 찾아왔다. 그러면 맛난 요릿감을 낚아 올리는 일이, 그것을 먹는 것에도 뒤지지 않을 만큼 그와의 친분을 쌓아갈 기회를 제공해 주었다.

　은자: 요즘 세상은 어떻게 돌아가고 있을까? 소나무 위의 매미 소리조차 들려오지 않은 지 벌써 세 시간이 지났군. 비둘기들은 모두 둥지가 있는 나무 위에서 잠을 자고 있고. 날갯짓 소리도 들리질 않는군. 지금 숲 건너편에서 들려온 것은 농부가 부는 정오의 뿔피리 소리일까? 농장의 노동자들이 소금에 절인 삶은 소고기와 사과주, 옥수수 빵이 있는 곳으로 돌아갈 시간이지? 모두들 왜 저렇게 집착을 하는 걸까? 먹지 않는다면 일하지 않아도 될 것을. 저 사람들에게 수확이 얼마나 있었는지는 모르겠지만. 개가 짖어대서 차분하게 생각에 잠길 수도 없는 곳에, 대체 누가 살고 싶어한단 말인가? 그리고 집안일을 하는

모습이란! 반짝반짝 빛나는 태양을 두고 대수롭지도 않은 문의 손잡이를 번쩍번쩍 닦아 보기도 하고, 통을 벅벅 문질러 보기도 하고! 집 같은 건 없는 게 낫지. 속이 빈 나무 속에서 살면 되잖아. 그러면 아침저녁으로 찾아오는 손님은 똑똑 나무를 두드리는 딱따구리일 뿐! 인간들은 무리 지어 살고 싶어하지. 그렇기 때문에 해가 떠오르면 푹푹 찌는 거야. 그 사람들은 태어나는 순간부터 생활 속에 완전히 잠겨 버리기 때문에, 나로서는 도저히 따라갈 수가 없어. 여기에는 샘터에서 길어 온 물이 있고, 찬장에는 빵이 하나 있지. 잠깐만! 나뭇잎이 바스락거리는 소리가 들리네! 굶주린 마을의 사냥개가 이제는 추적 본능을 거스를 수 없이 되어 버린 것일까? 아니면 이 숲 속으로 숨어 들었다던 그 돼지일지도 모르겠군. 얼마 전 비가 그쳤을 때 발자국을 본 적이 있었지. 점점 다가오고 있는데. 옻나무와 들장미가 흔들리고 있어. 아, 이거 시인, 자네였군. 요즘 어떻게 지내고 있는가?

시인: 저 구름을 보게나. 저기 걸려 있는 모습을! 오늘 내가 본 것 중에서 가장 멋진 것일세. 일찍이 화폭에 담겨진 적도 없으며, 외국에 간다 하더라도 볼 수는 없을 걸세. 스페인의 바다에라도 나가지 않는 한은. 저것이야말로 진짜 지중해의 하늘일세. 그건 그렇고. 나도 살림을 꾸려 나가야 하네 오늘은 아직 식사를 하지 못했거든. 그래서

지금부터 낚시를 가야겠다고 생각했네. 이것이야말로 시인의 생업이라고 할 수 있는 일이지. 내가 배운 일이라고는 이것밖에 없다네. 자, 함께 가세.

　은자: 싫다고는 못 하겠군. 내 검은 빵도 슬슬 바닥을 드러내기 시작했다네. 기꺼이 당장이라도 함께 나가고 싶지만, 실은 지금 소중한 명상이 끝나 가려던 참이었다네. 곧 끝나리라 생각되네. 그러니 조금만 더 혼자 있게 내버려두지 않겠나? 하지만 너무 늦으면 안 되니까, 자네는 그동안 미끼를 좀 잡고 있게나. 이 부근의 땅에는 비료를 준 적이 없어서 지렁이가 그렇게 많지 않거든. 거의 사라져 가고 있다네. 식욕이 그다지 왕성하지 않을 때는 지렁이를 잡는 것도 낚시 못지않게 즐거운 기분 전환이 된다네. 오늘 그 일을 전부 자네에게 맡기겠네. 저쪽에 물레나물이 흔들리는 게 보이지? 그 부근에 있는 감자 덩굴 사이를 한 번 파 보게나. 땅을 세 번 파면 한 번은 틀림없이 지렁이가 나올 걸세. 김매기를 할 때처럼 뿌리 부분을 잘 살펴보게나. 좀 더 멀리 가 보고 싶다면 그것도 괜찮을 걸세. 내 경험에 의하면 대체로 거리의 제곱에 비례해서 좋은 미끼가 늘어나니까.

　은자(홀로 남아서): 잠깐, 아까 어디까지 갔었지? 그래, 그래. 세상은 이런 모습을 보이고 있다는 곳까지 생각을 했었지. 그럼 천국으로 갈까, 낚시를 갈까? 여기서 명상을 그만둬 버리면 이렇게 좋은 기회를 두 번 다시 얻지 못할지도 모르지. 지금 나는 예전에는 한 번도 경험한 적이 없었을 정도로 사물의 본질에 녹아들고 있으니. 그 사상은 두 번 다시 찾아오지 않을지도 모르지. 가능하다면 휘파람을 불어서 다시 불러들이고 싶을 정도야. 하지만 사상 쪽에서 내게 손을 내밀고 있는데, 내가 '생각 좀 해보겠네'라고 말하는 것이 현명한 짓일까? 나의 사상은 아무런 흔적도 남기질 않았으니, 그것이 더듬어간 오솔길을 다시 찾아낸다는 것은 불가능할 게야. 대체 무슨 생각을 하고 있었더라? 마치 지독하게 짙은 안개가 껴 있는 것처럼 넋을 놓고 있었어. 어쨌든 공자의 그 세 가지 말[1]을 생각해 보자. 그렇게 하면 아까의 상태로 돌아갈 수 있을지 몰라. 내가 침울해 있었던 건지, 황홀한 상태에 빠지려고 했었던 건지조차 확실하게 알 수 없으니. 메모. 똑같은 종류의 기회는 한 번밖에 찾아오질 않는다.

시인: 이젠 됐는가? 은자 양반. 내가 조금 빨리 왔나? 하지만 아주 멋진 놈들을 13마리나 잡아왔다네. 그 외에도 완전하다고는 할 수 없는 녀석들과 조그만 녀석들도

---

1) 이들 세 구절은 『중용』 제16장에서 인용했다.
2) 3세기경 인도에서 기술된 동물우화집의 작가.
3) 하버드 대학의 Louis Agassiz(1807~73) 교수를 말한다.

몇 마리 있네. 그 녀석들로도 잔고기들은 잡을 수 있을 거고, 바늘을 완전히 감싸지 못한다는 점이 매력적이지. 마을에서 잡는 지렁이는 너무 커. 샤이너가 한 입 베어 물어도 바늘까지는 닿지도 않으니 말일세.

은자: 아, 왔군. 자, 그럼 슬슬 나가 보세. 콩코드 강으로 갈까? 강물이 불어나지만 않았다면 꽤 잡을 수 있을 걸세.

어째서 우리 눈에 보이는 것만이 하나의 세계를 구축하고 있는 것일까? 눈에 보이지 않는 세계와의 사이를 메워 주는 것은 생쥐만이 아닐 텐데, 왜 인간들은 그런 종류의 동물만을 자신의 이웃이라고 생각하고 있는 것일까? 비드파이[2]는 여러 가지 동물들을 실로 능숙하게 사용하여 이야기를 기술했는데, 이는 동물들이 모두 어떤 의미에서 인간 사상의 일부를 짊어지고 있는 것처럼 그려졌기 때문일 것이다.

우리 집에 드나드는 생쥐는 외국에서 들어왔다고 알려져 있는 보통 쥐가 아니라, 마을에서는 볼 수 없는 토종 야생쥐(Mus leucopus)였다. 그중 한 마리를 한 유명한 박물학자[3]에게 보냈더니, 그는 대단한 관심을 보였다. 집을 짓고 있었을 때는 그중 한 마리가 집 밑에 둥지를 틀고 있었는데, 두 번째 마룻바닥 깔기를 마치고 톱밥을 완전히 쓸어 버리기 전까지는 점심때가 되면 어김없이 모습을 나타내 내 발 밑에 떨어진 빵가루를 주워먹곤 했다. 틀림없이 그 이전까지는 인간을 한 번도 본 적이 없었을 것이다. 곧 완전히 친해져서 내 구두 위를 뛰어넘어 달리기도 하고, 옷 위로 뛰어오르기도 했다. 동작은 다람쥐와 비슷했으며, 방안의 벽을 눈 깜빡할 사이에 아주 간단하게 뛰어오르곤 했다. 그러던 어느 날, 긴 의자에 한쪽 팔꿈치를 대고 앉아 있자니, 내 옷을 타고 올라왔다가 팔을 타고 내려와서는 도시락을 싼 종이 주위를 빙글빙글 맴돌기 시작했다. 나는 그것을 숨기기도 하고 몸을 피하기도 하면서 녀석과 함께 놀았다. 마지막으로 치즈 한 조각을 엄지와 검지로 집어들고 가만히 있었더니, 녀석은 그곳으로 올라와 손 위에 앉은 채 치즈를 갉아먹었다. 그러고는 마치 파리처럼 얼굴과 앞발을 닦고는 그곳을 떠나 버렸다.

얼마 지나지 않아서 딱새가 장작 창고에 둥지를 틀었고, 개똥지빠귀가 집 바로 옆에서 자라고 있던 소나무로 은신처를 찾아서 날아들었다. 6월이 되자, 아주 내성적인 새인 들꿩(Tetrao umbellus)이 뒤쪽에 있는 숲에서 새끼들을 데리고 나타나 우리 집 창 밑을 지나서 집 앞까지 왔다. 새끼를 부르는 꼭꼭 하는 소리가 암탉과 똑같았고, 모든 동작이 그야말로 숲 속의 암탉이라고 부르기에 손색이 없는 것들이었다. 사람이 접근하면 새끼들은 어미 새의 신호를 받아 쏜살같이 사방으로 흩어진다. 새끼들은 마른 잎이나 마른 가지와 아주 색깔이 비슷하다. 대부분의 사람들은 새끼들이 퍼져 있는 곳의 한가운데에 서 있어도 어미 새가 날아오를 때 내는 날갯짓 소리나 걱정스러운 듯한 울음소리를 듣거나, 인간의 주의를 끌기 위해서 어미가 일부러 날개를 질질 끌면서 걷는 모습을 보게 되면, 근처에 새끼가 있다는 사실을 전혀 눈치 채지 못한다. 어미 새는 종종 인간이 보는 앞에서 미친 듯이 뒹굴거나 빙글빙글 맴돌기 때문에, 한동안은 그것이 어떤 동물인지 전혀 알지 못하는 경우도 있다. 새끼들은 종종 나뭇잎 한 장 밑에 머리를 처박은 채 가만히 땅바닥에 엎드려, 멀리서 들려올 어미 새의 신호만을 기다린다. 인간이 접근을 해도 다시 달리기 시작하여 자신이 있는 위치를 알리는 것과 같은 어리석은 짓은 하지 않는다. 자신도 모르게 새끼를 밟거나, 혹은 한동안 가만히 들여다보면서도 새끼가 있다는 것을 알아차리지 못하는 경우도 있다.

 한번은 그런 새끼를 손바닥 위에 올려놓은 적이 있었는데, 그들은 변함 없이 어미 새와 자신의 본능에 따라서 두려워하지도 않고 떨지도 않은 채 그저 가만히 거기에 웅크리고 있을 뿐이었다. 이 본능은 참으로 완벽한 것이라 해야 할것이다. 한번은 새끼들을 가만히 나뭇잎 위로 다시 내려놓다가 한 마리가 우연히 옆으로 쓰러졌다. 10분 정도 지나서 그곳에 가 보니, 그때까지도 똑같은 자세로 다른 새끼들과 함께 그곳에 있었다. 그들은 다른 새들의 새끼들처럼 믿음직스럽지 못한 부분이 없으며, 병아리에 비해서도 훨씬 성장이 빨랐다. 동그랗게 열린 조용한 눈의 표정이 아주 어른스러워 보이면서도 천진난만해 보여, 좀처럼 잊지 못할 것 같다. 모든 지성이 그곳에 어려 있는 듯하다. 유년의 순수함뿐만 아니라, 경험에 의해서 길러진 일종의 예지조차도 느껴진다. 이러한 눈은 태어나면서 갖게 된 것이 아니라, 그곳에 비치는 하늘과 함께 존재하는 것이다. 숲은 이런 보석을 다시는 만들어 내지 못할 것이다. 나그네들도 이처럼 맑은 샘을 그렇게 자주 들여다보지는 못할 것이다. 무지한, 혹은 무감각한 사냥꾼이 곧잘 이런 시기에 어미 새를 쏘아 죽여 버려, 결국 이들 천진난만한 새끼들은 주위를 어슬렁거리며 돌아다니는 짐승이나 새들의 먹이가 되어 버리거나 그들과 매우 비슷한 썩은 잎들 속으로 점점 묻혀 버리게 되는 것이다. 어미에 의해 부화된 뒤, 새끼들은 경보를 듣자마자 곧 사방으로 흩어졌다가 그대로 행방불명이 되는 경우가 있다고 하는데, 그것은 자신들을 불러 줄 어미 새의 신호가 두 번 다시 들려오지 않기 때문이다. 이러한 새들이 나의 암탉이었으며 병아리였다.

숲 속에서는 수많은 동물들이 사람들의 눈에 띄지 않고

야생 상태로 자유롭게 생활하고 있으며—사냥꾼만은 냄새를 맡고 있는 듯하지만—, 마을과 아주 가까운 곳에서도 그들이 여전히 이렇게 목숨을 연명하고 있다는 사실은 참으로 놀랄 만한 일이다. 수달 등도 이곳에서는 매우 조용히 생활을 하고 있다. 그들은 어른이 되면 신장이 4피트나 되어 조그만 아이 정도가 되는데도 사람의 눈에는 거의 띄지 않으며 생활을 하고 있다. 상당히 오래 전에, 현재 우리 집이 있는 곳 부근에 있는 뒤쪽 숲에서 너구리를 본 적이 있는데, 얼마 전에도 밤에 그들의 낮은 콧소리를 들어 본 적이 있는 듯한 느낌이 든다.

나는 파종을 마치면 낮에는 대부분 한 샘터 부근에 있는 나무 그늘로 가서 한두 시간 정도 휴식을 취하면서 점심을 먹기도 하고, 잠깐 책을 읽으며 시간을 보내곤 했다. 그 샘터란 밭에서 0.5마일 정도 떨어진 곳에 있는 브리스터 힐의 밑쪽 부분에서 스며나와 하나의 연못과 강의 근원이 되고 있다. 그곳에 가려면 어린 리기다소나무들이 널려 있는 낮은 초원 지대를 하나하나 내려가서 늪지 주위에 있는 좀 더 커다란 숲 속으로 들어가야만 한다. 그러면 매우 조용하고 볕이 잘 들지 않는 곳에 멋진 모습을 한 백송 한 그루가 서 있는데, 그 밑 부분에 앉아 있기에 매우 좋은 청결하고 튼튼한 잔디밭이 있다. 나는 샘의 밑을 파서 맑은 잿빛 물을 저장할 수 있는 우물로 만들어 놓았기 때문에, 거기서 물을 흐리지 않고 물통 하나 가득 물을 퍼올릴 수 있었다. 호수의 수온이 가장 높아지는 한여름에는 매일 그곳으로 물을 길러 가곤 했다.

그리고 도요새가 새끼들을 데리고 진흙을 파헤쳐 벌레를 잡으려고 샘터로 찾아오곤 했다. 어미 새가 새끼들이 있는 곳보다 겨우 1피트 정도 위를 날아서 둑 위에서 내려오면, 새끼들은 그 밑을 무리 지어 뛰어다니는 것이었다. 하지만 드디어 내 모습을 발견한 어미 새는 새끼들 곁을 떠나 내 주위를 빙빙 맴돌면서 점점 접근했다. 결국 4, 5피트 정도 떨어진 곳까지 와서는 내 주의를 끌기 위해서 날개와 다리에 상처를 입은 것처럼 보였고, 그러는 동안에 새끼들이 도망칠 수 있도록 하려고 했다. 새끼들은 어미 새의 지시에 따라서, 가녀린 울음소리를 내며 일렬종대로 늪지를 가로질러 행진을 했다. 어미 새의 모습은 보이지 않는데, 새끼들의 삐삐거리는 울음소리만 들려오는 경우도 있었다. 그리고 산비둘기도 날아와 샘터 위에서 날개를 쉬기도 하고, 내 머리 위에 있는 부드러운 백송나무의 가지와 가지 사이를 뛰어다니기도 했다. 그중에서도 바로 옆에 있는 나뭇가지를 타고 내려오는 붉은 다람쥐는 매우 친숙하게 굴면서도 여간 호기심이 강한 게 아니었다. 숲속에서도 매력이 있는 장소에 오랫동안 가만히 앉아 있으면, 그곳에 살고 있는 모든 동물들이 번갈아 가면서 모습을 드러냈다.

 그다지 평화롭지 못한 사건을 목도하게 되는 경우도 있다. 어느 날, 높다랗게 쌓아 올린 장작더미, 라기보다는 땅에서 파낸 그루터기를 쌓아 놓은 곳으로 갔다가 커다란 개미 두 마리를 발견했다. 한 마리는 붉은 개미, 다른 한 마리는 그보다 더욱 커다란, 0.5인치 가까이나 되는 검은 개미로, 서로 격렬한 싸움을 벌이고 있었다. 일단 한 번 엉겨붙은 뒤에는 결코 떨어지지 않고 나무 조각 위에서 쉬지도 않고 밀고 당기며 뒹굴고 있었다. 그 앞쪽을 바라보니, 놀랍게도 주위에 있는 나무 조각 전체가 이러한 전사들로 뒤덮여 있었기에 그것이 결투(duellum)가 아닌 전쟁(bellum)이라는 사실을 알 수 있었다. 두 개미 종족 간의 전쟁. 붉은 놈들은 반드시 검은 놈과 싸우고 있었으며, 종종 두 마리의 붉은 녀석들이 한 마리의 검은 녀석과 싸우고 있는 모습도 볼 수 있었다. 이들 미르미돈족(族)[4] 군대는 내 장작이 놓여 있는 언덕과 계곡을 완전히 뒤덮고 있었으며, 지면에는 이미 쌍방의 전사자와 빈사 직전의 부상병들이 어지러이 쓰러져 있었다. 이것은 내가 본 유일한 전투였으며, 전투 중에 발을 들여놓은 유일한 전장

---

4) 아킬레우스를 따라 트로이로 원정을 떠났던 테살리아의 호전적인 부족. 조상이 개미(myrmex)였기 때문에 이런 이름이 붙여졌다고 한다.

이었다. 그야말로 일대 격전이었다. 한쪽은 붉은 공화주의자, 한쪽은 검은 제국주의자였다. 곳곳에서 사투가 펼쳐지고 있었지만, 아무런 소리도 들려오질 않았다. 인간 병사들도 이렇게 완강하게 전투를 벌인 적은 없었을 것이다. 나는 나무 조각 틈 사이에 있는 해가 드는 조그만 계곡 사이에서 둘이 찰싹 달라붙은 채 떨어지지 않는 개미 두 마리를 지켜보고 있었는데, 이 한낮부터 해가 저물 때까지, 혹은 목숨이 다할 때까지 싸울 각오를 하고 있는 듯했다. 덩치가 작은 편인 붉은 전사는 상대의 가슴팍에 바이스처럼 달라붙어 그 전장을 뒹구는 동안 내내 적의 한 쪽 더듬이의 뿌리 부분을 물고 늘어진 채 한순간도 떨어지려 들지 않았다. 다른 한 쪽 더듬이는 이미 물어뜯겨 떨어져 나가 있었던 것이다. 한편 강한 쪽인 검은 개미는 그 붉은 개미를 좌우로 내동댕이치고 있었는데, 가까이 다가가 보니 이미 적의 손발을 몇 개나 뜯어내 버린 상태였다. 두 마리 모두 불도그보다 더한 집요함으로 전쟁을 치르고 있었다. 양쪽 모두 물러날 기색은 조금도 보이질 않았다. 그

---

5) 영국 군인으로 빅토리아 여왕의 아버지인 켄트 공(1767~1820)의 모토. 콩코드 전투 때 베드포드의 민병대가 군기에 이 문자를 새겨 넣었다고 한다. (Harding)
6) 푸르타크에 의하면, 고대 스파르타의 어머니들은 출정하는 아들을 이런 말로 격려했다고 한다.

들의 모토가 '승리 아니면 죽음'[5]이라는 사실을 명확하게 알 수 있었다.

얼마 지나지 않아서 붉은 개미 한 마리가 잽싸게 적을 퇴치했는지, 혹은 지금부터 전투에 참가하려는 것인지 계곡의 경사면을 매우 흥분된 모습으로 내려오고 있었다. 손발을 하나도 잃지 않은 것을 보면 지금부터 전투에 참가하려는 것 같았다. 그의 어머니는 "방패를 들고 오든지 방패에 실려 돌아오라."[6]고 그에게 명했던 것이다. 어쩌면 이 개미는 영웅 아킬레우스로, 이전까지는 멀리 떨어져 있는 곳에서 분노를 삭이고 있었지만, 지금은 친구인 파트로클로스의 원수를 갚거나 그를 구출하기 위해서 출정한 것일지도 모른다. 그는 멀리서 힘의 차이가 확연히 드러나는 이 싸움—검은 녀석은 붉은 녀석의 두 배 가까운 크기였다—을 보고 전속력으로 달려와 그 전사들에게서 0.5인치도 떨어지지 않은 곳에 멈춰 서서 전투 자세를 취했다. 그러다가 기회를 보더니, 검은 전사에게 달려들어 오른쪽 앞발의 안쪽 부분을 공격함과 동시에 상대방으로부터도 자신의 발에 공격을 받았다. 이렇게 해서 세 마리가 목숨을 걸고 하나로 엉겨 붙게 되었는데, 그것은 마치 자물쇠나 시멘트도 미치지 못하는 강력한 접착제가 새로이 발명된 듯한 모습이었다.

그때쯤 나는 이미, 양쪽의 군악대가 높이 솟아 있는 나무 조각 위에 진을 치고서 지쳐 허덕이고 있는 전사들을 질타, 격려하고 빈사 상태에 빠져 있는 전사들에게 힘을 북돋워 주려고 각 국의 국가를 연주한다 해도 전혀 이상할 것이 없을 것이라는 생각이 들었다. 나는 그들이 인간처럼 여겨져서 얼마간 흥분을 감출 수가 없었다. 생각하면 생각할수록 개미와 인간 사이의 차이점이 점점 작게만 느껴진다. 미국의 역사는 그렇다 치더라도, 적어도 콩코드의 역사에는, 병사들의 숫자 면에서나 거기서 발휘된 애국심이나 용기 면에서 이 전투보다 나은 모습을 보인 전투는 전혀 기록에 남아 있질 않았다. 병사의 숫자나 전사자들의 숫자 면에서는 아우스터리츠나 드레스덴 전투[7]에 필적할 만하다. 콩코드 전투[8] 말인가? 그렇지, 애국자 쪽에서는 두 명이 전사하고, 루터 블랜처드가 부상을 입었다! 하지만 여기서는 모든 개미가 전부 영웅 버트릭[9]이며, "쏘아라, 마구 쏘아라!"라고 절규하고 있었던 것이다. 이렇게 수천 마리의 개미가 데이비스와 하스머의 운명과 마찬가지로 전장에서 숨을 거둔 것이다. 용병은 단 한 마리도 없

---

7) 나폴레옹 전쟁 중, 수만 명의 전사자를 기록한 대전투.
8) 영국 정규군과 지역 민병들 사이에 전쟁이 벌어졌는데, 이것이 독립 전쟁의 발단이 되었다.
9) 콩코드 북쪽 다리 전투에서 민병대를 지휘했다.
10) 1775년 6월, 오늘날의 보스턴에 있는 언덕에서 일어났던 독립전쟁 초기의 본격적인 전투.

었다. 그들이 전쟁을 벌였던 것은 우리 조상들과 마찬가지로 이데올로기 때문이었지 3페니의 차세(茶稅)를 면하기 위해서가 아니었다고 나는 확신하고 있다. 따라서 관계했던 개미들에게 있어서 이 전쟁의 결과는 적어도 벙커힐 전투[6]의 결과 못지 않은 중요성을 가지고 있는 기념할 만한 것이 될 것이다.

나는 조금 전에 자세하게 묘사한 세 마리 개미가 싸움을 벌이고 있던 나무 조각을 주워들고 집으로 돌아와 창가에 올려놓고 커다란 컵으로 덮은 뒤 일의 결말을 지켜보려고 했다. 처음 묘사했던 붉은 개미를 돋보기로 들여다보니, 그는 적의 남은 더듬이를 물어뜯은 뒤 이번에는 바로 그 옆에 있는 앞발을 필사적으로 물어뜯고 있었는데, 그의 가슴도 완전히 물어뜯겨서 터져 있었으며, 검은 전사의 턱에 의해서 내장이 전부 드러내진 상태였다. 검은 개미의 가슴은 그냥 보기에도 두꺼워 보였기 때문에, 그것을 터트리기에는 역부족인 듯했다. 게다가 이 부상병의 검은 석류석 같은 눈은 전쟁만이 불러일으킬 수 있는 잔인한 빛으로 반짝이고 있었다. 그들은 그 후로도 30분 정도 컵 속에서 싸웠다. 이후에 다시 한 번 컵 안을 들여다보니, 검은 전사는 두 마리 적의 목을 몸에서 떼어내 버리고 말았다. 하지만 아직 살아 있는 그 머리는 안장에 묶어놓은 끔찍한 전리품처럼 그의 양 옆구리에 매달려 있었는데, 이전과 마찬가지로 상대를 꽉 물고 놓지를 않았다. 검은 개미는 더듬이를 잃었으며, 다리도 하나밖에 남지 않았고, 틀림없이 다른 곳에도 수많은 상처를 입었을 것이다. 그런데도 적의 목을 떼어내려고 힘없이 발버둥을 쳤으며, 그로부터 30분이 지나서야 간신히 그 목을 떼어 낼 수 있었다. 컵을 벗겨 내니, 그는 그 불편한 몸을 질질 끌면서 창턱을 넘어 밖으로 나가 버렸다. 그가 이 전투에서 마지막까지 살아남아서 여생을 파리에 있는 국군 병원 같은 곳에서 보냈는지 어쨌는지는 모른다. 하지만 어쨌든 그 이후로는 제대로 일을 하지 못했을 것이다. 어느 쪽 군대가 승리를 거뒀는지, 전쟁의 원인이 무엇이었는지 나는 알 길이 없었다. 하지만 우리 집 문 앞에서 펼쳐진 인간들의 전투 못지 않은 싸움과 그 잔혹함, 살육의 무시무시함을 목도하고 나는 매우 감정이 상했으며, 마음에 상처를 받았고, 그런 기분을 털어버리지 못한 채로 그날의 나머지 시간을 보냈다.

커비와 스펜스에 의하면 개미들의 전투는 옛날부터 유명했으며, 날짜까지 기록되어 있는 것도 있다고 하는데,

---

11) 로마 교황 비오 2세(1405~64).
12) 1490~1557. 스웨덴의 성직자. 역사가.
13) 1481~1559. 덴마크 · 노르웨이 · 스웨덴 왕.
14) 커비와 스펜스의 앞선 책 pp.361~362.

현대의 저술가 중에서 그것을 목도한 사람은 유베르밖에 없다고 한다.

"에네아 실비오[11]는 배나무 줄기에서 커다란 개미와 작은 개미가 집요하게 전투를 벌인 상황에 대해서 상세하게 기술한 뒤, '이 전투는 교황 유게니우스 4세 시절의 유명한 법률가인 니콜라스 피스토리엔시스의 눈앞에서 펼쳐진 사건인데, 그는 이 전쟁의 역사를 매우 충실하게 기록해 놓았다.'고 덧붙여 놓았다. 큰 개미와 작은 개미 간의 이와 비슷한 전투는 올라우스 마그누스[12]의 기록에서도 찾아볼 수 있다. 이때는 작은 개미가 승리를 거두어 아군 전사자들은 매장을 했지만 거대한 적의 시체들은 그대로 방치하여 새들이 쪼아먹도록 내버려두었다고 한다. 이 사건은 폭군 크리스티앙 2세[13]가 스웨덴에서 추방되기 전에 일어난 사건이다."[14]

내가 본 전투는 웹스터의 도망 노예 법안이 의회에서 통과되기 5년 전인 포크 대통령 시절에 일어난 사건이었다.

식료품 저장용 지하실에서 자라의 뒤나 뒤쫓으면 딱 어울릴 만한 마을의 개 몇 마리가 주인 몰래 숲 속으로 들어와 기름지고 살찐 사지를 뽐내며 쓸데없이 오래된 여우굴이나 우드척 굴의 냄새를 맡으며 돌아다녔다. 틀림없이 숲 속을 민첩하게 뛰어다니는 하찮은 들개가 인도를 하고 있었을 테지만, 그래도 이곳에 살고 있는 새들이나 동물들의 본능적 공포심을 불러일으키기에는 충분했을 것이다. 무리는 그 들개보다 훨씬 뒤쳐져서, 상황을 지켜보려고 나무 위에 올라앉은 조그만 다람쥐를 보고 '나는 개과 중의 황소다.'라고 주장하듯 짖어댔으며, 그 다음에는 가족들과 떨어진 날쥐라도 뒤쫓듯 육중한 몸으로 무성하게 자란 조그만 나무들을 쓰러트리며 달려가 버렸다. 한 번은 돌멩이로 가득한 기슭을 거닐다가 고양이를 보고 깜짝 놀란 적이 있었다. 고양이가 집을 떠나서 이렇게 멀리까지 오는 경우는 매우 드물기 때문이다. 놀라기는 서로가 마찬가지였지만. 하루 종일 깔개 위에서 누워 있던 아주 길이 잘 든 고양이였는데도 숲에 있을 때는 그곳 사정을 매우 잘 아는 듯한 모습이었으며, 그 빈틈없이 은밀한 행동을 보고 있자니, 그들이 숲 속에 살고 있는 다른 동물 이상으로 숲에 더 잘 어울리는 동물이라는 사실을 알 수 있다. 어느 날, 나는 나무 열매를 따러 갔다가 숲 속으로 새끼들을 데리고 온 고양이를 본 적이 있었다. 완전히 야생 동물로 돌아가 있었으며, 새끼들마저 어미를 따라서 등을 둥글게 굽히고 나를 향해서 맹렬한 울음소리를 내고 있었다.

내가 숲에서 살기 2, 3년 전의 일이었는데, 호수에서 아주 가까운 링컨 지구에 살고 있는 농부인 길리언 베이커 씨의 집에 '날개 달린 고양이'라 불리는 고양이가 있었다. 1842년 6월에 내가 그 고양이를 한 번 보려고 찾아갔을 때, 그녀—암놈인지 수놈인지 모르기 때문에, 여기서는 일반적인 대명사를 사용하겠다—는 평소와 다름없이 숲 속으로 사냥을 하러 가고 없었다. 그런데 그녀의 여주인의 말에 의하면, 이 고양이는 일 년 정도 전 4월에 부근에 나타나기 시작해 결국 그 집에서 기르게 된 것이라고 한다. 또 몸의 털은 짙은 갈색 빛이 감도는 회색을 하고 있으며, 목에는 하얀 반점이 있고, 발은 흰색, 그리고 너구리처럼 털이 복슬복슬한 커다란 꼬리를 가지고 있다고 한다. 겨울이 되면 털이 두꺼워지는데, 몸의 양쪽에서 펑퍼짐하게 자라기 시작하여 길이 10에서 12인치, 폭 2.5인치 정도의 띠가 된다고 한다. 턱 밑의 털은 토시처럼 되는데 등 쪽은 풍성하게 풀어져 있고, 배 쪽은 펠트처럼 엉켜 있다고 한다. 이런 털들도 봄이 되면 완전히 빠져나간다고 한다. 그 집 사람들이 '날개'의 일부를 내게 주었는데, 나는 아직도 그것을 가지고 있다. 날개에서 막과 같은 것은 찾아볼 수 없다. 날다람쥐와 같은 야생 동물의 피가 섞인 것이라고 생각하는 사람도 있는데 전혀 있을 수 없는 얘기라고는 생각되지 않는다. 박물학자들은 담비와 집고양이를 교배시켜 여러 가지 잡종을 얻었다고 하니 말이다. 나는 고양이를 기른다면 이런 고양이를 기르고 싶었다. 시인의 고양이라면 시인의 말인 페가수스처럼 날개를 가지고 있어도 우스울 것은 없지 않겠는가?

가을이 되자, 평소와 다름없이 아비(Colymbus glacialis)가 날아와 호수에서 털갈이를 하기도 하고 물놀이를 하기도 했는데, 내가 아침에 일어나는 것보다도 이른 시간부터 그들의 야성적인 웃음소리가 숲 속으로 울려 퍼졌다. 아비가 왔다는 소식이 퍼지면 밀담의 사냥꾼들은 일제히 흥분하여, 말 한 필이 끄는 이륜 마차나 도보로 신형 총과 원추형 탄, 망원경을 들고 삼삼오오 찾아든다. 그들은 가을 낙엽이 서로 몸을 비비는 듯한, 바스락거리는 소리를 내면서 숲을 빠져나와 아비 한 마리를 적어도 열 명 정도가 뒤쫓는다. 그들은 이쪽 기슭과 저쪽 기슭으로 패를 갈라 진을 친다. 이 불쌍한 새들은 어느 곳에서나 마음대로 모습을 드러낼 수 없기 때문에 이쪽 기슭에서 물 속으로 잠기면 저쪽 기슭에서 모습을 나타내지 않을 수 없었다. 그런데 10월이 되면 고맙게도 바람이 불어와 나뭇잎을 술렁이게 하고 수면에 잔물결을 일으키기 때문에, 아비의 울음소리가 전혀 들리지 않게 되며 모습도 보이지 않게 된다. 적들인 사냥꾼들이 제 아무리 망원경으로 수면을 바라보고 총성을 울려 보아도 전부 소용없는 일이 되어 버리고 만다. 물결은 거침없이 높아져 격렬하게 기슭으로 밀려들어 모든 물새들의 편을 든다. 이렇게 되면 우리의 사냥꾼들도 마을과 상점, 남겨둔 일로 퇴각을 할 수밖에 없어진다. 그래도 그들이 보기 좋게 아비를 잡아들인 예는 헤아릴 수도 없이 많다. 아침 일찍 물을 길러 갔다가 그 당당한 새가 몇 라드밖에 떨어지지 않은 물 속에서 미끄러지듯 솟구쳐 오르는 모습을 자주 보곤 했다. 배를 타고 쫓아가 어떻게 하나 시험해 보려고 하면, 그 녀석은 일단 물속으로 모습을 감춰버렸다. 어떨 때는 그날 저녁까지도 녀석을 발견하지 못하는 경우가 있었다. 하지만 수면 위로 모습을 드러내고 있는 동안에는 내가 훨씬 더 유리했다. 비가 내리면 그들은 대부분 어딘가로 모습을 감춰 버렸다.

매우 평온한 10월 어느 날 오후—특히 이런 날이면 아비들은 금관화의 갓털처럼 수면 위에 떠 있다—, 내가 북쪽 기슭을 따라서 배를 저어 나가면서 수면을 찾아봤을 때는 전혀 모습을 찾아볼 수 없었던 아비 한 마리가 갑자기 내 몇 라드 앞에 있는 기슭에서 호수의 중심부를 향해 헤엄쳐가면서 그 야성적인 웃음소리를 올렸기 때문에 자신의 위치를 내게 들켜버리고 말았다. 내가 배를 저어 뒤따라가니 바로 물속으로 들어갔는데, 다시 모습을 드러냈을 때는 전보다 거리가 더욱 좁혀져 있었다. 그러자 그 녀석은 다시 물속으로 들어가 버렸다. 그런데 이번에는 그 녀석의 전진 방향을 잘못 예측했기 때문에, 물 위로 모습을 드러냈을 때는 50라드나 떨어져 있었다. 나는 거리를 벌리려는 그 녀석을 돕고 만 셈이 되었다. 그 녀석은 다시 한 번 오랫동안 큰 소리로 웃었는데, 그 어느 때보다도 그렇게 할 만한 이유가 있었던 것이다. 그 녀석은 매우 교묘하게 돌아다녔다. 나는 아무리 해도 거리를 6라드 이내로 좁힐 수가 없었다. 아비는 물속에서 부상할 때마다 고개를 이쪽저쪽으로 돌려서 냉정하게 수면과 육지를 계측한 뒤 가장 넓은 수면 쪽으로, 그것도 배와 가장 먼 거리를 유지할 수 있는 방향으로 진로를 잡고 있었다. 그 녀석이 잽싸게 결단을 내리고 그것을 실행하는 모습에는 정말 놀라지 않을 수가 없었다. 나는 순식간에 호수의 가장 넓은 곳으로 유인을 당했는데, 거기서 이 새를 잡아들이기란 불가능한 일이었다. 그 녀석이 머릿속으로 무엇인가를 생각할 동안 나도 그것을 읽어 내려고 발버둥을 쳐보았다. 그것은 고요한 호수에서 인간이 아비에게 도전장을 내민 유쾌한 게임이었다. 상대편 말이 갑자기 장기판 밑으로 사라졌다. 문제는 그것이 다시 모습을 드러낼 장소와 가장 가까운 곳에 내 말을 가져다 놓는 것이었다.

아비는 때때로 보트 바로 밑을 헤엄쳐간 듯, 예상을 뒤엎고 나와는 반대편 쪽에서 모습을 드러내는 경우도 있었다. 그 녀석은 숨이 매우 길었고 지칠 줄 몰랐기 때문에, 아주 멀리까지 헤엄친 뒤에도 곧바로 다시 물속으로 들어가 버리곤 했다. 따라서 도대체 이 깊은 호수의 잔잔한 수면 밑의 어느 부근을 물고기처럼 헤엄치며 돌아다니고 있는지 전혀 감을 잡을 수가 없었다. 그 녀석은 가장 깊은 곳의 바닥에 닿을 수 있을 정도의 잠수 시간과 잠수 능력을 가지고 있었던 것이다. 뉴욕 주에 있는 여러 호수에서는 수심 80피트 밑에 송어를 낚기 위해서 설치해 놓은 낚시 바늘에 아비가 걸린 적도 있었다고 한다. 그런데 월든 호수는 그것보다 더욱 깊다. 물고기들은 자신들 무리 속을 거침없이 헤엄쳐 가는, 이 별세계에서 온 이상한 모습의 방문객을 보고 그 얼마나 놀랐을까? 그 녀석은 수면에서와 마찬가지로 물속에서도 정확하게 진로를 잡을 수 있는 듯했다. 그리고 수면에서보다 훨씬 더 헤엄을 잘 쳤다. 나는 한두 번, 그 녀석의 수면 가까이 올라와 잔물결을 일으키며 주위의 모습을 살피기 위해서 잠깐 고개를 내밀었다가 바로 다시 물속으로 들어가는 모습을 봤다. 그래서 나는 그 녀석이 어디로 떠오를지를 이래저래 추측하기보다는 오히려 노 젓기를 멈추고 가만히 기다리는 것이 상책일 것이라고 생각했다. 왜냐하면 한 쪽 수면에 시선을 고정시키고 뚫어져라 쳐다보고 있을 때, 갑자기 뒤쪽에서 몸이 오싹해지는 웃음소리가 들려와 깜짝 놀란 적이 한두 번이 아니었기 때문이었다.

 그런데 그 녀석은 어째서 그렇게 교묘하게 사람을 따돌려 놓고 물 위로 떠오른 순간에는 날카로운 웃음으로 반드시 자신의 위치를 폭로해 버리고 말았던 것일까? 그 하얀 가슴만 해도 눈에 너무 잘 띄는데. 나는 참으로 어리석

이웃 동물들

은 아비라고 생각했다. 그 녀석이 부상할 때는 대부분 물보라 소리가 들려왔기 때문에 그것으로 발견할 수도 있었다. 그런데 그로부터 한 시간이 지났는데도 그의 체력은 조금도 떨어지지 않았으며, 잽싸게 물속으로 들어가서는 처음보다 오히려 더 멀리까지 헤엄을 치는 것이었다. 수면 위로 올라와도 가슴 털은 조금도 흐트러지지 않았으며, 물갈퀴가 달린 발을 부지런히 수면 밑에서 움직여 유유히 헤엄치는 모습에는 참으로 감탄하지 않을 수가 없었다. 그 녀석의 평소 울음소리는 앞서 말한 바대로 악마적인 웃음소리였지만, 그래도 조금은 물새다운 면을 가지고는 있었다. 하지만 나를 따돌리고 저 멀리 수면 위로 모습을 드러낼 때는 새의 울음소리라기보다는 꽁무니를 길게 늘이는 늑대의 울음소리에 가까운, 섬뜩할 정도의 울부짖는 소리를 냈다. 마치 야수가 코를 땅에 문지르며 천천히 울부짖을 때 내는 소리와 비슷했다. 이것이 아비 특유의 울음소리로—틀림없이 이 부근에서 들을 수 있는 가장 야성적인 소리일 것이다—, 널리 먼 곳까지 메아리쳤다. 나는 그 녀석이 자신의 기략에 더욱 자신감을 갖게 되어 내 노력을 비웃고 있는 것이라는 결론을 내렸다. 요즘 하늘은 온통 구름으로 뒤덮여 있었지만, 수면은 너무나도 고요했다. 그래서 울음소리가 들리지 않아도 녀석이 수면에 모습을 나타내면 바로 발견해 낼 수가 있었다. 하얀 가슴, 조용한 대기, 잔잔한 물결, 이 모든 것이 그 녀석에게는 불리한 요소였다. 결국 50라드 정도 떨어진 곳에서 모습을 드러내더니 녀석은 아비의 신에게 도움이라도 청하는 듯, 그 꽁무니를 길게 늘이는 소리로 한바탕 울부짖었다. 그러자 곧 동풍이 불어 오면서 물결이 일기 시작하더니, 주위에 안개가 내리기 시작했다. 거기서 나는 아비의 기도가 이루어져 녀석의 신이 내게 화를 내고 있는 것이 아닐까 하는 생각이 들어서, 술렁이기 시작한 수면 위의 물결이 멀리 사라져 갈 때까지 가만히 지켜보고만 있었다.

가을이 되면 나는 몇 시간이고 오리들이 오른쪽, 왼쪽으로 교묘하게 진로를 바꿔 가면서 사냥꾼들로부터 멀리 떨어진 호수의 중심부를 확보하고 있는 모습을 바라보곤 했다. 이와 같은 기교는 루이지애나 주에 있는 늪 지대에서는 그다지 써먹을 필요가 없을 것이다. 어쩔 수 없이 날아오르지 않으면 안 될 때면 그 녀석들은 다른 호수나 강이 잘 건너다 보이도록 상당히 높은 곳까지 상승을 하며, 하늘 위의 검은 먼지처럼 호수 위를 빙글빙글 선회하는 적도 있었다. 벌써 다른 곳으로 날아갔나 싶으면, 그 녀석들은 1/4마일이나 되는 상공에서 비스듬히 강하하여 날아내려와 멀리 떨어진 안전한 수면에 앉곤 했다. 하지만 월든 호수의 한가운데를 헤엄침으로 해서 오리들이 안전성 외에 무엇을 얻었는지 나로서는 알 길이 없다. 그렇지만

이웃 동물들 | 453

그 녀석들은 나와 같은 이유로 월든 호수의 물을 사랑하고 있는 것이다.

난방

난방

10월이 되면, 나는 강가에 있는 목초지로 포도를 따러 가서 먹을 것으로써보다는 오히려 아름다움과 향기로써 더욱 귀중한 포도송이를 짊어지고 집으로 돌아왔다. 또한 그곳에서는 비록 따지는 않았지만, 밀랍으로 만든 조그만 보석, 혹은 습지 야생초의 펜던트라고도 할 수 있는 진줏빛이나 붉은빛의 월귤을 바라보며 즐기기도 했다. 그런데 농부는 흉측한 갈퀴를 사용하여 그것들을 뜯어내 평화로운 목초지를 마구 어지럽힌 뒤, 그 열매를 아무렇지도 않게 부셀이나 달러 단위만으로 저울에 매달아, 목초지에서의 약탈품으로 보스턴이나 뉴욕으로 팔아치웠다. 그러면 월귤 열매들은 짓이겨져서 잼이 되어 도회의 '자연' 애호가들의 미각을 돋우게 되는 것이다. 이와 마찬가지로 도살업자들은 대초원의 풀 속에서 들소의 혀를 긁어모으는데, 초목이 부러지든 말라비틀어지든 전혀 신경을 쓰지 않는다. 매발톱나무의 빛을 발하는 듯한 아름다운 열매도 나는 그저 보고 즐기는 것으로만 만족했다. 단지 땅 주인이나 나그네들이 발견해 내지 못한 야생 사과는 잼을 만들어 먹기 위해서 아주 조금 따두었다. 밤이 익자, 겨울을 위해서 반 부셸 정도 저장을 해두었다. 이러한 계절에 끝없이 펼쳐져 있는 당시 링컨 지구의 밤나무 숲—그 나무들도 지금은 철도의 침목이 되어 영원한 잠에 빠져들었다— 속으로 들어가 자루를 어깨에 메고, 밤송이를 벗겨 낼 막대기를 손에 들고—나는 서리가 내리기 전에도 숲 속으로 들어가곤 했기에— 나뭇잎들이 버석대는 소리, 붉은 다람쥐와 어치들의 날카로운 비난의 목소리를 들으면서 정처 없이 헤매고 돌아다니면 한층 더 마음이 설레는 것을 느낄 수 있었다. 나는 그런 동물들이 막 먹으려다 남기고 간 밤송이를 실례하기도 했다. 그들이 고른 밤송이 속에는 반드시 좋은 열매가 들어 있었기 때문이었다. 밤나무 위로 올라가서 가지를 흔든 적도 있었다. 우리 집 뒤쪽에도 밤나무가 몇 그루 서 있었는데, 그중에서도 우리 집을 거의 뒤덮을 만큼 무성하고 커다란 나무는 개화기가 되면 부근 일대에 향기를 퍼뜨리는 꽃다발로 변하곤 했다. 하지만 그 열매는 대부분이 다람쥐와 어치들의 몫이었다. 특히 어치는 이른 아침에 무리를 지어 몰려와서는 아직 벌어지지도 않은 밤송이를 쪼아서 그 안에 있는 열매를 먹어 치우곤 했다. 이들 나무는 그들에게 양보하고 나는 훨씬 더 먼 곳에 있는 밤나무만이 빽빽한 숲으로 나갔다. 밤은 나름대로 훌륭한 빵의 대용식이 되어 주었다. 그 외에도 여러 가지 대용식을 발견할 수 있었을 것이다.

하루는 지렁이를 잡다가, 덩굴에 달린 감자콩(Apios tuberosa)을 발견한 적이 있었다. 이것은 원주민들의 감자로, 전설적인 과실이라고 할 수 있다. 나는 어렸을 때 이것을 파내서 먹은 적이 있었다고 사람들에게 이야기하기는 했지만, 어쩌면 꿈이었을지도 모른다고 의심을 품기 시작하던 때의 일이었다. 그 이후로도 다른 식물의 줄기에 의지하고 있는, 오그라든 붉은 벨벳과도 같은 꽃을 종종 본 적이 있었는데, 그때는 그것이 감자콩이라고는 생각지 못했었다. 지금 그것은 개간에 의해서 거의 멸종 상태에 놓여 있다. 서리를 맞은 감자와 아주 비슷한 단맛을 가지고 있으며, 구워 먹는 것보다는 쪄서 먹는 것이 더 맛있었다. 이 덩이 줄기는 '자연'이 언젠가는 자신의 자손을 여기서 소박하게 길러야겠다고 생각하고 있다는 사실의 희미한 조짐과도 같이 생각되었다. 살진 소와 곡물이 넘실대는 밭의 시대인 현대에 있어서, 지난날 인디언들의 토템의 대상이었다던 이 정갈한 덩이 줄기는 거의 잊혀졌거나, 근근히 그 꽃을 피우고 있는 덩굴에 의해서 알려져 있는 존재에 불과하다. 하지만 야생의 '자연'이 다시 이 부근을 지배하는 날이 온다면, 영국에서 건너온 나약하고 사치스러운 곡물들은 수많은 적들 앞에서 모습을 감추게 될 것이며, 인간의 손을 빌지 않아도 까마귀가 옥수수의 마지막 알갱이까지 남서부에 있는 인디언 신의 광대한 옥수수 밭으로 그것을 가지고 돌아갈 것이다. 이 새가 처음으로 그곳에서 옥수수를 물어 왔다고 알려져 있으니. 그리고 지금은 거의 멸종 상태에 빠져 있는 감자콩이 되살아나 서리와 거친 땅을 딛고 번성하여 그것이 토종 식물임을 증명할 것이며, 수렵 부족의 식료품으로써의 중요성과 위엄을 되찾게 될 것이다. 틀림없이 인디언들의 곡물의 신이나 지혜의 신이 그것을 만들어 그들에게 부여했을 것이다. 머지 않아 이 땅을 시가(詩歌)가 지배하기 시작하면, 감자콩의 잎과 열매가 달려 있는 덩굴은 우리들의 예술 작품 속에 등장하여 표현될 것이다.

호수의 건너편 기슭에 있는 곶의 끝 쪽 물가에는 사시나무 세 그루의 하얀 줄기가 가지를 활짝 벌리고 있는데, 나는 그 바로 밑에 있는 두세 그루의 조그만 단풍나무가 9월 1일에 벌써 새빨갛게 물들었다는 사실을 발견했다. 그 색채는 참으로 많은 이야기들을 들려주었다. 곧 일주일, 이 주일 시간이 흐름에 따라서 각각 나무들의 성격이 점점 확실하게 나타나서 모두가 호수의 수면에 비친 자신의 모습에 반해 버리고 말았다. 매일 아침, 이 화랑의 주인은 벽에 걸린 낡은 그림을 떼어내고 가장 선명한 색의 조화를 이루고 있는 새로운 그림을 걸어놓는 것이었다.

10월이 되자, 수천 마리나 되는 말벌들이 겨울잠을 잘 장소로 삼으려는 것인지 우리 집으로 날아들어 창문 안쪽과 벽 위쪽에 앉아 때로는 방문객이 집 안으로 들어오지 못하게 되는 경우도 있었다. 나는 매일 아침, 그들이 추위로 무감각해져 있을 때 그중 몇 마리를 문 밖으로 쓸어버리곤 했다. 하지만 일부러 그들을 내쫓을 생각은 없었다. 오히려 벌들이 우리 집을 좋은 은신처라고 생각해 줘서 기분이 좋았다. 그들은 내 침대 안까지 파고들었지만, 심하게 감기에 걸리거나 한 적은 단 한 번도 없었다. 그러는 동안 겨울과, 말로는 표현할 수 없는 추위를 피해서 그들은 내가 알지 못하는 어떤 틈새로 모습을 감추었다.

  드디어 11월, 겨우살이에 들어가기 전이 되자 —나는 말벌은 아니었지만—, 월든 호수의 북동쪽으로 종종 발길을 옮기게 되었다. 그곳은 리기다소나무 숲과 돌멩이가 빽빽하게 깔린 기슭에 태양이 반사되는 덕분에 호수의 난롯가라고 부를 수 있는 곳이기 때문이었다. 태양으로 몸을 따뜻하게 할 수 있을 동안에는 태양으로 몸을 따뜻하게 하는 것이, 인위적인 불로 따뜻하게 하는 것보다도 훨씬 기분이 좋으며 건강에도 좋다. 이렇게 떠나 버린 사냥꾼처럼 여름이 남기고 간, 아직 열기가 남아 있는 모닥불의 열기로 나는 몸을 따뜻하게 했다.

굴뚝을 세울 때쯤 되어 나는 석공 기술을 배웠다. 벽돌은 중고였기 때문에 우선은 흙손으로 깨끗하게 오물을 털어 낼 필요가 있었으며, 덕분에 나는 벽돌과 흙손의 성질에 대해서 평소보다 더욱 잘 알 수가 있었다. 이 벽돌에 붙어 있는 모르타르는 50년이나 지났는데도 더욱 견고해졌다고 일컬어지고 있다. 하지만 그것은 진위를 판명해 보지도 않고 사람들이 즐겨 되풀이하는 속설에 지나지 않았다. 이러한 속설이야말로 해를 거듭할수록 단단해져서 한 번 들러붙으면 좀처럼 떨어지지 않는 것으로, 잘난 척하는 사람들에게서 그러한 오물을 털어 내기 위해서는 몇 번이고 흙손으로 두드리지 않으면 안 된다. 메소포타미아의 마을들은 대부분이 바빌론의 폐허에서 가져온 매우 품질이 좋은 중고 벽돌로 지어져 있는데, 거기에 붙어 있는 시멘트는 더욱 오래된 것이며, 더욱 단단한 것인 듯하다. 그건 그렇고, 나는 아무리 세게 두드려도 조금도 줄어들지 않는 강철의 강인함에는 그저 경의를 표하지 않을 수 없었다. 내가 사용한 벽돌은, 바빌로니아의 왕 느부갓네살의 이름은 새겨져 있지 않았지만[2] 예전에는 굴뚝으로 사용되

---

1) 구약 성경 다니엘서 5장에 언급되어 있다.
2) 구약 성경 출애굽기 32장 9절 등에 "내가 이 백성을 보니 목이 뻣뻣한 백성이로다."라는 말이 있다.
3) 소로우의 절친한 친구인 엘러리 채닝을 일컬음.

고 있었기 때문에, 일손과 시간을 절약하기 위해서 그곳에서 발견 할 수 있는 가능한 한 많은 난로 바닥용 벽돌을 골라냈으며, 난로 바닥의 벽돌과 벽돌 사이에는 호수의 기슭에서 주워온 돌멩이를 넣었고, 모르타르도 같은 장소에서 퍼온 하얀 모래를 이용하여 만들었다.

이 집에서 가장 중요한 부분으로 난로는 가장 많은 시간을 들여서 만들었다. 사실, 나는 신중에 신중을 기해서 일했다. 아침부터 지면에서 일을 시작했는데도 밤이 되고 보면, 마룻바닥에서 겨우 몇 인치 위로 벽돌이 쌓여져 있었다. 그래서 그것을 베개 대신으로 사용했을 정도였다. 하지만 그 때문에 내 목이 뻣뻣하게 굳어 버렸다—즉 고집쟁이가 되었다—는 기억은 없다. 나는 예전부터 목이 뻣뻣했다.[2] 당시 시인[3] 한 명이 2주일 정도 우리 집에서 묵고 있었는데 방이 좁아서 어쩔 수 없이 벽돌을 베개 대신 베었던 것이다. 그는 나이프를 하나 가지고 있었으며, 우리 집에는 두 개가 있었는데, 우리들은 곧잘 그것을 지면에 찔러 넣어 날을 갈곤 했다. 부엌일도 그와 나눠서 하고 있었다. 자신이 만들고 있는 난로가 조금씩 정사각형으로 튼튼하게 쌓여 올라가는 모습을 지켜보는 것은 기분 좋은 일이었다. 천천히 일을 진행하는 것만큼 오래 버티리라 생각했다. 굴뚝은 어느 정도 독립된 구조물로, 지면에서 일어나 집을 뚫고 하늘을 향해 뻗어 올라간다. 집이

전소되어도 그대로 모습을 유지하고 서 있는 경우가 있으며, 그 중요성과 독립성은 누가 보더라도 한눈에 알 수 있는 것이다.

 벌써 북풍이 불어와 호수에 냉기가 감돌기 시작했다. 하지만 그것을 완전히 차갑게 만들기 위해서는 아직 몇 주일 동안이나 더 계속해서 불어야 할 것이다. 호수가 그만큼 깊기 때문이었다. 밤에 난방을 시작한 것은 집에 회반죽을 바르기 전의 일로, 벽으로 둘러친 판자 곳곳에 수많은 틈새가 있었기 때문에 굴뚝은 연기를 잘 뿜어냈다. 나는 옹이투성이에 거칠게 깎아 낸 갈색 판자와, 머리 위 높다란 곳에 가로질러져 있는 껍데기도 벗겨내지 않은 대들보에 둘러싸인 이 시원하고 통풍이 잘 되는 방에서 기분 좋은 밤을 며칠이고 보냈다. 집에 회반죽을 바른 이후부터는 확실히 아늑해지기는 했지만 전처럼 눈을 즐겁게 해주지는 못했다. 인간이 사는 방이란 모두 머리 위에 희미하게 어두운 공간을 만들 수 있을 만큼 높고, 밤이면 대들보 부근에 불빛의 그림자가 너울너울 춤을 출 수 있게 만들어야 하는 것 아닐까? 그러한 그림자들이 벽화나 어마어마하게 비싼 가구들보다도 더욱 인간의 공상이나 상상에 기분 좋은 자극을 준다. 비바람을 피하기 위해서 뿐만아니라 몸을 따뜻하게 하기 위해서 자신의 집을 사용하게 되면서부터, 비로소 나는 그곳에서 살기 시작한 것이라고 말해도 무방할 것이다. 난로에서 떨어진 곳에 장작을 놓기 위해서 미리 장작을 올려놓는 낡은 받침을 구해 둔 터였다. 나는 자신이 만든 굴뚝의 안쪽에 검댕이 쌓여 가는 모습을 지켜보는 것이 참을 수 없이 즐거웠기 때문에, 평소보다 더욱 커다란 권리와 만족감을 느끼면서 불을 뒤척였다.

우리 집은 작아서 소리의 울림을 즐길 수는 없었지만, 방이 하나밖에 없고 이웃들로부터도 멀리 떨어져 있었기 때문에 실제보다는 크다는 느낌을 주었다. 집 한 채에서 느낄 수 있는 모든 매력이 방 하나에 집약되어 있었다. 그것은 부엌이자 침실이었으며, 거실이자 객실이기도 했다. 나는 아버지와 자식, 주인과 하인이 모두 집 안에서 생활함으로써 얻을 수 있는 모든 만족감을 맛보고 있었던 것이다. 카토는, 한 집안의 가장(patremfamilias)은 시골의 별장에 "기름과 술을 저장할 수 있는 지하실과 그것들이 들어 있는 수많은 통들을 준비해 두어야 한다. 그렇게 하면 고난의 시기도 기꺼이 맞아들일 수 있을 것이다. 이것은 가장의 이익이며, 덕이자, 명예이기도 하다."[4] (cellam oleariam, vinariam, dolia multa, uti lubeat caritatem expectare, et rei, et virtuti, et glori , erit)라고 말했다. 나는

---
4) 카토의 『농업론』(3 · 2)에서.
5) 1쿼트=약1.10리터.

지하실에 감자가 든 작은 통 하나, 벌레가 쏠은 완두콩 2쿼트[3]를 저장해 두고 있었으며, 찬장에는 소량의 쌀과 당밀 한 병, 호밀과 옥수수 가루를 1펙씩 저장하고 있었다.

나는 때때로 황금 시대에 세워진 더욱 커다랗고 많은 사람들이 살고 있는 가옥을 꿈꾸는 적이 있다. 그것은 튼튼한 재료들로 만들어졌으며, 화려한 장식 같은 것은 조금도 찾아볼 수 없고, 방이라고는 거칠게 깎아놓은 판자로 만든 넓고 튼튼한 원시적인 거실이 하나 있을 뿐으로, 천장도 회반죽을 바른 벽도 보이지 않았으며, 그대로 모습을 드러내고 있는 대들보와 서까래가 머리 위의 낮은 하늘을 떠받치고 있다. 비와 눈을 피하는 데는 이것이면 충분하기 때문에. 여러분들이 고대 왕조의 농경 신 사투르누스의 와상에 경의를 표하고 문지방을 넘어서 안으로 들어서면 '지붕을 떠받치고 있는' 왕대공과 쌍대공이 '들보 위에서' 여러분의 인사를 기다리고 있다. 동굴과 같은 실내에서는 막대기 끝에 횃불을 매달아 높이 치켜들지 않으면 지붕은 보이질 않는다. 이런 집이라면 난로 속이라든가 창틀의 움푹 패인 곳, 혹은 나무로 만든 긴 의자 위나 거실의 틈새에서라도 잠을 잘 수 있으며, 원하기만 한다면 대들보 위에서 거미와 함께 동거할 수도 있을 것이다. 밖에서 문을 열고 안으로 들어서면 거기서부터 이미 실내이기 때문에, 딱딱한 의식 같은 것은 필요 없어지는 그런 집이다. 피로에 지친 나그네는 더 이상 여행을 계속하지 않고 이곳에서 손발을 씻고, 식사를 하고, 이야기를 나눈 뒤 잠자리에 든다. 그곳은 폭풍우가 몰아치는 밤에 도착하게 되면 마음이 놓이는 피난소와 같은 곳이다. 가옥에 필요한 것은 전부 갖춰져 있지만, 살림에 필요한 것은 무엇 하나 놓여 있지 않은 집이다. 집의 보물은 한눈에 전부 둘러볼 수 있으며, 사람들이 사용하고 있는 물건은 모두 벽의 못에 걸려 있다. 부엌, 식품 저장실, 객실, 침실, 창고, 다락 등을 전부 겸하고 있는 것이다. 통과 사다리와 같은 생활 필수품, 찬장과 같이 자주 사용하는 것들은 바로 눈앞에 있으며, 냄비에서 무엇인가 끓는 소리가 들려오고, 저녁을 만드는 불이나 빵을 굽는 아궁이에 경의를 표할 수 있으며, 필요한 가구와 도구들은 그대로 주요한 장식품이 되어 있다. 빨랫감을 세탁소에 맡기지도 않으며, 불씨가 꺼지는 적도 없고, 여주인이 살찌는 일도 없다. 때로는 요리하는 사람이 지하실로 내려갈 때, 손님에게 문 위에서 좀 비켜 달라고 말할지도 모르지만, 덕분에 발을 굴러 보지 않아도 방바닥 밑의 지면이 딱딱한지 비어 있는지를 알 수 있을 것이다. 집 안은 새의 둥지처럼 개방적으로 모든 것이 그대로 보이기 때문에, 입구로 들어가서 뒷문으로 나가는 동안 살고 있는 모든 사람들과 얼굴을 마주치게 된다. 그곳의 손님이 된다는 말은 집 안을 자유롭게 사용할 수 있다는 말에 다름 아니다. 실내의 7/8로부터 격리된 특정한 작은 방에 가둬놓고 편히 쉬라고 말하는 것—즉 홀로 유폐되는 것—과는 사정이 다르다.

요즘에는 집 주인이 손님을 자신의 난롯가로 불러주지 않는다. 대신 석공을 불러다 한쪽 구석에 손님용 난로를 만들게 한다. 손님에 대한 접대란, 손님을 가능한 한 멀리 떨어트려 놓는 기술에 다름 아니다. 요리는 마치 손님을 독살하려는 것이 아닐까 하는 생각이 들 정도로 은밀하게 만들어진다. 나는 지금까지 여러 사람들의 소유지로 들어간 적이 있으며, 때로는 법률에 의해서 퇴거 명령을 받아도 이상하지 않을 만한 일들조차 한 적이 있을지는 모르겠다. 하지만 사람들의 집에는 그렇게 많이 들어가 본 것 같지가 않다. 조금 전에 말한 것과 같은 집에서 간소하게 생활하고 있는 왕과 왕비가 실재한다면, 나는 지나가는 길에 낡은 옷을 입은 채로 잠깐 들르고 싶은 마음이 생길 것이다. 하지만 만일 현대식 궁전에 갇히기라도 한다면, 그곳에서 벗어날 방법만을 궁리할 것이다.

지금은 객실에서의 말 자체가 완전히 활력을 잃어버려서 그저 입에 발린 소리로 전락해 버린 듯하다. 우리들의 생활은 그 상징인 '자연'에서 아주 멀리 떨어진 장소에서 이루어지게 되었으며,[6] 은유와 비유적 표현도 급식용 수레에 실려서 먼 곳까지 운반되어 가는 동안에 필연적으로 변죽만을 두드리는 억지가 되어 버린 것이다. 즉 객실이 그만큼 부엌이나 작업실에서 멀어져 버렸다는 이야기다. 식사조차도 일반적으로는 그저 식사의 비유에 불과한 것으로 전락하고 말았다. 그렇다면 마치 '자연'과 '진리'와 가까운 곳에 살면서 그곳에서 비유적 표현을 빌려올 수 있는 사람은 미개인밖에는 없다는 얘기처럼 들리지 않는가? 저 멀리 아프리카의 북서부, 혹은 '아일랜드 해의' 맨 섬에 살고 있는 학자들은 이 부엌에서 어떤 말을 써야 적절한 것이 되는지 상상할 수조차 없는 것이 아닐까?

하지만 우리 집에 남아서 즉석 푸딩을 함께 먹어 봐야겠다고 생각할 정도로 대담한 사람은 방문객 중에서도 겨우 한두 사람밖에 되질 않았다. 그런 사람들조차도 드디어 위험이 눈앞에 닥쳐오게 되면 집이 뿌리째 흔들리는 것이 아닐까 하고 생각했는지, 즉석에서 궁색한 변명을 남긴 채 허겁지겁 돌아가 버리고 마는 것이었다. 그럼에도 불구하고 우리 집은 헤아릴 수도 없이 많은 즉석 푸딩을 견뎌내며 아직도 굳건하게 버티고 서 있는 것이다.

나는 얼음이 얼기 전까지는 회반죽을 바르지 않았다. 맞은편 기슭에서 회반죽을 만들기에 안성맞춤인 매우 하

---

6) 소로우가 커다란 감화를 받은 에머슨에 의하면, 세계(자연)는 인간 정신의 상징이며 언어는 세계의 은유다.

얇고 깨끗한 모래를 배로 실어 날랐는데, 이러한 것을 운반하는 일이라면 필요에 따라서는 더 멀리까지 나가도 상관없다고 생각했다. 그때쯤 우리 집의 모든 벽면에는 지면에 가까운 곳까지 판자 붙이기를 마쳐 놓은 상태였다. 윗가지를 박을 때는 망치질 한 번에 못 하나하나가 완전히 박히는 것이 기뻐서 견딜 수가 없었다. 다음으로 반죽을 한 널빤지에서 벽으로 회반죽을 깨끗하고 잽싸게 옮기겠다고 기세등등해 있었다. 예전에 멋진 옷차림을 하고 언제나 마을을 어슬렁어슬렁 돌아다니면서 기술자들에게 이것저것 말을 걸어 참견을 하며 잘난 체하던 사람이 있었다는 사실을 기억해 냈다. 어느 날, 그 사내는 말로만이 아니라 행동으로 가르쳐 줘야겠다고 생각하여 소매를 걷어붙이고 미장이의 반죽판을 낚아채 회반죽을 간신히 흙손 위에 얹은 다음, 한동안 머리 위에 있는 윗가지를 만족스러운 눈빛으로 바라보다가 대담하게도 그쪽을 향해서 천천히 팔을 뻗었다. 그러자 곧 회반죽이 전부 사내의 주름 장식이 있는 셔츠의 가슴으로 쏟아져 사내는 크게 당황하고 말았다.

  나는 추위를 효과적으로 막아 주고 일을 마친 다음에도 아름다운 모습을 유지해 주는 회반죽의 뛰어난 경제성과 편리성에 새삼스레 감탄하지 않을 수 없었으며, 미장일을 하는 사람들이 흔히 범하기 쉬운 실수에는 어떤 것들이 있는지에 대해서도 배웠다. 벽돌이 바싹 말라 있어서 내가 회반죽을 평평하게 펴기도 전에 그것이 머금고 있던 수분을 완전히 흡수해 버렸기 때문에, 새로운 난로에 세례를 주기 위해서는 몇 통의 물이 필요하다는 사실을 알고는 놀라지 않을 수 없었다. 지난 겨울, 나는 근처 강에서 잡히는 식용 조개인 우니오 플루비아티리스(Unio fluviatilis)의 껍데기를 구워서 시험 삼아 소량의 석회를 만들어 본 적이 있었다. 따라서 필요한 재료를 손에 넣을 수 있는 장소는 알고 있었다. 마음만 먹었다면 1, 2마일 이내에 있는 장소에서 양질의 석회석을 손에 넣어 스스로 그것을 구울 수도 있었을 것이다.

그러는 동안에 호수에서 가장 그늘진 곳에 있는, 가장 얕은 곳에 살얼음이 얼기 시작했다. 호수가 완전히 결빙하기 전, 아니 몇 주일도 더 전의 일이었다. 첫 결빙은 특히 홍미로운 것으로, 완전하기도 하면서 딱딱하고, 어두운 색이지만 투명하기 때문에, 수심이 얕은 곳에서는 호수 바닥을 관찰할 수 있는 절호의 기회를 제공해 준다. 겨우 1인치 두께의 얼음 위에 수면의 소금쟁이처럼 넙죽 엎드려서 겨우 2, 3인치 떨어진 곳에 있는 바닥을 마치 유리 너머의 그림을 보기라도 하는 것처럼 마음 내키는 대로 관찰할 수 있는 것이다. 그럴 때의 물은 말할 필요도 없이 언제나 고요하기만 하다. 어떤 생물이 움직였거나 그 흔적을 다시 되짚어 돌아온 곳에 있는 모래에는 수많은 고랑이 패여 있었다. 그리고 생물의 잔해로써 하얀 석영의 작은 알갱이로 만들어진 날도래 유충의 허물이 여기저기 널려 있었다. 그들 껍데기의 일부가 고랑 속에 있는 것을 보면, 그 고랑을 만들어 놓은 것은 틀림없이 날도래들일 것이라는 생각이 든다. 그렇게 보기에는 상당히 넓고 깊게 파여져 있기는 하지만.

어쨌든 얼음이야말로 가장 흥미로운 관찰대상이다. 얼음은 가능한 한 이른 시기에 관찰하지 않으면 안 된다. 얼음이 얼기 시작한 날 아침, 자세하게 관찰해 보았다. 처음에는 얼음 속에 갇혀 버린 것처럼 보였던 거품의 대부분이 사실은 얼음 바깥쪽에 달라붙어 있던 것이었다는 사실과, 바닥에서 끊임없이 거품이 일어나고 있다는 사실을 알게 되었다. 이 시기에는 아직 얼음이 비교적 단단하고 어두운 색을 하고 있기 때문에, 그것을 통해서 물을 볼 수가 있다. 이 기포는 직경이 1/80인치에서 1/8인치 가량 되며, 매우 맑고 아름답기 때문에 얼음을 통해서 거기에 비치는 자신의 얼굴을 들여다볼 수 있을 정도다. 1제곱 인치당 30개에서 40개 정도의 거품이 있는 듯하다. 그리고 얼음 내부에는 이미 길이가 약 0.5인치 정도 되며 뾰족한 끝을 위쪽으로 향한, 날카로운 원추형의 얇고 기다란 수직의 거품이 생겨 있었다. 얼음이 얼기 시작한 지 얼마 되지 않는 기간 동안에는 조그맣고 둥근 거품이 상하로 겹쳐져서 염주처럼 죽 늘어서 있는 경우가 많다. 하지만 얼음 내부의 거품은 얼음 밑에 있는 것보다 숫자도 많지 않고, 눈에 잘 띄지도 않는다. 나는 종종 얼음이 얼마나 딱딱하게 얼었는지를 시험해 보기 위해서 돌멩이를 주워 던져 보기도 했다. 그러면 얼음을 꿰뚫은 돌은 자신과 함께 공기를 안쪽으로 운반해 매우 커다랗고 눈에 잘 띄는 하얀 거품을 헤아릴 수도 없이 얼음 밑에 만들어 놓는 것이었다. 한 번은 48시간 뒤에 돌이 떨어진 곳으로 가보았더니, 그 자국을 따라서 얼음이 1인치 정도 더 두껍게 얼었다는 사실을 확실하게 알 수 있었다. 커다란 거품은 그대로 완전하게 남아 있었다. 그런데 그전 이틀 동안 봄날이 생각날 만큼 날이 매우 따뜻했기 때문에, 얼음은 호수의 암녹색과 바닥까지 바라볼 수 있었던 투명함을 잃고 허연, 혹은 회색으로 탁해져 있다. 또 두께가 전보다 두 배 정도나 두꺼워졌음에도 불구하고, 이전만큼 단단하지 못했다. 따뜻함으로 내부의 기포가 극도로 팽창, 서로가 붙어 버려서 규칙적인 배열이 깨져 버렸기 때문이었다. 그것은 더 이상 상하 일렬로 연결되어 있는 염주알이 아니었다. 자루에서 쏟아져 나온 은화처럼 겹쳐져 있거나, 미세하게 균열된 틈으로 파고든 얇은 조각처럼 되어 버린 것이 많았다. 얼음은 아름다움을 잃었으며, 호수 바닥을 조사하기에는 이미 늦은 시기였다.

 나는 새로운 얼음 속에서 앞서 말한 커다란 거품이 어떤 위치를 차지하고 있는지 알고 싶어서 중간 정도 크기의 거품이 들어 있는 얼음을 떼어내 뒤집어 보았다. 새로운 얼음은 거품 주위와 밑 부분에 형성되어 있었기 때문에, 거품은 두 얼음 사이에 끼어 있는 모습을 하고 있었다. 즉, 그것은 밑 부분의 얼음 속에 완전히 들어가 있었는데, 위쪽 얼음에도 완전히 밀착되어 있었다. 모양은 펑퍼짐하다기보다는 오히려 볼록 렌즈와 같았고, 끝 부분은 둥글었으며, 두께는 1/4인치, 직경은 4인치 정도 되었다. 놀랍게도 이 기포 바로 밑에 있는 얼음은 마치 접시를 엎어 놓은 모습으로 녹아 있었는데, 얼음의 두께는 중심부가 5/8인치 정도 되었으며, 얼음과 기포 사이에는 두께 1/8인치에도 미치지 못하는 얇은 얼음막이 남아 있었다. 이 막 속에 있는 조그만 거품들은 곳곳에서 밑으로 분출되어 있었다. 아무래도 직경 1피트나 되는 커다란 기포 밑에는 얼음이 전혀 얼어 있지 않은 듯했다. 내 생각으로는, 처음 얼음 밑에 들러붙어 있던 수많은 작은 거품들이 지금은 얼음 속에 갇히게 되었고, 그 결과 그것들이 각각 밑의 얼음에 대해서 빛을 모으는 작용을 하게 되어 조금씩 얼음을 녹이고 갉아먹게 된 것이 아닐까 여겨진다. 말하자면 거품들은, 얼음에 금이 가게 하여 환성을 올리게 하는 조그만 공기총과도 같은 것이라고 할 수 있을 것이다.

 내가 회반죽 바르기를 마침과 동시에 드디어 본격적인 겨울이 찾아왔으며, 바람은 기다리고 있었다는 듯이 집 주변에서 울부짖기 시작했다. 매일—눈이 내린 다음에조차도—, 기러기 떼들이 요란한 울음소리와 날갯짓 소리를 올리며 어둠 속으로 찾아와 어떤 녀석들은 월든 호수에 내려앉고, 또 어떤 녀석들은 숲 위를 낮게 날아 페어 헤이번 쪽으로, 그리고 그 너머에 있는 멕시코 쪽으로 날아갔다. 밤 10시나 11시경에 마을에서 돌아오면, 집 뒤쪽에 있는 조그만 연못 옆 숲 속에서 먹이를 찾으러 온 기러기나 오리 떼가 마른 풀을 밟는 소리나 서둘러 날아오를 때 리더가 내는 요란한 울음소리 등이 종종 들려오곤 했다. 1845년, 월든 호수는 12월 22일 밤에 처음으로 호수의 물이 완전히 얼어붙었다. 플린트 호수와 그 외의 훨씬 더 얕은 호수, 그리고 콩코드 강은 그보다도 열흘 전, 혹은 그것보다도 빨리 얼음이 얼었다. 1846년에는 12월 16일, 1849년에는 12월 31일경, 1850년에는 12월 27일경, 1852년에는 1월 5일, 1853년에는 12월 31일에 완전히 얼음이 얼었다.

 눈은 그보다 이른 11월 25일 이후 지면을 덮었으며, 내 주위를 단번에 겨울 풍경으로 바꿔 버렸다. 하지만 나는 더욱 자신의 껍데기 속으로 들어가 집 안에도, 가슴 안에도 벌겋게 타오르는 불을 계속해서 피우려고 했다. 내가 문 밖에서 해야 할 일이란, 숲 속의 마른 나무를 모아다가 손에 들거나 어깨에 짊어져 옮겨 오거나, 혹은 마른 소나무를 양쪽 옆구리에 한 그루씩 끼고 오두막까지 질질 끌고 오는 일이었다. 예전에는 튼튼했던 어떤 숲의 낡은 울타리는 나의 소중한 사냥감이 되어 주었다. 나는 그것을 불의 신인 불카누스에게 바치기로 했다. 경계의 신 테르미누스를 섬기기에는 이미 나이를 너무 많이 먹었기 때문에. 눈 속을 뚫고 조리용 연료를 사냥하러—아니, 훔치러라고 말해도 무방할 것이다— 갔다가 이제 막 돌아온 자의 저녁 식사는 매우 각별한 것이었다! 빵도 고기도 너무나 맛있었다. 대부분의 마을에 있는 숲에는 수많은 가정에서 불을 때기에 충분한 온갖 종류의 장작과 고목이 나뒹굴고 있는데도 요즘에는 사람의 몸을 따뜻하게 하는 데 전혀 사용되고 있지 않기 때문에, 오히려 어린 나무들의 성장을 방해할 뿐이라고 생각하고 있는 사람도 있다. 그 외에도 호수에 떠다니는 나무들도 있다. 여름에 나는 철도를 까는 중에 아일랜드인 노동자들이 연결해 놓은, 나무껍질이 그대로 붙어 있는 리기다소나무로 만든 뗏목을 발견하고 그것을 반쯤 뭍 위로 끌어올려 놓았다. 2년 동안 물에 잠겨 있다가 6개월 동안 뭍에 있었던 그 뗏목은 이미 완전히 말릴 수 없을 정도로 물이 배어 있었지만, 조금도 썩지는 않았었다. 어느 겨울 날, 나는 그것을 풀어헤쳐서 0.5마일 가까이 호수를 가로질러 얼음 위로 미끄러트려 집으로 가져오는 작업을 즐겼다. 길이 15피트 정도 되는 통나무의 뒤쪽 끝을 어깨에 짊어지고, 앞쪽 끝은 얼음 위에 올려놓은 뒤에 그것을 뒤에서 미는 작업이었다. 때로는 자작나무의 잔가지로 몇 개를 한꺼번에 묶어서 끝에 갈고리가 달린 더 긴 자작나무나 오리나무로 잡아당겨 끌고 오는 적도 있었다. 그것들은 완전히 물을 먹어서 납덩이처럼 무거웠음에도 불구하고, 오랜 시간 동안 탔을 뿐만 아니라 화력도 상당히 강했다. 아니, 오히려 물 속에 잠겨 있었기 때문에 잘 타는 것이라고 생각했다. 물 속에 갇혀 있었던 송진은, 램프 속에서 타오를 때처럼 오랜 시간을 타오르는 듯했다.

길핀[7]은 잉글랜드 숲의 경계에 살고 있는 사람들에 관한 문장에서 다음과 같은 이야기를 했다. "칩입자들에 의한 불법 침해와 그들에 의한 삼림의 경계에 만들어진 가옥과 울타리"는 "예전 삼림법에서는 중대한 불법 행위로

---

7) William Gilpin(1724~1804). 영국의 저술가. 모국의 자연 경관을 시적으로 묘사한 여행기 작가로서 알려져 있다.

간주되고 있었으며, (purpurestures) 공유지 침해라는 명목으로, 즉 새와 짐승들을 놀라게 하고 삼림을 해할 우려가 있다는 등의 이유로 엄벌에 처해졌다." 하지만 나는 숲 속의 동물이나 초목 보전에 관해서는 사냥꾼이나 나무꾼 이상으로 깊은 관심을 가지고 있었다. 그 점에 있어서는 삼림 감독원에게도 뒤지지 않을 정도였다. 숲의 일부가 불에 타기라도 하면—사실은 내가 실수로 숲을 불태운 적이 있었지만—,[8] 나는 숲의 소유자 이상으로 오랫동안 슬퍼했으며 안타까워했다. 아니, 그것이 소유자 자신에 의해서 잘려질 때도 슬픔을 견딜 수가 없었다. 우리 농민들이 숲을 벨 때, 고대 로마인들이 성스러운 숲(lucum conlucare)을 간벌(間伐)하여 볕이 잘 들도록 할 때 느꼈던 것과 같은 외경심을 조금이라도 느꼈으면 하는 바람이다. 즉 그 숲은 어떤 신에게 바쳐진 것이라고 생각해 주길 바라는 것이다. 그 로마인들은 답례품을 바치면서 다음과 같은 기도를 했다고 한다. "이 숲에 계시는 당신께서 어떤 신, 혹은 어떤 여신이든지 간에 부디 나와 우리 일족과 아이들에게 은혜를 베풀어 주십시오……."

---

8) 1844년, 소로우는 페어 헤이번의 숲에서 실수로 화재를 일으켰다.
9) Franccois—Andre Michaux(1770~1855). 프랑스의 식물학자, 여행가.
10) Michaux, 〔*Voyage a l'ouest des monts Alleghanys*〕(Paris, 1808). Christie, p.288 에서.

놀랍게도 오늘날, 이 새로운 나라에서조차도 목재에는 여전히 중요한 가치가 매겨져 있다. 황금 이상으로 영속적이며 보편적인 가치라고 말해도 좋을 것이다. 지금까지 수많은 발명과 발견이 있어 왔음에도 불구하고, 그 누구도 목재가 산더미처럼 쌓여 있는 곳을 그대로 지나쳐 버리지는 않을 것이다. 우리들의 조상인 색슨족과 노르만족에게 그랬던 것처럼 우리들에게도 목재는 귀중품이다. 그들이 그것으로 활을 만들었다면 우리들은 그것으로 개머리판을 만든다. 미쇼[9]는 30년도 더 전에, 뉴욕과 필라델피아의 장작 값은 "파리의 가장 좋은 장작과 거의 같거나 그것을 웃도는 경우도 있다. 이 거대한 수도는 매해 30만 코드 이상의 장작을 필요로 하고 있으며, 300마일 떨어진 곳까지 개간된 평지로 둘러싸여 있다."[10]라고 말했다. 우리 마을에서 장작값은 매우 착실하게 상승하고 있으며 문제는 작년에 비해서 얼마나 오를 것인가 하는 점뿐이다. 특별한 볼일도 없으면서 일부러 숲으로 발길을 옮기는 직공이나 상인들은 장작 경매에 반드시 얼굴을 내민다. 그들은 나무꾼들이 남기고 간 나무 부스러기를 주울 수 있는 권리에 대해서조차 많은 돈을 지불하고 있다. 인간이 연료나 공예품의 재료를 숲에서 구하기 시작한 이후로 상당한 시간이 흐른 것이다. 뉴잉글랜드의 사람들, 뉴네덜란드의 사람들, 파리 시민, 켈트인, 농민, 로빈훗,

구디 블레이크, 해리 길,[11] 모든 세계의 임금, 소작인, 학자, 야만인 등 모두가 한결같이 지금도 몸을 따뜻하게 하고, 음식물을 조리하기 위해서는 숲에서 얻은 장작이 필요한 것이다. 나도 그것 없이는 생활할 수가 없다.

누구나 자신의 장작 더미를 바라보면 일종의 애정과 같은 것을 느끼게 되는 법이다. 나는 내 창 앞에 그것을 쌓아 놓기를 좋아했다. 장작 더미가 클수록 일에 대한 즐거움이 더욱 선명하게 떠올랐다. 나는 누구의 것인지도 모르는 낡은 도끼를 한 자루 가지고 있었는데, 겨울에는 문득 마음이 내키면 볕이 잘 드는 곳으로 나가 콩밭에서 파낸 그루터기를 향해서 그것을 휘둘렀다. 밭을 갈 때 내가 고용했던 소몰이 사내가 예언한 대로, 이 그루터기는 그것을 팰 때와 불에 넣었을 때, 두 번에 걸쳐서 내 몸을 따뜻하게 해주었다. 그러니 이처럼 화력이 좋은 연료도 없을 것이다. 도끼는, 마을에 있는 대장간에서 그 날을 다시 세우는 것이 어떻겠느냐고 권하는 사람도 있었지만, 나는 집에서 고치기로 하고 숲에서 가져온 호두나무 가지로 자루를 만들어 어떻게 쓸 만한 것으로 만들었다. 썩 잘 들지는 않았지만, 적어도 자루만은 튼튼하게 만든 셈이었다.

---

11) 워즈워스의 시 중에 「Goody Blake and Harry Gill」이라는 제목의 가난한 농민을 그린 시가 있다.

수지(樹脂)가 많은 소나무 조각은 매우 소중한 보물이었다. 이 땔감이 대지 속에 얼마만큼 묻혀 있는가를 생각하면 가슴이 두근거린다. 몇 년 전의 일이지만, 나는 옛날에 리기다소나무 숲이었던 한 벌거숭이 언덕의 중턱으로 종종 '광맥 조사'를 나가서 수지가 듬뿍 함유된 뿌리를 헤아릴 수도 없이 많이 파낸 적이 있었다. 그런 뿌리들은 대부분이 거의 썩지 않는다. 적어도 30, 40년은 지났을 것으로 보이는 그루터기도 가운데 부분은 아직도 예전의 모습 그대로였다. 단지 중심에서 4, 5인치 떨어진, 흙과 같은 높이에 두꺼운 비늘과 같은 나무껍질이 고리를 형성하고 있는 모습을 보면, 하얀 목질 부분은 완전히 부식토가 되어 버렸다는 사실을 알 수 있었지만. 도끼와 삽을 사용하여 이 광맥을 더듬어 우지(牛脂)와도 같은 누런 나무의 정수의 보고(寶庫)를 찾아서, 마치 금광을 파내려갈 때처럼 땅속 깊이 파들어 갔다. 하지만 대부분의 경우, 나는 눈이 내리기 전에 숲에서 주워와 창고에 쌓아 두었던 마른 나뭇잎을 사용하여 불을 피웠다. 나무꾼들이 숲에서 야영을 할 때는 잘게 자른 호두나무의 생가지를 사용하여 불을 피운다. 나도 종종 그것을 조금 손에 넣는 경우가 있었다. 마을 사람들이 지평선 너머에서 불을 피울 때쯤, 나도 굴뚝으로 연기를 피워 올려 내가 눈을 뜨고 있음을 월든 계곡에 살고 있는 여러 야생 동물들에게 알리곤 했다.

가벼운 날개의 '연기', 이카로스를 닮은 새여,
너는 하늘 높이 오를수록 날개를 풀어 헤친다.
노래하지 않는 종다리, 새벽의 사자여,
너는 둥지를 틀 마을 위에서 맴돌고 있구나.
아니면 떠나려는 꿈을 꾸는 것인가?
치맛자락의 주름을 잡는 어두운 밤의 환영인가?
밤에는 별을 덮어 버리며, 낮에는
빛을 어둡게 하여 태양을 근심케 하는 자.
자, 피어올라라, 나의 향기로운 연기여, 이 난로에서,
그리고 빌라, 신들에게, 벌겋게 타오르는 불꽃을 용서해 달라고.

이제 막 베어 낸 딱딱한 생나무는 다른 어떤 장작보다 적은 양으로도 나의 목적을 이룰 수 있게 해주었다. 겨울 오후, 산책을 나가기 전에 불을 활활 피워 놓고 나갔다. 그런데 3, 4시간이 지나서 돌아와도 그때까지 불이 새빨갛게 타오르고 있었다. 우리 집은 주인이 없을 때에도 빈집이 아니었던 것이다. 활달한 가정부를 남겨 놓고 가는 것과 마찬가지라고 할 수 있을 것이다. 여기서 살고 있는 것은 나와 '불'이었다. 이 가정부는 절대로 나의 믿음을 배반하지 않았다. 그러던 어느 날, 장작을 패고 있을 때 집에 불이 옮겨 붙은 것이 아닌지 걱정이 돼서 창을 통해

잠깐 들여다보고 싶어진 적이 있었다. 내 기억에 의하면, 불에 대해서 이렇게 걱정을 한 것은 이때뿐이었다. 들여다보니 불똥이 침대 위로 튀어서 불이 옮겨 붙어 있었다. 안으로 들어가 불을 껐지만, 이미 내 손바닥만한 자국이 남아 있었다. 우리 집은 햇빛이 매우 잘 들고, 바람이 불지 않는 장소를 차지하고 있었으며, 지붕도 아주 낮았기 때문에 한겨울에도 낮에는 불을 피우지 않고 지낸 적이 많았다.

두더지가 내 지하실에 들어와 살면서 감자를 세 개에 하나 꼴로 갉아먹었고, 회반죽을 바르고 남은 털과 갈색 종이로 아늑해 보이는 둥지까지 만들어 놓았다. 더할 나위 없이 야성적인 동물도 사람과 마찬가지로 편안함과 따뜻함을 찾는 법으로, 그런 것들을 주도면밀하게 확보하려고 하기 때문에 겨울을 견뎌 낼 수 있는 것이다. 친구들 중에 "너는 얼어죽으려고 일부러 숲 속으로 들어가는 것과 같은 것이다."라고 말하는 이들이 있었다. 동물은 비바람을 피할 수 있는 장소에 둥지를 틀며, 그것을 자신의 체온으로 따뜻하게 할 뿐이다. 하지만 인간은 불을 발견했기 때문에 넓은 방에 공기를 가둬서 자신의 체온을 빼앗기는 일 없이 방을 따뜻하게 하며, 침상으로 활용하고, 답답한 의복을 벗고 그 안에서 자유롭게 움직이며, 한겨울에도 여름과 같은 상태를 유지하고, 창을 만들어 햇빛까지 받아들이고, 램프에 불을 붙여 낮 시간을 연장한다. 이렇게 인간은 본능을 넘어서 한 발, 두 발 전진하며 예술 창조를 위해서 약간의 시간을 남겨 두려고 한다. 오랜 시간 동안 차가운 바람을 맞게 되면 전신이 얼어붙어서 무감각해졌지만, 일단 따뜻한 우리 집으로 돌아오면 곧 기능을 회복하여 목숨을 연장할 수 있게 되는 것이었다. 하지만 제 아무리 사치스러운 집에 살고 있는 사람이라도 이 점에 대해서는 그다지 자랑할 수 없을 것이며, 인류가 마지막에 어떤 식으로 멸망할 것인지에 대해서 우리들이 이러니저러니 억측을 할 필요도 없는 것이다. 북쪽에서 조금만 더 차가운 바람이 불어온다면, 인간의 운명의 실은 언제라도 끊어져 버릴 것이다. 우리들은 '혹한의 금요일'[12]과 '폭설의 날'[13]로부터 오늘까지 얼마나 시간이 흘렀나 계속해서 헤아리고 있지만, 그것보다 아주 조금 더 추운 금요일이나 지독한 폭설이 쏟아지는 날이 찾아오는 것만으로도 지구상의 인류는 생존에 종지부를 찍게 되는 것이다.

이듬해 겨울에는 절약을 위해서 조그만 조리용 난로를 사용했다. 숲은 나의 것이 아니기 때문이었다. 하지만 그것은 언제나 앞쪽이 열려 있는 벽난로만큼 불을 오래 유

---

[12] 지독한 추위가 찾아왔던 1820년 1월 19일을 이 지방에서는 이렇게 불렀다.
[13] 1717년 12월 10일.

지하지는 못했다. 그래서 조리의 대부분은 더 이상 시적인 행위가 아닌 단순한 화학적 변화 과정으로 전락하고 말았다. 오늘날과 같은 난로의 시대에서는, 예전에는 감자를 인디언처럼 재 속에서 구웠다는 사실조차 곧 잊혀져 버리고 말 것이다. 난로는 자리를 차지하고 실내에 냄새를 풍길 뿐만 아니라 불을 감춰 버리기 때문에, 나는 왠지 친구를 잃어버린 듯한 기분이 들었다. 불 속에서는 언제나 하나의 얼굴을 볼 수 있다. 노동자는 밤이 되면 그것을 가만히 응시함으로써 낮 동안에 쌓인 먼지와 속세의 더러움을 털어내고 자신의 사상을 정화한다. 하지만 나는 이제 더 이상 의자에 앉아서 가만히 불을 바라볼 수 없게 되어 버린 것이다. 그러자 한 시인의 말이 새삼스레 힘차게 기억 속에 되살아났다.

밝은 불꽃이여, 거부하지 말게나,
너의 그리운, 인생을 비춰 주는, 따뜻한 배려를,
나의 희망 외에, 그처럼 밝게 타오른 것이 또 있었을까?
나의 운명 외에, 그처럼 낮게 밤의 어둠 속에 잠긴 것이 또 있었을까?

무엇 때문에 너는 우리들의 난롯가와 거실에서 추방당

한 것일까?

누구에게나 환영받고 사랑받는 너인데.

우리들 따분한 인생의 넘쳐 나는 빛에 있어서,

너의 존재는 너무나도 환상적이었던 것일까?

너의 밝은 빛은, 흥허물 없이 지내는 우리들 영혼과,

신비한 이야기나, 너무나도 대담하게 흉금을 털어놓은 이야기를 지나치게 많이 주고받았기 때문인가?

어쨌든, 우리는 무사태평하게 생활하고 있다.

흐릿한 그림자조차 흔들리지 않는 난롯가에 앉아,

마음을 기쁘게 해주는 일도, 슬프게 하는 일도 없이.

붉은 손발을 녹여 줄 뿐, 그 이상의 동경은 가지고 있지 않다.

조그맣고 실용적인 난로 곁에

현대인은 자리잡고 앉아서, 잠에 들 것이다.

지난날 어둠 속에서 걸어나와, 흔들리는 옛날의 장작불 곁에서

우리와 함께 이야기를 나누던 유령들을, 두려워하는 일도 없이.

후퍼 부인[14]

---

14) Ellen Hooper(1762~1848). 미국의 여류 시인.

원주민과 겨울의 방문객

원주민과 겨울의 방문객

 나는 몇 번인가의 거센 눈보라를 견디며 살아남았고, 밖에는 지독한 눈보라가 불어 올빼미의 울음소리조차 끊겼음에도 불구하고 난롯가에서 즐거운 겨울밤을 보냈다. 몇 주일 동안 내가 산책 중에 만난 사람이라고는 때때로 장작을 베어다가 썰매에 실어서 마을로 옮기는 사람들뿐이었다. 하지만 나는 자연의 힘에 이끌려 숲 속, 눈이 가장 높이 쌓인 곳에 오솔길을 만들기로 했다. 전에 그곳을 지날 때, 바람에 날린 떡갈나무 잎들이 내 발자국 속으로 날아들었고, 그것이 쌓여 태양빛을 흡수해 눈을 녹여주었기 때문에 걷기 편하도록 바닥이 말라 있었다. 그뿐만 아니라 밤에는 그 검은 선이 길잡이가 되어 주었다.

 인간 친구는, 예전에 이 숲에서 살던 사람들에 대해서 상상을 해보는 수밖에 없었다. 마을 사람들의 기억에 의하면, 내 오두막 근처를 지나는 도로에서는 주민들의 활기찬 웃음소리와 이야기 소리를 곧잘 들을 수 있었으며, 도로변의 숲 여기저기에는 그들의 조그만 정원과 집이 새겨져 있었고, 혹은 산재해 있었다고 한다. 그리고 당시의 도로는 지금보다도 훨씬 더 깊은 숲 속에 갇혀 있었다. 나도 기억하고 있는데, 양쪽의 소나무 가지가 동시에 마차에 스칠 정도로 좁은 곳이 몇 군데나 있었으며, 이 길을 통해서 링컨까지 혼자 걸어가야 했던 여자나 아이들은 무서워서 상당한 거리를 곧잘 뛰어서 지나가곤 했었다. 그 길은 주로 인근 마을로 가거나, 나무꾼이 가축을 데리고 지나가기 위해서 만들어진 오솔길에 지나지 않았지만, 지금보다도 훨씬 더 풍부한 경관을 가지고 있었다. 그래서 여행자들을 즐겁게 해주었으며, 언제까지고 그들의 기억 속에 남아 있었다. 지금은 마을에서 숲까지 딱딱한 흙이 넓게 펼쳐져 있는 밭이 끝없이 이어져 있는 부분도 당시에는 단풍나무가 자라던 늪지였다. 그래서 통나무로 기초를 다져 놓았고, 그 위를 이 길이 달리고 있었다. 그 통나무의 잔해들은 틀림없이 스트래튼(지금의 빈민 구제소) 농장에서 브리스터 힐로 통하는 지금의 간선 도로 밑에 묻혀 있을 것이다.

내 콩밭 동쪽에 있는 길 건너편에 콩코드 마을의 신사 던컨 잉그램 씨의 노예, 케이트 잉그램이 살고 있었다. 던컨 씨는 이 노예에게 집을 지어주고, 월든 숲에서 살아도 된다고 허락했던 것이다. 케이트라고는 하지만, 저 우티카의 케이트[1]가 아니라 콩코드의 케이트다. 이 사내는 기니아 출신의 흑인이라는 말도 있었다. 나이를 먹게 되면 필요해질 것이라며 스스로 남겨 두었던, 호두나무 사이에 있던 그의 조그만 밭을 기억하고 있는 사람도 아직 몇 명인가 남아 있다. 그런데 결국 그 나무들은 그보다 젊고 피부가 하얀 어떤 투기꾼의 손에 넘어가 버렸다. 하지만 그 투기꾼도 지금은 케이트와 마찬가지로 좁다란 구멍 속에서 살고 있다. 케이트가 사용하던 지하실은 반쯤 묻혀 버리기는 했지만, 아직도 남아 있다. 소나무 숲에 둘러싸여 있기 때문에 지나가는 사람들의 눈에 거의 띄지 않고, 위치를 알고 있는 사람도 거의 드물다. 지금 그곳에는 옻나무(Rhus glabra)들이 빽빽하게 자라나 있으며, 미역취(Solidago stricta) 중에서도 가장 빨리 꽃이 피는 종이 무성하게 자라나고 있다.

마을에 좀 더 가까운 곳, 내 밭의 모퉁이를 돌아선 곳에 질파라는 흑인 여자가 작은 집에서 살고 있었는데, 마을 사람들을 위해서 리넨을 짜면서 부르는 높고 날카로운 노랫소리가 월든 숲 속에 울려 퍼졌다. 그녀는 멀리서도 잘 들리는 매우 좋은 목소리를 가지고 있었다. 그런데 그녀의 집은 1812년 영국과의 전쟁 중 그녀가 외출을 했을 때, 선서 석방 중이었던 영국 포로병들에 의해서 방화되

---

1) 기원전 95~46. 고대 로마의 정치가. 일반적으로 '소카토'라고 불린다.

었다. 기르고 있던 고양이, 개, 암탉까지 전부 불에 타 버렸다. 그녀는 지독하게 가난한 생활을 하고 있었으며, 조금은 괴팍한 면도 있었다. 예전에 이 숲을 자주 찾던 사람이 하루는 그 집 앞을 지나가는데, 그녀가 펄펄 끓고 있는 냄비를 보고 "너희들은 전부 뼈다, 뼈야!"라고 중얼거리는 소리를 들었다고 한다. 나는 그 부근에 있는 조그만 떡갈나무 숲 속에 벽돌이 몇 장 남아 있는 것을 본 적이 있다.

길을 따라서 더 나가면, 오른쪽에 있는 브리스터즈 힐 위에 예전에 커밍스 씨의 노예였던 '재주 많은 흑인' 브리스터 프리맨이라는 사람이 살고 있었다. 그곳에는 브리스터가 심고 길렀던 사과나무가 아직도 남아 있다. 지금은 커다란 노목이 되었지만, 열매의 맛은 여전히 야성적이며 싱싱했다. 얼마 전에 나는 오래된 링컨의 공동 묘지에서, 콩코드에서 퇴각하던 중에 쓰러진 영국 척탄병들[2]의 이름 없는 무덤 가까운 곳에서 한쪽으로 조금 치우친 곳에 만들어진 그의 무덤의 묘비명을 읽은 적이 있었다. 거기에는 '시피오 브리스터'라는 이름이 새겨져 있었으며—그는 '스키피오 아프리카누스'[3]라고 불릴 만한 자격을 가지고

---

2) 1775년 4월 19일에 있었던 콩코드 전투에 대한 언급.
3) 기원전 236~184. 카르타고의 장군 한니발을 쓰러뜨린 고대 로마의 명장.
4) 신약 성경 요한복음 12장 36절 등에서 볼 수 있는 '빛의 아들'이라는 말에 빗대서 쓴 듯하다.

있었던 것이다—, 덧붙여 '유색인'이라는 말도 있었다. 이것을 읽고 나는 그가 변색한 인간이라는 인상을 받았다. 그리고 엄숙하게 사망 연월일이 기록되어 있었는데, 그것은 그가 예전에 이 세상에 생존해 있었다는 사실을 간접적으로 알려주는 글귀에 지나지 않았다. 브리스터는 펜다라는 매우 상냥한 아내와 함께 생활했었다. 즐겁다는 듯이 점을 치는 커다랗고 뚱뚱한 밤의 아들들[4] 보다도 더욱 검은 여자로, 콩코드에 이처럼 검은 별이 떠오른 적은 전에도 없었고, 앞으로도 없을 것이다.

좀 더 언덕을 따라 내려가면, 왼쪽에 있는 숲 속의 낡은 도로변에 스트래튼 일가의 집터가 남아 있다. 이 과수원은, 예전에는 브리스터즈 힐의 경사면을 완전히 뒤덮고 있었지만, 꽤 오래 전에 리기다소나무 때문에 극히 일부의 그루터기만을 남겨 둔 채 완전히 말라버렸다. 하지만 그 그루터기의 오래된 뿌리들은 아직도 야생의 묘목들을 키워 내고 있기 때문에, 이 마을에 수많은 나무들이 기세 좋게 자라나고 있다.

거기서 마을 쪽으로 더 접근해 들어가면, 숲 언저리에 있는 도로 건너편에 브리드의 집터가 남아 있다. 그곳은 옛날 신화에 확실하게 이름이 등장하는 것은 아니지만, 우리 뉴잉글랜드의 삶에 있어서 매우 눈에 띄며 경탄할 만한 역할을 담당했던, 어떤 신화상의 인물에게도 뒤지지 않고 언젠가는 전기가 기록될 만한 가치를 가진 한 악마가 눈뜨고는 볼 수 없는 난폭한 행동을 한 것으로 유명한 장소다. 그 녀석은 우선, 친구나 고용인인 척하면서 사람들을 방문하여 가족 전원으로부터 물건을 빼앗은 뒤에 모두를 죽여 버리는 럼주를 일컫는 것이다. 하지만 여기서 일어난 비극의 역사에 대해서 이야기하기는 아직 이른 듯하다. 조금 더 시간이 지나고 열기가 식어서 비극이 깨끗하고 맑은 빛을 띠게 될 때까지 기다려야겠다. 매우 애매하고 신빙성이 없는 전설에 의하면, 이곳에는 예전에 주막이 하나 있었다고 한다. 나그네들의 술에 타기도 하고 말의 마른 목을 적셔 주기도 하던 우물은 아직도 그대로 남아 있다. 당시에는 이곳에서 사람들과 인사를 나누기도 하고 풍문을 듣기도 하고, 전해 주기도 한 뒤, 다시 여행길에 올랐던 것이다.

브리드의 오두막은 오랫동안 빈 채로 있었지만, 불과 12년 정도 전까지만 해도 이곳에 서 있었다. 내 오두막과 거의 비슷한 크기였다. 내 기억이 정확하다면, 그것은 어떤

---

5) Sir William D' Avenant(1606~68). 영국의 시인, 극작가. 『Gondibert』는 그의 서사시.
6) Alexander Chalmers(1759~1834). 스코틀랜드 출신의 전기 작가. 『영국 시선집』 전21권을 간행했다.
7) 기원전 57년에 카이사르에 의해 정복당한 켄트계 부족.

선거가 있었던 날 밤에 악동들에 의해서 불태워졌다. 당시 나는 마을 어귀에서 살고 있었으며, 마침 대버난트[5]의 『곤디버트』에 심취해 있었을 때였다. 기면증(嗜眠症)에 시달리고 있던 겨울이었다. 이 병의 원인이—삼촌 중에 수염을 깎다가 잠들어 버리거나 일요일에는 지하실에서 감자 싹이라도 떼어내고 있지 않으면 눈을 뜬 채로 안식일을 지킬 수 없는 사람이 있었던 것을 보면— 우리 집안 특유의 내력에 있었는지, 아니면 내가 차머스[6]의 『영국 시선집』을 꼼꼼하게 독파하려고 노력했던 것에 있었는지는 결국 알아내지 못하고 말았다. 어쨌든 이 대작은 내 마음속에 있던 네르비족적(的)[7]인 만용을 완전히 잠재워 버렸다.

내가 막 『시선집』 위로 머리를 숙였을 때 화재를 알리는 종소리가 울렸으며, 통솔자도 없이 남자와 소년의 무리에 의해서 몇 대의 소방차가 소란스럽게 현장으로 급히 향했다. 나는 작은 냇가를 건너서 앞장선 무리들 속에 가담을 했다. 우리들은 멀리 남쪽 숲 너머에 있는 창고나 상점, 주택, 혹은 그 모든 것들이 불에 타고 있는 것이라고 생각했다. 전에도 몇 번 화재 현장으로 달려간 적이 종종 있었기 때문이었다. "베이커의 창고야."라고 누군가가 외쳤다. "아냐, 카트맨 씨 집이야." 다른 사람이 확실하다는 듯이 말했다. 그런데 바로 그때, 지붕이 무너져 내렸는지 숲 위로 다시 한 번 불똥들이 일제히 피어오르기 시작했다. 우리들은 일제히 "콩코드에서 도우러 왔다."고 외쳤다. 승객을 가득 실은 마차가 맹렬한 속도로 우리들을 앞질러 갔는데, 틀림없이 그 안에는 아무리 먼 곳에라도 달려가지 않으면 안 될 보험 회사 직원 등이 함께 타고 있었을 것이다. 뒤쪽에서 때때로 소방차가 울리는 종소리가 더욱 천천히, 착실하게 들려왔다. 가장 마지막에, 후일 불을 붙인 뒤 경종을 울렸다고 마을 사람들이 쑥덕거렸던 무리들이 따라왔다. 이렇게 해서 우리들은 진정한 이상가에 어울리게 감각 기관의 증언은 완전히 배제한 채 앞으로 전진해 갔는데, 도로의 한 모퉁이를 도는 순간 드디어 탁탁 불꽃이 타오르는 소리가 들려오며 돌담 너머로 그 열기를 확실하게 느낄 수 있었다. 그리고 안타깝게도 우리들이 이미 현장에 도착해 버렸다는 사실을 깨닫게 되었다. 눈앞에 펼쳐진 화재 현장이 오히려 우리들의 열기를 식혀 버린 것이다.

처음 우리들은 개구리 연못의 물을 전부 사용하여 불을 끄려고 했지만, 결국에는 불길에 휩싸인 채로 내버려두기로 했다. 손을 쓰기에 너무 늦기도 했으며, 불을 끌 만한 가치도 없는 집이었기 때문이었다. 그래서 우리들은 소방차 주위에서 서로를 밀고 당기면서 커다란 목소리로 서로의 감상을 주고받기도 하고, 혹은 조용한 목소리로 배스콤

씨 가게의 화재를 비롯한 세상을 떠들썩하게 했던 대형 화재에 대해서 이야기를 주고받기도 했다. 그리고 만약 우리들이 불이 일어나자마자 불을 끄는 데 사용하는 '통'[8]을 끌고 달려왔더라면, 그리고 가까이에 있는 개구리 연못에 물이 가득하기만 했다면, 이 세상의 마지막 날에 일어날 것이라고 알려져 있는 대화재도 제2의 노아의 홍수로 바꿔 버릴 수 있었을 텐데 하는 등의 이야기를 서로 가만히 주고받았다. 우리들은 결국 그 어떤 나쁜 짓도 하지 않은 채 물러났다. 잠과 『곤디버트』의 세계로. 그건 그렇고 바로 이 『곤디버트』의 서문 속에 있는 기지를 영혼의 화약에 비유한 구절—"하지만 인류의 대부분은 기지를 모른다. 인디언이 화약을 모르는 것처럼"—만은 어떻게든 삭제를 하고 싶다.

다음날 저녁, 우연히 같은 시각에 밭을 가로질러서 화재 현장 쪽으로 걸어가고 있는데, 그곳에서 낮은 신음 소리가 들려왔다. 어둠 속에서 가까이 접근해 보니, 그곳에 있었던 것은 그 집 가족 중에서 내가 알고 있는 유일한 생존자였다. 자기 가족의 미덕과 악덕을 모두 물려받은 사내였는데, 어쨌든 이 화재에 이해 관계가 있는 것은 그 사람뿐이었다. 사내는 땅바닥에 엎드려 지하실 벽 너머로

---

[8] 당시는 인력소방차를 '통'이라고 불렀다.

아직도 밑에서 연기를 피워 올리고 있는 잔재들을 바라보면서 평소와 다름없이 무엇인가를 중얼거리고 있었다. 그는 멀리 떨어진 강변의 목초지에서 하루 종일 일을 하고 있었는데, 시간이 날 때면 조상들과 소년 시절 자신이 살았던 이 집으로 바로 달려오곤 했었다. 땅바닥에 엎드린 채 지하실 속을 이곳저곳, 여러 각도에서 살펴보고 있었다. 벽돌과 산더미처럼 쌓인 재밖에는 아무것도 없을 것이 틀림없었는데도, 마치 돌멩이 사이에 보물을 숨겨 놓았다는 사실을 생각해 낸 사람과도 같은 모습이었다. 집이 타 버렸으니, 그 잔해만이라도 봐두자는 심산이었을 게다. 그는 내가 그곳에 있는 것도 동정심 때문이라고 생각한 듯, 마음이 편안해졌는지 어둡기는 했지만 묻혀 있는 우물의 위치를 알려주었다. 고맙게도 우물은 결코 불에 타지 않는다. 그런 다음, 그는 오랜 시간 동안 돌담 부근을 더듬다가 예전에 아버지께서 잘라다가 우물에 설치했다고 하는 방아두레박을 찾아내서는 무거운 쪽의 끝에 추를 매달아 두기 위한 철로 된 갈고리인지 걸쇠—지금 그가 매달릴 수 있는 것이라고는 그것밖에 없었다—인지를 손으로 쓰다듬으면서, 이것은 평범한 물건이 아니라고 내게 들려주었다. 나도 그것을 만져보았다. 지금도 나는 거의 매일 산책을 하는 중에 이 두레박을 바라본다. 그곳에 한 가족의 역사가 매달려 있는 것이니.

그리고 지금은 널따란 밭으로 변해 버렸지만, 왼쪽의 돌담 옆에 있는 우물과 라일락 숲이 보이기 시작하는 부근에 예전에는 너팅과 르 그로스라는 사람이 살고 있었다. 하지만 링컨 마을에 대한 이야기로 돌아가기로 하겠다.

 이러한 집들이 있는 곳보다 더욱 깊이 숲 속으로 들어가면, 길이 호수의 아주 가까운 곳까지 접근한 부근에 도자기를 굽던 와이맨이라는 사람이 무단으로 살며 마을 사람들에게 도기를 팔고 있었는데, 가업을 이어받은 자손까지 남겨 놓았다. 그들도 현세의 부와는 거리가 멀었으며, 그곳에 살고 있는 동안은 땅 주인의 동정심으로 토지를 사용할 수 있었던 것이다. 보안관이 세금을 걷기 위해서 종종 찾아가곤 했지만, 전부 헛수고였다. 차압할 만한 물건이 아무것도 없었기 때문에, 형식적으로 '딱지를 붙여 놓고 왔다.'고 보고서에 적혀 있는 것을 본 적이 있다. 어느 한여름날, 김매기를 하고 있자니, 도기류를 짐수레에 싣고 시장으로 향하고 있던 사내가 내 밭으로 접어들자마자 말을 세웠다. 그러고는 와이맨의 아들에 대한 소식을 물었다. 꽤 오래 전에 그에게서 녹로를 산 적이 있는데, 요즘에는 어떻게 지내냐는 것이었다. 나는 성경에서 도공(陶工)에 이용되는 점토와 녹로에 대한 내용을 읽은

---

9) 구약 성경 예레미야서 18장 6절 참조.

기억은 있지만,[9] 우리들이 사용하는 도기가 먼 옛날부터 대대로 전해져 내려온 것도 아니며, 표주박처럼 나무에 열리는 것도 아니라는 사실은 전혀 생각하지 못하고 있었다. 따라서 내 가까운 곳에서 부지런히 점토를 반죽하는 기술이 행해지고 있다는 사실을 깨달았을 때는 너무도 기뻐서 참을 수가 없었다.

내가 오기 전까지 이 숲에서 살고 있던 마지막 주민은 와이맨의 집을 빌려서 살고 있던 아일랜드인 휴 코일—통칭 코일 대령—이었다(여기서 내가 그의 이름을 Quoil이라고 쓴 것은 코일로 충분히 감았다는 느낌을 주기 위해서다). 소문에 의하면, 그는 워털루 전투에 참전했었다고 한다. 그가 살아 있었다면 다시 한 번 그 전투에 대해서 자세하게 들어보려고 했을 것이다. 그는 여기서 도랑 청소를 생업으로 삼고 있었다. 나폴레옹은 세인트 헬레나로 가고, 코일은 월든의 숲으로 흘러 들어오게 된 것이다. 그에 대해서 내가 알고 있는 것이라고는 전부 비극적인 것들뿐이었다. 고생을 많이 해본 만큼 그는 매우 예의 바른 사람이었기 때문에, 귀에 거슬릴 정도로 은근한 말투로 이야기하는 경우도 있었다. 학질을 동반한 섬망증에 걸려서 한여름에도 외투를 입고 있었으며, 얼굴은 매우 붉게 상기되어 있었다. 그는 내가 숲으로 옮겨 간 지 얼마 되지 않아서 브리스터즈 힐 자락에 있는 길 위에서 쓰러져 버렸기 때문에, 이웃으로서의 기억은 없다. 코일의 친구들은 그의 집을 '불길한 성'이라고 부르며 멀리했지만, 나는 그것이 헐리기 전에 찾아가 본 적이 있었다. 높이 매달려 있는, 판자로 만들어진 침대 위에 그의 낡은 옷이 뚤뚤 말린 채 팽개쳐져 있었는데, 마치 그 옷의 주인이 누워 있는 듯한 느낌을 줬다. 성경에 "항아리가 샘 곁에서 깨지고"[10]라는 말이 있는데, 그의 파이프는 깨진 채로 난로 옆에서 뒹굴고 있었다. 하지만 깨진 항아리라 하더라도 그의 죽음에 대한 상징은 결코 되지 못했을 것이다.[11] 생전에 그는 브리스터의 샘물에 대해서는 들은 적이 있지만, 아직도 보지는 못했다고 내게 밝힌 적이 있었다. 마룻바닥에는 때 묻은 카드가 어질러져 있었다. 다이아, 스페이드, 하트의 킹 등이었다. 사후 처리인도 잡지 못했던, 어두운 밤처럼 검고, 울음소리 한 번 올리지 않는 검고 조용한 병아리가 곧 여우의 밥이 될 것이라는 사실도 모른 채 아직도 둥지로 사용하고 있는 옆방으로 들어가 버렸다. 뒤뜰로 돌아가 보니, 채소밭 같은 것이 있었다. 마침 수확기였지만, 지독한 학질에 의한 발작 때문인지 채소를 심은 채 한 번도 김매기를 해주지 못한 것 같았다. 로마쑥과 도깨비바

---

10) 전도서 12장 6절.
11) 위의 성경 구절은 죽음에 대한 상징으로 기록되어 있는 것이다.

늘풀로 온통 뒤덮여 있었으며, 도깨비바늘풀의 열매가 내 옷에 들러붙었다. 그것이 열매의 전부였다. 새로 잡은 우드척의 모피가 마지막 워털루 전투에서 얻은 전리품처럼 집 뒤뜰에 펼쳐져 있었다. 하지만 코일에게는 더 이상 따뜻한 모자도, 장갑도 필요하지 않은 것이다.

지금은 지하실의 돌이 묻혀 버린 지면의 웅덩이만이 지난날 거기에 그러한 집이 서 있었다는 사실을 이야기해 주고 있다. 햇빛이 잘 드는 잔디밭에는 딸기, 골무딸기, 나무딸기, 개암나무, 옻나무 등이 자라고 있었으며, 옛날 난방 기구가 있던 곳의 한쪽 구석에는 리기다소나무와 옹이투성이의 떡갈나무가 자라고 있었고, 향기가 좋은 검정 자작나무 같은 나무가 문간의 돌섬이 있던 부근에서 바람에 흔들리고 있었다. 예전에는 샘물이 솟아 나오던 곳에서 우물이 있었던 흔적을 찾아볼 수도 있었지만, 지금은 완전히 말라 버려서 눈물도 흘리지 않는 풀만이 자라고 있다. 혹은 살고 있던 종족의 마지막 후손들이 떠나기 전에 잔디 밑 깊숙이 평평한 돌로 막아 놓고 간 우물이 나중에 발견되는 적도 있었다. 우물을 막아 버린다는 것은 그 얼마나 슬픈 행위인가? 그것도 눈물의 샘이 터짐과 동시에. 예전에는 사람들이 분주하고 시끌시끌하게 생활하며 "운

---

12) 밀턴의 『실락원』 제2권 560행에서

명과 자유 의사와 절대적 예지"[12]를 둘러싸고 장중한 형식과 전문 용어를 사용해 가면서 각자의 주장대로 논의하고 의견을 주고받았던 장소가, 지금은 여우가 버리고 간 굴이나 동물들의 낡은 둥지와 다를 바가 없는 지하실의 웅덩이만을 남겨 놓은 채 흔적도 없이 사라져 버렸다. 그런데 그들이 도달한 결론을 통해서 나는 결국 '케이트와 브리스터는 '가죽을 다듬는 사람의' 털을 뽑는 일에 고용되었다.'는 사실밖에 배우질 못했다. 이상은 훨씬 더 유명한 모든 철학학파의 역사에도 뒤지지 않을 만큼 훌륭한 교훈이다.

문과 문설주와 문지방이 사라지고 한 세대가 지난 후에도 라일락은 건강하게 성장하여 봄이 되면 향기 높은 꽃을 피우며, 그것에 홀린 여행자들은 꽃을 꺾어 들고 있다. 그 나무는 예전에 어린이들의 손에 의해서 앞뜰에 심겨져 소중하게 길러지고 있었지만, 지금은 인가에서 멀리 떨어져 있는 목장의 돌담 곁에서 새로이 세력을 키워 가고 있는 숲에 자리를 내주려 하고 있다. 그 일족의 마지막 후손, 그 일가족의 유일한 생존자임에도 불구하고. 거무스름한 얼굴을 한 그 아이들도 집 안의 그늘진 땅에 꽂아 놓고 매일 물을 주던, 싹밖에 붙어 있지 않던 조그만 가지 두 개가 곧 튼튼하게 뿌리를 뻗어, 자신들은 말할 것도 없고 뒤에서 그림자를 드리우던 가옥보다도, 그리고 어른들이 만들어 놓은 채소밭이나 과수원보다도 더 오래 살아 있을 뿐만 아니라, 아이들이 성장하고 사망한 지 50년이 지나서도 그들이 맞이한 첫 번째 봄과 다름없이 아름다운 꽃을 피우고, 감미로운 향기를 퍼뜨리면서 '나'라는 고독한 산책자를 향해서 주저주저 자신의 내력을 이야기해 주게 되리라고는 꿈에도 생각지 못했을 것이다. 나는 지금도 변함 없이 부드럽고, 품위 있으며, 즐거워 보이는 라일락의 빛깔에 시선을 던진다.

 그런데 성장의 싹을 품고 있던 이 작은 마을은, 자신의 지위를 지키고 있는 콩코드와는 달리 어째서 결국에는 몰락해 버린 것일까? 수리권과 같은 자연 조건이 좋지 않아서였을까? 아니, 여기에는 깊은 월든 호수와 차가운 브리스터 샘물이 있으며, 누구나 그곳에서 건강에 좋은 물을 얼마든지 마실 수 있는 권리를 부여받았다. 하지만 이곳의 사내들은 컵 속의 술에 물을 섞는 것 외에 그 이용법을 알지 못했던 것이다. 그들은 모두들 술을 좋아하는 사람들이었다. 이곳에 바구니, 마구간 청소용 빗자루, 매트 제조, 옥수수 굽기, 리넨 짜기, 도기 굽기와 같은 산업을 성대하게 번창시키고 들판의 장미처럼 꽃을 피워,[13] 수많은 자손

---

13) 구약 성경 이사야 서 35장 1절에 "광야와 메마른 땅이 기뻐하며, 사막이 장미같이 피어 즐거워하며"라는 말이 있다.

들에게 아버지의 땅을 상속하게 할 수는 없었던 것일까? 척박한 땅일수록 오히려 저지대의 타락한 생활로부터 몸을 지키기에 훨씬 더 좋았을 것을. 안타깝게도 이러한 주민들에 대한 추억은 이 땅의 풍경미(風景美)를 조금도 고상하게는 해주지 않는 것이다! 하지만 틀림없이 '자연'은 나를 최초의 이주자로, 지난 봄에 세워진 우리 집을 마을에서 가장 오래된 집으로 여기고 다시 한 번 마을 만들기를 시도하게 될 것이다.

지금 내가 살고 있는 장소에 누군가 전에 집을 지었던 흔적은 찾아볼 수가 없다. 고대 도시가 있던 곳에 세워져 폐자재를 재료로 지난날의 무덤에 정원이 만들어져 있는 그런 도시에서만은 살고 싶지 않다. 그런 토지는 빛을 잃었고 저주받았으며, 그런 토지가 필요해지기 이전에 지구는 멸망해 버릴 것이다. 지금까지 이야기한 것과 같은 추억을 가슴에 묻고 나는 숲의 새로운 주민이 되어 편안하게 잠자리에 들었다.

이 계절에는 찾아오는 사람이 거의 없었다. 특히 눈이 많이 쌓이면 일주일, 아니 이주일 동안 누구 하나 우리 집 부근까지 들어오는 사람이 없었다. 하지만 나는 마치 들쥐처럼 기분 좋게 그곳에서 생활하고 있었다. 혹은 지난날 눈보라 속에 갇혀서 먹을 것도 없이 오랫동안 생존해 있었다는 가축이나 가금류(家禽類)처럼. 아니면 1717년의 폭설 때, 주인이 집을 비운 사이에 오두막이 완전히 눈에 뒤덮였는데, 굴뚝이 내뿜는 숨결이 쌓인 눈에 낸 조그만 구멍 덕분에 간신히 지나가던 인디언에게 발견되어 구출되었다던 초기 개척민 일가처럼. 하지만 나의 경우에는 나를 발견해줄 인디언이 한 명도 없었다. 그리고 그럴 필요도 없었다. 집의 주인은 언제나 집에만 있으니. '대폭설!' 참으로 호쾌한 울림을 가진 말이다! 그럴 때 농민들은 말을 데리고 숲이나 늪지에 갈 수 없었다. 하는 수 없이 집 앞에 있는, 그늘을 만들어 주던 나무를 베거나, 눈의 표면이 딱딱하게 굳어 있으면 늪지에 있는 나무를—봄이 되어야 알 수 있는 사실이시만— 지상 10피트 정도 되는 곳에서 베어 오곤 했다.

눈이 가장 많이 쌓였을 때, 내가 이용했던 간선 도로에서 우리 집에 이르는 약 0.5마일에 걸친 오솔길은 구불구불 굽었으며, 간격이 커다랗게 벌어진 한 줄기 점선으로 표현할 수 있었다. 평온한 날씨가 일주일간 계속되면 나는 갈 때나 올 때 모두 똑같은 걸음 수, 똑같은 보폭으로 천천히, 컴퍼스로 잰 것처럼 정확하게 자신이 만들어 놓은 발자국을 밟으며 다녔는데—겨울은 곧잘 이런 식으로 인간에게 형식적인 행동을 취하게 한다—, 나의 발자국은 종종 하늘의 푸르름을 가득 담고 있는 때가 있었다. 하지만 그 어떤 날씨도 나의 산책을, 아니 외출을 결정적으로 방해하지는 못했다. 나는 곧잘, 너도밤나무, 황자작나무, 오래 전부터 알고 지내던 소나무와의 약속을 지키기 위해서 최고의 적설량을 기록한 눈을 밟으며 8마일이고, 10마일이고 걸어다녔다. 그럴 때면 눈과 얼음이 그들의 사지를 처지게 만들었으며, 소나무 등은 꼭대기 부분이 뾰족해져서 마치 잣나무처럼 보이곤 했다. 평지에 2피트 정도의 적설량을 보였을 때, 한 걸음 옮길 때마다 머리 위로 떨어지는 새로운 눈을 털어 가면서 가장 높은 언덕의 정상까지 눈을 헤치듯 하면서 올라간 적이 있었다. 또 때로는 사냥꾼들조차 이미 겨울을 나기 위한 집에 틀어박혀 있는데도 불구하고, 나는 엉금엉금 기어서 그곳까지 오른 적도 있었다.

어느 날 오후, 백송나무의 낮은 부분에 자라 있는 마른 가지 위에서 줄기에 몸을 기대고 한낮부터 큰회색부엉이(Strix nebulosa)가 앉아 있는 것을 발견하고, 1라드도 떨어지지 않은 곳에서 그것을 관찰하며 즐겼다. 그 녀석은 내가 몸을 움직이거나 눈을 밟는 소리는 들을 수 있었지만, 내 모습을 확실하게 눈으로 확인할 수는 없었다. 내가 커다란 소리를 내면, 그 녀석은 목을 늘여서 그 부분의 털을 곤추세우고 눈을 커다랗게 떴다. 하지만 눈꺼풀은 곧 주저앉았으며, 다시 목을 늘어트리고 잠에 빠져들기 시작했다. 이 부엉이가 고양이나 날개가 돋친 고양이의 형제처럼 반쯤 감긴 눈으로 앉아 있는 모습을 30분 정도 지켜보고 있자니, 나까지도 졸음이 쏟아지기 시작했다. 그 녀석은 가느다랗게 실눈을 뜨고 있었는데, 그것을 통해서 나와의 관계를 근근히 유지하고 있었다. 이렇게 그 녀석은 반쯤 감긴 눈으로 꿈나라에서 밖을 바라보면서 그 녀석의 몽상을 방해하는 희미한 물체나 먼지와 같은 나의 정체를 어떻게 해서든 밝혀 내려고 하는 것이었다. 곧 내가 좀 더 큰 소리를 내기도 하고 거리를 더욱 좁히자, 그 녀석은 침착성을 잃고 꿈을 방해받는 것은 더 이상 참을 수가 없다는 듯이 앉아 있던 나무 위에서 어슬렁어슬렁 방향을 바꿨다. 그러더니 갑자기 날아올라 의외다 싶을 정도로 날개를 넓게 벌려 소나무 사이로 날갯짓하며 빠져나갔는데, 그때 날갯짓하는 소리는 전혀 들리질 않았다. 이렇게 그 녀석은 소나무의 커다란 가지 사이를 시각과는 다른 주위에 대한 미묘한 감각에 이끌려, 그 예민한 날개 끝으로 저물어 가는 길을 더듬어서 곧 편안한 마음으로 자신의 새벽을 맞이할 수 있을 만한 새로운 나뭇가지를 찾아내는 것이었다.

철도 선로 때문에 목초지를 관통하여 만들어진 긴 제방을 걸을 때는 수도 없이 살을 에는 듯한 격렬한 바람을 맞아야 했다. 이처럼 바람이 자유롭게 뛰놀 수 있는 장소는 어디에도 없기 때문이다. 나는 기독교인은 아니었지만, 차가운 바람이 한쪽 뺨을 때리면 다른 쪽 뺨도 그쪽으로 돌려댔다.[14] 브리스터즈 힐에서부터 시작되는 마차 길을 따라 걷는다 해도 그다지 나을 것은 없었다. 널따란 밭에 쌓였던 눈이 전부 월든 길의 돌담 사이로 날려가고, 불과 30분 전에 지나간 사람의 발자국조차 지워져 버리는 그런 날에도 나는 우호적인 인디언처럼 변함 없이 마을을 방문했던 것이다. 돌아갈 때쯤에는 새로운 눈 더미들이 형성되어 있었으며, 나는 그곳을 발버둥치듯 빠져나갔다. 끊임없이 불어오는 북서풍이 도로의 커다란 모퉁이에 가루눈을 쌓아놓았기 때문에, 토끼 발자국은커녕 들쥐의 조그만 활자 같은 발자국조차도 완전히 지워져 있었다. 하지만 한겨울이라 할지라도 수온이 높은 샘물이 솟아나는 연못은 반드시 있는데, 거기서는 풀과 앉은부채가 언제나 끊임없이 푸른 잎을 내밀고 있으며, 때로는 추위에 강한 새가 봄이 오기를 가만히 앉아서 기다리기도 했다.

때때로 밤에 산책을 나갔다가 돌아오면, 눈이 내리고 있음에도 불구하고 어떤 나무꾼[15]이 남겨놓은 깊은 발자

---

14) 신약 성경 마태복음 5장 39절에 '누구든지 네 오른편 뺨을 치거든 왼편도 돌려 대며'라는 말.
15) 「방문객들」에 등장하는 캐나다인 나무꾼.

국이 우리 집 입구에서부터 점점이 이어져 있는 것을 발견할 때가 있었다. 난로 위에는 그가 깎아 낸 나무 부스러기가 수북히 쌓여 있고, 집 안 전체에는 그가 피운 담배 냄새가 가득 배어 있다. 또 어느 일요일 오후, 마침 집에 있자니 한 현명한 농부가 눈을 밟으며 걸어오고 있는 소리가 들렸다. 멀리서부터 숲을 뚫고 우리 집을 찾아온 사람으로, 지금부터 둘이서 '방담(放談)'을 나누려고 하는 것이다. 그는 농민 중에는 보기 드문 '자작농' 중 한 사람으로, 교수의 가운이 아닌 펑퍼짐한 작업복을 입고 자기 집의 창고 앞마당에서 비료 더미를 꺼내는 것처럼 매우 손쉽게 교회와 국가로부터 교훈을 이끌어냈다. 두 사람은, 몸이 움츠러드는 추위 속에서 냉정한 머리를 맞대고 커다란 모닥불을 둘러싸고 앉아 있던 거칠고 단순하던 시대에 대해서 이야기를 나눴다. 다른 다과가 다 떨어지면, 껍데기가 두꺼운 호두는 속이 비어 있다는 사실을 잘 알고 있는 영리한 다람쥐들이 먼 옛날에 버리고 간 수많은 호두로 서로의 이가 얼마나 튼튼한지를 시험해 보곤 했다.

어마어마하게 높이 쌓인 눈과 맹렬한 돌풍을 뚫고 가장 멀리서 내 오두막에 찾아온 사람은 어떤 시인[16]이었다. 농

---

16) 소로우의 절친한 친구인 엘러리 채닝.
17) Amos Bronson Alcott(1799~1888). 『작은 아씨들』의 Louisa May의 딸.

부나 사냥꾼, 병사, 신문 기자, 그리고 철학자조차도 누구에게나 기력이 쇠하는 경우는 있을 것이다. 하지만 시인은 무슨 일이 있어도 절대로 물러나지 않는다. 그를 행동하게 만드는 것은 순수한 사랑이기 때문이다. 그가 언제 올지, 또 언제 떠날지는 아무도 알 수 없다. 의사가 잠을 자고 있는 시간에도 일이 있으면 언제라도 외출을 한다. 우리들은 떠들썩한 환성으로 조그만 집을 뒤흔들었으며, 혹은 진지한 담화의 속삭이는 목소리로 가득 채워서 월든의 계곡에 오랫동안 무관심했던 것에 대한 사죄를 대신했다. 이에 비하자면 브로드웨이는 너무나도 한산해서 쓸쓸할 정도였다. 적당한 간격을 두고 규칙적으로 웃음의 축포가 터졌지만, 그것은 지금 막 터져나온 농담 때문이라고도, 지금부터 시작될 농담 때문이라고도 볼 수 있었다. 우리들은 오트밀 한 접시를 먹으면서 활달함이라는 장점에 철학이 요구하는 두뇌의 명석함을 결합시킨 '번쩍번쩍 빛나는 새로운' 인생론을 끊임없이 자아냈다.

호반에서의 마지막 겨울에 나를 찾아와 준 또 한 명의 반가운 방문객[17]에 대해서도 잊을 수가 없다. 그는 어느 날, 마을을 지나서 눈과 비와 어둠을 뚫고 찾아왔는데, 결국에는 나무들 사이에서 나의 오두막을 발견하고는 긴 겨울의 며칠 밤인가를 함께 보냈다. 그야말로 마지막 철학자들 중 한 명이었으며—코네티컷 주가 낳은—, 처음에는 그 주의 상품들을 팔며 돌아다녔지만— 그 자신의 말을 빌자면—, 후에는 두뇌를 팔며 돌아다니게 되었다. 그는 지금도 이 장사를 계속하고 있으며, 신에게 분발할 것을 요구하고 사람들에게 수치심을 느끼게 하여, 장사의 열매로서, 호두가 열매를 맺는 것처럼 두뇌를 열매 맺게 하고 있다. 이 사람이야말로 실제로 살아 있는 사람들 가운데서 가장 신념이 강한 사람이라고 생각한다. 그의 말과 태도는 언제나 다른 사람들이 알고 있는 것보다 좋은 사태를 상정하고 있으며, 따라서 현대가 어떻게 변하든 그만은 절대로 실망하지 않을 것이다. 그는 '현대'라는 시대에 모든 것을 걸고 있지 않은 것이다. 지금은 비교적 경시되고 있지만 곧 그의 시대가 오면, 거의 누구도 생각지 못했던 법칙이 효과를 나타내서 한 집안의 가장과 지배자들이 조언을 구하러 그를 찾아올 것이다.

맑은 마음이 보이지 않는다면 맹인이나 다름없다![18]

이것이야말로 인간의 참된 친구, 인류 진보의 거의 유일한 친구인 것이다. 끊임없는 인내와 신념에 의해서 인체에 새겨진 신의 상(像)—인간은 여기저기 상처받아 당장이라도 쓰러질 것 같은 상에 불과하다—을 세상에 알리려고 하는 '옛사람'과 같은 인물이다. 아니, 오히려 '불멸의 인간'이라고 불러야 할 것이다. 그는 따뜻한 지성으로 아이, 걸인, 광인, 학자들을 포용하고 모든 사람들의 사상을 받아들여, 대부분은 그곳에 폭과 품위를 가미한다. 나는 그가 세계 공유 도로변에 모든 국가들의 철학자들이 머물 수 있는 커다란 여관을 경영하며, 간판에는 "인간의 숙박 환영. 단, 동물적 부분은 사절.[19] 올바른 길을 열심히 구하려는, 한가롭고 평정한 마음을 가진 자는 들어오시오." 라고 써 주기를 바라고 있다. 그는 내가 알고 있는 한 그 누구보다도 바른 정신을 가지고 있으며, 그 누구보다도 일관된 마음을 가지고 있는 사람이다. 어제와 내일이 똑같은 인물이다. 예전에 우리들은 곧잘 함께 산책하고, 이야기하면서 속된 세상에서 교묘하게 빠져나오곤 했다. 그는 세계의 그 어떤 제도에도 얽매이지 않는 천성적인 자유인(ingenuus)이기 때문이다. 두 사람이 발길을 어디로 옮기든지— 그가 풍경을 더욱 아름답게 했기 때문에— 하늘과 땅은 하나로 연결되어 있는 것처럼 느껴졌다. 이 푸른 옷의 사나이에게 어울리는 지붕은 그의 맑은 마음을 비춰 주는 무궁한 하늘이다. 그에게 죽음이 찾아오는 날

---

18) 영국의 시인 Thomas Store(1771~1832)의 시 「Wolseius Triumphans」에서.
19) 당시 여관의 간판에 '인간과 동물의 숙박 환영'이라는 문구가 있었던 것을 인용.

이 있으리라고는 생각지 않는다. 자연은 이 사람을 포기할 수 없기 때문이다.

우리들은 서로가 잘 마른 사상의 판자를 몇 장 가지고 앉아서 그것을 칼로 깎아 각자의 칼을 시험하면서, 선명하게 드러나는 호박소나무의 노란빛을 띤 나뭇결에 감탄을 하곤 했다. 우리들은 정중하게 여울목을 건너거나 조용히 배를 저었기 때문에, 사상의 물고기들이 놀라 흐름에서 벗어나는 일은 없었다. 서쪽 하늘에 피어오르는 구름이 때때로 그곳에 나타났다가 사라지곤 하는 진주모운(眞珠母雲)처럼 유유히 나타났다가 유유히 사라져 갔다. 두 사람은 거기서 신화를 고치고, 우화의 이곳저곳을 풍부하게 했다. 이 지상에는 제대로 된 토대가 없었기 때문에, 공중누각을 쌓아 올리기도 했다. 위대한 관찰자! 위대한 예언자! 이 사람과의 이야기는 바로 『뉴잉글랜드의 천일야화』였다. 아! 이렇게 해서 은자와 철학자, 그리고 앞서 말한 늙은 이주자[20] 이 세 사람은 자신의 생각을 이야기하여 나의 작은 집을 팽창시키고 심하게 흔들어 놓았던 것이다. 평소의 기압에 더하여 거기에 몇 파운드의 무게가 실렸는지는 굳

---

20) 「고독」에 등장하는 목신 판일 것이다.
21) 랠프 월도 애머슨.
22) 구세주.
23) 고대인도 힌두교 비슈누파의 성전.

이 말하지 않겠다. 어쨌든 건물의 연결 부분이 느슨해졌기 때문에, 비가 새는 것을 막기 위해서 후에 다량의 따분함이라는 재료를 사용하여 빈틈을 메우지 않으면 안 될 정도였다. 그런 종류의 재료는 예전부터 충분하게 준비를 해두기는 했었지만.

또 한 사람, 내가 오래도록 잊을 수 없는 '충실한 시간'을 함께 보냈던 사람이 있다.[21] 그것은 마을에 있는 그의 집에서 보낸 시간인데, 그도 종종 우리 집에 들러주곤 했다. 숲에서는 이들 외의 그 누구와도 교제를 갖지 않았다.

세상 어디에서나 볼 수 있는 것처럼, 나도 때로는 결코 찾아오지 않을 '방문자'[22]를 기다리곤 했다. 『비슈누 프라나』[23]에 "집의 주인은 저녁이면 정원에 서서 암소의 젖을 짜는 데 드는 시간만큼, 혹은 그럴 마음만 있다면 좀 더 오랜 시간 동안 방문자가 오기를 기다려야 한다."는 말이 있다. 나는 종종 이 환대 의무를 이행하여 한 무리 암소의 젖을 전부 짤 수 있을 만큼의 긴 시간 동안 기다려 본 적도 있었다. 하지만 그 사람이 마을을 통해서 찾아오는 모습은 결국 발견하질 못했다.

겨울의 동물들

겨울의 동물들

　이곳저곳의 호수가 완전히 얼어붙으면, 여러 지점으로 통하는 새로운 지름길이 생겨날 뿐만 아니라 얼음 위에 서서 주위의 낯익은 경치를 둘러볼 수 있는 새로운 기회가 생겨나기도 했다. 눈에 뒤덮인 후의 플린트 호수를 횡단할 때는, 예전부터 종종 이곳에서 배를 젓기도 하고 스케이트를 즐기기도 했음에도 불구하고, 예상 외로 넓게 느껴지고 처음 와 본 호수처럼 보여서 배핀 만[1]이 아닐까 하는 생각이 들곤 했다. 링컨 마을의 구릉은 나를 둘러싸듯 설원의 끝에 솟아 있었는데, 거기도 지금까지 가본 적이 없는 듯한 인상을 주었다. 거리조차도 확실하게 알 수 없는 저 건너편 얼음 위에서 어부들이 늑대와도 같은 개를 데리고 천천히 움직이고 있는 모습은 물개잡이나 에스키모의 모습처럼 보였으며, 구름이 끼기라도 하면 그들은 전설상의 생물과도 같은 모습으로 희미하게 떠올라 거인

---

1) 캐나다 북동부의 배핀이라는 섬과 그린랜드 사이에 있는 대서양의 만.

인지 난쟁이인지조차 구분할 수 없게 되어 버렸다. 저녁, 링컨 마을에 강연을 하러 갈 때는 우리 집과 강연회장 사이에 있는 도로나 가옥들의 옆을 지나지 않고 이 길을 이용하곤 했다. 도중에서 만나게 되는 구스 호수에는 사향쥐의 집단 거주지가 있었다. 그들은 얼음 위에 움막과 같은 둥지를 높이 쌓아 놓고 살고 있었는데, 내가 호수 위를 횡단할 때는 한 마리도 밖에 나와 있질 않았다. 월든 호수는 다른 호수와 마찬가지로 평소에는 거의 눈이 없으며, 있다 하더라도 얇고, 바람에 불어온 눈이 조금 쌓일 뿐이기 때문에, 나의 앞뜰이라고 해도 좋을 정도였다. 다른 평지에는 2피트 가까이 눈이 쌓여 마을 사람들이 길에 갇혀 버리는 때에도, 나는 호수 위를 마음대로 걸어서 건널 수가 있었다. 마을의 거리에서 까마득하게 떨어져 있기 때문에 썰매의 방울 소리도 아주 가끔밖에 들려오지 않는 이 앞뜰을, 나는 구두나 스케이트를 신은 채 건넜다. 눈꽃이 피어 있고 고드름이 빽빽하게 걸려 있는 떡갈나무 숲이나 엄숙한 소나무가 주위를 둘러싸고 있는, 마치 잘 밟아 다듬어 놓은 말코손바닥사슴의 넓디넓은 겨우살이 장소와도 같은 이 앞뜰을.

겨울밤뿐만 아니라 겨울의 낮 동안에도 종종 들려오는 소리 중에 어디선지도 모를 먼 곳에서 들려오는, 쓸쓸하기는 하지만 거칠 것 없는 큰회색부엉이의 울음소리가 있었다. 그것은 언 대지를 적당한 연주용 활로 울리면 그런 소리를 내지 않을까 하는 생각이 드는 월든 숲의 모국어(lingua vernacula)였다. 나는 아직 큰회색부엉이가 우는 모습을 한 번도 본 적이 없었지만, 결국에는 그 소리에 매우 친밀감을 느끼게 되었다. 겨울, 저물녘에 문을 열었을 때, 그것이 들려오지 않는 적은 거의 없었다. "호~, 호~, 호~, 호~오, 호~" 하는 울음소리가 낭랑하게 울려 퍼졌으며, 처음 세 음절은 인사 소리와 비슷한 악센트를 가지고 있었다. 때로는 "호~, 호~" 하는 소리로만 들리기도 했다.

초겨울, 호수에 아직 얼음이 완전히 얼지 않았을 때의 일이었다. 밤 9시경에 기러기 한 마리가 요란스럽게 울어대는 소리에 놀라 문 밖으로 나가 보니, 그들이 오두막 위를 낮게 날면서 숲 속의 폭풍과도 같은 커다란 날갯짓 소리를 내고 있는 것이 들려왔다. 우리 집의 불빛을 보고 여기에서 쉬기를 포기한 듯 호수를 넘어서 페어 헤이번 쪽으로 날아가 버렸는데, 그러는 동안에도 그들의 지휘관은 규칙적인 박자에 맞춰서 끊임없이 울음소리를 내고 있었다. 그러자 갑자기 매우 가까운 곳에서 틀림없이 큰회색부엉이라고 여겨지는 녀석이, 숲에 살고 있는 어떤 동물도 흉내낼 수 없는 아주 갈라진 목소리로 무시무시한 소리를 내며 규칙적으로 박자에 맞춰서 기러기의 울음소리에 응답을 하는 것이었다. 마치 원주민의 목소리가 음역과 성량 면에서 더 뛰어나다는 사실을 보여주어 상대가 허드슨 만(灣)에서 날아온 침입자라는 사실을 폭로하고, 그 녀석에게 수치심을 안겨 주어 콩코드의 지평선 밖으로 쫓아내려고 마음을 먹기라도 한 것처럼. 이렇게 깊은 밤에 나의 신성한 성을 소란스럽게 만들다니, 도대체 뭘 어쩌자는 얘기냐? 이런 시간이라면 깜빡 졸고 있는 나의 의표를 찌를 수 있을 거라고 생각하고 있었단 말이냐? 나에게는 네게 뒤지지 않는 멋진 폐와 목이 없는 줄 아느냐? "부~, 부~. 부~, 부~" 그것은 내가 그때까지 들었던 것 중에서도 가장 등줄기가 오싹해지는 불협화음 중의 하나였다. 하지만 청각이 예민한 사람이라면, 그 소리 속에 이 부근의 초원에서는 일찍이 본 적도, 들은 적도 없었던 콩코드적 요소가 담겨 있다는 사실을 놓치지 않았을 것이다.

그리고 나는 콩코드의 이 부근에서 나와 침대를 함께하는 절친한 친구인 월든 호수의 얼음이 낮게 웅성거리는 소리도 들었는데, 호수가 불면증에 걸려서 침대 속에서 몸을 뒤척이려고 하는 것 같기도 했고, 뱃속의 가스와 악몽에 시달리고 있는 것 같기도 했다. 또한 서리 때문에 지면이 갈라지면서 내는 소리를 듣고, 누군가 마차의 말을 쏜살같이 몰아서 우리 집 문에 부딪히기라도 한 것이 아닐까 하는 생각이 들어 눈을 뜬 적도 있었다. 다음날 아침에 일어나 보니, 지면에 길이 1/4마일, 폭 1/3인치가 되는 균열이 형성되어 있었다.

달밤에는 종종, 여우들이 들꿩과 같은 사냥감을 찾아 딱딱하게 언 눈 위를 헤매면서 숲 속의 들개처럼 거칠고 악마적인 목소리로 울부짖는 소리가 들려왔다. 그것은 불안에 떨고 있는 것처럼 들리기도 했고, 무엇인가를 표현하려고 하는 것처럼 들리기도 했으며, 빛을 찾아 몸부림을 치고 있는 것처럼 들리기도 했고, 혹은 지금 당장이라도 개가 되어 거리를 자유롭게 뛰어다니고 싶어하는 것처럼 들리기도 했다. 장기적인 눈으로 보자면, 인간뿐만 아니라 동물들 사이에서도 문명이 진보하고 있는 것은 아닐지? 지금 그들은 자신의 몸을 지키기에 급급하지만, 곧 질적 전환이 완성될 날이 오기를 기다리고 있는 미발달 혈거인(穴居人)이 아닐까 하는 생각이 든다. 때때로 여우 한 마리가 등불에 이끌려 우리 집 창가까지 다가와서는 여우다운 저주가 담긴 목소리를 한바탕 퍼붓고 난 뒤에 돌아가곤 했다.

아침에는 대부분 붉은다람쥐가 나를 깨워 주었다. 그들은 나를 깨우기 위해 숲에서 파견되기라도 한 것처럼, 부지런히 지붕 위를 뛰어다니며 집의 벽을 타고 오르내리기도 했다. 나는 겨울 동안에 열매가 실하지 못한 옥수수 이삭을 반 부셸 정도 문 밖의 딱딱한 눈 위에 던져 놓고 그것에 유혹되어 찾아오는 여러 가지 동물들의 움직임을 재미있게 관찰했다. 저물녘이나 밤이 되면, 토끼가 어김없이 찾아와 그것을 마음껏 먹고 가곤 했다.

붉은다람쥐는 하루 종일 오가면서 그 민첩한 동작으로 나를 매우 기쁘게 해주었다. 처음에는 떡갈나무 숲 속에서 조심스럽게 접근해 오다가 갑자기 바람에 나부끼는 나뭇잎처럼 놀라운 속도와 맹렬한 기세로 딱딱해진 눈 위를 내달리고, 이번에는 걸려 있는 돈이라도 노리는 것처럼 뒷다리를 사용하여 믿을 수 없을 만큼 빠른 속도로 몇 걸음 한쪽 방향을 향해 뛰다가 다음에는 같은 걸음 수만큼 다른 방향으로 뛰었다. 한 번에 0.5라드 이상 전진하는 일은 결코 없었다. 그리고 우주의 모든 시선이 자신에게 쏠려 있기라도 한 것처럼, 장난스러운 표정으로 의미도 없이 공중제비를 돌고 나서는 갑자기 발을 멈추고—숲 속 깊은 곳, 더할 나위 없이 외로운 곳에 있을 때도 다람쥐의 모든 동작은 무희처럼 관객을 의식한다— 그만큼의 거리를 천천히 걸을 때—하지만 다람쥐들이 걷는 모습은 한 번도 본 적이 없다— 걸리는 시간보다 오랜 시간에 걸쳐서 준비를 갖춘 다음, 갑자기 눈으로 쫓을 수 없을 만큼 빠른 속도로 어린 리기다소나무의 꼭대기까지 뛰어올라가 시계의 태엽을 감는 듯한 소리를 내기도 하고, 있지도 않은 관객들을 야단치기도 하고, 중얼중얼 혼잣말을 하는가 하면,

전 세계를 향해서 한바탕 연설을 하기도 했다. 하지만 나는 붉은다람쥐가 그렇게 해야만 하는 이유를 도저히 발견해내지 못했으며, 실은 그 자신도 알지 못했던 것이 아닐까 하는 생각이 든다.

그는 드디어 옥수수가 있는 곳까지 다가와서는 그중에서 적당한 이삭을 하나 골라 들고 다시 한 번 이유를 알 수 없는 삼각법적인 달리기법으로 창 밑에 있는 장작 더미의 가장 높은 곳에 올라가더니, 거기서 나의 얼굴을 가만히 들여다봤다. 그는 거기에 몇 시간이나 진을 치고 있다가 때때로 새로운 이삭을 주우러 가기도 했는데 처음에는 사각사각 열심히 갉아먹다가 옥수숫대가 거의 알몸이 되어서야 아무 데나 던져 버리곤 하더니, 점점 사치스러워져서 자신의 먹이를 가지고 놀거나, 알갱이 속만을 파먹거나, 장작 위에서 균형을 잘 잡아 가며 한쪽 앞다리로 누르고 있던 이삭을 방심하여 땅바닥으로 떨어트리곤 했다. 그러면 다람쥐는 그것이 살아 있는 것이라고 생각하기라도 한 듯, 당혹감을 감추지 못하는 우스운 표정을 지으면서 밑을 내려다보며 주우러 가야 할지, 새로운 것을 가지러 가야 할지, 아니면 떠나야 할지를 좀처럼 결정하지 못한 채, 옥수수에 대한 생각을 하거나 바람이 실어오는 소리에 귀를 기울이고 있는 듯한 모습을 보였다. 이렇게 그 건방진 꼬마 녀석은 오전 내내 수많은 이삭을 쓸데

없이 물어뜯곤 했다. 마지막에는 상당히 길고 통통한, 자기 몸보다도 커다란 이삭을 하나 골라잡더니, 교묘하게 균형을 잡아 가면서 물소를 옮기는 호랑이처럼 숲으로 향했다. 발걸음은 변함 없이 지그재그였으며, 중간에 몇 번이고 자리에 멈춰 섰다. 짐이 너무 무거워서였는지 비틀비틀 달리다가 끊임없이 이삭을 떨어뜨리곤 했는데, 옥수수는 수평으로도 수직으로도 떨어지지 않고 언제나 한쪽 끝부터 떨어지는 것이었다. 어쨌든 무슨 일이 있어도 그것을 옮겨 가려고 하는 것이었다. 어처구니가 없을 정도로 경박하고 변덕스러운 녀석이었다. 이런 식으로 그는 자신이 살고 있는 숲으로 그것을 가지고 가, 틀림없이 40, 50라드 정도 떨어진 소나무 꼭대기까지 끌어올렸을 것이다. 그 후로 나는 숲 속 여기저기에 옥수숫대가 널려 있는 것을 자주 발견했다.

드디어 어치들이 도래했다. 그들의 귀에 거슬리는 외침 소리는, 이곳에서부터 훨씬 떨어져 있는 1/8마일 앞을 조심스레 접근해 올 때부터 이미 들려오고 있었다. 그들은 사람의 눈을 피하듯 살금살금 나무에서 나무로 이동하며 점점 접근하여, 다람쥐가 떨어트리고 간 옥수수 알갱이를 주워 올린다. 그리고 리기다소나무 가지에 앉아서 서둘러 그것을 삼키려고 들지만, 알갱이가 너무 커서 목구멍에 걸려 버리고 만다. 갖은 고생 끝에 간신히 뱉어 내더니, 이번에는 한 시간이나 걸려서 부리로 몇 번이고 쪼아서 알갱이를 잘게 부수려고 한다. 그들은 명백하게 도둑이었으며, 나는 그들을 별로 존경하고 싶지 않았다. 한편 다람쥐는— 처음에는 두려워하는 모습을 보였지만—, 곧 자신의 물건을 찾으러 왔다는 듯한 모습으로 재빠르게 일에 착수하는 것이었다.

이러는 동안 박새들도 떼를 지어 몰려왔다. 다람쥐가 떨어트리고 간 찌꺼기를 주워 바로 옆에 있는 조그만 가지로 옮겨가서는 발톱으로 그것을 누르고 나무껍질 속의 벌레를 쪼듯이 조그만 부리로 몇 번이고 반복해서 쪼아, 결국에는 그 가느다란 목으로 삼킬 수 있을 정도로 잘게 부숴 버리고 마는 것이었다. 이렇게 조그만 박새 떼들은 내 장작 더미 위에서 한 끼분의 모이를 얻으려고, 혹은 문 앞에 놓여진 음식 찌꺼기를 얻으려고 매일 찾아왔다. 그들은 수풀 속에서 고드름이 부딪치는 듯한, 희미하고 가벼우며 조금은 혀가 짧은 듯한 소리로 울어대거나, 아니면 기세 좋게 "디, 디, 디"하고 노래부르거나, 아주 가끔 봄처럼 따뜻한 날이면 숲 속에서 "피~, 비~" 하며 여름을 생각나게 하는 금속성 소리를 내곤 했다. 이 새는 사람의 낯을 별로 가리지 않았는데, 나중에는 한 마리가 내가 나르는 장작 위에 앉아서 두려워하는 모습도 없이 나무를 쪼기까지 했다. 언젠가 마을의 채소밭에서 김매기를 하고 있을 때, 어깨 위에 참새가 한 마리가 내려앉아 한동안 머물다 간 적이 있었는데, 나는 그 어떤 견장을 받은 것보다도 자랑스러운 명예를 받은 듯한 느낌이 들었었다. 곧 다람쥐와도 완전히 친해져서, 그쪽이 지름길이라고 생각되면 내 구두를 밟고 뛰어넘어 가곤 했다.

지면이 아직 많은 눈에 뒤덮여 있지 않을 때나 겨울도 거의 끝날 때가 되어 내가 살고 있는 언덕의 남쪽 사면과 장작 더미 위의 눈이 녹을 때쯤 되면, 아침저녁으로 들꿩이 숲에서 나와 모이를 쪼곤 했다. 그 무렵에는 숲 어느 쪽으로 가든 들꿩이 갑자기 강한 날갯짓 소리를 내면서 날아올라, 위에 있는 마른 나뭇잎이나 작은 가지로부터 눈을 떨어트렸다. 그러면 눈은 햇빛을 받아서 금가루처럼 하늘하늘 떨어져 내렸다. 이 용감한 새는 겨울을 두려워하지 않았다. 그들은 곧잘 눈보라에 묻혀 버리기도 하고, '때로는 날기를 그만두고 오직 부드러운 눈 속에 파묻혀서 하루, 이틀 정도 가만히 숨어 지내기도 한다.'라고 알려져 있다. 나도 개간된 토지를 걷다가 곧잘 그들을 놀라 날아오르게 하곤 했는데, 해질 무렵이 되면 그들은 숲에서 나와 야생 사과나무의 순을 쪼아먹곤 하는 것이었다. 매일 저녁이면 틀림없이 특정한 사과나무를 찾아오기 때문에, 교활한 사냥꾼들은 그곳에 숨어서 들꿩이 오기를 기다린다. 들꿩 때문에 숲 바로 옆에 자리한, 멀리 있는 과수원의 피해가 이만저만이 아니라고 한다. 하지만 나는 들꿩이 모이를 먹고 가는 것을 기쁘게 생각하고 있다. 이 새는 나무의 싹과 건강 음료를 먹으며 살아가는 '자연'의 사랑스러운 아들이기 때문이다.

어두운 겨울 아침과 짧은 겨울 오후에는, 추적 본능을 이기지 못한 한 무리의 사냥개들이 숲속을 뛰어다니며, 사냥감을 쫓을 때 내는 높고 날카로운 소리를 지르는 것이 들려오는 때도 있었다. 일정한 간격을 두고 사냥용 뿔피리 소리가 울려 퍼지면, 이는 뒤에 인간이 따라오고 있다는 증거였다. 다시 한 번 숲 속에 울음소리가 들린다. 하지만 호수의 넓디넓은 얼음 위에는 여우 한 마리 뛰쳐나오지 않으며, 수사슴으로 변신한 악타이온[2]을 추적하는 사냥개들이 모습을 나타내지도 않는다. 틀림없이 저녁이 되면, 사냥꾼들이 전리품으로써 여우 한 마리를 썰매에 싣고 그 복슬복슬한 꼬리를 질질 끌면서 여관을 찾아서 돌아가는 모습을 보게 될 것이다. 그들 말에 의하면, 여우는 얼어붙은 대지의 품에 가만히 안겨 있기만 하면 안전할 것이며, 그렇게 하지 않더라도 일직선으로 도망간다면 그 어떤 사냥개도 따라잡을 수 없을 것이라고 한다. 하지

---

[2] 그리스 신화 아르테미스 여신이 목욕하는 모습을 엿보았기 때문에 사슴이 되었고 결국에는 자신의 사냥개들에 의해 살해된 사냥꾼.

만 여우는 쫓아오는 무리들을 저 멀리 떨어트려 놓은 뒤에는 멈춰 서서 휴식을 취하며, 가만히 귀를 기울이고 있기 때문에 다시 추적을 당하는 것이다. 그리고 다시 달리기 시작할 때는 한 바퀴 빙 돌아서 원래 자신이 살던 둥지로 돌아오기 때문에, 사냥꾼들의 매복을 만나게 된다고 한다. 하지만 때로는 돌담 위를 몇 라드고 달리다가 한쪽 방향으로 멀리 도약하여 모습을 감추는 경우도 있으며, 물이 있으면 자신의 냄새가 남지 않는다는 사실도 알고 있는 듯하다. 어떤 사냥꾼은 사냥개들에게 쫓기던 여우 한 마리가 얼음 위에 얕은 웅덩이가 펼쳐져 있는 월든 호수 쪽으로 뛰어들어서 도중까지 뛰어가다가 다시 원래 있던 기슭 쪽으로 돌아가는 깃을 본 적이 있다고 내게 이야기해 주었다. 곧 사냥개들이 도착했지만, 거기서 냄새의 흔적을 잃었다고 한다.

 종종 자기들끼리 여우 사냥에 나선 사냥개 떼들이 문 앞을 지나서 우리 집 근처를 빙글빙글 맴도는 적도 있었다. 광기 들린 것처럼 추적 이외의 일은 머릿 속에 없는지 나 같은 것은 쳐다보지도 않고, 높고 날카로운 소리로 짖어대면서 사냥감을 잡으려고 하는 것이다. 이렇게 빙글빙글 맴도는 사이에 그들은 결국 지나간 지 얼마 되지 않는 여우의 냄새를 맡게 된다. 영리한 사냥개는 이 임무를 위해서라면 다른 모든 것을 버리고 뒤도 돌아보지 않는 것이다.

하루는 렉싱턴 마을에서 살고 있는 한 사내가 내 오두막으로 찾아와서 큰 사냥감을 찾아 나선 채 일주일이 지나도록 혼자 사냥감을 찾아 돌아다니고 있는 자신의 사냥개를 본 적이 없느냐고 물었다. 하지만 내가 무엇을 가르쳐 주든 그의 귀에는 제대로 들리지 않았을 것이다. 왜냐하면 내가 질문에 답하려고 할 때마다 말문을 막고 "당신은 여기서 무엇을 하고 있지요?"라고 물었기 때문이다. 이 사내는 개를 잃었지만, 인간을 발견하게 된 것이었다.

 말투가 무뚝뚝한 늙은 사냥꾼이 있었는데, 수온이 가장 높은 시기가 되면 반드시 월든 호수로 목욕을 하러 오곤 했다. 그는 한 번은 우리 집까지 찾아와서 이런 이야기를 들려주었다. 몇 년 전 오후, 그는 총을 들고 월든 숲으로 사냥감을 찾아 나섰다. 웨일랜드 가도를 걸어가는데 사냥개들의 울부짖는 소리가 가까워지더니, 곧 여우 한 마리가 돌담을 뛰어넘어서 도로 쪽으로 들어왔다고 한다. 그러더니 이번에는 눈 깜빡할 사이에 반대편 돌담을 뛰어넘어서 길 밖으로 뛰어들었는데, 사냥꾼이 재빠르게 쏘아 올린 탄환도 여우에게 아무런 상처도 주질 못했다고 한다. 잠시 후에 자신들끼리 사냥을 하고 있는 늙은 개 한 마리와 어린 개 세 마리가 열심히 뒤를 따라왔는데, 바로 숲속으로 모습을 감췄다고 한다. 오후 늦게 월든의 남쪽에 있는 울창한 숲속에서 그가 휴식을 취하고 있자니, 여전히 여우를 뒤쫓고 있는 사냥개들의 울부짖는 소리가 페어 헤이번 쪽에서 들려왔다고 한다. 그들이 가까워짐에 따라서 숲 속으로 울려 퍼지는 울부짖음 소리가 점점 더 가까이 들려왔는데, 어떤 때는 웰메도 쪽에서, 또 어떤 때는 베이커 농장 쪽에서 들려왔다고 한다. 오랫동안 그는 그곳에 서서 —사냥꾼의 마음을 편안하게 해주는— 사냥개들이 연주하는 음악에 귀를 기울이고 있었다고 한다. 그러자 갑자기 그 여우가 모습을 나타냈다. 가볍고 경쾌한 발걸음으로 장엄한 숲의 통로를 종횡으로 달려온 것이었다. 그의 발소리는 동정적인 잎사귀들이 내는 소리에 묻혀 있었다. 그는 지면을 기듯, 민첩하게 소리도 없이 달려 추적하는 개들을 멀리 따돌렸다. 그러고는 숲의 한가운데 있는 바위 위로 뛰어올라가 사냥꾼에게 등을 돌린 채 앞발을 딛고 앉아서는 가만히 귀를 기울이는 것이었다. 일순, 연민의 정이 그의 팔을 짓눌렀다. 하지만 그 기분도 곧 사라졌으며, 잽싸게 총을 수평으로 조준하고 빵! 쏘았더니, 여우는 바위에서 땅바닥으로 굴러 떨어져 죽어 버리고 말았다. 사냥꾼은 그곳에 선 채로 사냥개들의 소리에 귀를 기울였다. 그들은 더욱 가까이 접근하여 지금은 근처 숲에 있는 통로란 통로는 철저하게 그들의 악마에 홀린 듯한 울부짖음 소리로 가득했다. 드디어 늙은 사냥개가 코를 땅에 처박고 있다가 미친 듯이 허공을 향해서 짖어대기도 하면서 뛰어나왔는가 싶더니, 일직선으로 바위를 향해서 뛰어갔다. 그런데 죽은 여우를 발견한 순간 질주를 멈추고 너무 놀라서 소리도 낼 수 없다는 듯이 입을 다문 채 그 주위를 빙글빙글 맴돌았다. 바로 뒤이어 차례차례 새끼 개들이 도착했는데, 어미 개와 마찬가지로 모두 이해할 수 없는 광경을 눈앞에 하고는 제정신으로 돌아와 아무런 소리도 없이 입을 다물어 버렸다. 그래서 사냥꾼이 그곳으로 가 개들 사이에 서서 그 수수께끼를 풀어 주었다. 개들은 사냥꾼이 여우 가죽을 벗겨내는 동안 조용히 기다리고 있다가, 한동안 여우의 꼬리를 쫓아서 뒤따라왔지만 곧 길에서 벗어나 다시 숲 속으로 들어가 버렸다. 그날 밤, 웨스턴 마을에 살고 있는 한 지주가 콩코드에 살고 있는 이 사냥꾼의 집으로 가서 기르고 있는 사냥개에 대해서 알고 있느냐고 물었다. 벌써 일주일째 웨스턴 숲에서 자기들끼리 여우 사냥에 나선 채 돌아오지 않았다는 것이었다. 콩코드의 사냥꾼은 알고 있는 사실을 이야기해 주고는 그 모피를 건네주려고 했다. 하지만 지주는 그것을 받지 않고 그곳을 떠났다. 그날 밤, 지주는 사냥개들을 찾아내지는 못했다. 사냥꾼이 다음날 알아낸 바에 의하면, 개들은 강을 건너서 한 농가에서 잠을 자고 배불리 먹이를 얻어먹은 뒤 아침 일찍 떠났다는 것이었다.

이 이야기를 내게 해준 사냥꾼은 페어 헤이번의 절벽에

서 곰을 사냥해다가 그 모피를 콩코드 마을에서 럼주와 교환하던 샘 너팅이라는 사람을 기억하고 있었는데, 너팅은 그곳에서 말코손바닥사슴을 본 적도 있다고 말했다고 한다. 너팅은 '버고인'—주인은 '부가인'이라고 발음하고 있었다—이라는 이름의 유명한 폭스하운드를 기르고 있었는데, 지금 내게 이야기를 들려주는 이 사람은 그 사냥개를 곧잘 빌리곤 했다고 한다. 예전에 이 마을에서 장사를 했으며, 대위 겸 관청의 서기관 겸 의원이기도 했던 한 사내의 '거래 메모장' 속에 다음과 같은 기록이 남아 있다. 1742년(혹은 1743년) 1월 18일, "존 멜빈. 대출. 회색여우 한 마리, 2실링 3펜스." 회색여우는 이제 이 근방에서는 찾아볼 수 없다. 또한 그의 대장 1743년 2월 7일 기입란에는 헤스키야 스트래튼에게 "고양이 가죽 절반에 1실링 4펜스"를 신용 대출 해줬다고 기록되어 있다. 이것은 말할 필요도 없이 들고양이를 말하는 것이다. 스트래튼은 옛날 프랑스와 전쟁[3]을 할 때 중사였던 사내로, 그보다 고귀한 사냥감을 사냥했다면 그야말로 신용에 문제가 생겼을 것이다. 사슴의 가죽도 대출 내역에 기재되어 있으며,

---

[3] 1754년~1763년. 프랑스—인디언 전쟁.
[4] 요즘에는 콩코드 주변의 삼림이 당시보다도 더 잘 보존되어 있기 때문에, 사슴도 많이 서식하고 있다. (Harding).
[5] 구약 성경 창세기 10장 8, 9절에 등장하는 사냥의 명수. 노아의 증손자.

매일 매매되고 있었다. 이 부근에서 마지막으로 잡힌 사슴³⁾의 뿔을 아직도 보관하고 있는 사람이 있으며, 자신의 삼촌이 이용하던 사냥법을 내게 자세하게 들려주는 사람도 있다. 예전에는 이 부근에도 수많은 사냥꾼들이 살고 있었으며, 모두가 유쾌한 동료들이었다고 한다. 나는, 매우 말랐으며 니므롯⁵⁾인 양 행동하던 사냥꾼을 아직도 생생하게 기억하고 있는데, 그는 언제나 길가의 풀잎을 한 장 뜯어, 내가 기억하고 있기로는 사냥용 뿔피리보다 더 야성적이고 아름다운 멜로디를 그 잎으로 불곤 했었다.

달이 뜬 날 한밤중에 숲 속을 어슬렁거리고 있는 사냥개와 오솔길에서 마주친 적도 있었다. 그러면 그들은 나를 두려워하는 것인지 슬금슬금 길 옆으로 벗어나 내가 지나갈 때까지 수풀 속에서 조용히 기다리고 있는 것이었다.

내가 저장해 두었던 호두를 놓고 다람쥐와 들쥐가 쟁탈전을 벌였다. 우리 집 주위에는 직경이 1인치에서 4인치 정도 되는 리기다소나무 몇 십 그루가 우거져 있었는데, 지난 겨울에 들쥐들이 그것을 쏠아놓았다. 그해 겨울에는 노르웨이의 겨울처럼 오랜 기간 동안 눈이 많이 쌓여 있었기 때문에, 그들은 다른 먹이와 함께 소나무 껍질을 많이 먹지 않을 수가 없었던 것이다. 이러한 나무들도 한여름이 되면 다시 살아나서 건강하게 잎이 무성해졌으며, 그 대부분은 완전히 껍질이 벗겨졌음에도 불구하고 1피트

겨울의 동물들 | 535

이상이나 성장을 했다. 하지만 다음 겨울이 오면 전부 말라 버렸다. 단 한 마리의 쥐가 소나무 한 그루를 통째로 식용으로 제공받고, 그것을 위아래로가 아닌 띠처럼 빙 둘러가면서 껍질을 갉아먹는다니, 참으로 놀라운 이야기가 아닐 수 없다. 하지만 번식력이 좋은 리기다소나무를 적당하게 솎아 주려면 이것도 어쩔 수 없는 일일 것이다.

산토끼(Lepus Americanus)는 곳곳에서 살고 있다. 어떤 토끼는 우리 집 마루 밑에서, 단 한 장의 판자만을 사이에 둔 채 겨울 내내 생활을 했다. 매일 아침, 내가 몸을 움직이기 시작하면, 그녀는 서둘러 자리를 피하려고 수선을 피우다가 콩, 콩, 콩 하고 마룻바닥에 머리를 찧어 나를 놀라게 했다. 그들은 날이 어두워지면 문 앞으로 와서 내가 던져 놓은 감자 껍질을 먹었는데, 땅바닥과 색깔이 비슷했기 때문에 움직이지 않고 가만히 있으면 거의 구분을 해낼 수가 없었다. 때로는 희미한 어둠 속에서 창 밑에 가만히 앉아 있는 산토끼 한 마리가 내 눈에 나타났다 사라지곤 했다. 저녁에 문을 열면 그들은 끽 하는 울음소리를 내며 뛰어 도망갔다. 가까이에서 보는 그들의 모습은 가엾다는 느낌뿐이었다. 어느 날 밤, 문 옆에 내게서 두 걸음 정도 떨어진 곳에 한 마리가 앉아 있었는데, 처음에는 두려움에 떨고 있으면서도 몸을 움직이려 들질 않았다. 가엾은 어린 산토끼는 바싹 말라서 뼈와 가죽만이 남았으며, 털이 수북한 귀와 뾰족한 코, 빈약한 꼬리와 가느다란 다리를 가지고 있었다. 그것을 보자 '자연'은 이미 고귀한 혈통을 받아들이기를 거부하고[6] 발끝으로 간신히 서 있는 것이 아닐까 하는 생각이 들었다. 그 커다란 눈은 어린데도 불구하고 건강미를 찾아볼 수 없었고 마치 수종(水腫)에라도 걸려 있는 것처럼 보였다. 나는 한 발 앞으로 나섰다. 그러자 산토끼는 몸과 사지를 우아하게 한껏 늘리더니 딱딱해진 눈 위를 부드럽게 뛰어갔으며, 곧 숲이 우리들 사이를 갈라놓았다. 자유로운 야생동물이 자신의 활력과 '자연'의 존엄성을 증명하는 순간이었다. 그는 결코 이유 없이 마른 것이 아니었다. 바로 그것이 그의 본성이었던 것이다―라틴어의 Lepus(토끼)는 levipes(가벼운 발)에서 온 것이라고 생각하는 사람들도 있다―.

산토끼와 들꿩이 살고 있지 않은 곳은 그 얼마나 풍취가 없는 곳일까? 그들이야말로 가장 소박한 토착 동물들이다. 현대에뿐만 아니라 고대에도 널리 알려져 있던 유서 깊은 집안인 것이다. '자연' 그 자체의 빛깔과 본질을 소유하고 있으며, 나뭇잎과 대지―그리고 서로가―와 매우 친밀한 관계를 맺고 있다. 차이점이라고 한다면, 한쪽

---

6) 셰익스피어 『줄리어스 시저』 제1막 2장 151행에 "로마여, 너는 고귀한 혈통을 잃어버린 것이다."라는 구절이 있다.

은 날개를 가지고 있으며 다른 한쪽은 다리를 가지고 있다는 점뿐이다. 산토끼나 들꿩이 갑자기 도망가는 모습을 보면 야생 동물이라기보다는 나뭇잎이 술렁이는 것과 같은, 극히 평범한 자연 현상을 보고 있는 듯한 느낌을 받게 된다. 들꿩과 산토끼는 앞으로 그 어떤 혁명이 일어난다 할지라도 참된 토착 동물답게 틀림없이 계속해서 번식할 것이다. 산토끼 한 마리 기르지 못하는 토지란 참으로 가난한 토지임에 틀림없을 것이다. 우리 숲에는 두 종류 모두가 발에 밟힐 만큼 살고 있으며, 모든 연못 주위에는 들꿩과 산토끼들의 통로가 있고, 곳곳에 소몰이 소년들이 잔가지로 덮어 놓은 함정과 말의 털로 만든 덫이 놓여져 있다.

겨울의 호수

겨울의 호수

어느 조용한 겨울밤이 지나고 아침이 밝았을 때, 나는 수면 중에 '무엇을, 어떻게, 언제, 어디서?'라는 질문을 받고 어떻게든 대답을 해보려고 했지만 제대로 대답하지 못했다는 느낌을 받은 채 눈을 떴다. 하지만 모든 생물들의 거처인 새벽녘의 '자연'은 상쾌하고 만족감에 넘친 얼굴로 우리 집의 커다란 창을 통해 안을 들여다보고 있었으며, 그녀의 입술은 그 어떤 질문도 하고 있지 않았다. 내가 눈을 떴을 때는 이미 질문에 대한 답이 내려진 상태였다. 그것이 '자연'과 햇빛이었다. 어린 소나무들이 여기저기 산재해 있는 대지에 높이 쌓인 눈과, 우리 집이 세워져 있는 언덕의 경사면조차 '전진!' 하고 나를 부추기고 있는 것 같았다. '자연'은 그 어떤 질문도 하지 않으며, 우리들 인간이 하는 질문에도 대답하지 않는다. 그녀는 이미 먼 옛날에 그렇게 결심한 것이다. "아, 왕이여. 우리들의 눈은 이 우주의 경이와 변화에 넘친 광경을 찬탄하는 마음으로 바라보며 영혼에게 전달합니다. 밤은 거침없이 찾아와 이 영광스러운 피조물의 일부를 장막으로 가리지만 낮이 찾아와 지상에서 천상까지 펼쳐져 있는 이 위대한 작품을 우리들 앞에 펼쳐 놓습니다."[1]

이렇게 나는 아침 일을 시작한다. 우선 도끼와 통을 들고 물을 찾으러 가는 것이다. 이것이 꿈이 아니라면. 추운 겨울밤이 지난 뒤 물을 찾으려면 탐지 막대가 필요할 정도였다. 매해 겨울이 되면, 희미한 한줄기 산들바람에도 잔물결을 일으키며 모든 빛과 그림자를 반사하던 호수의 투명하고 떠는 듯한 수면은 두께 1피트에서 1.5피트나 되는 얼음에 갇혀서 제 아무리 무거운 마차가 지나가도 꿈쩍도 하질 않게 된다. 마침 눈이 얼음과 같은 정도의 두께로 쌓이게 되면, 호수는 주위의 평지와 구별을 할 수 없게 변해 버린다. 주위 언덕에 살고 있는 마멋[2]과 마찬가지로, 호수는 눈꺼풀을 내리고 3개월이나 혹은 그 이상 동면에 들어가는 것이다. 나는 언덕으로 둘러싸인 목장에라도 있는 듯한 기분으로 눈으로 뒤덮인 이 평원에 서서, 우선은 1피트 깊이로 쌓인 눈 위에 통로를 만들고 두께가 1피트 되는 얼음을 깨서 발 밑에 창을 만든다. 무릎을 꿇고

---

[1] 고대인도의 서사시인 『하리반사』 제2권에서. (1834년 프랑스어판을 소로우 자신이 번역)
[2] 우드척과 같다.

물을 마시며 밑을 들여다보면, 간 유리를 통해서 들어온 것과 같은 부드러운 빛이 비추고 있는 물고기들의 조용한 객실을 들여다볼 수가 있다. 빛나는 모래를 깔아놓은 바닥 또한 여름과 조금도 다를 바가 없다. 그곳은 살고 있는 물고기들의 냉정하고 기복이 없는 기질에 어울리는 호박색 저녁 하늘과도 같은, 영원히 물결치는 일이 없는 맑은 분위기가 지배하고 있다. 하늘은 우리들의 머리 위에만 있는 것이 아니라 발 밑에도 있는 것이다.

모든 것들이 서리에 얼어 있는 이른 아침부터 낚싯줄을 감은 릴과 빈약한 도시락을 든 사내들이 찾아와서 설원에 뚫어 놓은 구멍에 줄을 늘어트린 채 강꼬치고기와 퍼치를 낚는다. 그들은 본능적으로 자기 마을의 주민들과는 다른 유행을 좇으며 다른 권위를 신봉하는 야성적인 사람들로, 그들의 왕래에 의해서 자칫 소멸해 버리기 쉬운 마을과 마을 사이의 관계가 어느 정도 유지되고 있는 것이다. 그들은 튼튼한 모직 외투로 몸을 감싸고 기슭에 있는 마른 떡갈나무 잎에 앉아서 도시락을 먹는다. 시민들이 인공 세계와 통하고 있다면, 그들은 자연과 통하고 있는 것이다. 그들은 결코 책을 읽지 않기 때문에, 풍부한 경험에 비해서는 알고 있는 것이나 타인에게 이야기할 수 있는 것이 그다지 많지 않다. 그들의 여러 가지 일상적인 습관은 아직 세상에 알려져 있지 않은 듯하다. 예를 들어서 성장한 퍼치를 미끼로 강꼬치고기를 낚고 있는 사내가 있다. 그의 낚시통을 들여다보라. 당신은 여름 호수 속을 들여다보고 있는 것과 같은 이상한 기분을 느끼게 될 것이다. 이 사내는 마치 여름을 집에 가둬 두었거나, 여름이 은둔하고 있는 장소를 알고 있는 것 같지 않은가?

"한겨울에 이런 고기를 도대체 어떻게 잡았습니까?"

"아, 그건 말이지, 지면이 얼기 시작하면서부터는 썩은 통나무 속에서 유충을 잡아다 낚은 거야."

이 사내들의 생활 자체가 박물학자의 연구보다 더 깊이 '자연'에 관여하고 있는 것이다. 오히려 박물학자들로 하여금 그들의 생활을 연구하게 하고 싶을 정도다. 학자는 칼로 이끼나 나무껍질을 가만히 들어올려 곤충을 찾는다. 이 사내는 도끼로 장작을 두 동강이 내기 때문에, 이끼나 나무껍질은 멀리 날아가 버린다. 그는 나무껍질을 벗겨서 생계를 꾸려 나가는 것이다. 바로 그런 사내들에게 물고기를 낚을 권리가 있는 것이다. 따라서 나는 그들 속에서 '자연'이 활동하는 모습을 지켜보는 것이 좋다. 퍼치는 유충을 먹으며, 강꼬치고기는 퍼치를 먹고, 낚시꾼은 강꼬치고기를 먹는다. 이렇게 해서 존재의 서열[3] 사이에 있는

---

3) 모든 피조물은 신을 정점으로 하는 장대한 서열 속에 자리잡고 있다고 하는 기독교 문명의 전통적인 우주관.

모든 틈새가 메워지는 것이다.

　안개가 낀 날, 호수 주위를 산책하다가 한 소박한 낚시꾼이 사용하고 있는 원시적인 낚시법을 보고 재미있다고 생각한 적이 있었다. 그는 기슭에서부터 4, 5라드 간격으로 일정한 거리를 유지하면서 얼음에 작은 구멍을 뚫어 놓고, 그 위에 오리나무 가지를 걸쳐 놓은 듯했다. 그리고 낚싯줄이 딸려 들어가지 않도록 줄의 끝을 나무 조각에 묶어 놓고, 늘어트린 줄을 얼음보다 1피트 이상 높은 오리나무 가지 위에 걸고, 거기에 마른 떡갈나무 잎을 묶어 놓는다. 마른 잎이 밑으로 당겨지는 것을 보고 물고기가 걸렸다는 것을 알 수 있게 해놓은 것이다. 이 오리나무 가지는 호수를 반 바퀴 도는 동안 일정한 거리를 놓고 안개 속에서 희미하게 떠올라 있다.

　아, 월든의 강꼬치고기여! 나는 얼음 위에 내동댕이쳐져 있는 그들의 모습이나 낚시꾼이 물을 넣어 두려고 얼음에 낸 작은 구멍 속에 있는 그들의 모습을 볼 때마다, 그 보기 드문 아름다움에 깜짝 놀라 전설 속에나 나오는 물고기를 보고 있는 듯한 기분에 잠기곤 한다. 그들은 시가지는 물론 숲과도 서로 어울리지 못하는 존재로, 우리 콩코드의 생활과는 아라비아만큼 떨어져 있다. 그것은 눈부실 정도로 초월적인 아름다움을 가지고 있으며, 마을에서 요란스레 떠들고 있는 그 시체와도 같이 추한 대구나 해덕과는 비교할 수도 없을 정도다. 그 빛은 소나무와 같은 푸르름이 아니며, 돌과 같은 회색도 아니고, 그렇다고 해서 하늘과 같은 파란빛도 아니다. 굳이 말하자면, 내 눈에는 꽃이나 보석과 같은 매우 보기 드문 빛으로 보인다. 진주 같다고도 할 수 있을 것이며, 월든 호수의 물의 살아 있는 결정체(nuclei)라고도 할 수 있을 것이다. 강꼬치고기는 말할 필요도 없이 그 자신이 월든 자체이며, 동물계의 작은 월든으로 월든시안스[4]라고 말할 수 있을 것이다. 이런 물고기가 이 호수에서 잡히고 있다는 사실, 월든 가도를 덜컹거리며 지나가는 짐마차와 사륜 마차, 방울을 울리는 썰매보다 훨씬 밑에 있는 이 깊고 넓은 샘물에 황금빛과 에메랄드빛이 한데 섞인 이처럼 커다란 물고기가 헤엄치고 있다는 것은 참으로 놀랄 만한 사실이다. 나는 그 어느 시장에서도 이런 종류의 물고기를 본 적이 없다. 판매를 한다면 모든 이들의 이목을 집중시킬 것이다. 그들은 2, 3번 경련적으로 몸을 비트는 것만으로 쉽사리 수중에서의 생을 마감하지만, 그것은 죽음에 이르기 직전에 공기가 희박한 천국으로 승천하는 인간과 비슷한 모습이다.

---

[4] Waldensians. 1170년 이후, 남프랑스에서 일어난 청빈을 존중하는 기독교의 일파(월드파). 1184년 이단 선고를 받았다.

나는 오랫동안 행방을 알 수 없었던 월든 호수의 바닥을 다시 한 번 찾아봐야겠다고 생각하고, 1846년 초 아직 얼음이 완전히 녹지 않았을 때 자석과 쇠사슬, 측연(測鉛)을 사용하여 주의 깊게 그것을 측정해 보았다. 이 호수의 바닥—이라기보다는 끝없는 호수의 바닥—에 대해서 여러 가지 소문이 떠돌고 있지만, 물론 그런 말들에는 아무런 근거도 없었다. 어떤 호수가 바닥이 없다는 얘기를, 측정해 보지도 않고 모든 사람들이 믿고 있다니, 참으로 어처구니가 없는 일이다. 나는 한 번의 산책에서 이 부근의 '바닥 없는 호수'를 두 군데나 찾아간 적이 있다. 많은 사람들이 월든 호수는 지구의 반대편까지 뚫려 있다고 믿어 왔다. 오랜 시간 동안 얼음 위에 배를 깔고 엎드려서 물이라는 사람의 눈을 속이는 매체를 통해서, 그것도 틀림없이 젖은 눈으로 물속을 들여다보다가 가슴이 차가워져서 감기에 들까봐 겁을 집어먹은 나머지 서둘러 결론을 내리려고 하는 자는 '짐마차 한 대에 마른 풀을 싣고 지나갈 수 있을 정도의—짐마차로 거기에 들어갈 수 있는 자가 있을 때 얘기겠지만—' 구멍을 몇 개나 봤다거나, 그것이야말로 '삼도천(三途川)'의 수원(水源)이자 지옥으로 통하는 문이라는 등의 말을 하는 것이다. 또 어떤 사람들은 마을에서 56파운드짜리 추와 짐마차 한 대분이나 되는, 매 인치마다 표시를 해둔 로프를 마차에 싣고 나섰지만, 역시 호수의 바닥을 발견하지는 못했다. 그들은 '56파운드'가 도중에 걸렸음에도 불구하고, 경이로운 세계는 측정해 내지도 못할 자신들의 능력을 시험하기 위해서 끝도 없이 로프를 풀어 내렸기 때문이다.

하지만 나는 독자 분들에게, 월든 호수에는 상당히 단단한 바닥이 있으며 그곳은 다른 곳보다 훨씬 깊기는 하지만 결코 믿을 수 없을 정도의 깊이는 아니라고 단언할 수 있다. 나는 대구를 낚을 때 쓰는 줄과 무게 1.5파운드 정도 되는 돌멩이를 사용하여 아주 간단하게 그 깊이를 측정했다. 물이 돌 밑으로 들어가 부력을 부여하기 직전에는 아주 강하게 줄을 잡아당기지 않으면 안 되기 때문에, 돌이 호수의 바닥에서 떨어지는 순간을 정확하게 알 수 있었다. 최대 수심은 정확하게 102피트였다. 그 후에 불어난 5피트를 가산하면 107피트가 되는 셈이다. 넓지 않은 호수의 면적을 생각한다면 참으로 놀라운 깊이다. 하지만 쓸데없는 상상으로 거기서 단 1인치라도 깊이를 낮춰서는 안 된다. 모든 호수들의 수심이 얕다고 한다면, 도대체 어떻게 되겠는가? 그렇다면 인간의 정신에까지 영향을 미치지는 않을까? 나는 이 호수가 하나의 상징으로, 깊고 맑게 만들어진 것에 대해서 감사하고 있다. 사람들이 무한한

---

5) 스코틀랜드 서부에 위치한 만(灣).

존재를 믿고 있는 한, 바닥이 없을 것이라고 생각되어지는 호수도 영원히 존재할 것이다.

한 공장 주인은 내가 발견한 수심에 대한 이야기를 듣고 그럴 리가 없다고 생각했다. 그의 댐에 관한 지식을 바탕으로 생각해 보면, 경사의 각도가 그렇게 심하면 모래는 쌓이질 못하기 때문이었다. 하지만 가장 깊은 호수라 할지라도 대부분은 생각했던 것과는 달리 그 면적에 어울릴 만한 깊이를 가지고 있는 것도 아니며, 물을 전부 퍼올린다 하더라도 그곳이 눈에 띄게 깊은 계곡이 되어 버리는 것도 아니다. 언덕과 언덕 사이에 있는 컵과 같지는 않다. 이 호수도 면적에 비해서 상상 이상으로 깊기는 하지만, 중심부의 종단면을 보면 얕은 접시 이상의 깊이는 아닐 것이다. 대부분의 호수는 물이 없어진 뒤에도 우리들이 평소 익숙하게 보아 오고 있는 목초지보다 깊이 패인 공간이 되지는 않을 것이다. 풍경을 이야기함에 있어서는 타의 추종을 불허하며, 대부분의 경우 매우 정확하게 묘사를 하고 있는 윌리엄 길핀은 스코틀랜드에 있는 록 파인[3]에 대해서, 산으로 둘러싸인 '염수로 이루어진 만으로 깊이 60에서 70길, 폭 4마일', 길이는 50마일 정도라고 말하고, 곶에 섰을 때의 느낌을 다음과 같이 기술했다. "대홍수에 의한 파괴, 혹은 이와 같은 지형을 만들어 낸 어떤 자연의 대변동이 일어난 직후, 바닷물이 노도처럼 밀려들기 전에 이 만을 볼 수만 있었다면, 몸이 오싹해질 만한 그 얼마나 깊은 심연이 이곳에서 입을 벌리고 있었을까?[6]

융기하는 산들이 높이 솟아오름에 따라,
공허한 계곡은 깊이 잠겨 든다, 넓고 깊게,
가득 물을 채워 끝없는 바닥을 이루며"[7]

하지만 록 파인의 가장 짧은 쪽 지름을 사용하여 그 비율을, 앞서 말한 것과 같이 종단면에 있어서는 얕은 접시로밖에 보이지 않을 월든 호수와 비교해 본다면, 이 호수의 깊이는 1/4 정도밖에 되지 않을 것이다. 록 파인의 심연은 물이 없어지면 공포심이 더해질 것이라는 이야기는 이쯤에서 그만두겠다. 실제로 옥수수 밭이 끝없이 펼쳐져 있는 탁 트인 계곡의 대부분은 바로 이 물이 빠져나간 뒤의 '몸이 오싹해질 만한 심연' 속에 있는 것인데, 그것을 알지 못하는 주민들에게 이 사실을 납득시키기 위해서는 지질학자와도 같은 통찰력과 혜안이 필요하기 때문이다. 날카로운 관찰력을 가진 사람은 종종 평지의 낮은 언덕에

---

6) W. Gilpin, 『*Observations on the High—lands of Scotland*』(London, 1808, Ⅱ, p.4.).
7) 밀턴의 『실락원』 제7권 288~290행.

서 태곳적 호수의 기슭을 발견할 수 있을 것이다. 그 후에 평원이 융기를 했다 하더라도, 언덕의 지난 역사를 쉽게 감출 수는 없기 때문이다. 도로를 닦는 인부라면 누구나 알고 있듯이, 움푹 패인 장소는 소나기가 쏟아진 뒤 물이 고이는 것을 보면 가장 쉽고 간단하게 발견해 낼 수가 있다. 다시 말하자면, 상상력이라는 것은 조금이라도 방심을 하면 '자연' 그 자체보다 깊이 잠겨들거나 높이 날아오르는 법이다. 따라서 바다의 깊이도 그 넓이에 비한다면 아주 하찮은 것에 지나지 않는다는 사실을 알게 될 것이다.

나는 얼음에 구멍을 뚫어 수심을 잰 덕분에 동결하지 않는 하구를 측량할 때보다 더욱 정확하게 호수 바닥의 모습을 확인할 수 있었는데, 그것이 대체로 규칙적이라는 사실을 알고 놀라지 않을 수 없었다. 몇 에이커에 걸친 가장 깊은 부분은 태양이나 바람, 쟁기에 노출되어 있는 대부분의 밭보다도 평탄했었다. 일례를 들어보자면, 임의로 한 선을 선택하여 깊이를 측정해 보았는데, 30라드 이내에서는 1피트 이상의 변화를 보이지 않았다. 또한 중심 부근에서는 어느 방향으로 향하든 100피트 이내에 있는 바닥에서 발생하는 높낮이의 차가 3, 4인치 정도일 것이라고 예측할 수가 있었다. 이렇게 고요한 호수의 모랫바닥에도 깊고 위험한 구멍이 있다고 말하는 사람들이 있지만, 이런 환경 하에서는 물의 작용으로 인해서 모든 기복이 평평해져 버리고 마는 것이다. 호수의 바닥은 매우 규칙적이었으며, 그것은 호수의 기슭과 부근에 있는 언덕의 능선과도 완전히 일치하는 것이었다. 멀리에 곶이 있다는 사실은, 바로 그 맞은편 기슭에서 수심을 측정함으로 해서 알아낼 수가 있었으며, 곶이 뻗어 있는 방향도 맞은편 기슭을 관찰함으로써 확인을 할 수가 있었다. 곶은 사주(沙洲)가 되고, 평야는 얕은 여울목이 되며, 계곡과 연못은 깊이 호수바닥이나 수로가 되는 것이다.

나는 10라드를 1인치로 축소하여 이 호수의 지도를 만들고, 100회 이상에 걸친 수심 측량 결과를 기입하던 중에, 우연히 다음과 같은 흥미로운 사실을 발견 해낼 수 있었다. 최대 수심을 나타내는 숫자들이 명백하게 지도의 중심부에 몰려 있다는 사실을 알게 된 나는 지도 위에 자를 가로로 대어 보고, 다음으로 세로로 대어 보았다. 그런데 놀랍게도 그 양자 간의 최대 거리를 잇는 선이 수심이 가장 깊은 곳에서 교차하는 것이었다. 호수의 중심부는 거의 평탄하고, 호수의 둘레는 매우 불규칙적이며, 최대 거리를 나타내는 선은 만의 깊은 곳에서 측정하여 얻어낸 것임에도 불구하고. 나는 홀로 중얼거렸다. '이건 호수나 웅덩이뿐만 아니라 바다의 가장 깊은 곳을 찾아내는 데도 도움이 되지 않을까? 그리고 계곡의 반대라고 할 수 있는 산들의 높이를 아는 법칙이 되지는 않을까?' 하고. 우리들은 산의 가장 좁은 곳이 가장 높은 곳이 아니라는 사실을 알고 있다.

월든 호수에 있는 다섯 군데의 만 중 세 군데—내가 측정한 것은 그것이 전부였다—에는 입구 부분을 똑바로 가로지르는 듯한 모양으로 물 밑에 하나의 사주가 형성되어 있으며, 안쪽 부분이 그곳보다 깊다는 사실을 알 수 있었다. 따라서 만은 육지의 내부와 수평, 수직 양 방향으로 물을 넓힌 결과 연못이나 독립된 호수가 되려고 하는 경향을 가지고 있다는 사실을 알게 되었으며, 두 개의 곶이 뻗어 있는 방향을 알면 사주가 뻗어 있는 방향도 알 수가 있었다. 해안의 모든 항구들의 입구에도 사주가 형성되어 있다. 만의 입구가 그 길이에 비해서 넓을수록 사주를 덮고 있는 물은 만의 내부에 비해서 깊었다. 따라서 만의 길이와 넓이, 그리고 주위 기슭의 성격을 알게 된다면, 모든 경우에 적용할 수 있는 하나의 공식을 세우기에 충분한 요소를 거의 다 갖추게 되는 것이라고 말할 수 있을 것이다.

이 경험을 바탕으로 호수의 모습과 기슭의 성질만을 관찰하여 호수의 가장 깊은 곳을 얼마나 정확하게 찾아낼 수 있을지를 시험해 보기 위해서, 나는 화이트 호수의 축소 지도를 작성했다. 이 호수는 면적이 약 41에이커, 월든 호수와 마찬가지로 섬은 없었으며, 물이 드나드는 곳도 보이질 않았다. 그리고 가로로 가장 긴 연장선은 가장 짧은 연장선 바로 옆에 있었으며, 그 부근에 두 개가 서로 마주 보고 있는 곳이 매우 접근해 있다. 두 개의 마주 보고 있는 만이 멀어지고 있었기 때문에, 나는 가장 짧은 가로 선에서 조금 떨어져 있기는 하지만 역시 가장 긴 세로 선 위의 한 곳에 최대 수심부를 나타내는 점을 찍기로 했다. 실제로 가장 깊은 곳은 내가 어쩌면 여길지도 모른다고 생각했던 곳에서 약 100피트 치우친 곳에 있었으며, 수심은 예상보다 겨우 1피트 깊은 60피트였다. 물론 강물이 흘러들거나 호수에 섬이 있었다면 문제는 훨씬 더 복잡해졌을 것이다.

만약 우리들이 모든 '자연'의 법칙을 알고 있다면, 단 한 가지 사실이나 실제로 일어났던 하나의 현상을 기술한 것을 보는 것만으로도 그 시점에서 발생할 수 있는 모든 특정 결과를 추측할 수 있을 것이다. 하지만 지금 우리들은 극히 일부의 법칙밖에 알지 못하기 때문에, 이러한 추측의 결과는 자연계의 혼란과 불규칙성 때문이 아니라 우리들이 계산을 하는 데 있어서 없어서는 안 될 요소에 대해서 알지 못하기 때문에 엉망이 되어 버리고 만다. 법칙과 조화에 관한 인간의 모든 관념은, 대부분의 경우 발견 가능한 실례에 한정되어 있다. 하지만 언뜻 보기에는 모순되는 것처럼 보이지만 사실은 일치하고 있는, 아직도 발견되지 않은 많은 법칙들에서 발생하는 조화에는 더욱 경탄할 만한 면이 있다. 특정 법칙이 우리들의 시점이 되는 것은, 마치 어떤 산은 오직 하나밖에 없음에도 불구하고 그 모습이 발걸음을 옮길 때마다 변화하여 나그네의 눈에는 수많은 이력을 가지고 있는 것처럼 느껴지는 현상과 같은 것이다. 산을 갈라 보거나 거기에 구멍을 뚫어 보아도, 역시 산의 전체를 파악할 수는 없는 법이다.

내가 월든 호수에 대해서 관찰한 내용은 인간의 윤리에도 적용할 수 있을 것이다. 그것은 평균의 법칙이다. 앞서 말한, 두 가지 직경에 관한 법칙은 우리들을 태양계의 태양과 인체의 심장으로 인도할 뿐만 아니라, 한 인간의 특정한 일상 행동과 생활의 기복의 총계에 대한 내부의 만과 곶에까지 이르는 가로 선과 세로 선을 긋는 것을 의미한다. 두 선이 교차하는곳에서 그 사람의 성격이 가지고 있는 가장 높은 부분, 혹은 가장 깊은 부분을 발견할 수 있을 것이다. 틀림없이 그 사람의 기슭의 곡선과 인접 지역, 즉 환경만 알 수 있다면, 그의 깊이와 숨겨진 호수의 바닥을 측정할 수 있을 것이다. 만약 그가 아킬레우스의 고향[8]처럼 깎아지른 듯한 해안에서 산들에 둘러싸여 생활하고, 그 가슴속에도 산들의 봉우리가 그림자를 드리우고

---

8) 그리스 중동부의 에게해에 면해 있는 테살리아.

있거나 모습을 비추고 있다면, 그 인물은 그것에 상응하는 깊이를 가지고 있다고 봐도 좋을 것이다. 한편, 낮고 평평한 기슭은 사람이 그 측면에 있어서 천박하다는 사실의 증거다. 인체를 놓고 말하자면, 높이 솟아 있는 이마는 그에 어울리는 깊이 있는 사상을 내부에 간직하고 있다는 사실에 대한 암시다. 그리고 모든 만—즉 특정한 성질—의 입구에는 사주(砂洲)가 가로질러 놓여 있다. 각각의 만이 한동안은 휴식을 취하는 항구가 되어 우리들을 붙잡아 두고 어느 정도는 가둬 버린다. 일반적으로 이러한 성질은 결코 갑자기 형성되는 것이 아니며, 그 모양, 크기, 방향 등은 고대부터의 융기축(隆起軸)인 기슭의 곳에 의해서 결정되어 있는 것이다. 입구의 사주가 폭풍이나 조수의 간만, 조류에 의해서 점점 커지거나 물이 빠져나가서 그것이 수면에 도달하게 되면, 처음에는 사상을 정박시키는 기슭의 단순한 성질에 지나지 않았던 만이 바다에서 분리된 독자적인 호수가 되고 그 속에서 사상은 자기 고유의 모든 조건을 획득하게 되어, 틀림없이 염수에서 담수로 변하여 달콤한 바다나 사해, 혹은 연못이 될 것이다. 각각의 사람들이 이 세상에 태어나는 것이란, 이러한 사주가 어딘가의 수면에서 융기한 것이라고 생각해 보는 것은 어떨까? 틀림없이 우리들은 제대로 된 항해법을 알지 못하기 때문에 품고 있는 사상의 대부분은 항구가 없는 해안의 바다 위를 멀리, 혹은 가까이 방황하다가 결국에는 시가(詩歌)의 만 안쪽에만 정통하게 되거나, 공식 통관항(通關港) 방향으로 키를 잡아 학문의 건선거(乾船渠)로 들어가 거기서 세속에 어울리게 개조하는 것이 고작으로, 자연의 조류가 사상의 개성화에 도움을 주지 못하는 것이다.

월든 호수의 유입구와 유출구는 온도계와 낚싯줄을 이용하여 발견할 수 있을지는 모르겠지만—물이 호수로 흘러드는 장소는 틀림없이 여름에는 가장 차가울 것이며, 겨울에는 가장 따뜻할 것이기 때문에—, 나는 지금까지 비, 눈, 증기 외의 다른 것은 아무것도 발견하지 못했다. 1846년부터 1847년에 걸쳐서 얼음을 채취하는 인부들이 이곳에서 일을 하고 있을 때의 일다. 어느 날, 인부들은 기슭으로 옮긴 얼음 덩어리가 두께가 부족하기 때문에 다른 얼음 덩어리들과 맞지 않는다는 이유로 그곳에 얼음을 쌓고 있던 청년들로부터 거부를 당한 적이 있었다. 이 일로 인해서 인부들은 어떤 좁은 범위 내에 있는 얼음이 다른 얼음보다 2, 3인치 얇다는 사실을 발견하고, 거기에 유입구가 있을 것이라고 생각하게 되었다. 그리고 그들은 다른 곳에 있는, 호수가 '새는 구멍'이라고 생각되어지는 부분을 내게 보여주었다. 호수는 그곳을 통해서 어떤 언덕 밑으로 빠져나가 부근의 목초지로 흘러드는 것이라고 했다. 나는 얼음 덩어리 위로 끌려 올라가 그 구멍을 들여다보는 신세가 되었다. 그랬다. 수면 밑 10피트 되는 곳에 작은 구멍이 하나 뚫려 있었다. 하지만 나는 그들이 좀 더 커다란 구멍을 발견하지 않는 한, 호수에는 땜질을 할 필요가 없다는 사실을 보장할 수 있다고 생각한다. 어떤 사람의 말에 의하면 그러한 '새는 구멍'을 찾아낸 경우, 그것이 목초지와 연결되어 있는지를 확인하려면 색이 있는 가루나 톱밥을 구멍이 있는 곳에 뿌린 다음 목초지의 샘터 바로 위에 여과기를 설치해서 흐름을 따라온 가루가 거기에 걸리는지를 보면 된다고 한다.

내가 측량을 하고 있을 때, 16인치 두께의 얼음이 조그만 바람에도 물처럼 흔들렸다. 얼음 위에서는 수평기를 사용할 수 없다는 사실은 잘 알려져 있다. 육지에 놓은 수준기(水準器)를 얼음 위에 놓은 눈금이 매겨진 막대기 쪽으로 놓고 관찰해 보니, 얼음은 기슭에 단단하게 붙어 있는 것처럼 보이는데도, 기슭에서 1라드 떨어진 지점에 있는 얼음의 최대 파동이 3/4인치에 이르렀다. 호수의 중심부에서 관측했다면, 파동은 더욱 커졌을 것이다. 아니, 만약 우리들의 측량 기구가 더할 나위 없이 정밀하다면, 지각의 파동까지 발견할 수 있을지도 모를 것이다. 수준기의 두 다리를 기슭에 걸쳐 놓고 나머지 한쪽 다리를 얼음 위에 올려 놓은 다음 가늠자를 얼음 쪽 다리에 맞춰 놓았더니, 극히 미미한 얼음의 상하 운동이 호수 맞은편에 있는 한 그루 나무의 줄기에서 몇 피트 상하로 움직이는 것이었다.

수심을 측정하기 위해서 구멍을 뚫기 시작했을 때, 그때까지 얼음을 덮고 있던 두꺼운 눈과 얼음 사이에 3, 4인치 정도 되는 물이 고여 있었는데, 그 물은 곧 내가 뚫은 구멍 속으로 흘러 들어가기 시작해서 깊은 냇물을 형성하면서 이틀 동안이나 흘렀다. 이 작은 시내는 곳곳에서 얼음을 녹이고 호수의 표면을 마르게 하는 데 주요한 몫을 담당하지는 못했지만, 그래도 꽤 중요한 역할을 담당했다. 물이 흘러들면 그것이 얼음을 들어올려서 얼음을 떠오르게 했기 때문이다. 이것은 배수를 위해서 배의 바닥에 구멍을 뚫어놓는 것과 조금 비슷한 이치였다. 이런 구멍이 얼어붙은 후에 비가 한차례 내리고, 다시 새로운 한기가 전체에 매끄럽고 새로운 얼음을 만들어 놓으면, 그 내부에 거미줄처럼 생긴 검은 모양의 아름다운 반점이 나타났다. 모든 각도에서 하나의 중심을 향해서 물이 흘러들 때 생긴 수로가 얼음의 장미라고 할 수 있는 모양을 만들어 낸 것이다. 그리고 때때로 얼음 위 여기저기에 얕은 웅덩이가 생기면 내 그림자가 이중으로 비춰져서 하나는 얼음 위에, 다른 하나는 나무나 언덕 위에 생겼는데, 하나가 다른 하나의 머리 위에 서 있는 모습을 발견할 수 있었다.

아직도 혹독한 추위가 계속되는 1월, 눈과 얼음이 두껍고 딱딱할 때, 주도면밀한 지주는 여름에 음료수를 식혀 줄 얼음을 손에 넣기 위해서 마을에서 이곳으로 찾아온다. 1월에 두꺼운 코트를 입고 장갑을 낀 채, 벌써부터 7월의 더위와 갈증에 대비하다니, 참으로 뛰어난—이라기 보다는 처참한— 선견지명이 아닐 수 없다. 그 외에도 준비해야 할 것이 얼마든지 있을 텐데도. 그들은 내세에서의 여름에 음료수를 식혀 줄 보물을 이 세상에 쌓아 둘 마음은 없는 듯했다.[9] 그는 고체가 된 호수를 깨거나 썰어서 물고기들의 지붕을 벗겨 내 물고기들에게는 원소라고도, 공기라고도 할 수 있는 얼음을 짐마차에 싣고는 사슬과 말뚝으로 그것을 장작처럼 꽁꽁 동여맨 다음에 이 일을 하기에는 안성맞춤인 겨울의 대기 속에서 그것을 옮겨 겨울의 저장고에 넣어 두고 여름까지 재워 두는 것이었다. 저 멀리 있는 도로로 지나가는 얼음은 마치 푸른 하늘의 결정체를 보는 듯한 느낌을 주었다. 얼음을 채취하는 인부들은 끊임없이 농담과 장난을 치는 활달한 사람들로, 내가 그들이 있는 곳으로 가면 곧잘 나를 얼음 밑에 세워 놓고 함께

---

9) 신약 성경 마태복음 6장 20절에 "오직 너희를 위하여 보물을 하늘에 쌓아 두라."라는 구절이 있다.
10) 그리스 신화 북쪽 끝에 살고 있다는 전설적인 민족.

톱질을 하자고 권하곤 했다.

1846년부터 1847년에 걸친 겨울의 어느 날 아침, 이 호수에 히페르보레오스[10]의 피를 이어받은 사내 백 명이 한꺼번에 몰려왔다. 그들은 눈으로 보기에도 엉성해 보이는 농기구와 썰매, 쟁기, 씨앗 뿌리는 수레, 잔디 깎는 칼, 삽, 톱, 갈퀴 등을 몇 대나 되는 짐마차에 싣고 왔다. 모두가 『뉴잉글랜드 농민』과 『경작자』라는 잡지에도 실려 있지 않은 끝이 양쪽으로 갈라져 있는 창으로 무장을 하고 있었다. 그들이 겨울 호밀을 뿌리러 온 것인지, 최근 아일랜드에서 수입한 신종 곡물을 뿌리러 온 것인지 나는 알 수 없었다. 비료가 없는 것을 보면 내가 한 것처럼 표면만을 얕게 경작할 생각인 듯했다. 이 부근의 토양은 곡식이 잘 자라며, 충분한 휴경기간을 가졌다고 생각하고 있는 것 같았다. 그들의 이야기에 의하면, 뒤에서 그들을 조종하고 있는 것은 어떤 부농으로 이미 50만 달러라는 돈을 가지고 있으며, 그것을 두 배로 불리고 싶어한다는 것이었다. 그 사내는 일 달러 지폐 위에 한 장의 지폐를 더 얹기 위해서 이 한겨울에 월든 호수의 단 하나뿐인 외투를─아니, 피부 그 자체를─ 벗겨내려고 하는 것이었다.

그들은 바로 일에 착수했다. 쟁기로 갈고, 흙을 부수는 기계로 흙을 부수고, 평평하게 갈고 두둑을 세웠는데, 여기를 모범 농장으로 만들려는 것이 아닐까 생각이 될 정도로 손재주가 좋았다. 그런데 그 두둑에 무엇을 뿌리려는 것인지 주의 깊게 지켜보고 있자니, 내 곁에 있던 한 무리의 사람들이 갑자기 이 처녀지와도 같은 토양을 조금 이상한 동작으로 모래가 아닌 물속까지—그것은 수분을 매우 많이 함유하고 있는 토양이었다— 파내려고 덤벼들었으며, 결국에는 그 주위에 있는 대지(terra firma)를 통째로 퍼다가 썰매에 싣고 떠나 버리는 것이었다. 그래서 나는 그들이 늪지에서 이탄(泥炭)을 캐는 것이 틀림없다고 생각했었다. 이렇게 그들은 북극 지방에 있는 듯한 자신들의 거점과 이곳을 흰멧새 떼처럼 왕복했고, 기관차 위에서 높고 날카롭게 기묘한 소리로 외치면서 매일 이곳에 왔다가 사라지곤 하는 것이었다. 그런데 그들도 때로는 월든 할머니에게 복수를 당하는 적이 있었다. 한 고용 인부가 마차를 끄는 말의 뒤쪽을 걷고 있다가 미끄러져서 땅이 갈라진 틈 사이에 빠져 '나락'으로 떨어질 뻔한 적이 있었다. 조금 전까지만 해도 기세등등하던 그 사내도 곧 기력을 잃고, 생명의 등불이 꺼질 뻔했지만 운 좋게 우리 집으로 피난을 와서 난로의 고마움을 실감하게 되었다. 또 때로는 얼어붙은 대지가 쟁기의 날판에서 강철 부분을 물어뜯거나 쟁기가 두둑 사이에 처박혔기 때문에, 그것을 파내야만 하는 경우도 있었다.

있는 그대로를 말하자면, 백 명의 아일랜드 사람들이 미국인 감독들과 함께 매일 케임브리지에서 얼음을 캐러 오는 것이었다. 그들은 새삼스레 설명할 필요도 없이 잘 알려진 방법으로 얼음을 사각형으로 잘라내어, 그것을 기슭까지 썰매로 옮긴 다음 재빨리 얼음을 놓는 장소까지 끌고 갔다. 그러고는 말의 힘으로 움직이는 갈고리와 활차 장치를 이용하여 밀가루 통을 쌓아올릴 때와 마찬가지로 매우 조심스레 쌓아 올렸는데, 상하좌우로 보기 좋게 쌓아올리는 모습은 구름보다도 높은 오벨리스크의 기초 공사를 하고 있는 듯이 여겨졌다. 그들의 이야기에 의하면, 일이 순조롭게 진행될 때는 하루에 천 톤, 면적으로 따지면 1에이커분 정도의 얼음을 채취할 수 있다고 한다. 얼음 위에는 썰매가 같은 길을 몇 번이고 왕복하기 때문에 대지에서와 마찬가지로 깊은 썰매 자국과 '요람처럼 생긴 구멍'이 생겼으며, 말들은 전부 구유처럼 떠낸 얼음 덩어리 속에 담긴 귀리를 먹었다. 이렇게 해서 그들은 사각형의 얼음 덩어리를 높이 35피트, 가로·세로 6내지 7라드 정도의 크기로 노천에 높이 쌓아 올려 공기가 들어가지 않도록 바깥쪽에 있는 얼음과 얼음 사이에는 마른 풀을 끼워 넣었다. 제 아무리 차가운 바람이라 할지라도 얼음과 얼음 사이를 불어가면 커다란 구멍이 생겨 버려, 군데군데 얇은 지주나 기둥만이 남게 되기 때문에 결국에는 전체가 무너져 내리기 때문이다. 처음 그것은 거대하고 푸른 요새나 발할라 궁전처럼 보였다. 하지만 목초지의 거친 건초가 얼음 사이에 끼워지게 되고, 그것에 서리와 고드름이 뒤덮이게 되면, 얼음 덩어리는 이끼로 뒤덮인 고색창연한 대리석의 폐허나 달력의 그림에 등장하는 어떤 겨울 노인의 집, 그보다는 판자—이렇게 말하고 보니 그는 여름을 우리와 함께 보낼 생각인가 보다—처럼 보였다. 그들의 계산에 의하면 그 중 목적지에 도착하는 것은 25% 이하이며, 그것도 그중의 2, 3%는 열차 속에서 녹아 버릴 것이라는 얘기였다. 그런데 이 얼음 더미의 더욱 많은 부분이 당초 예상했던 것과는 다른 운명을 맞이하게 되었다. 왜냐하면 얼음이 평소보다 더 많은 공기를 머금고 있었기 때문에 기대한 것만큼 오래 버티지 못했던 탓인지, 혹은 다른 어떤 이유로 인해서 결국에는 단 한 번도 시장으로 나가지 못했기 때문이었다. 1846년에서 1847년 사이의 겨울에 채취한, 총 중량이 만 톤은 될 것으로 보이는 이 얼음 더미는 결국 마른 풀과 판자에 뒤덮여 버리고 말았다. 7월이 되자 그 덮개를 열고 얼음의 일부를 실어 갔지만, 나머지는 햇빛에 노출된 채로 그해 여름과 이듬해 겨울까지 잘 버티다가 1848년 9월에 이르러서야 완전히 녹아 버렸다. 이렇게 해서 호수는 얼음의 대부분을 되찾을 수 있었다.

월든의 얼음은 그 물과 마찬가지로 가까이서 보면 녹색

을 띠고 있지만 멀리서 보면 아름다운 푸른빛을 띠고 있기 때문에, 강의 하얀 얼음이나 1/4마일 떨어진 곳에 있는 어떤 호수[11]의 그저 녹색이 감돌고 있을 뿐인 얼음과는 쉽게 구별할 수 있다. 때로는 이렇게 커다랗고 네모난 얼음 덩어리가 하나 얼음 장수의 썰매에서 마을로 통하는 길가로 미끄러져 떨어져 거대한 에메랄드처럼 일주일 동안이나 그대로 방치되곤 해서, 모든 통행인들의 관심의 대상이 되기도 한다. 나는, 물이었을 때는 녹색으로 보였던 월든 호수의 일부가 결빙하면 같은 지점에서 봤을 때 푸른색으로 보인다는 사실을 알게 되었다. 따라서 호수 주변에 있는 웅덩이가 겨울 동안에 호수와 조금은 비슷한 부분이 있는 녹색 물을 품고 있다 하더라도, 다음날에는 얼음이 되어 푸른빛으로 변해 버리는 경우가 있었다. 물과 얼음이 파란 것은 틀림없이 그곳에 포함되어 있는 빛과 공기 때문일 것인데, 가장 투명한 것이 가장 푸르게 보이는 법이다. 얼음은 흥미진진한 관찰 대상이다. 프레시 호수의 얼음 창고에는 5년 전부터 얼음이 놓여 있었는데, 조금도 변하지 않았다고 한다. 통에 담은 물은 곧 부패해 버리는데, 얼음이 되면 언제까지고 그 맛을 유지하는 것은 어째서일까? 사람들은 흔히 이것을 애정과 지성의 차

---

[11] 월든 호수의 북동쪽에 있는 구스 호수를 말한다.

이라고 말한다.

 이렇게 나는 우리 집의 창문을 통해서 백 명이나 되는 사내들이 16일 동안에 걸쳐서, 달력의 첫 번째 장에 그려진 삽화처럼 짐마차와 말, 갖은 농기구를 사용하여 농번기의 농부 뺨칠 정도로 일하는 모습을 바라보았다. 나는 밖을 내다볼 때마다 '종다리와 농부'의 우화나 '씨앗 뿌리는 사람'[12]의 비유를 생각한다. 그들도 지금은 모두 떠나 버렸다. 앞으로 30일 정도 지나면 나는 틀림없이 바로 이 창문을 통해서 맑은 바닷빛 월든 호수의 물이 구름과 나무들을 반사하고, 조용히 안개를 피워 올리는 모습을 바라보게 될 것이다. 인간이 수면 위에 서 있었던 흔적은 그 어디에도 남아 있지 않을 것이다. 나는 틀림없이 단 한 마리의 오리가 물속으로 잠겨 들거나 깃털을 다듬을 때 내는 웃음소리를 듣게 될 것이며, 혹은 한 낚시꾼이 배를 타고 물에 떠 있는 나뭇잎처럼 방황하면서, 얼마 전까지만 해도 백 명이나 되는 사내들이 안전하게 일하고 있던 물결 위에 비치는 자신의 그림자를 가만히 들여다보고 있는 모습

---

[12] 전자는 라 퐁텐의 『우화』에 있는 「종다리와 그 새끼와 농부」, 후자는 마태복음 13장에 나오는 비유를 말한다.
[13] 19세기 뉴잉글랜드 각 지방에서는 얼음을 외국으로 수출하고 있었다. (Harding)
[14] 기원전 6~5세기경 카르타고의 항해자.
[15] 모두 밀턴의 『실락원』 제2권 639행에서 노래한 인도네시아 북동부의 섬.

을 보게 될 것이다.

이런 이유로 찰스턴과 뉴올리언스, '인도의' 마드라스와 봄베이와 캘커타 등의 더위에 허덕이는 주민들이 나의 우물물을 마실 수 있게 될 것 같다.[13] 아침, 나는 자신의 지성을 『바가바드 기타』의 웅대한 우주 발생론 철학으로 목욕시켰다. 이 책이 쓰여졌던 신들의 시대는 이미 떠나 버렸다. 이 책에 비하면 오늘날의 세계와 현대 문학은 참으로 조그맣고 하찮게 여겨진다. 여기서 이야기하고 있는 철학은, 어쩌면 전생에 속하는 것일지도 모르겠다는 의문이 들 정도로, 그 장엄함은 우리들의 개념과는 멀리 떨어져 있다. 나는 『기타』를 내려놓고 내 우물로 물을 길러 간다. 그런데 이게 어찌 된 일인가? 나는 거기서 바라문—브라흐마와 비슈누와 인드라의 승려—을 섬기는 하인과 마주쳤다. 승려는 지금도 갠지스 강가에 있는 사원에 앉아서 베다를 읽고 있거나, 혹은 빵 껍질과 물통을 들고 한 그루 나무 밑에서 생활하고 있다. 나는 주인을 위해서 물을 길러 온 그 하인과 얼굴을 마주하고, 두 사람의 물통을 같은 우물 속에서 서로 부딪친다. 맑은 월든 호수의 물이 갠지스 강의 성스러운 물과 섞이는 것이다. 호수의 물은 순풍을 만나서 아틀란티스와 헤스페리테스 등과 같은 전설의 섬들이 있던 곳을 지나서, 한노[14]가 들렀던 바다를 다시 돌 것이다. 테르나데 섬과 티도레 섬[15]과 그리고 페르시아만 입구 부근을 맴돌고, 인도양의 열풍에 녹을 것이며, 알렉산더 대왕도 이름밖에 들어 보지 못했던 온갖 항구에 도달하게 될 것이다.

봄

봄

 인부가 광범위하게 얼음을 채취하면, 호수의 해빙은 빨라지는 것이 보통이다. 아무리 추위가 심해도 바람에 흔들리는 물이 주위 얼음을 서서히 깎아 내기 때문이다. 하지만 그해의 월든 호수는 조금 달랐다. 낡은 옷을 벗어 버리자마자 바로 새로운 옷으로 갈아입은 것이다. 이 호수는 매우 깊을 뿐만 아니라 얼음을 녹이거나 줄어들게 하는 냇물이 한 줄기도 흘러들지 않기 때문에, 부근의 다른 호수보다 얼음이 먼저 녹아 버리는 일은 결코 없다. 나는 겨울 동안에 월든 호수의 얼음이 녹은 것을 한 번도 본 적이 없다. 호수에게는 참으로 혹독한 시련의 시기였던 1852년부터 1853년에 걸친 겨울도 예외는 아니었다. 예년 같으면 우선 결빙이 시작되었던 호수의 북쪽 부분과 수심이 얕은 부분부터 서서히 녹기 시작하여 4월 1일쯤, 플린트 호수나 페어 헤이번보다 일주일이나 열흘 정도 늦게 얼음이 녹는다. 그것은 일시적인 기온의 변화에는 거의 영향을 받지 않기 때문에 계절의 절대적인 진행을 아는

데 이 부근의 그 어떤 물보다도 좋은 지표가 되어준다. 3월에 혹독한 추위가 2, 3일 정도 계속되면 다른 호수들은 해빙이 매우 늦어지지만, 월든의 수온은 꾸준하게 상승을 계속한다. 1847년 3월 6일에 온도계를 월든 호수의 중심부에 넣어 보니, 화씨 32도, 즉 빙점에 달해 있었다. 기슭에 가까운 곳은 33도였다. 같은 날, 플린트 호수의 중심부는 32.5도였으며, 기슭에서 12라드 떨어진 곳에 있는 수심이 얕은 곳은 두께 1피트의 얼음 밑에서 36도를 기록했다. 플린트 호수는 수심이 깊은 곳과 얕은 곳 사이에 3.5도의 온도차가 있었으며, 호수의 대부분이 비교적 얕기 때문에 월든 호수보다도 훨씬 빨리 얼음이 녹는 것이었다. 이때 가장 수심이 얕은 부분의 얼음은 중심부의 얼음보다도 몇 인치나 얇았다. 한겨울에는 중심부가 가장 따뜻해서 얼음이 가장 얇았음에도 불구하고. 따라서 여름에 호수의 기슭에서 물속을 걸어 본 적이 있는 사람이라면, 깊이 3, 4인치밖에 되지 않는 기슭의 물이 조금 더 깊은 곳에 있는 물보다 훨씬 더 따뜻하며, 깊은 곳에서는 수면에 가까운 쪽이 호수 바닥에 가까운 쪽보다 따뜻하다는 사실을 알 수 있었을 것이다.

봄이 되면 태양의 감화로 대기와 대지가 따뜻해질 뿐만 아니라 태양열이 1피트 이상이나 되는 얼음을 뚫고 들어가 얕은 호수의 밑바닥에 반사되어 수온을 높이고 얼음을 직접 위에서부터 녹임과 동시에 밑에서도 녹이기 때문에, 얼음이 울퉁불퉁해지고 그 내부에 있던 기포가 상하로 퍼져서 그 결과 얼음은 마치 벌집처럼 되고 봄비가 한 번 내리게 되면 눈 깜빡할 사이에 사려져 버리게 된다. 나무와 마찬가지로 얼음에도 결이 있어서, 네모난 얼음 덩어리가 무너져 '울퉁불퉁' —즉 벌집처럼— 해지기 시작하면 얼음 덩어리가 놓인 방향과는 상관없이 얼음 속의 기포들은 예전의 수면에 대해서 직각을 이루게 된다. 바위나 통나무가 수면 가까이까지 돌출되어 있는 경우에는 그곳으로부터의 반사열 때문에 얼음이 얇아지거나 완전히 녹아 버리는 경우도 종종 있다. 내가 들은 얘기에 의하면, 케임브리지에서 바닥이 얕은 목제 연못을 사용해서 물을 얼리는 실험을 했는데, 차가운 공기를 밑쪽에까지 순환시켜 상하 양면에서 연못을 차갑게 해줬음에도 불구하고 바닥에서 올라오는 태양의 반사열이 얼음이 얼기 좋은 이 조건을 상쇄해 버렸다고 한다. 한겨울에 따뜻한 비가 월든 호수의 눈을 완전히 녹여 버려 중심부에 딱딱하고 거무스름한, 혹은 딱딱하고 투명한 얼음만 남게 되면 기슭 가까이에 1라드나 그보다 조금 넓은 폭으로— 중심부보다 훨씬 두껍기는 하지만— 이미 무너져 가기 시작하고 있는 하얀 얼음의 띠가 둘러쳐지는 경우가 있는데, 그것도 이러한 반사열이 만들어내는 현상이다. 그리고 앞서도 이야기한 것처럼, 얼음 내부에 있는 기포 자체도 밑에 있는 얼음을 녹이는 렌즈 역할을 하는 것이다.

호수에서는 1년 동안에 일어나는 현상이 매일 조금씩 진행된다. 대체로 얕은 곳에 있는 물은 매일 아침 깊은 곳에 있는 물보다 빠른 속도로 따뜻해진다. 하지만 결국은 그렇게 많이 상승하지도 않는다. 저녁이 되면 다음날 아침까지 더욱 빠른 속도로 차가워지기는 하지만. 하루는 일년의 축소판이다. 밤은 겨울, 아침과 저녁은 봄과 가을, 낮은 여름이다. 얼음이 갈라지거나 깨지는 소리를 내는 것은 기온에 변화가 있다는 것을 알려준다. 차가운 밤이 지나고 상쾌한 아침을 맞게 된 1850년 2월 24일, 나는 그 날 하루를 보내려고 플린트 호수로 향했다. 도끼 머리로 얼음을 두드리니, 팽팽하게 쳐진 북의 가죽을 두드리는 것처럼 쿵! 하는 소리가 주위 몇 라드에 걸쳐서 울리는 소리를 듣고는 놀라지 않을 수 없었다. 해가 뜬 지 한 시간 정도 지났을 무렵, 호수는 언덕 위에서 비스듬하게 비추는 태양광선을 감지하고 울음소리를 울리기 시작했다. 호수는 이제 막 눈을 뜬 사람처럼 기지개를 켜고, 하품을 하고, 점점 소란스러워지더니, 그런 상태가 3, 4시간이나 계속되었다. 정오가 되자 한동안 낮잠을 자고, 태양의 감화가 약해지는 저녁이 되자 다시 한 번 울음소리를 울리기 시작했다. 날씨가 평온한 때면 언 호수는 매우 규칙적으로 저녁이 왔음을 알리는 시보를 울렸다. 하지만 그날은 한낮이 되자 얼음에 헤아릴 수도 없이 많은 금이 가기 시작했으며, 대기도 탄력성을 잃고 있었기에 호수는 아무런 소리도 내질 않았다. 얼음을 두드린다 해도 물고기나 사향쥐들이 놀라 달아나는 일은 없었을 것임에 틀림없다. 낚시꾼들의 말에 의하면, 이 '호수의 천둥'이 울리면 물고기들은 완전히 겁에 질려서 미끼를 전혀 물지 않는다고 한다. 호수는 매일 밤 천둥을 울리지는 않았으며, 또 나는 그 시각을 정확하게 말할 수도 없다. 하지만 나는 날씨의 변화를 느끼지 못하겠는데도 천둥이 울리는 경우가 있다. 이처럼 커다랗고 차가우며 두꺼운 가죽으로 둘러싸인 것이 그처럼 민감하다니, 대체 누가 상상이나 할 수 있겠는가? 하지만 봄이 찾아오면 새싹이 돋아나는 것처럼 호수도 자신이 따르는 법칙이 있어, 그에 따라서 울음소리를 울리는 것이다. 대지는 모두 살아 있으며, 조그만 유방과도 같은 돌기물들로 뒤덮여 있다. 가장 큰 호수도 관 속에 들어 있는 수은 알갱이들과 마찬가지로 대기의 변화에 대해서 극히 예민한 것이다.

  내가 숲의 생활에 이끌린 이유 중의 하나는 봄이 오는 모습을 지켜볼 여유와 기회를 가질 수 있을 것 같았기 때문이었다. 호수의 얼음이 드디어 벌집처럼 변해 가기 시작하면, 나는 걸음을 걸으면서 거기에 구두 자국을 남길 수 있게 된다. 안개와 비와 따뜻한 햇빛이 서서히 눈을 녹여 간다. 해는 눈에 띄게 길어졌다. 지금부터는 커다란 불을 피울 필요가 없기 때문에 이제는 더 이상 장작더미를 높이 쌓아 올리지 않아도 겨울을 날 수 있을 것 같다. 나는 봄이 오는 첫 번째 조짐을 발견해 내려고 주의를 기울인다. 날아온 철새가 문득 흘리는 울음소리나, 이제 겨울을 대비해서 쌓아 둔 양식이 거의 다 떨어졌을 줄무늬다람쥐의 울음소리가 들리지나 않을까, 겨우살이를 마친 우드척이 용기를 내서 둥지에서 나오는 모습을 발견하지는 않을까 하고. 3월 3일에 이미 유리울새, 노래참새, 티티새 등의 울음소리를 들은 뒤였지만, 호수는 아직도 1피트 가까이나 얼어 있었다. 날씨가 따뜻해져도 얼음은 강 속에서처럼 순식간에 물로 녹아 버리거나 깨져서 흘러가 버리지는 않는다. 그러기는커녕 기슭에서 0.5라드 떨어진 곳까지 얼음이 완전히 녹아 버려도 호수의 중심부는 벌집과 같은 상태로 —물에 흥건히 젖어 있어서 발로 밟아 깨뜨릴 수 있다고는 하지만—, 여전히 두께 6인치 정도의 얼음에 둘러싸여 있는 것이다. 하지만 따뜻한 비가 내린 뒤에 안개가 끼기라도 하면, 틀림없이 다음날 저녁까지는 얼음이 전부 녹아서 행방불명이라도 된 것처럼 흔적도 없이 사라질 것이다. 한번은 얼음이 사라지기 겨우 5일 전에 호수의 한가운데를 걸어서 건넌 적이 있었다. 1845년 4월 1일에 드디어 월든 호수의 얼음이 완전히 녹았다. 1846년에는 3월 25일, 1847년에는 4월 8일, 1851년에는 3월 28일, 1852년에는 4월 18일, 1853년에는 3월 28일, 1854년에는 4월 7일경이었다.

강이나 호수의 해빙, 안정적인 날씨 등과 관계가 있는 모든 현상들은 기온 차이가 심한 기후 하에서 살고 있는 우리들에게는 각별히 흥미진진한 것이다. 날이 따뜻해지면 강가에 살고 있는 사람들은 한밤중에 얼음이 갈라질 때 내는—마치 얼음으로 만들어진 족쇄가 끝에서부터 끝까지 찢어져 나가는 것이 아닐까 하는 생각이 들 정도의—, 포성과도 비슷한 굉음을 듣고 깜짝 놀랄 것이다. 하지만 그로부터 며칠 지나지 않아서 그 얼음이 눈에 띄게 작아져 가는 것을 목격하게 된다. 이렇게 악어는 대지를 흔들어 가면서 늪 속에서 모습을 드러내는 것이다. '자연'을 주의 깊게 관찰해 왔던 한 노인은, 자신이 소년이었을 당시 '자연'이라는 배가 건조될 때 그 용골(龍骨)을 함께 놓지 않았을까 생각될 정도로 자연계의 모든 현상에 대해서 자세하고 알고 있었다. 그가 지긋하게 나이를 먹은 지금은 가령 드무셀라[1]만큼 장수를 한다 해도 더 이상 '자

---

1) 구약 성경 창세기에 등장하는 969살까지 살았다고 전해지는 족장.

연'에 대한 지식이 늘어날 것 같지 않을 정도였는데, 그 노인이 '자연'의 모든 운행에는 경탄의 마음을 금할 수가 없다고 말하면서 다음과 같은 이야기를 들려 주었을 때, 나는 자연과 이 노인 사이에는 아무런 비밀도 없을 것이라는 생각이 들었기에 놀라지 않을 수 없었다. 어느 봄날 아침, 노인은 총을 들고 배에 올라 잠깐 오리 사냥을 즐기려고 했다. 목초지에는 아직 얼음이 남아 있었지만 강에는 얼음이 완전히 사라졌기 때문에, 그는 살고 있던 서드베리에서부터 얼음의 방해를 받지 않고 페어 헤이번 호수까지 내려올 수 있었다. 그런데 기대했던 것과는 달리 호수의 대부분은 아직도 견고한 얼음으로 덮여 있었다. 따뜻한 날이었음에도 불구하고, 그렇게 커다란 얼음 덩어리가 녹지 않고 남아 있는 것을 보고 그는 놀랐다. 오리가 보이지 않았기 때문에 배를 호수 가운데 있는 섬의 북쪽, 즉 뒤쪽에 숨기고 그는 남쪽의 수풀에 몸을 숨긴 채로 사냥감을 기다렸다. 얼음은 기슭에서 3, 4라드 떨어진 곳까지 녹아 있었으며, 그곳에는 오리들이 좋아하는 진흙 바닥이 있는 부드럽고 따뜻한 수면이 펼쳐져 있었기 때문에, 노인은 틀림없이 곧 사냥감이 나타날 것이라고 생각하고 있었다. 그곳에서 한 시간쯤 누워 있었을 때의 일이었다. 저 멀리서 낮은 소리가 들려왔는데, 그것은 그가 일찍이 들어 본 적이 없는, 묘하게 장엄하면서도 인상적인 소리였다. 세상에 어떤 엄청난 결과를 불러일으킬 것 같은 느낌을 주는 것으로, 점점 소리를 높이고 세력을 확장하면서 밀려왔다. 이 음울한 울림을, 갑자기 이곳에 내려앉으려고 하는 새 떼들의 날갯짓 소리일 것이라고 생각한 노인은 총을 움켜쥐고 뛰는 가슴을 억누르며 서둘러 일어나 앉았다. 그런데 놀랍게도 노인이 누워 있는 사이에 호수의 얼음 전체가 움직이기 시작하여 기슭 쪽으로 밀려가고 있었던 것이었다. 그가 들었던 것은 얼음의 끝이 기슭에 긁히는 소리로, 처음에는 부드럽게 긁히거나 깨져 나갔지만 곧 섬 위로 밀려 올라와서 상당히 위쪽에까지 파편을 튄 후에 드디어 움직임을 멈춘 것이었다.

곧 태양빛이 최적의 각도에서 내리쬘 때가 되면, 따뜻한 바람이 일어 안개와 비를 쓸어가고 쌓여 있던 눈을 녹여 버린다. 안개를 흩어 버리는 태양은 향기로운 연기 속으로 뿌옇게 보이는 붉은색과 흰색의 체크 무늬 풍경을 향해 미소짓고 있으며, 그 속에서 나그네는 떠나가는 겨울의 피로 가득 찬 혈관을 가진 수많은 시내와 강의 음악 소리에 힘을 얻어 깡충깡충 뛰며 길을 더듬어 간다.

마을로 나갈 때 내가 지나다녔던, 철도 선로를 놓기 위해 산을 깊이 깎아낸 곳의 사면으로 모래나 점토가 녹아서 흘러내릴 때 보이는 여러 가지 모양만큼 관찰하는 것이 즐거운 현상도 보기 드물 것이다. 철도가 발명된 이후 최고의 재료로 만들어진, 새로이 모습을 드러낸 둑의 숫자도 상당히 늘었을 것이지만, 이처럼 큰 규모로 일어나는 현상은 그리 흔히 볼 수 없을 것이다. 여기서 말한 재료란, 모든 종류의 굵기와 다양하고 선명한 색을 가지고 있는 모래를 말하는 것이며, 일반적으로 거기에는 소량의 점토가 혼합되어 있다. 겨울에도 눈이 녹을 만한 따뜻한 날이면 그런 일이 있었지만, 특히 봄이 되어 언 땅이 녹으면 모래가 용암처럼 둑의 사면을 타고 흘러내리기 시작하며, 때로는 눈을 뚫고 올라와 이전에는 모래는 찾아볼 수도 없었던 눈 위로 넘쳐 나는 경우도 있었다. 헤아릴 수도 없이 많은 조그만 모래들의 흐름이 서로 겹쳐지고 얽힌 결과, 반은 흐름의 법칙을 따르고 반은 식물 생장의 법칙을 따르는, 일종의 잡종적 생산물이 모습을 드러낸다. 그것은 흘러내림에 따라서 싱싱한 나뭇잎이나 덩굴의 모습을 띠기도 하고, 두께 1피트나 그 이상 되는, 끈적끈적한 조그만 가지의 퇴적물이 되기도 하고, 위에서 내려다보면 어떤 지의류(地衣類)의 거칠거칠한 잎들이 비늘처럼 겹쳐져 있는 엽상체(葉狀體)[2]처럼 보이기도 하며, 때로는 산호, 표범의 발, 새의 발, 혹은 뇌, 폐, 장, 그리고 온갖 종류의 배설물처럼 보일 때도 있다. 그것은 참으로 기괴한 식물이었으

---

2) 잎 · 줄기 · 뿌리의 구별이 없이 전체가 엽상(葉狀)으로 이루어진 식물.

며, 그 모양과 색은 브론즈로 묘사되어, 아칸서스, 꽃상추, 담쟁이 덩굴, 포도나 그 외의 어떤 식물의 잎보다도 오래되고 전형적인, 일종의 건축용 장식이 되는 것을 볼 수 있다. 어쩌면 그것은 미래의 지질학자들에게 있어서 하나의 수수께끼가 되도록 운명지어져 있을지도 몰랐다.

산을 깊이 깎아 낸 이곳은 전체적으로, 종유석을 백일하에 드러내고 있는 동굴과도 같은 인상을 내게 주었다. 모래의 다양한 빛깔은 신비할 정도로 선명하고 좋은 느낌을 주었으며, 여러 가지 광물의 색―갈색, 회색, 노란색, 붉은색―을 포함하고 있었다. 흘러내리는 모래 덩어리가 둑 밑의 도랑에 이르면, 이번에는 평평하게 펼쳐져 기슭을 만들고, 갈라진 흐름은 반원통형의 모습을 잃고 점점 평평하게 퍼지다가, 수분을 더해 감에 따라서 합류하여 드디어는 다양하고 아름다운 빛깔을 남긴 채 거의 평평한 모래밭이 되었다. 그래도 처음 갖고 있던 식물의 모양은 아직도 그 흔적을 남기고 있다. 그리고 마지막으로 물속으로 들어가면, 하구의 물속에 생기는 사주처럼 변하여 식물의 형태는 바닥의 잔물결 모양 속으로 사라져버린다.

높이 20피트에서 40피트에 달하는 이 둑 전체가 때로는 길이 1/4마일에 걸쳐서, 한쪽 사면만이, 혹은 양쪽 사면이 함께 이런 커다란 잎 모양 장식―모래의 붕괴―으로 뒤덮여 버리는 경우가 있다. 봄날이 단 하루 만에 만들어

내는 산물이다. 이 모래의 잎 모양 장식의 놀라운 점은 이처럼 갑자기 출현한다는 데 있다. 한쪽에서는 활발하지 못한 둑을—이는 태양이 아직 한쪽만을 비추기 때문이다—, 다른 한쪽에서는 단 한 시간 만에 만들어진 현란한 잎 모양 장식을 볼 때마다 나는 특수한 의미에서, 이 세계와 나를 만든 그 '예술가'의 작업실에 와 있는 듯한—그가 지금도 일을 하던 중 이 둑에 장난을 치다가 자신도 모르게 차례로 새로운 작품을 여기저기에 만들어 내고 있는 현장을 보고 있는 듯한— 감동을 맛보게 된다. 마치 지구의 내장에 한발 다가선 듯한 기분이다. 범람한 모래는 어딘지 모르게 동물의 내장을 닮은 이파리 모양의 덩어리를 이루기 때문이다. 따라서 모래 그 자체 속에 식물의 잎의 출현이 예고되어 있는 것이다. 대지가 내부에 그러한 이념을 품고 진통을 겪고 있으니, 외부에서는 잎을 통하여 자신을 표현하는 것도 그리 이상한 일은 아니다. 원자는 이미 이 법칙을 알고 있으며, 그 법칙에 따라서 배태한다. 머리 위를 뒤덮고 있는 잎은 바로 여기에 그 원형이 있다. 지구나 동물의 몸도 내부는 젖은 한 장의 두꺼운 잎(lobe)인데, 이 말은 특히 간장이나 폐, 돼지의 엽상 지방(葉狀脂肪) 등에 적용된다—$\varepsilon\iota\beta\omega$, labor, lapsus는 각각 흘러내리다, 미끄러 떨어지다, 하강하다를 뜻하며, $o\beta o$ s, globus는 각각 잎, 지구를 나타내는데, 이 외에도 겹치다, 늘어지다 등을 의미하는 많은 말들이 여기에서 생겨났다—. 외부에 대해서 이야기해 보자면, 그것은 한 장의 얇고 마른 잎(leaf)으로, 마치 'leaf나 leaves의' f나 v가 b를 압축하여 말려 놓은 것이라는 사실과 같은 것이다. lobe(잎)의 어근은 lb로, b(이것은 단엽, '대문자인' B는 복엽)의 부드러운 덩어리를 뒤에 있는 유음인 l이 앞으로 밀어내고 있다. globe(지구)의 경우는 glb가 어근으로, 후두음인 g는 lb의 의미에 후두의 힘을 더해 주는 역할을 하고 있다. 새의 깃털이나 날개는 더욱 더 마르고 얇아진 잎이다. 따라서 이것과 마찬가지로 땅 속에 있는 두루뭉실한 유충에서 공중을 날아다니는 나비까지의 과정을 더듬어 갈 수 있다. 지구 자체가 끊임없이 자신을 초월하고 변형시킴으로 해서 그 궤도를 달릴 수 있게 되는 것이다. 얼음도, 막 얼기 시작할 때는 수생 식물의 잎이 거울과 같은 수면에 새겨진 거푸집 속으로 흘러 들어간 것처럼 우선은 섬세한 수정체와 같은 잎이 된다. 나무는 그 전체가 한 장의 잎에 지나지 않으며, 하천은 더욱 커다란 잎으로, 그 잎의 육질은 강들 사이에 펼쳐져 있는 대지, 마을과 도시는 잎의 마디에 낳아 놓은 곤충의 알인 것이다.

태양이 저물면 모래는 흘러내리지 않게 되지만, 다음날 아침이 되면 작은 시냇물은 다시 움직이기 시작하고 여러 갈래로 가지를 뻗어서 무수한 흐름을 이루게 된다. 어쩌면 혈관이 만들어질 때의 모습이 이럴지도 모르겠다. 자세하게 관찰해 보면, 먼저 녹아가는 덩어리 속에서 끝이 물방울처럼 생긴 부드러운 모래의 흐름이 엄지손가락처럼 밀려나와 천천히, 맹목적으로 손을 더듬거리면서 흘러내려간다는 것을 알 수 있다. 곧 태양이 높이 솟아 열과 수분이 더욱 증가되면 가장 유동적인 부분이, 가장 활발하지 못한 부분이라 할지라도 따르지 않을 수 없는 법칙을 지키려고 후자와 갈라져서 흐름의 내부에 그 자체의 구불구불한 수로 내지는 동맥을 형성한다. 그 속에서 한 줄기 작은 은빛 냇물이 번개처럼 빛을 내면서 싱싱한 잎과 줄기 단계에서 다음 단계로 이행하며, 때로는 모래 속으로 빨려 들어가는 것을 볼 수 있다. 이렇게 모래가 흘러내리면서 재빠르고 완벽하게 조직을 갖춰서, 모래 덩어리가 제공할 수 있는 최고의 재료로 수로의 날카로운 둘레 부분을 형성해 가는 모습은 참으로 경탄할 만한 일이다. 이러한 것이 강의 원천이 되는 것이다. 물에 침전되는 규소성 물질 속에는 틀림없이 뼈의 주 성분이 함유되어 있으며, 더욱 미세한 흙과 유기물질 속에는 근육섬유와 세포조직이 포함되어 있을 것이다.

인간이란, 얼었다 점점 녹아가고 있는 점토 덩어리에 불과한 것이 아닐까? 인간의 엄지손가락은 응고된 하나의 물방울에 지나지 않는다. 손가락과 발가락은 인간의 몸이 녹아 흘러내려 끝에까지 도달한 것이다. 지금보다 쾌적한 환경 아래서 인체가 과연 어디까지 퍼져가고 흘러서, 그 결과 어떻게 될 것인지를 그 누가 알기나 하겠는가? 손이란, 열편(裂片, lobes)과 잎맥(veins)이 있는 넓게 펼친 종려나무 잎을 말하는 것이 아닐까? 좀 더 마음껏 상상의 나래를 펼쳐 보자면, 귀는 머리 옆에 자라난 지의류(umbilicaria)로, 거기서 귓불(lobe), 즉 물방울이 떨어지고 있는 것이라고 생각할 수 있을 것이다. 입술—라틴어의 labium, 즉 '입술'은 '미끄러 떨어지다'를 의미하는 labor에서 온 말이 아닐까?—은 동굴과 같은 입의 위와 아래에 겹쳐져(lap) 있거나 매달려(lapse) 있다. 코는 의심할 여지도 없이 응고된 물방울, 즉 종유석이다. 턱은 더욱 커다란 물방울로 얼굴이 흘러내려 합류한 것이다. 뺨은 이마에서 얼굴의 계곡 쪽으로 산사태가 일어났을 때, 그것이 광대뼈에 부딪혀서 널리 퍼진 자국인 것이다. 둥근 모양을 띠고 있는 식물 잎의 열편도 그 하나하나가 지금은 잠시 휴식을 취하고 있는, 크기는 가지각색이지만 두꺼운 물방울인 것이다. 열편은 잎의 손가락인 셈이다. 그 잎은 열편의 숫자만큼 여러 방향으로 흐르려 하고 있으며, 더욱 높은 기온이나 쾌적한 날씨의 영향을 받았다면 좀 더 멀리까지 흘러갈 수 있었을 것이다.

이처럼 언덕의 사면 하나가 '자연'의 모든 운행 법칙을 설명하고 있는 듯했다. 지구의 '창조자'는 잎 한 장에 대한 특허만을 가지고 있는 것에 불과한 것이다. 앞으로 샹폴리옹[3]과 같은 인물이 나타나 이 상형 문자를 해독해서, 우리들이 새로운 잎을 뒤집는 것처럼 새로운 인생의 첫걸음을 내딛을 수 있게 해줄 것인지? 이 현상은 풍성하게 열매 맺은 포도밭을 직접 보는 것 이상으로 내 마음을 설레게 한다. 틀림없이 그것은 어느 정도 배설물을 생각나게 하는 부분이 있으며, 간장, 폐, 내장 등과 같은 것이 무더기로 끝없이 펼쳐져 있는 모습을 보는 듯하여 지구가 속을 드러낸 것이 아닐까 하는 생각이 들 정도지만, 바로 그 점 때문에 적어도 '자연'이 오장육부를 가지고 있다는 사실, 따라서 인류의 어머니라는 사실을 알 수 있게 해주는 것이다. 이것이 대지에서 넘쳐흐르는 서리며, 이것이 '봄'이다. 그것은 신화가 본격적인 시의 선구가 된 것처럼, 푸르름이 넘쳐나고 꽃이 피는 봄에 앞서서 찾아온다. 나는 겨울의 독기와 소화 불량을 이것보다 더 시원하게 풀어주는 다른 것을 알지 못한다. 그것은 '지구'가 아직도 강보에 싸여 있으며, 고사리 같은 손가락을 사방으로 내뻗고 있다는 사실에 대한 확신을 갖게 해주었다. 새로운 곱슬머

---

[3] Jean Fran csois Champollion(1790~1832). 상형문자의 해독에 기여한 프랑스의 이집트 학자.

리가, 아직 아무것도 없는 이마에서 자라기 시작한다. 무기물은 어디에서도 찾아볼 수 없다. 이처럼 잎 모양을 한 퇴적물들은 둑을 따라서 용광로의 광재(鑛滓)처럼 펼쳐져, '자연'이 아직도 내부에서는 '한창 작업중'이라는 사실을 가르쳐 준다. 지구는 서적의 페이지처럼 몇 개의 층으로 퇴적된, 주로 지질학자나 고고학자들의 손에 의해서 연구되어야 할 단순히 죽은 역사의 단편이 아니라 꽃과 열매에 앞서서 나타나는 잎과 마찬가지로 살아 있는 시인 것이다. 화석이 되어 버린 대지가 아니라, 살아 있는 대지인 것이다. 그 중심에 있는 위대한 생명에 비하면 모든 동식물의 생명은 한낱 기생물(寄生物)에 지나지 않는다. 대지의 진통은 우리들의 허물까지도 무덤 속에서 일어나게 할 것이다. 누군가가 금속을 녹여서 그것을 세상에서 가장 아름다운 거푸집에 쏟아 붓는 모습을 본다 하더라도 나는 이 용해된 대지가 흘려보내서 만들어 내는 여러 가지 형태를 볼 때만큼 가슴이 뛸 것이라고는 생각되지 않는다. 그리고 대지뿐만 아니라 그 위에 만들어진 모든 제도도, 도공의 손에 쥐여져 있는 점토처럼 가소성(可塑性)을 가지고 있는 것이다.

곧 이 둑뿐만 아니라 모든 언덕과 평원, 웅덩이에서, 마치 겨울잠을 자고 있던 짐승이 둥지에서 나오듯이 서리가 지면으로 넘쳐나, 음악을 연주하면서 바다를 향해 가거나 구름이 되어 다른 토지로 이주해 갈 것이다. 부드럽게 설득하는 해빙(Thaw)이 망치를 손에 든 뇌신(雷神) 토르(Thor)[4]보다 강하다. 한쪽은 녹이는 데 비해서 다른 한쪽은 그저 산산이 부숴버릴 뿐이다.

지면의 눈이 군데군데 녹기 시작하고, 따뜻한 날이 2, 3일 계속되어 그 표면이 어느 정도 말랐을 때쯤, 바로 그때부터 얼굴을 막 내밀기 시작한 어린 봄이 싹을 내미는 첫 조짐과 겨울을 견뎌 온 마른 초목의 당당한 아름다움을 비교하는 것은 매우 즐거운 일이었다. 예를 들어서 보릿대국화, 미역취, 쥐손이풀을 비롯한 얌전한 야생초는 여름이 오지 않으면 아름다움이 성숙되지 않는 것처럼 보이지만, 실은 여름보다 이 시기에 더욱 눈에 잘 띄며 풍취에 넘쳐 있는 경우가 많았다. 그리고 황새풀, 부들, 우단현삼, 물레나물, 조팝나무, 피리풀 등 줄기가 튼튼한 여러 가지 식물이 있어서 가장 일찍 찾아오는 새들을 대접하기 위한 무진장한 곡창―적어도 과부인 '자연'이 몸에 두르는 음전한 상복[5]―이 되어 준다. 나는 특히 등심초의 활처럼 휜 곡물 다발과 같은 윗대에 마음이 끌렸다. 그것은 겨울에

---

4) 북유럽 신화. 뇌신·농민의 신. 던지면 반드시 적을 죽이는 망치와, 힘을 두 배로 늘려 주는 허리띠, 망치를 잡기 위한 장갑을 무기로 가지고 있다.
5) weed(상복, 喪服)를 잡초라는 의미로 해석하고 있다.

대한 기억으로 가득한 우리들 속에 여름을 환기시켜 주며, 예술가가 묘사하고 싶어하는 형태 중의 하나기도 하다. 또한 이 풀은 이미 인간 정신의 내부에 자리잡고 있는 여러 가지 형태에 대해서 천문학이 가지고 있는 것과 마찬가지 관계를 가지고 있는 식물이다. 그리스와 이집트 양식보다도 더욱 오래된 시대의 양식이다. 겨울에 보이는 현상의 대부분은 말로 표현할 수 없는 어리고도 귀여운 모습과, 깨지기 쉬운 우아함을 그 밑에 숨기고 있다. 우리들은 곧잘 겨울의 임금을 무례하고 난폭한 폭군인 것처럼 이야기하는 소리를 들을 수 있지만, 실은 사랑하는 사람이 지니고 있는 것과 같은 부드러움으로 여름 공주의 머리를 장식하고 있는 것이다.

봄이 다가왔을 무렵, 내가 앉아서 책을 읽기도 하고 글을 쓰기도 하고 있는데, 바로 발 아래 마루 밑으로 붉은다람쥐 두 마리가 한꺼번에 찾아와 지금까지 들어 본 적이 없는 기묘한 웃음소리, 찍! 찍! 하는 울음소리, 선회하며 추는 춤을 생각나게 하는 소리, 목을 울리는 듯한 소리를 끊임없이 냈다. 내가 바닥을 발로 치면, 그들은 더욱 커다란 소리로 찍! 찍! 소란을 피우며 장난에 너무 열중한 나머지 공포심도 경의도 완전히 잊은 채, 인간에게 "끝까지 해봅시다."라고 말하고 있는 듯했다. "이제 그만하거라. 다람쥐야." 하지만 그들은 내 말을 들을 마음이 전혀 없거나, 그런 건 애초부터 얕잡아 보고 있기라도 하다는 듯, 더 이상 손을 써볼 수도 없을 정도로 비난의 목소리를 내게 퍼붓는 것이었다.

봄, 처음으로 찾아오는 참새! 한 해가 전에 없이 싱싱한 희망에 휩싸인 채 시작되려 하고 있다. 유리울새와 노래참새, 티티새들의 은방울을 울리는 듯한 가녀린 지저귐이 군데군데 눈이 녹아 있는 축축한 들판을 건너서 들려오고 있다. 겨울의 마지막 눈발들이 흩어져 내리면서 서로 사각이는 소리처럼! 이럴 때 역사나 연대기, 전통과 문자로 기록된 모든 계시가 대체 무슨 소용이 있단 말인가? 시냇물은 봄에 대한 축가와 찬가를 흥얼댄다. 목장을 낮게 날아다니는 개구리매는 이제 막 눈을 뜬 생물들을 벌써부터 찾고 있다. 녹기 시작한 눈이 무너져 내리는 소리가 도처의 계곡에서 들려오며, 호수의 얼음은 점점 녹아 가고 있다. 언덕 중턱에서는 풀이 봄날처럼 불타오르고 있다. "et primitus oritur herba imbribus primoribus evocata" (이렇게 풀들은 첫 봄비를 맞고 이제 막 싹을 내밀려 하고 있다)[6] 마치 대지가 돌아온 태양을 맞이하려고 내부의 열을 내보내고 있는 듯한 모습이다. 단, 불꽃의 색깔이 붉은빛이 아니라 푸른빛이기는 하지만. 영원한 청춘의 상징인 풀의 이

---

6) 『농업론』 2 · 2 · 14.

파리는 길고 푸른 리본처럼 지면에서 여름을 향하여 흘러가기 시작하여, 비록 서리가 그 길을 막는다 하더라도 바로 전진을 시작하여 땅속에 넘쳐 나고 있는 생명력으로 작년에 마른 풀로 쓰려고 베어졌던 풀의 끝 부분을 밀어 올린다. 풀의 이파리는 조그만 시냇물이 땅속에서 솟아나듯이 착실하게 성장을 계속한다. 이 양자는 거의 동일한 것이라고 봐도 무방하다. 왜냐하면 물이 말라 버리는 6월, 풀의 생장기에는 풀의 이파리가 시냇물의 수로가 되어 매해 가축 떼들은 이 영원한 푸르름의 흐름에서 물을 얻으며, 풀을 베는 자들은 거기서 한발 앞서 겨울용 사료를 퍼올리기 때문이다. 이와 마찬가지로 우리 인간들의 생명도 뿌리 윗부분까지 시들 뿐, 영원을 향해서 푸른 잎을 밀어 올리는 것이다.

월든 호수는 눈에 띄게 녹아 가고 있다. 호수의 북쪽과 서쪽에는 폭 2라드 정도의 운하가 형성되었으며, 동쪽 끝은 그 폭이 더욱 넓어져 가고 있다. 광대한 얼음의 들판이 가운데서 끊겨 버린 것이다. 노래참새가 기슭의 수풀 속에서 노래하고 있는 것이 들려온다. 오릿, 오릿, 오릿, 찝, 찝, 찝, 체 차, 체 위스, 위스, 위스. 이 새도 얼음을 깨는 데 한몫하고 있는 것이다. 얼음 둘레를 유려하게 감싸고 있는 곡선의 아름다움은 말로 표현할 수가 없을 정도다. 어느 정도는 호수의 기슭을 따르고 있지만, 얼음을 둘러싸고 있는 곡선이 훨씬 더 규칙적이다. 얼음은 최근 불어닥친 혹독하기는 하지만 일시적인 추위 때문에 전에 없이 딱딱해져 있으며, 궁전의 바닥처럼 전체가 물결 무늬로 뒤덮여 있다. 하지만 바람은 그 불투명한 표면 위를 덧없이 동쪽으로 미끄러져 가다가 얼음을 건너서야 살아 있는 수면에 도달하게 된다. 이 태양빛에 반짝이는 물의 리본, 기쁨과 젊음에 넘쳐나는 호수의 얼굴을 바라보는 것은 참으로 멋진 일이다. 그것은 물속에 있는 물고기와 기슭에 있는 모래들의 기쁨을 대변하고 있는 듯하며, 잉어(leucisus)의 비늘처럼 은빛으로 반짝이는 모습은 그 자체가 살아 있는 한 마리 물고기와도 같다. 겨울과 봄은 너무나도 선명하게 대조된다. 월든은 죽었다가 다시 살아난 것이다.[7] 하지만 앞서 이야기한 것처럼 이번 해의 봄, 호수의 얼음은 어느 때보다도 착실하게 녹아 가고 있었다.

폭풍의 계절인 겨울에서 화창하고 평온한 날씨로의, 어둡고 정체되었던 시간에서 밝고 생동감 있는 시간으로의 변화는 만물이 알리는 하나의 중대한 전환점이다. 그것은 언제나 마지막 순간에 갑자기 찾아온다. 저녁이 다가오고 있으며, 지붕 위에는 아직도 겨울의 무거운 구름이 낮게

---

[7] 신약 성경 누가복음 15장 24절 "이 내 아들은 죽었다가 다시 살아났으며……"에서.

드리워져 있고, 처마 끝에서는 진눈깨비가 떨어지고 있는데 갑자기 우리 집은 밖에서 들어오는 빛으로 넘쳐 나는 것이었다. 나도 모르게 창밖을 바라보았다. 그랬더니 이게 어찌 된 일인가? 어제까지만 해도 차가운 잿빛 얼음밖에 없었던 곳에 벌써부터 여름 저녁의 고요함이 가득 넘쳐 나는, 희망이 넘쳐 나는 투명한 호수가 아직 눈에는 보이지 않는 여름 저녁의 하늘을 자신의 품에 안은 채로 펼쳐져 있는 것이 아닌가? 마치 호수가 저 멀리 있는 지평선과 서로 뜻을 통하고 있기라도 한 것처럼. 멀리서 개똥지빠귀의 소리가 들려왔다. 나는 그것을 몇 천 년 만에 듣는 듯한 기분이 들어서 그 선율—고대의 아름답고 박력 있는 노랫소리—을 앞으로도 몇 천 년 동안 잊지 못할 것이라고 생각했다. 아, 뉴잉글랜드에서 여름의 하루가 저물려고 할 때의, 저물녘의 개똥지빠귀여! 그가 내려앉은 작은 가지를 어떻게 찾아내는 방법은 없을까? 그 새와 그 가지를! 그렇게도 오랫동안 울부짖고 있던 우리 집 주변의 리기다소나무와 떡갈나무들은 단비에 젖어서 생기를 되찾은 듯, 자신의 여러 가지 원래의 성격을 갑자기 되찾아 한층 더 밝고 푸르러졌으며, 이전보다도 훨씬 더 똑바로 서서 싱싱함에 넘쳐 있다. 나는 이미 비가 그쳤다는 사실을 알 수 있었다. 숲 속에 있는 나무의 그 어떤 가지를 보더라도, 아니 우리 집 앞에 있는 장작 더미를 보는 것만으로도 그해의 겨울이 떠났는지를 알 수 있는 것이다. 주위가 어두워질 때쯤 나는 숲 위를 낮게 날아다니는 기러기의 울음소리에 놀라곤 했다. 남쪽 호수에서 피곤에 지쳐 늦은 시간에 간신히 도착한 나그네들이 서로 불평을 하기도 하고, 위로를 하기도 하는 듯이 느껴졌다. 문 앞에 서자 그들의 날갯짓 소리가 들려왔다. 그들은 우리 집을 향해서 오다가 갑자기 우리 집의 불빛을 발견하고는 목소리를 죽인 듯한 소리를 올리더니, 갑자기 방향을 바꿔서 호수에 내려앉았다. 그래서 나는 집 안으로 들어와 문을 닫고 봄의 첫날밤을 숲 속에서 지내기로 했다.

다음날 아침, 나는 기러기들이 호수의 기슭에서 50라드 떨어진 곳에 있는 호수의 한가운데서 헤엄치고 있는 모습을 문 앞에 서서 안개를 뚫고 바라보았다. 그들은 몸집이 커다랄 뿐만 아니라 매우 소란스러웠기 때문에, 월든이 마치 그들의 놀이터로 만들어진 인공 호수처럼 느껴졌다. 하지만 내가 기슭으로 다가서자, 그들은 지휘관의 신호에 따라 일제히 힘차게 날갯짓하며 날아올라 29마리가 대열을 갖추었다. 그러고는 내 머리 위를 한바탕 선회하더니, 곧 캐나다 쪽으로 바로 항로를 잡아 리더가 내는 규칙적인 간격으로 우는 소리에 휩싸여 좀 더 진흙이 많은 웅덩이에 가면 아침을 먹을 수 있을 것이라고 믿고 이곳을 떠나 버렸다. 때를 같이하여 한 '무리'의 오리 떼들도 날아 올라 더욱 요란스레 사촌들을 따라서 북쪽을 향해 날아갔다.

 그로부터 일주일 동안, 안개가 짙은 아침마다 홀로 남은 기러기 한 마리가 동료들을 찾으려고 허공에 원을 그리며 그들을 부르는 듯한 요란스런 울음소리를 올리며, 숲으로서는 지탱하기 힘들 정도로 커다란 생명의 울림을 변함 없이 이 일대에 메아리치게 하는 소리가 들려왔다. 4월이 되자, 비둘기들이 다시 작은 무리를 지어 화살처럼 날아가는 것이 보였다. 언제부터인가 제비가 내 벌목지 위에서 지저귀기 시작했다. 마을에 나에게 나누어 줄 정도로 제비들이 많다고는 생각할 수 없었기 때문에, 그들은 틀림없이 백인들이 이곳에 오기 전부터 고목의 텅 빈 곳에서 생활하고 있던 예전의 특별한 종족일지도 모른다는 상상을 해보곤 했다. 무릇 그 어떤 기후를 보이는 지역에서나 거북이와 개구리는 봄의 선구자며 사자다. 그리고 새는 노래하고 깃털을 반짝이며 날아간다. 초목은 싹을 내밀고 꽃을 피운다. 바람이 불어 지구의 양극의 미세한 진폭을 수정하여 자연의 균형을 유지하려고 한다.

 모든 계절이 각각 최고의 계절이라고 생각되지만, 봄의 도래는 '혼돈'으로부터의 '우주' 창조이며 '황금 시대'가 도래하는 것이라는 느낌을 갖게 한다.

"Eurus ad Auroram, Nabathaeaque regna recessit,

Persidaque, et radiis juga subdita matutinis."
동풍은 떠났다, 오로라에게로, 그리고 동쪽의 왕국 나바대로,
페르시아로, 아침 태양에 젖은 산들에게로
……중략……
인간이 태어났다. 아름다운 세상의 창시자인,
그 만물의 창조주가, 신들의 종자로 만들었는지,
아니면 저 멀리 천계에서 이제 막 갈라져 나온 대지 속에,
같은 하늘의 종자가 깃들어 있었는지[8]

단 한 번의 부드러운 비가 풀을 더욱 푸르게 한다. 그와 마찬가지로 좋은 사상이 도래하면 우리들의 앞길도 밝아진다. 만약 우리들이 언제나 현재를 살아가며, 하늘에서 내려오는 작은 이슬의 감화까지도 있는 그대로 표백하는 풀처럼, 우리 몸에 내리는 모든 일들을 잘 활용할 수 있다면, 그리고 과거의 기회를 놓친 것에 대한 보상으로 시간을 허비하며 그것을 의무의 수행이라고 부르지만 않는다면, 우리들은 행복해질 수 있을 것이다. 이미 봄이 찾아왔

---

8) 오비디우스 『변신 이야기』 제1권 61~62행 및 78행~81행.
9) 「경제」에 "모든 죄인들은 자신의 마을로 돌아갈 수 있게 된다."는 구절이 있다.
10) 신약 성경 마태복음 25장 23절 "네 주인의 즐거움에 참여할지어다."에서

는데도 우리들은 겨울 속에서 방황하고 있는 것이다. 상쾌한 봄날 아침에는 모든 인간들의 죄가 용서를 받는다. 이런 날은 악덕과의 전쟁을 쉬는 날이다. 봄의 태양이 불타오르고 있는 동안에는 극악무도한 인간도 고향으로 돌아갈 수 있을 것이다.[9] 우리들 자신이 다시 한 번 깨끗해진다면, 이웃들의 깨끗함도 알 수 있게 된다. 당신은 어제 이웃을 도둑, 술주정뱅이, 호색가라고 생각했으며, 그에 대해서 연민과 경멸의 마음밖에 품고 있질 않았고, 세상에 대해서 절망을 품고 있었을지도 모른다. 하지만 이런 첫 번째 봄날 아침, 태양이 밝고 따뜻하게 빛나며 세계를 다시 한 번 새롭게 창조하려고 할 때, 온화한 모습으로 일에 최선을 다하려고 하는 그 사내와 만나, 지치고 타락한 그의 혈관이 지금은 조용한 기쁨으로 부풀어올라 새로운 날을 축복하면서 어린이와 같은 천진난만함으로 봄의 영향을 받고 있는 모습을 본다면, 그 사내의 모든 결함을 잊어버리게 될 것이다. 그의 몸 주변에는 단순하게 선의의 분위기가 감돌고 있을 뿐만 아니라, 비록 이제 막 태어난 본능과 같이 맹목적이며 믿음직스럽지 못하기는 하지만 신성한 향기까지 발산의 기회를 엿보고 있으며, 한동안은 남쪽 언덕의 중턱도 천박한 농담에 메아리로 답하거나 하지는 않을 것이다. 그의 옹이로 가득한 외피에서는 순수한 아름다움을 가진 어린 가지들이 벋어 나와, 이제 막 얼굴을 내민 초목과도 같이 부드럽고 싱싱한 모습으로 새로운 해에 임하려고 한다. 이러한 사내도 '주'의 기쁨에 참여하게 되는 것이다.[10] 어째서 간수는 옥의 문을 열어 놓지 않는 것일까? 무엇 때문에 판사는 사건을 기각하지 않는 것일까? 어째서 목사는 집회를 해산하지 않는 것일까? 그도 그럴 것이 그들은 신이 부여하신 암묵의 가르침에 따르지 않고, 신이 모든 사람들에게 아낌없이 베푸는 용서를 받아들이려고 하지 않기 때문이다.

'매일 평온하고 은혜로운 아침 공기 속에서 선으로 돌아감으로써, 사람은 미덕을 사랑하고 사악함을 미워하는 인간 본래의 성질에 얼마간 접근하는 것이다. 한 번 베인 숲이 다시 싹을 틔우는 것과 같은 것이다. 이와 마찬가지로, 그날 사람이 범한 악은 다시 고개를 내민 미덕의 싹이 성장하는 것을 방해하며, 그것을 말라 버리게 한다.

미덕의 싹이 자주 성장을 방해받게 되면, 은혜로운 밤의 기운도 그것을 더 이상 보존할 수 없게 된다. 밤의 기운이 더 이상 그것을 보존할 수 없게 되면 인간의 본성은 곧 짐승과 다를 바가 없는 것이 되어 버리고 만다. 그 인간의 본성이 짐승과 다를 바가 없다는 사실을 알게 된 사람들

---

11) 『맹자』 제11 고자 장구 상 8에서.
12) 오비디우스 『변신 이야기』 제1권 89~96행 및 107~108행.

은, 그에게는 원래 이성적인 능력이 없었다고 생각하게 된다. 그것을 어찌 인간이 본래 가지고 태어난 성정이라고 할 수 있겠는가?'[11]

처음에 황금 시대가 있었다. 징벌자(懲罰者)도 법도 없었고,
저절로 우러나는 충성과 올바른 마음만이 있었다.
형벌도 없었고 공포도 없었으며, 높이 걸린 황동판에 기록할
위협적인 말은 더 더욱 없었고, 재판관의 말에 몸을 떠는
탄원자들도 없었다. 복수하는 자 없는 태평성대였다.
산 위에 있는 소나무도, 베어져 끌려가
바다를 항해하는 배가 되어, 멀리 떨어진 나라를 보는 일도 없었다.
모든 사람들이 알고 있는 것은 오직 하나, 자신이 태어난 기슭뿐.
……중략……
거기에는 영원한 봄이 있었고, 매우 부드러운 서풍은,
따뜻한 미풍으로 씨앗 없이 태어난 꽃들을 위로했다.[12]

4월 29일, 나인 에이커 코너 다리 근처에 있는 기슭, 사향쥐가 숨어 살고 있는 곳 근처의 바람에 흔들리는 풀과

버드나무 뿌리 위에 서서 낚싯줄을 드리우고 있을 때, 소년들이 막대기를 두드리며 놀 때 나는 달그락거리는 소리와 비슷한, 기묘한 소리가 들려왔기에 하늘을 올려다보았다. 쏙독새처럼 매우 날렵하고 품위 있는 매 한 마리가 햇빛에 반짝이는 공단(貢緞) 리본이나 진주빛을 한 조개 껍데기 안쪽처럼 반짝반짝 빛나는 날개의 안쪽을 펼쳐 보이며, 1, 2라드 간격으로 물결 모양처럼 상승과 하강을 반복하고 있었다. 그것을 보고 나는 매사냥과 그 놀이에 깃들어 있는 온갖 기품과 시정에 잠겨 버렸다. 그것은 '머린'[13]이라 불리는 매 같았는데, 이 이름은 아무래도 마음에 들지 않는다. 나는 지금까지 새가 저처럼 경쾌하게 나는 모습을 본 적이 없었다. 나비처럼 날갯짓을 하는 것도 아니었으며, 커다란 매처럼 높이 날아오르지도 않고, 자신감에 넘친 모습으로 하늘의 평원에서 노닐고 있었다. 그는 큭큭거리는 듯한 기묘한 웃음소리를 내면서 몇 번이고, 몇 번이고 상승했다가는 능숙한 솜씨로 아름답게 하강을 반복하기도 하고, 연처럼 빙글빙글 맴돌기도 하다가, 지금까지 단 한 번도 땅에 발을 디딘 적이 없다는 듯이 우아하게 급강하를 하다가 갑자기 몸을 솟구쳐 오르는 것이었다. 마치

---

13) Merlin. 소형 매의 일종으로, 아더 왕 전설에 등장하는 마법사의 이름이기도 하다.

"이 우주에 친구는 어디에도 없어. 그래서 나 혼자 놀고 있는 거지. 아침과 하늘이 함께 놀아 주는 것만으로도 나는 충분해."라고 말하고 있는 듯했다. 이 새는 조금도 고독해 보이지 않았으며, 오히려 그가 눈 아래 있는 대지 전체를 고독한 것으로 만들어 버리고 있었다. 바로 그때, 그를 부화시킨 어미를 비롯한 형제, 아버지는 어느 하늘에 있었을까? 하늘을 거처로 삼고 있는 이 새를 대지와 연결시킬 수 있는 것은, 언젠가 깎아지른 듯한 절벽의 틈새에서 그를 낳은 알밖에 없을 것 같다는 생각이 들었다. 아니면 그가 태어난 둥지는 구름의 한쪽 구석에 만들어져 있으며, 무지개로 만든 술과 저녁 노을이 깔린 하늘로 엮여 있고, 대지에서 퍼 올린 부드러운 한여름의 안개로 안을 댄 것일까? 지금 그의 둥지는 절벽과 비슷한 구름이다.

이 외에도 나는 황금빛, 은빛, 빛나는 구릿빛의 귀한 물고기를 한 끼니분 정도 낚았는데, 줄에 꿰어 놓고 보니 마치 보석과도 같았다. 아! 이른 봄날, 나는 아침마다 가까이에 있는 목초지의 구석까지 헤치고 들어가 조그맣게 솟아오른 곳을 차례차례로 찾아다녔으며, 버드나무 밑에서 버드나무 밑으로 깡충거리며 뛰어다녔는데, 그때 격렬하게 물이 흘러내리는 계곡과 숲으로는 무덤 속에 잠들어 있는 사자들조차도 깨워 일으킬 것 같은 깨끗하고 밝은 빛이 눈부시게 쏟아져 내리고 있었다. 이보다 더 확실한,

불멸에 대한 유력한 증거는 필요 없을 것이다. 이런 빛 속에서는 모든 것들이 생명을 얻을 것임에 틀림없었다. 아, 죽음이여. 너의 가시는 어디에 있단 말인가? 아, 무덤이여. 너의 승리는 어디에 있단 말인가?[14]

우리 마을에서의 생활은 그것을 둘러싸고 있는, 아직 깊이 검증되지 않은 숲과 목초지가 없어진다면 고인 물과 같은 것이 되어 버릴 것이다. 우리들은 야성이라는 강장제를 필요로 한다. 때로는 뜸부기와 해오라기가 숨어 살고 있는 늪지를 건너고, 도요새의 강한 울림을 가진 울음소리를 듣고, 야성적이며 고독한 야생 조류들이 둥지를 틀고, 족제비가 지면을 기어다니듯 움직이고 있는 곳에서 바람에 흔들리는 골풀의 냄새를 맡아야 한다. 우리들은 모든 것들을 열심히 탐구하고 배우고 있지만, 그와 동시에 모든 것들이 신비함을 간직한 채, 탐구되지 않은 채로 남아 있기를 바란다. 육지와 바다가 끝없이 야성적이기를, 그것들이 측량할 수 없는 것이기 때문에 측량도 되지 않은 채로 남아 있어 주기를 바라고 있는 것이다. '자연'은 실컷 만끽해도 결코 질리지 않는다. 우리들은 무진장한 활력, 광

---

14) 신약 성경 고린도전서 15장 55절에서.
15) 플리니우스의 『박물지』2장 p,57에 "마니우스 아킬리우스와 가이우스 포르키우스의 집정관 시대에 피의 비, 고기의 비가 내렸다."는 구절이 있다.

대하고 거대한 지형, 난파선이 인양된 해안, 살아 있는 나무와 썩어가고 있는 나무로 이루어진 원시림, 뇌운(雷雲), 3주일 동안이나 계속 쏟아 부어 범람을 일으키는 비 등을 보고 원기를 회복해야만 한다. 인간 자신의 한계가 무너지고 우리들이 결코 발을 들여놓지 않는 곳에서 자유로이 풀을 뜯으며 살아가고 있는 생물들을 봐둘 필요가 있다. 독수리가, 우리들에게는 혐오감과 의기소침함만을 가져다주는 썩은 고기를 물어뜯고, 그 식사를 통해서 건강과 힘을 얻는 것을 보면 힘이 솟아오른다. 우리 집으로 가는 길 중간에 조그만 웅덩이가 있었는데, 거기에 말 시체가 하나 나뒹굴고 있어서 공기가 고여 있는 밤이면 그 길을 피해 가야만 했던 적이 있었다. 시체를 보고 '자연'의 왕성한 식욕과 범하기 힘든 건강함을 확신할 수 있었기에, 그것으로 길을 돌아가는 것에 대한 위안을 얻을 수 있었다. '자연'이 이처럼 생명으로 넘쳐 나고 있기 때문에, 무수한 생명이 희생당하고 서로가 욕심을 부려도 여유만만한 태도를 보이고 있는 모습을 보면 기쁨이 느껴진다. 약한 생명이 과실처럼 태연하게 짓이겨져 죽어 가고, 왜가리가 올챙이를 삼키고, 거북이나 두꺼비들이 노상에서 마차에 깔려죽는 모습을 봐도 마찬가지다. 고기의 비, 피의 비가 내린 적도 있었다![15] 사고라는 것은 일어나기 쉬운 것이기 때문에 그것을 가볍게 받아들일 수 있도록 노력해야 한다. 현명한 사람은 우주에 사심(邪心)이 없다는 사실을 알고 있다. 독은 결국 독이 아니며, 그 어떠한 상처도 치명상이 되지는 못한다. 동정이라는 것을 옹호할 수 있을 만한 논거는 그 어디에도 존재하지 않는 것이다. 동정한다면 망설이지 말고 그 마음에 따라야 할 것이다. 그 호소를 틀 안에 가둬버린다면 견딜 수 없을 것이다.

5월 초가 되면 떡갈나무, 호두나무, 단풍나무들과 그 외의 나무들이 호수 주변에 있는 소나무 숲 속에서 싹을 틔우고, 특히 흐린 날이면 풍경에 햇빛과 같은 반짝임을 더해 준다. 마치 태양이 안개를 뚫고 이곳저곳에 있는 언덕의 경사면을 희미하게 비추고 있는 듯한 모습이었다. 5월 3일인가 4일에는 호수 위에서 아비를 보았다. 그리고 5월 첫째 주에는 쏙독새, 지빠귀, 갈색지빠귀, 딱새, 되새, 그리고 그 외의 새들이 노래하는 소리도 들려왔다. 숲개똥지빠귀의 지저귐은 그보다 훨씬 전부터 들려오고 있었다. 피비새도 이미 돌아와서 우리 집 안을 문이나 창을 통해서 들여다보며 이 집이 과연 동굴과 같은 모습을 하고 있어서 살기에 편안한지 어떤지를 탐색하고 있는 듯했다. 그녀는 우리 집 일대를 탐색하는 동안 공기를 움켜잡듯 발톱을 움켜쥐고 날개를 부지런히 움직이며 공중에 떠 있었

---

16) 4~5세기. 산스크리트어를 구사한 인도의 시인. 극작가.

다. 곧 리기다소나무의 유황과도 같은 꽃가루가 수면과 기슭의 돌멩이와 고목 등을 덮을 것이며, 그것을 긁어모으면 통 하나를 가득 채울 수도 있을 것이다. 바로 이것이 흔히들 말하는 '유황 소나기'인 것이다. 칼리다사[6]의 희곡인 『샤쿤탈라』에도 "시냇물은 연꽃의 황금빛 꽃가루로 노랗게 물들었다."는 구절이 있다. 이렇게 사람들이 밟을수록 수풀이 깊어지는 것처럼, 계절은 여름을 향해서 거침없이 전진하고 있었다.

숲 속에서 보낸 첫 번째 해는 이렇게 그 끝을 알렸다. 두 번째 해에도 첫 번째 해와 아주 비슷한 생활을 했다. 나는 1847년 9월 6일에 이르러서야, 드디어 월든 호수를 떠났다.

이해를 돕는 글_결론

이해를 돕는 글-결론

 의사가 환자에게 환경을 바꿔 보라고 권하는 것은 현명한 치료법이다. 고맙게도 지금 있는 장소만이 세계의 전부는 아니다. 칠엽수는 뉴잉글랜드 지방에서는 자라지 않으며,[1] 입내새의 지저귐도 이 근처에서는 거의 들을 수가 없다. 기러기는 인간보다 더 넓은 세상에서 생활하고 있다. 캐나다에서 아침을 먹고, 오하이오 주에서 점심을 먹고, 저녁에는 남부에 있는 늪의 만에서 깃을 가다듬는다. 들소도 어느 정도는 계절과 보조를 맞춰서 이동을 하는데, 콜로라도 주 유역에 있는 초원에서 풀을 뜯는 기간도 옐로스톤 강변에서 그들을 기다리는 푸르름과 단맛을 더한 풀을 뜯기 전까지의 기간에 지나지 않는다. 하지만 인간은 농장의 울타리가 무너지고 대신 돌담을 쌓게 되면 그것으로 생활에 한계가 생기게 되고, 운명은 이미 결정지어진 것이라고 생각하게 된다. 그렇다. 당신이 마을의 서기관으로 뽑히게 된다면 올 여름에는 티에라 델 푸에고[2]에 갈 수 없을 것이다. 하지만 그래도 역시 불이 활활 타오르고 있는 지옥에 떨어지게 될지도 모를 일이다. 우주는 우리들의 시야에 들어오지도 않을 만큼 광대한 것이다.

어쨌든 우리들은 호기심 강한 선객(船客)처럼 선미의 난간 너머를 좀 더 자주 건너다보아야지, 멍청한 선원처럼 갑판의 틈을 메울 뱃밥을 만들면서 항해를 해서는 안 된다. 지구의 반대편이라 할지라도, 이곳에 살고 있는 통신원의 고향에 지나지 않는다. 우리들의 항해는 단지 대권항로[3]에 의해서 바다를 건너가는 것일 뿐이며, 의사는 피부병에 대한 처방만을 내려줄 뿐이다. 기린을 잡으려고 허둥지둥 남아프리카로 떠나는 자들도 있지만, 그가 정말로 잡고 싶어하는 사냥감은 그런 것이 아닐 것이다. 다행히 그에게 그런 여유가 있다 하더라도 대체 언제까지 기린 사냥의 재미에 빠져 있을 생각인가? 꺅도요나 멧도요를 사냥하는 것도 좀처럼 맛보기 힘든 기분전환이 될 터인데. 내 생각으로는 자기 자신을 사냥하는 것이 훨씬 더 고상한 놀이다.

네 시력을 내부로 돌려라. 곧 거기에서,

---

1) 원래는 중서부 지방의 자생종이었는데 지금은 뉴잉글랜드 지방에서도 널리 볼 수가 있다. (Harding)
2) 이 지명의 의미는 '불의 나라'. 「경제」의 역주 21 참조.
3) 지구상의 두 점을 최단거리로 연결하는 항로.

지금까지 발견하지 못했던, 수많은 영역을 발견하게 될 것이다.
그 세계를 답사하여, 가까이에 있는 우주 지리학의 최고 권위자가 되어라.[4]

아프리카란, 서부란 무엇을 상징하고 있는 것일까? 우리들 자신의 내부는, 해도(海圖) 위에서는 하얀 공백인 채로 남아 있질 않은가? 물론 발견하고 보니 해안처럼 검더라, 하는 그런 일이 없으라는 법도 없지만. 우리들이 발견하고 싶은 것은 진정으로 나일 강, 니제르 강, 미시시피 강 등의 원류와, 이 아메리카 대륙을 맴도는 북서 항로 등과 같을 것일까? 인류에게 있어서 중대한 일이란 바로 이러한 문제들인 것일까? 탐험가인 프랭클린[5]의 아내는 남

---

[4] William Habington(1605~54)의 시 「To My Honored Friend Sir Ed. P. Knight」에서.
[5] Sir John Franklin(1786~1849). 영국의 탐험가. 아메리카 대륙의 북서 항로를 발견했지만, 북극권에서 조난, 행방불명되었다.
[6] Grinnell. 미국의 상인. 프랭클린 탐색대에 재정 원조를 해주었다.
[7] Mungo Park(1771~1806). 스코틀랜드의 탐험가. 아프리카의 니제르 강 등을 탐험.
[8] Meriwether Lewis(1774~1809), William Clark(1770~1838). 미국의 탐험가들. 북미 북동부의 탐험으로 알려져 있다.
[9] Sir Martin Frobisher(1535?~94). 영국의 탐험가, 부제독. 북서항로를 탐험.
[10] 1839~42년. 찰스 윌크스가 이끌었던 남극 탐험대.

편을 찾아내려고 모든 노력을 기울이고 있는데, 과연 행방불명된 것은 그 혼자만일까? 그린넬[6] 씨는 자신이 어디에 있는지 알고 있는 것일까? 오히려 우리들은 제2의 멍고 파크,[7] 루이스와 클라크,[8] 프로비셔[9]가 되어 자기 내부에 있는 강과 바다를 발견해야 하는 것이 아닐까? 필요하다면 살아 남기 위한 보존용 고기를 배에 가득 싣고서 자신의 고위도 지방을 탐험해보지 않겠는가? 발견의 표시로는 빈 깡통을 하늘 높이 쌓아 올리면 좋을 것이다. 보존용 고기는 단순히 고기의 보존을 위해서 발명된 것일까? 그럴 리가 없다. 우리는 내부에 존재하는 모든 신대륙과 신세계를 발견하는 콜럼버스가 되어 상업을 위해서가 아닌 사상의 새로운 항로를 개척해야 하지 않을까? 사람들은 모두 한 영토의 주인으로 그에 비하면 러시아 황제의 지상 제국은 얼음이 남긴 구릉 정도의 조그만 국가에 지나지 않는다. 그리고 자기를 존경할 줄 모르고, 왜소한 것을 위해서 위대한 것을 희생하는 인간이라 할지라도 애국자가 될 수 있는 법이다. 그들은 자신의 무덤을 만들 흙덩이를 사랑하지만, 흙덩이로 만들어진 그들의 육체에 생기를 불어넣어 주는 정령에는 아무런 공감도 보이질 않는다. 애국심은 그들의 머릿속에서 들끓고 있는 구더기다. 대대적인 선전을 펼치고 수많은 돈을 쏟아 부은 저 남양(南洋) 탐험대[10]에는 결국 무슨 의미가 있었던 것일까? 정신의 세계에는 수많은 대륙과 바다가 있으며, 모든 사람들이 거기에 지협과 만을 가지고 있다. 그럼에도 불구하고 아직 자기 자신은 탐험한 적이 없다는 사실은, 정부에서 만든 배를 타고 500명이나 되는 사내와 소년들에게 한 명의 인간을 돕도록 하여 한기와 폭풍우와 식인종과 만나게 될지도 모를 위험을 무릅쓰고 수천 마일이나 항해를 하는 편이 홀로 개인의 바다, 즉 자신이라는 존재의 대서양과 태평양을 탐험하는 것보다 훨씬 더 쉽다는 사실을 간접적으로 인정한 것일 뿐이라고 할 수 있지 않을까?

"Erret, et extremos alter scruterur Iberos.

Plus habet hic vit , plus habet ille vi ."

이러한 무리들을 방랑하게 하라, 이 세계의 끝에 있는 오스트레일리아의 사람들을 관찰하게 하라.

내게는 수많은 신이 있다. 그들에게는 수많은 길이 있다.[11]

---

11) 소로우의 일기에 의하면, 이 라틴 시는 클라우디우스의 「벨로나의 노인」에서 인용한 것인데, 원래 시에는 '스페인 사람'이라고 되어 있는 부분을 영어로 번역하면서 소로우가 '오스트레일리아 사람'이라고 고쳤다.
12) 미국의 군인인 심스가 1818년에 주장한, 지구의 양 극에는 구멍이 뚫려 있다는 설.
13) Mirabeau(1749~91). 프랑스 혁명 시대의 웅변가로, 자코뱅 당의 중심 인물.

아프리카 잔지바르에 있는 고양이들의 숫자를 헤아리기 위해서 세계를 일주하는 일은 참으로 어처구니없는 일이다. 하지만 좀 더 나은 일을 할 수 있게 되기 전까지는 그런 일을 하는 것도 좋을 것이다. 곧 지구의 내부에 도달하기 위한 '심스의 구멍'[12]이 발견될지도 모를 일이다. 영국, 프랑스, 스페인, 포르투갈, 황금 해안, 노예 해안 등은 전부 이 개인의 바다에 면해 있는 것인데, 그곳에서부터 육지가 보이지 않는 바다로까지 나간 배는 아직 한 척도 없었다. 그것이야말로 틀림없이 인도로 직행할 수 있는 항로임에도 불구하고. 모든 국가의 언어에 통달하고 모든 국가의 습관에 순응하며 어떤 여행자보다도 멀리까지 가고 싶다면, 또한 모든 날씨에 적응하고, 스핑크스의 수수께끼를 풀고 그 머리를 돌로 부숴 버리고 싶다면, 글자 그대로 고대 철학자의 가르침에 따라서 '너 자신을 탐험해야' 한다. 그를 위해서는 시력과 용기가 필요하다. 자기 탐험의 패배자와 탈주자만이 전쟁으로 향하는 것이다. 그들은 도망쳐서 군대에 들어가는 겁쟁이들인 것이다. 바로 지금 서쪽 끝을 향해서 여행을 시작하지 않겠는가? 그 길은 미시시피 강과 태평양을 만나서도 멈추지 않으며, 그렇다고 해서 노후화 된 중국, 혹은 일본과 연결되어 있지도 않으며, 이 지구와 접선(接線)을 이루며 전진한다. 여름에도, 겨울에도, 낮에도, 밤에도, 해가 저물고 달이 저문 뒤에도, 그리고 지구가 침몰한 뒤에도 계속 전진하는 것이다.

미라보[13]는 '사회의 신성불가침한 법을 공공연하게 위반하기 위해서는 어느 정도의 결의가 필요한지를 확인하기 위해서' 강도질을 한 적이 있었다고 알려져 있다. 그는 '대열을 지어 전쟁을 하는 병사에게는 강도질을 할 때의 용기의 절반도 필요 없다.'라든가, '명예나 종교가 숙고한 끝에 내린 굳은 결의를 방해한 적은 단 한 번도 없었다.'라고 공언했다. 이것은 세속적인 관점에서 보자면 남자다운 말이지만, 실은 자포자기라고까지는 말하지 않겠지만 참으로 어리석은 태도라고 할 수 있을 것이다. 제대로 된 생각을 가지고 있는 사람이 훨씬 더 신성한 법을 지키기 위해서 '사회의 신성불가침한 법'이라고 여겨지는 것을 '공공연하게 위반하는' 행위를 하는 것은 흔히 볼 수 있는 일이다. 따라서 그처럼 인도에서 벗어나지 않고서도 얼마든지 자신의 결의를 시험해 볼 수 있었을 것이다. 인간은 그러한 태도로 사회를 접해서는 안 되며, 스스로 옳다고 믿는 법칙에 비춰 봐서 결정한 태도를 끝까지 지켜 나가야 한다. 그것은 결코 올바른 정부—사람이 운 좋게 그러한 것을 만날 수 있게 된다면—에 저항하는 일은 되지 않을 것이다.

나는 숲으로 들어갔을 때와 마찬가지로 합당한 이유가

있어서 숲을 떠났다. 틀림없이, 내게는 살아보지 않으면 안 될 삶의 방법이 헤아릴 수도 없이 많으며 숲에서의 생활에 그 이상의 시간을 할애할 수는 없다고 느꼈기 때문일 것이다. 놀랄 필요 없다. 우리들은 자신도 알지 못하는 사이에 아주 간단하게 정해진 한 줄기 길을 가게 되며, 자신의 길을 밟아 단단하게 다지는 것이다. 숲 속에서 살기 시작한 지 채 일 주일도 지나지 않아서 나의 발길은 문에서 호반으로 통하는 오솔길을 만들어 버렸다. 그 길을 안 밟은 지도 벌써 5, 6년이 지났지만, 아직도 그 흔적은 뚜렷하게 남아 있다. 실은 다른 사람들이 그 길을 걷게 되었기에 사라지지 않는 게 아닐까 걱정이 되기도 한다. 지구의 표면은 부드러워서 인간의 발길을 남기기 쉬운데 정신이 더듬는 길도 마찬가지다. 세계의 간선도로는 틀림없이 닳고 닳아서 먼지투성이가 되고, 전통과 습속에는 깊은 바퀴자국이 새겨져 있을 것이다! 나는 일등 선실에 갇혀서 여행을 하기보다는 평범한 선원으로서 이 세계의 돛대 앞에, 갑판 위에 서 있기를 바라고 있다. 그곳에 있으면 산들 사이로 비치는 달빛이 매우 잘 보이기 때문이다. 이제 와서 선실로 내려가고 싶은 생각은 조금도 들지 않는다.

 나는 실험을 통해서 적어도 다음과 같은 사실들을 배울 수 있었다. 만약 사람이 자신의 꿈의 방향에 자신을 가지고 전진하고, 머리에 그려진 대로 인생을 살아가려고 노력한다면, 평소에는 예상할 수도 없었을 정도의 성공을 거두게 된다는 사실이다. 그 사람은 어떤 것들은 던져 버리고 뒤돌아보지도 않게 되며, 눈에 보이지 않는 경계선을 뛰어넘을 수 있게 될 것이다. 새롭고 보편적이며 보다 자유로운 법칙이 자신의 주위와 내부에 굳건하게 자리잡게 될 것이다. 혹은 낡은 법칙이 확대되어 좀 더 자유로운 의미에서 자신에게 유리하게 해석되고, 높은 차원의 존재로부터의 인가를 얻어 살아갈 수 있게 될 것이다. 생활을 단순화함에 따라서 우주의 법칙은 이전보다는 복잡하게 여겨지지 않을 것이며, 고독은 고독으로 여겨지지 않고, 가난은 가난으로 여겨지지 않으며, 나약함은 나약함으로 여겨지지 않을 것이다. 비록 공중 누각을 세워버렸다 할지라도 그것은 헛된 일이 아니다. 누각이란 원래 공중에 지어야 하는 것이다. 이번에는 그 밑의 기초를 든든하게 할 차례다.

'알아들을 수 있도록 이야기하라.'는 영국과 미국의 요구는 참으로 어처구니없는 것이다. 인간이든 독버섯이든 그런 식으로 성장을 하지는 않는다. 그들에게는 알아듣기 쉽게 이야기하는 것이 중요하며, 자신들 이외에는 나를 이

---

14) 당시 황소에게 흔히 붙였던 이름. '현명한'이라는 뜻.
15) 라틴어의 원래 뜻은 '헤매어 나오다.'

해해 줄 사람이 없을 것이라고 생각하고 있는 듯하다. 혹은 '자연'은 오직 하나만의 해석밖에 인정하지 않으며, 길짐승과 함께 날짐승을, 기어다니는 생물과 함께 날아다니는 생물을 기를 수 없고, 황소인 브라이트[14]도 이해할 수 있을 정도인 조용히(hush)와 누구야?(who)가 가장 품위 있는 영어라고 생각하고 있을 것이다. 마치 어리석을수록 안전하다고 생각하고 있는 듯하지 않은가? 나는 오히려 자신의 표현이 아직도 충분히 도를 넘어서지(extravagant)[15] 못한 것이 아닐까, 내가 확신을 갖기에 이른 진리에 어울릴 만큼 일상생활의 좁은 한계를 뛰어넘어 저 멀리까지 헤매어 나오지 못한 것은 아닐까 하는 점들이 매우 마음에 걸린다. 도를 넘어서는 것! 그것은 인간이 어느 정도 둘러싸여 있는가에 따라서 달라진다. 위도가 다른 토지로 새로운 초원을 찾아서 이동하는 들소는, 젖을 짜야 할 시간에 통을 들러엎고 외양간의 울타리를 뛰어넘어서 송아지를 뒤따라가는 암소만큼 도를 넘어선 것은 아니다. 나는 구속받지 않는 상태에서 이야기하고 싶은 것이다. 점점 눈을 떠가고 인간들에게 이야기를 하듯이. 나는 거짓 없는 표현의 기초를 쌓기 위해서라면 제 아무리 과장을 해도 상관없다고 확신하고 있기 때문이다. 한 가락 선율을 다 들은 후에, 두 번 다시 도를 넘어선 화법(話法)을 두려워할 자가 과연 어디 있겠는가? 미래나

가능성이라는 견지에서 보자면, 우리들은 앞길에 여유를 갖고 한계를 설정하지 말고 살아가도록 해야 하며, 그 방면의 윤곽은 흐릿하고 애매한 채로 남겨 두어야 할 것이다. 마치 우리들의 그림자가 태양을 향해서 눈에 보이지 않는 땀을 발산하는 것처럼. 우리들의 언어에 포함되어 있는 휘발성의 진리는 잔류물로 남아 있는 언설의 미숙함을 끊임없이 폭로하지 않으면 안 된다. 언어의 진리는 순식간에 승천하며(translated), 그 문자의 기념비만이 남는다. 우리들의 신앙과 경건함을 표현하는 언어는 명확하지는 않지만, 그래도 뛰어난 자질을 가지고 있는 사람들에게는 유향(乳香)과도 같이 의미 깊고 향기로운 냄새를 피워 올릴 것이다.

왜 우리들은 언제나 가장 둔중한 지각의 단계까지 수준을 낮춰서 그것을 상식이라 부르며 칭찬을 하는 것일까? 가장 뛰어난 상식이란 잠들어 있는 인간의 의식이며, 그것은 코를 고는 소리로 표현된다. 우리들은 한 배 반의 재능을 가진 인물을 절반의 재능밖에 가지지 못한 자들과 동등하게 취급하는 경향이 있는데, 이것은 우리들이 그들의 재능을 1/3 정도밖에 이해하지 못하기 때문이다. 어쩌다 아침 일찍 일어나기라도 하면 아침 노을의 빛깔에까지 불

---

16) 1440~1518 ?. 인도의 종교 사상가.

평을 털어놓으려 드는 사람들이 있는 법이다. 들리는 바에 의하면 '카비르[16]의 시는 환각, 정신, 지성 및 베다의 통속적 교의라는 서로 다른 네 가지 의미를 가지고 있는 것으로 알려져 있다.' 하지만 지구의 이쪽에 있는 나라에서는 글에 하나 이상의 해석의 여지가 있으면 사람들에게 불평을 들어도 싸다고 생각하고 있다. 영국은 감자가 말라가는 병에 대한 대책을 세우기에 힘을 쏟고 있는데, 그것 이상으로 만연해 있는 뇌가 말라가는 병을 치유하기에 힘을 쏟는 인간은 단 한 사람도 없는 것일까?

나는 아직 자신이 몽롱성의 극치에 달했다고는 생각지 않는다. 따라서 가령 이 점에 있어서 본서에서 월든 호수의 얼음에서 볼 수 있는 것 이상의 치명적인 결함이 발견되지 않는다면 나는 그것을 자랑으로 여기겠다. 남부에서 온 손님들은 순수성의 증거인 이곳 얼음의 푸름을 맑지 못하기 때문이라고 착각한 듯 이유도 없이 싫어하며, 오히려 하얗기는 하지만 잡초와도 같은 냄새가 나는 케임브리지의 얼음을 더 좋아한다. 사람들이 사랑하는 순수함이란 대지를 감싸고 있는 안개 같은 것이지 그 너머에 있는 푸르디푸른 하늘과 같은 것이 아닌 것이다.

우리 미국인들은, 그리고 일반적으로 현대인들은 고대인에 비하면, 아니 엘리자베스 왕조 시대의 사람들과 비교해 봐도 지성이라는 점에 있어서는 난쟁이와 같다는 사실을 귀가 따갑도록 역설하는 사람이 있다. 그래서 그게 어쨌다는 말인가? 산 개가 죽은 정승보다 낫다고들 한다. 난쟁이족으로 태어났으니 목을 매달라는 말인가? 오히려 가능한 한 가장 큰 난쟁이가 되도록 노력해야 하는 것이 아닐까? 각자가 자신의 일에 몰두하고, 자신의 본령을 발휘할 수 있도록 전력을 기울이는 것이 가장 중요한 것이다.

우리들은 왜 이다지도 혈안이 되어 성공을 서두르며 일에 광분하지 않으면 안 되는 것일까? 어떤 사내가 동료들과 보조가 맞지 않는다면, 그것은 그가 다른 고수의 북소리를 듣고 있기 때문일 것이다. 각자가 자신의 귀에 들려오는 음악에 맞춰서 걸음을 걸어야 하는 것이 아닐까? 그것이 어떤 장단이든, 그리고 제 아무리 먼 곳에서 들려오는 것이든. 사과나무나 떡갈나무처럼 빨리 성숙하는 일 따위는 인간에게 중요하지 않다. 우리들이 봄을 여름으로 바꿔야 한다는 것인가? 자기 본래의 목표를 달성할 수 있는 조건을 갖추기도 전에 현실을 바꿔 본다 한들, 그것이 무슨 소용이겠는가? 공허한 현실을 타고 가다 난파당할 수는 없는 일이다. 아니면 수고를 아끼지 말고 머리 위 높이 파란 유리가 달린 천장을 세워야만 하는 것일까? 가령 그것이 완성되었다 하더라도, 우리들은 그런 것을 무시하고

---

17) 고대 인도의 서사시 『마하바라타』에 나오는 도시.

저 멀리 영기(靈氣)로 가득 찬 참된 하늘을 올려다봐야 함에도 불구하고?

  옛날 쿠루 마을[17]에 완벽을 향해서 정진하는 예술가가 한 명 있었다. 어느 날, 그는 지팡이를 하나 만들어야겠다고 생각했다. 불완전한 작품은 시간에 따라 좌우되지만 완전한 작품은 시간과는 상관없는 것이라고 생각한 그는 '좋았어, 내 평생 동안 다른 것은 무엇 하나 달성하지 못해도 좋으니, 모든 면에서 흠잡을 데 없는 지팡이를 만들도록 하자.'라고 홀로 조용히 중얼거렸다. 그는 이 목적에 어울리지 않는 재료는 절대로 쓰지 않겠다고 결심하고는 곧 나무를 찾아서 숲으로 들어갔다. 나뭇가지를 하나하나 살펴보고 버리고 하는 사이에 친구들은 차례차례 그의 곁에서 떠나갔다. 그들은 일을 하는 동안에 나이를 먹어서 죽어 버렸음에도 불구하고 그는 조금도 늙지 않았기 때문이었다. 한 가지 목적과 결의에 대한 투철함과 신앙심의 고양이 자신도 모르는 사이에 영원한 청춘을 그에게 선사한 것이었다. '시간'과 타협하지 않았기 때문에 '시간'이 그를 피한 것이다. 그에게 이길 수 없었기 때문에 '시간'은 멀리서 한숨을 쉴 수밖에 없었다. 모든 면에서 지팡이에 어울리는 나무줄기를 예술가가 간신히 발견했을 때쯤, 쿠루 마을은 이미 창연한 폐허가 되어 버린 뒤였다. 그는 어떤 무덤 위에 앉아서 나무껍질을 벗겨내기 시작했다.

지팡이의 형태가 채 갖춰지기도 전에 칸다하르 왕조가 무너졌다. 그는 막대기 끝으로 그 일족의 마지막 왕의 이름을 모래 위에 쓰고는 다시 일을 하기 시작했다. 지팡이를 매끈하게 만들고 다듬기를 마쳤을 때쯤, 칼파[18]는 더 이상 시간의 지표가 되질 못했다. 그가 지팡이 끝에 쇠를 붙이고 보석으로 장식한 머리 부분을 붙이기까지 브라만은 몇 번이고 눈을 떴다가 잠이 들었다. 그런데 나는 왜 이런 이야기를 끝도 없이 하고 있는 것일까? 그가 작품의 마지막 손질을 마쳤을 때, 지팡이는 느닷없이 점점 커지더니 놀라움을 금치 못하고 있는 이 예술가의 눈앞에서 브라만의 모든 창조물 중에서 가장 아름다운 작품이 되어갔다. 그는 지팡이를 만듦으로 해서 하나의 새로운 우주를, 완전하고 아름답게 균형 잡힌 하나의 세계를 만들어 낸 것이다. 옛 도시들과 왕조들이 차례로 사라져 갔지만, 그것을 대신하여 훨씬 더 아름답고 빛나는 도시와 왕조가 나타난 것이다. 이렇게 해서 그는 지금 아직 마르지도 않은 채 발 밑에 높이 쌓여 있는 나무껍질들을 보고 자신과 자신의 작품에 있어서 지금까지의 시간의 경과는 단순한 환상에 지

---

18) 힌두교의 창조신 브라만의 하루. 인간들의 시간으로는 43억 2천만 년이다.
19) 매사추세츠 주 동부에 전해지는 민화 속의 인물이라고 생각되지만, 사실에 의거한 것일 가능성도 있다. (Harding)

나지 않았다는 사실, 브라만의 뇌에서 튀어나온 불똥 하나가 인간 뇌 속의 부싯깃 위에 떨어져 불을 붙이는 데 필요한 시간밖에 경과하지 않았다는 사실을 깨달았던 것이다. 재료가 순수하고 그의 기술도 순수했다. 당연히 그 결과는 놀라운 것이 되지 않겠는가?

사물의 표면을 제 아무리 갈고 닦는다 하더라도, 결국 진리만큼 우리들에게 도움이 되지는 않는다. 진리만이 모든 것을 견뎌 낼 수 있는 것이다. 대부분의 경우 우리들은 자신이 있어야 할 곳을 잘못 판단하여 엉뚱한 장소에 몸을 두게 된다. 나약한 천성 때문에 우리들은 어떤 상황을 제 마음대로 판단, 그것에 사로잡혀 버려서 동시에 두 군데 장소에 있게 되어 거기서 빠져나오기가 두 배로 힘들어지게 된다. 올바른 정신을 가지고 있을 때 사람들은 사실만을, 있는 그대로의 상황만을 직시하는 법이다. 의무감에서가 아니라 말하지 않으면 안 될 것을 이야기해야 한다. 그것이 그 무엇이든 진리는 허위보다 훨씬 나은 법이다. 땜장이인 톰 하이드[19]는 교수대에 세워졌을 때, 마지막으로 하고 싶은 말은 없느냐는 말에 "재단사들에게 전해 주게. 첫 땀을 뜨기 전에 실에 매듭 짓기를 잊지 말아 달라고 말일세."라고 대답했다. 그의 동료들을 위한 기도는 잊혀져 버렸다.

생활이 제 아무리 비참하다 하더라도 그것을 외면하지

말고 있는 그대로 살아가야 한다. 자신의 생활에서 회피하거나 불평해서는 안 된다. 생활도 그것을 살아가는 사람만큼 나쁘지는 않은 법이니. 흠을 잡으려 들면 천국에서도 흠을 잡을 수가 있다. 가난하더라도 생활을 사랑하길 바란다. 빈민 구제소에 들어가 있다 하더라도 즐겁고 가슴이 설레는 멋진 시간은 있을 것이다. 저녁 해는 부자의 저택의 창에서뿐만 아니라 양로원의 창에서도 똑같이 붉게 타오른다. 봄이 오면 문 앞의 눈은 어디서나 마찬가지로 빨리 녹아 버린다. 평온한 마음을 가진 사람이라면 그런 장소에 살고 있어도 궁전에 있는 것과 마찬가지로 만족감과, 사람을 분발하게 하는 사상을 품은 채 살아갈 수 있을 것이다. 나는 오히려 마을의 가난한 주민들이 남들의 도움 없이도 살아가는 경우가 더 많다고 생각하고 있다. 어쩌면 그들은 아무런 주저함도 없이 베푸는 것을 받아들일 수 있을 정도로 멋진 사람들일지도 모르겠다. 대부분의 사람들은 마을의 생활 부조를 받아들이는 것은 체면 문제라고 생각하고 있다. 하지만 부정한 수단으로 생활하는 것은 그다지 체면이 깎이는 일이 아니라고 생각하고 있다. 그것이 훨씬 더 불명예스러운 일임에도 불구하고. 현명한 사람들

---

20) 『논어』 자한 제25. '三軍可奪帥也, 匹夫不可奪志也'
21) J. B. White(1775~1841)의 소네트 「To Night」에서.
22) 기원전 6세기 리디아 최후의 왕.

처럼 가난함을 정원의 허브처럼 재배하지 않겠는가? 옷이든 친구든, 새로운 것을 손에 넣으려고 너무 억척스럽게 굴어서는 안 된다. 낡은 것을 뒤집어서 사용하고 언제나 오래 된 것들에게로 돌아가자. 세상은 조금도 변하지 않는다. 변하는 것은 우리들이다. 의복을 팔아서 사상을 지키자. 신께서 교제할 상대가 끊이지 않도록 여러분을 보살펴 주실 것이다. 가령 거미처럼 하루 종일 다락방의 한구석에 처박혀 있다 하더라도, 자신의 사상만 잃지 않는다면 세계는 조금도 좁아지지 않을 것이다. 한 철학자는 "삼군에서 장수를 빼앗을 수는 있어도, 필부에게서 뜻을 빼앗을 수는 없다."[20]고 말했다. 새로운 경지를 개척하려고 너무 혈안이 되어 있거나, 여러 가지 것들의 감화력에 너무 쉽게 경도되어서는 안 된다. 그래서는 에너지를 낭비할 뿐이다. 겸손은 암흑과 마찬가지로 천상의 빛을 드러나게 해준다. 우리들의 신변에 빈곤과 초라함의 그늘이 감돌 때에 '보라! 만물은 우리들 눈앞에 펼쳐져 있다'[21]. 곧잘 지적되는 것처럼, 비록 크로이소스[22]의 부가 주어진다 하더라도 우리들의 목표는 늘 변함이 없어야 하며, 수단도 본질적으로는 같은 것이어야만 한다. 그리고 가난으로 인해서 여러분들의 생활 범위가 좁아져 버려서, 가령 책이나 신문을 살 수 없이 된다 하더라도, 여러분들은 더할 나위 없이 의미가 깊으며 생기에 넘치는 경험의 내부에 갇혀 버리게 되는 것일 뿐이다. 어쩔 수 없이 당분과 전분을 가장 많이 섭취할 수 있는 재료를 취급하게 되는 것이다. 어느 부분보다도 맛이 좋은 것은 뼈에 가까운 생활일 것이다.[23] 가난한 만큼 여러분들은 경박한 인간이 되지 않아도 되는 것이다. 물질적으로 낮은 차원의 생활을 하는 사람이라도 정신적으로 높은 차원의 생활을 하게 되면 무엇 하나 잃을 것이 없어지게 되는 것이다. 필요 이상의 부를 갖게 되면 필요 이상의 것들을 손에 넣게 될 뿐이다. 영혼의 필수품을 장만하는 데는 돈이 필요 없다.

나는 '잡음을 막아 주는' 납으로 만들어진 벽에 둘러싸인 한쪽 구석에서 생활하고 있는데, 이 벽의 성분에는 방울을 만들 때 쓰는 소량의 합금이 함유되어 있다. 점심을 먹고 휴식을 취하고 있으면 곧잘 그곳에서 짤랑짤랑하는 엉긴 듯한 소리가 들려오는 경우가 있다. 나와 같은 세대를 살고 있는 사람들이 내는 잡음이다. 이웃 사람들은 곧잘, 유명한 신사, 숙녀와 우연히 만났다거나, 만찬회에서 어떤 명사와 동석을 했다거나 하는 얘기를 해준다. 하지만

---

23) 영국의 속담에 "뼈에 가까울수록 고기는 맛있다."라는 말이 있다.
24) 1811년 이집트군 사령관 무하마드 알리는 마므루 사람들 전원에 대한 학살 명령을 내리고 그들을 요새에 가두어 두었지만, 그들 중 한 명이 탈출에 성공하여 시리아로 도피했다. (Harding)
25) Daniel Webster(1782~1852). 당시 웅변가로 유명했던 매사추세츠 주의 상원 의원.

그런 이야기에 대해서 나는 『데일리 타임스』의 기사만큼이나 전혀 흥미를 느끼지 못한다. 그들의 관심과 대화는 대부분 옷과 풍속에 관한 것들뿐이다. 하지만 거위에게 어떤 옷을 입히든 거위는 거위다. 그들은 내게 캘리포니아와 텍사스에 관한 이야기, 영국과 인도 제도에 관한 이야기, 조지아 주와 매사추세츠 주의 ○○ 각하에 관한 이야기를 해주는데 그 모두가 일시적이며 덧없는 현상들뿐이다. 나는 더 이상 참을 수가 없어서, 마므룩의 장관은 아니지만, 그들의 뜰에서 당장이라도 도망쳐 버리고 싶어진다.[24] 내 생활 방식으로 돌아오면 마음이 놓인다. 나는 행렬에 참가하여 사람들이 바라보고 있는 곳을 나 보란 듯이 행진하고 싶은 마음은 없다. 가능하다면 꼭 우주의 '창조자'와 함께 걸어 보고 싶다. 이렇게 차분하지 못하고, 신경질적이며, 소란스럽고, 마음의 여유가 없는 19세기를 살아가는 것은 별로 마음이 내키지 않으니, 시대가 흘러가는 동안 생각에 잠겨서 멈춰 서 있거나 앉아 있고 싶다. 사람들은 도대체 무엇을 축복하고 있는 것일까? 모든 사람들이 전부 준비 위원회에 들어가 있으며, 매 시간 누군가가 연설하기를 기다리고 있다. 신은 그날의 회장에 지나지 않으며, 웹스터[25]가 신의 대변인이다.

　나는 스스로 평가하고 결단하여 나 자신을 가장 강하고, 가장 올바르게 끌어당기는 것을 향해서 나아가고 싶다.

천칭의 팔에 매달려서 내 지식 쪽의 무게를 가볍게 줄이려고 하지는 않을 것이다. 어떤 상황을 내 마음대로 상상하는 것이 아니라 그것을 있는 그대로 받아들일 생각이다. 내가 갈 수 있는 유일한, 그 어떠한 권력도 막을 수가 없는 길을 걸어가고 싶다. 확고한 토대가 만들어지기 이전에 아치를 높이 쌓아 올리기 시작하는 것과 같은 방법에는 도저히 만족할 수가 없다. 얇은 얼음 위에서 하는 놀이는 이제 그만두도록 하자. 견고한 바닥은 어디에든지 있다. 최근에 읽은 이야기인데, 나그네가 소년에게 "저 연못의 바닥은 딱딱한가?"라고 물었다고 한다. "네, 그래요."라는 것이 그 소년의 대답이었다. 그런데 곧 나그네의 말은 복대가 있는 곳까지 잠겨 버리게 되었다. "이 연못의 바닥은 딱딱하다고 말하지 않았니?"라고 묻자, 소년은 "그랬죠. 하지만 아저씨는 아직 절반도 들어가지 않았어요."라고 말했다고 한다. 인간 사회의 연못과 유사(流砂)도 이것과 마찬가지다. 하지만 그것을 알고 있는 것은 노련한 선비들뿐이다. 남들의 생각, 남들의 말, 혹은 남들의 행동은 매우 드물게, 우연히 어느 정도의 일치를 보았을 경우에만 도움이 되는 것이다. 나는 단순한 외벽이나 회벽에 못을 박는 어리석은 인간만은 되고 싶지 않다. 그런 짓을 하고 나면 밤에 편안히 잠들지도 못할 것이다. 나는 망치를 들고 벽 속에 있는 샛기둥을 찾아내고 싶다. 접착제 같은 것에 의존해서는 안 된다. 못을 단단하게 박아 넣은 뒤, 튀어나온 끝 부분을 정성스레 구부려 놓는다면 밤중에 눈을 떠도 자신이 해놓은 일을 생각하고 만족할 수 있을 것이다. 시의 신 뮤즈의 가호를 빌어도 부끄럽지 않을 정도로 일을 했으니. 그렇게 하면—그럴 경우에만— 신도 도움을 주실 것이다. 박혀져 들어가는 못 하나 하나가 우주라는 기계의 대갈못이 되어야 하며, 우리들이 그 작업을 계속해서 해나가게 되는 것이다.

사랑보다도, 돈보다도, 명예보다도 진리를 나에게 달라고 말하고 싶다. 나는 기름진 음식과, 넘쳐나는 와인과, 끊임없이 아부를 해대는 손님들이 줄줄이 늘어서 있는데 성실함과 진리는 어디에서도 찾아볼 수 없는 자리에 참석을 한 적이 있었다. 나는 주린 배를 움켜잡고 이 손님 대접이 좋지 않은 식탁을 떠나 버리고 말았다. 손님에 대한 접대는 얼음처럼 차가웠다. 이런 무리들을 식히는 데 얼음 같은 것은 필요하지도 않을 것이라는 생각을 했다. 그들은 와인의 연대와 유명함에 대해서 내게 들려주었다. 하지만 그 순간 나는 그들이 손에 넣을 수도 없고, 살 수도 없는 훨씬 더 멋진 이름의, 그리고 훨씬 더 오래되었으며, 훨씬 더 새로운, 순수함 그 자체인 와인에 대해서 생각을 하고 있었다. 내게 있어서 상류 계급의 생활, 훌륭한 집과 정원, '접대'와 같은 것은 아무런 의미도 없다. 언제였던가 왕을 방문한 적이 있었다. 그는 나를 널따란 응접실에서 기다리게 하더니, 손님을 환대할 능력이 없는 인간처럼 행동을 했다. 우리 집 근처에 고목 속에서 생활하는 사람이 있었다. 그의 태도와 행동이야말로 참된 왕자와도 같은 것이었다. 나는 그곳을 방문했어야만 했다.

우리들은 언제까지 자기 집 현관 앞에 앉아서, 실제로 실험을 해보면 엄청난 착각을 하고 있는 것이라는 사실을 금방 알 수 있는, 보잘것없고 곰팡이가 쓴 미덕을 주장하고 있을 것인가? 마치 인간은 참을성을 가지고 아침을 맞고, 타인을 고용하여 감자밭의 풀을 뽑도록 하고, 오후에는 예정대로 선량한 척 기독교인에게 어울리는 온화함과 자비심을 실천하기 위해서 외출해야만 한다고 말하기라도 하듯이! 세상은 완전히 중국적인 오만함과 무겁게 고여 있는 자기만족에 사로잡혀 있는 듯하다. 현대인들은 자신들이 명가의 피를 이어받았다는 사실에 대해서 조금 지나치게 떠들어대는 경향이 있다. 그래서 보스턴과 런던, 파리, 로마에서 그들은 오랜 전통을 생각해서인지, 예술, 과학, 문학의 진보에 대해서 만족스럽게 이야기하고 있다. 『철학 협회 기록』이 출판되고, '위인에 대한 찬가'가 공공연하게 불려지고 있다. 이것이야말로 선량한 아담이 자신

---

26) 소로우는 1843년, 뉴욕에서 17년 동안 사는 매미를 보았다.

의 훌륭함에 스스로 도취되어 있는 모습이 아닌가? '그렇고 말고. 우리들은 위업을 달성했으며, 성스러운 노래를 불러왔다. 그러한 것이야말로 영원할 것이다.' 즉, 우리들이 기억하고 있는 동안에는 그럴 것이다. 아시리아의 학술 협회와 위인들은 지금 어떻게 되었을까? 우리들은 모두 매우 미숙한 철학자, 실험자들일 뿐이다! 내 독자들 중에 한평생을 완전히 살아본 사람은 아직 단 한 명도 없는 것이다.

인류의 생활사에 있어서 지금은 봄이라는 계절에 지나지 않을지도 모른다. 콩코드에 옴에 걸린 지 7년이나 된 사람은 있지만 17년 동안 살아 있는 매미[26]는 아직 본 적이 없다. 우리들은 자신들이 살고 있는 지구 피막의 일부분만을 알고 있는 것에 지나지 않는다. 대부분의 인간들은 지면을 6피트 깊이까지 파본 적도, 그만큼의 높이로 뛰어오른 적도 없다. 우리들은 자신이 어디에 있는지를 모르고 있는 것이다. 그리고 시간의 절반 가까이를 잠에 빠져서 보내고 만다. 그래도 자신을 영리하다고 생각하고, 지상에 질서를 세우려 하고 있다. 그렇다. 우리들은 심원한 사상가이며, 야심적 정신의 소유자인 것이다! 숲의 지면에 흩어져 있는 솔잎 사이를 기어서 나로부터 몸을 숨기려고 하고 있는 곤충 위에 버티고 서서, 왜 이 벌레는 이렇게도 비굴한 생각에 사로잡혀 있는지, 왜 그의 은인이 될지도 모르고 그들 종족에게 낭보를 전해 줄지도 모를 나를 피해서 머리를 숨기려고 드는 것인지 자문해보았을 때, 나는 이른바 인간의 곤충인 자신 위에 버티고 서 있는 훨씬 더 커다란 '은인'과 '지혜자'를 생각하지 않을 수가 없었던 것이다.

  세계에는 끊임없이 무엇인가 새로운 것이 유입되고 있음에도 불구하고 우리들은 믿기 어려울 정도의 따분함을 참고 있다. 문명이 가장 발달한 나라들에서조차도 지금 사람들이 어떤 설교를 듣고 있는가는 굳이 말할 필요도 없을 것이다. 기쁨이라든가 슬픔이라는 말도 있지만 그것은 콧노래로 흥얼거리는 찬미가의 후렴구에 사용되고 있을 뿐, 실제로 우리들은 비속하고 흔해 빠진 것만을 믿고 있는 것이다. 모든 사람들이 갈아입을 수 있는 것은 오직 의복뿐이라고 생각하고 있다. 대영제국은 존경할 만한 대국이며, 미합중국은 일등국이라고들 말한다. 하지만 각자의 등 뒤에는 호수의 간만이 있으며, 대영제국을 그 정신의 항구에 띄워 놓으면 마치 나무 조각처럼 둥둥 떠다닐 것이라는 사실을 우리들은 믿으려 들지 않는다. 17년 동안 산다고 하는 매미에 대해서도, 다음에는 어떤 종류가 언제 지상에 나타나게 될지 그 누구도 알지 못한다. 내가 살고 있는 세계의 정부는 영국 정부처럼 만찬회를 마친 뒤, 와인을 마시면서 잡담을 나누던 중에 적당히 만들어진 그런 것이 아니다.

 우리들 내면의 생명은 강물과도 같은 것이다. 올해는 전에 없이 물이 불어서, 말라 있던 고지가 물에 흠뻑 젖게 될지도 모른다. 그렇게 되면 이 부근에 살고 있는 사향쥐는 전부 익사해 버리기 때문에 그야말로 다난한 한 해가 되어 버릴 것이다. 우리들이 살고 있는 곳도 언제나 건조한 땅이었던 것은 아니다. 깊은 내륙에는, 과학이 홍수를 기록하기 이전에 강의 흐름에 잠겼던 기슭이 있었다는 사실을 나는 알고 있다.

 이 이야기는 뉴잉글랜드 전체에 퍼져 있기 때문에 모든 사람들이 들었을 것으로 생각되는데 처음에는 코네티컷 주, 다음에는 매사추세츠 주에 있는 어떤 농가의 부엌에 60년 동안 놓여 있던 오래된 사과나무 테이블의 마른 판자에서 건강하고 아름다운 벌레가 한 마리 기어나왔다. 그 벌레의 알은 그것이 들어 있던 곳보다 바깥쪽에 있는 나이테를 세어 보면 알 수 있듯이, 그보다도 몇 년 전 나무가 아직 살아 있을 때 낳아 놓은 것이었다. 벌레가 나무를 갉는 소리가 몇 주일 전부터 들려왔다고 하는데, 틀림없이 커피를 탈 물을 끓이는 열기 등에 의해서 부화했을 것이다. 이 이야기를 듣고 부활과 불사(不死)에 대한 신념이 강해졌다고 느끼지 않을 자가 과연 있을까? 예를 들어서, 처음에는 싱싱하게 자라고 있던 나무의 하얀 목질 부분에 낳아 놓은 알이, 죽어서 바싹 마른 사회생활 속에서 몇 겹으로 둘러싼 나이테에 묻혀버린 채 세월을 보내다가 그 나무가 점점 알에게 있어서는 잘 마른 묘지의 팻말과 같은 것으로 변질되어 간다. 그런데 지난 몇 년 동안 밖으로 나오려고 나무를 갉는 소리가, 즐겁게 식탁을 감싸고 있는 인간의 가족들을 놀라게 한다. 과연 얼마나 아름다운, 날개 달린 생명체가 세상의 매우 보잘것없는 가구 속에서 갑자기 튀어나와 그 흠잡을 데 없는 여름날들을 즐겁게 보내게 될 것인지!

말할 필요도 없이 영국이나 미국의 모든 사람들이 이러한 것들을 전부 실감할 수는 없을 것이다. 하지만 그것이 바로 시간이 경과하는 것만으로는 결코 밝지 않을 저 아침의 특징인 것이다. 우리들의 눈을 어둡게 하는 빛은, 우리들에게 있어서는 암흑이다. 우리들이 눈을 뜨는 날만이 새벽을 맞이하는 것이다. 새로운 새벽이 찾아오려 하고 있다. 태양은 새벽녘의 금성에 지나지 않는다.

해설_푸른 정신의 샘물, 월든

소로우 약력

해설-푸른 정신의 샘물, 월든

 고대부터 인간은 강을 중심으로 생활해 왔으며, 그곳에 자신들의 문화를 하나하나 쌓아 올렸다. 그렇게 해서 강은 고대 문명의 발상지가 되었다. 수천 년 동안 거듭되어 온 인간사의 흥망성쇠를 바라보며 강은 인간 생활의 기반이 되었고, 때로는 노도처럼 밀려들어 인간 생활의 기반을 순식간에 폐허로 만들어 버리기도 했다. 그래도 인간은 그곳을 떠나지 못하고 다시 강을 기반으로 생활을 꾸려 나갔다. 강의 범람이 가져다 준 비옥한 토지를 기반으로 다시 씨앗을 뿌려 싹을 틔우고, 그것을 소중하게 길러 갔다. 그랬기에 예로부터 강을 다스리는 문제가 커다란 화두로 등장하곤 했다. 강은 그대로 '인류사(人類史)'를 연기하는 커다란 무대가 되어 주었다. 강은 인류의 역사와 함께 그 흐름을 같이했으며, 그런 만큼 그곳에는 인류 역사의 흔적이 고스란히 묻혀 있다.
 끊임없이 도도하게 앞으로 앞으로만 나아가는 강물의 흐름은 우리들의 역사와도 비슷하다. 높은 곳에서 낮은 곳으로, 좁은 곳에서 넓은 곳으로. 인류의 역사는 강물처럼 쉴 새 없이 흐르며 발전에 발전을 거듭해 왔다. 때로는 몸을 뒤척여 누운 방향을 바꿔 가며, 때로는 마르기도 하고 넘쳐 나기도 하면서, 때로는 강의 기슭을 깎아 가며, 때로는 새로운 땅을 만들어 가며 숨가쁘게 흘러왔고, 지금도 흐르고 있다. 뒤에서 등 떠미는 물결 때문에 흐름을 멈출 수가 없다.

 반면 호수는 늘 그곳에 자리하고 있다. 바람 한 점 없는 맑은 날이면, 떨어지는 한 방울의 물소리까지 들려올 것 같은 고요함으로 늘 자리를 지키고 있다. 그곳에서 철새들을 떠나보내고, 작년에 떠났던 철새들을 다시 맞아들인다. 온갖 새들의 쉼터가 되어 주고, 온갖 동물들의 샘터가 되어 준다. 모태처럼 물고기들을 품어 기른다. 호수는 늘 한 곳에서 어김없이 찾아오는 이들을 맞으며, 떠나는 이들을 보내고, 매해 똑같은 일을 반복하면서 자신의 깊이를 더해 간다. 주위는 숲으로 울창하다. 호수는 제 스스로 숲을 키워 자신의 몸 숨길 곳을 만들어 놓고, 그곳에서 최소한의 생활만으로 시간의 흐름을 견뎌 내고 있다. 아니, 그곳에는 시간이 흐르지 않는다. 그곳은 자연의 은밀한 은빛 정신이 숨어 있는 곳이다. 그 정신은 시간의 흐름과는 상관없이 영원히 그곳에서 반짝인다.

이 책을 번역하면서 내내 스님들의 하안거(夏安居)를 생각했다. 불가에서는 여름이면 초목과 벌레 등이 번성하기 때문에, 외출 중에 이들을 밟아 죽이는 일이 없도록 하기 위해서 외출을 금하고 수행을 한다고 한다. 물론 이것만이 하안거의 모든 이유는 아니라 하더라도, 생명을 중히 여기는 마음은 충분히 전달된다고 할 수 있겠다. 바로 이 생명을 중히 여긴다는 점이 일견 전혀 연관성 없어 보이는 소로우와 불가를 내 머릿속에서 연결시킨 것이리라. 하지만 소로우는 스님들처럼 외출을 금하여 그들의 생명을 지키지는 않는다. 그는 오히려 스러져 가는 생명까지도 자연 현상의 일부로 받아들이고, 「'자연'이 이처럼 생명으로 넘쳐 나고 있기 때문에, 무수한 생명이 희생당하고 서로가 욕심을 부려도 여유만만한 태도를 보이고 있는 모습을」보며 기쁨을 느낀다. 그는 오히려 자연 속에서 살아가면서 자연을 지킨다. 아니, 아니다. 소로우는 그렇게 오만하지 않다. 그는 자연을 지키지 않는다. 그는 자연을 지킬 수도 없을 뿐만 아니라, 자연은 그의 지킴을 필요로 하지도 않는다. 그는 그저 자연 속에서 자연의 일부로 살아가며 자연에게 고마움을 느끼기는 하지만, 그것을 두려워하지는 않는다. 「현명한 사람은 우주에 사심(邪心)이 없다는 사실을 알고 있다. 독은 결국 독이 아니며, 그 어떠한 상처도 치명상이 되지는 못한다.」는 사실을 잘 알고 있기 때문이다. 자연은 그의 친구이자 이웃이었던 것이다.

이런 그가 월든 호수를 만난 것은 그야말로 행운이라고 하지 않을 수 없다. 호수는 그에게 자연을 제공했으며, 사색의 장소를 제공해 주었다. 소로우는 자신을 은자라고 불렀지만, 월든은 그가 자연의 일부로 살아가도록 했다. 호수는 그를 자신의 일부로 편입시켰으며, 그를 풍경의 일부로 삼았다. 소로우는 문명 사회를 떠나서 참으로 풍요로운 생활을 했다. 문명 속에서 살아가고 있는 사람들은「모두 사치품 속에 둘러싸여 있지만, 원시적인 수많은 즐거움이라는 관점에서 보자면, 모두가 가난한 생활을 하고 있는 것」이기 때문이다. 소로우는 이 책의 머리 부분에서 필수품에 대한 정의를 내리려고 시도한다. 의식주로 대변되는 이 필수품은 우리들이 상상할 수도 없을 정도로 제한적인 것들이다. 그리고 그 이외의 것들을 사치라고 규정한다. 소로우는 우리들에게 묻는다.「우리들은 언제나 그러한 것들을 좀 더 손에 넣으려고 노력하고 있는데, 때로는 지금 가지고 있는 것보다도 적은 것들만으로 만족할 수 있도록 노력해 보는 것은 어떨지? 남들보다 뛰어난 시민이 그 거드름 피우는 듯한 어조로 격언과 실례를 들어가면서 젊은이들에게 죽기 전까지는 예비로 장화를 몇 켤레, 우산 몇 개, 머리가 텅 빈 손님들을 맞아들이기 위한 빈 방을 몇 개 준비할 수 있도록 노력하라는 등의 설교를 해도 괜찮은 것일까? 우리들의 가구는 어째서 아라비아 사람이나 인디언들 것처럼 소박해서는 안 된다는 것일까?」 이 질문은 당시 사람들에게도 필요한 것이었겠지만, 많든 적든 간에 넘쳐 나는 '고급, 사치, 명품'에 중독되어 있는 현대인들에게는 꼭 필요한 질문이 아닐 수 없다. 현대인들의 집은 「가구류로 가득 차서 더럽혀져 있다」. 또한 현대인들은 「단지 편안하고 따뜻하게 사는 것뿐만 아니라, 몸이 축축 늘어질 듯한 더위 속에서 생활을 하고 있다」. 그리고 그러한 생활을 하기 위해서 「하지 않아도 좋을 걱정과 쓸데없는 중노동에 시달리게 되어, 인생의 멋진 과실을 따지 못하고 있는 것이다」. 그렇다고 우리 모두가 소로우처럼 호숫가로 가서 오두막을 지을 필요는 없겠지만, 한 번쯤은 깊이 숙고해 볼 필요가 있는 말이다.

이제 월든은 독자들의 정신 속에서 그 푸른 물결을 반짝일 것이다. 독자들의 정신 속에 영원히 자리잡고 앉아, 우리들이 삶에 지칠 때면 언제나 조용히 쉼터가 되어 주고, 샘터가 되어 줄 것이다. 이렇게 이야기해 놓고 보니, 소로우가 월든을 만난 것이 행운이 아니라, 소로우를 만난 월든이 진정한 행운을 잡은 것이 아닌가 하는 생각이 든다. 그리고 월든을 통해서 소로우를 만나게 된, 아니 소로우를 통해서 월든을 만나게 된, 아니 모르겠다. 이제 월든과 소로우를 서로 구분해 낼 수가 없다. 아무튼 이들을 만나게 된 우리들 역시 그 행운을 조금은 나눠 받을 수 있으리라. 소로우는 자신의 짧은 생을 통해서 우리에게 월든이라는 정신의 샘을 남겨 주고 갔다. 독자들께서는 그 샘물을 두고두고 천천히, 그리고 깊이 음미해주시길 바란다.

소로우는 맺음말에 자신의 모든 사상과 견해를 평이한 어조로 집약해 놓았다. 월든이라는 샘물의 효능·효과를 설명해 놓은 설명서라고도 할 수 있겠다. 설명서에는 그 설명하려는 것에 대한 모든 내용이 담겨 있다. 우선은 설명서를 꼼꼼히 읽으신 뒤에 「생활이 제 아무리 비참하다 하더라도」 시원한 월든의 물을 한 모금 들이켠 뒤, 「그것을 외면하지 말고 있는 그대로 살아가시길 바란다. 각자가 자신의 귀에 들려오는 음악에 맞춰서」.

끝으로 어려운 상황 속에서도 이 책의 출판을 허락해 주신 동해출판의 하중해 사장님과, 늘 여러 모로 돌봐 주시며 따뜻하게 지켜봐 주시는 김정재 실장님께 감사의 말씀을 올린다.

_박현석

소로우 약력

1817년 7월 12일 미국 매사추세츠 주 콩코드에서 출생.
1821년(4세) 가족이 보스턴으로 이주.
1822년(5세) 월든 호수로 첫 번째 여행.
1823년(6세) 가족이 다시 콩코드로 이주.
1833년(16세) 하버드 대학 입학.
1837년(20세) 하버드 대학 졸업. 콩코드에서 잠시 교사 생활을 하다가 학생들에 대한 체벌을 거부 2주일만에 그만둠. 『일기』를 쓰기 시작.
1839년(22세) 형인 존과 함께 진보적인 학교를 설립·운영. 형과 함께 보트여행. 후에 『콩코드 강과 메리맥 강에서의 일주일』을 집필하는 계기가 됨.
1840년(23세) 「아울루스 페르세우스 플라쿠스」를 『다이얼』에 게재.
1841년(24세) 형의 건강 악화로 운영하던 학교를 폐교. 에머슨 저택의 관리인이 됨.

1842년(25세) 형이 파상풍으로 갑자기 사망. 콩코드로 이사. 수필 『매사추세츠의 자연사』 집필.

1843년(26세) 에머슨이 편집하는 잡지 『다이얼』에 수필을 기고.

1844년(27세) 아버지의 연필공장에서 일함. 물고기를 굽다 실수로 산불을 일으켜 300에이커의 숲을 태움.

1845년(28세) 월든 호숫가에 오두막을 짓고 살기 시작. 『콩코드 강과 메리맥 강에서의 일주일』을 집필하기 시작.

1846년(29세) 노예제도와 멕시코 전쟁에 불만을 품고 인두세 납부를 거부해오던 소로우 수감(본문의 「마을」 참조). 두 주일 동안 메인 주 지역의 산악으로 캠핑을 떠남. 이 여행을 바탕으로 쓴 『메인 주의 숲』이 사후 발견 됨.

1847년(30세) 월든 호반에서의 생활을 마침. 유럽여행을 떠나는 에머슨의 저택관리인으로 다시 들어감.

1848년(31세) 수감 사건에 대해서 「정부와의 관계에서의 개인의 권리와 의무」라는 제목으로 콩코드 문화회관에서 강연. 측량사업 시작.

1849년(32세) 「시민의 불복종」을 잡지 『미학』에 게재.
『콩코드 강과 메리맥 강에서의 일주일』
자비 출간.
1853년(36세) 「캐나다로의 유람여행」을 잡지 『푸트남』
에 게재.
1854년(37세) 『월든』 출간.
1855년(38세) 「케이프코드」를 잡지 『푸트남』에 게재.
건강 악화.
1856년(39세) 시인 휘트먼과 만남.

옮긴이 · 박현석
목원대학교 국어국문학과 졸업.
전문 번역가. 에이전트.
번역서로는 『마법의 언어』, 『오만과 편견』,
『홈즈 장·단편 베스트 걸작선 17』, 『뤼팽 베
스트 걸작선』, 『포우 베스트 걸작선』외 다수.

월든

2004년 10월 5일 1판 1쇄 인쇄
2011년 12월 15일 1판 8쇄 펴냄

지은이 | H.D.소로우
옮긴이 | 박현석
마케팅 | 홍의식
펴낸이 | 하중해

펴낸곳 | 동해출판
등록 | 제302-2006-00048호

주소 | 경기 고양시 일산동구 장항1동 621-32호(410-380)

전화 | 031)906-3426
팩스 | 031)906-3427
e-mail | dhbooks96@hanmail.net

ISBN 89-7080-123-5

* 잘못된 책은 구입하신 서점에서 바꾸어 드립니다.